王新生

　　历史学博士，北京大学历史学系教授，兼任中国中日关系史学会会长。主要研究日本历史与政治、东亚政治，代表性著作有《现代日本政治》《政治体制与经济现代化——"日本模式"再探讨》《战后日本史》等。

王新生 著

日本的历史与政治

社会科学文献出版社
SOCIAL SCIENCES ACADEMIC PRESS (CHINA)

自　序

作为"文革"后的第一批大学生，我进大学前做过三年农民和两年建筑工人，导致中学时代学的一点英语全忘光了，山东大学历史系的老先生们说日本学者的历史研究有值得借鉴之处，劝说七七级的一半人学日语，从此与日本结下不解之缘，持续至今。当时年轻，记忆力较强，日语学得很好，以至于学校流有"日语好者在历史系"的传言，甚至系主任出面干预。四年的大学时间未能满足读书的愿望，于是毕业前夕报考了日本历史专业的硕士研究生。当时只有南开大学和北京师范大学招考该专业研究生，年轻人好玩心较重，还是奔着文物古迹比较多的首都而来。在马家骏教授的指导下，较好地完成了硕士研究生的学习及毕业论文的撰写，同时得到汤重南老师的关照，该论文发表于《世界历史》。在北京师范大学教书三年后，转职到中国社会科学院日本研究所工作，数年后有幸得到赴日本东京大学经济学部访学的机会，在石井宽治教授的指导下，利用一年的时间完成中日近代缫丝业比较研究的论文，发表在《历史研究》专业刊物上。本乡校园早八点到晚八点的研究室生活，虽然得到日本学者及事务人员的赞赏，但确实感到历史专业的辛苦、艰难。回国后根据需要研究日本当代政治，其后受北京大学历史学系宋成有老师的邀请，在沈仁安老师门下攻读日本历史专业的博士学位。2000 年获得学位，第二年调入北京大学历史学系工作至今。重要的是，在历史学系领导及各位同人的关照下，愉快地度过了 22 年的北京大学教师生涯，在衷心感谢大家的同时，退休之际自选部分论文集结成册，以作纪念。

目 录
CONTENTS

日本政治研究的历史、理论与方法

本文主要从理论与方法的角度分析战后中日两国学术界对日本政治的研究，即第一部分评述中国学术界的研究，第二部分论述日本学术界的研究，第三部分阐述如何通过比较政治学的方法界定中日两国政治发展阶段并在其基础上研究日本政治。

一　中国的日本政治研究

从体制上，中国学术界研究日本政治的人员基本上从属于政府的研究机构、社会科学院研究所、高等院校等。1963 年 12 月 15 日，中共外事小组和中宣部提出《关于加强研究外国工作的报告》，建议新建或完善国际问题研究机构，同时在高等院校建立研究外国机构，因而各地的日本研究机构纷纷建立。例如，辽宁大学日本研究所、吉林大学日本研究所、东北师范大学日本研究所、中国国际问题研究所日本研究部、南开大学历史系日本研究室、复旦大学世界经济系日本经济研究室、上海国际问题研究所日本研究室等机构均成立于 1964 年或 1965 年。但在随之而来的"文化大革命"中，各研究机构均处于瘫痪状态，其研究成果也难见踪影，似乎只有复旦大学在 1977 年出版了涉及日本政治的《日本政府机构》。

改革开放后，出现了新的大型日本研究机构，特别是 1981 年的中国社会科学院日本研究所、1988 年的南开大学日本研究中心（后来成为实体的日本研究院）、1990 年的复旦大学日本研究中心等相继成立。在其基础上，相继成立了日本经济学会（1978 年）、中国日本史学会（1980 年）、中华日本学会（1990 年）等大型学术团体。但在全国总数为 110 个左右的日本研究机构中，高等院校所属人员约占 70%，而且大多研究日本的语言文学、经济、历史等，研究日本政治者较少，例如在所有研究机构大约 1000名研究人员中，研究日本政治外交的人员约占 12%。事实上，以"日本政治"为主体专业方向的研究者，人数规模应在 20 名左右，在日本研究者中所占的比例约为 2%。[①] 因此，研究日本政治的论著较少。例如，从 1979年到 1993 年国内出版探讨日本的图书有 3157 本，其中仅有 226 本以日本政治为研究对象。从 1949 年 10 月 1 日到 1993 年 3 月 1 日发表的 19465 篇日本研究文章中，涉及日本政治的文章只有 1340 篇。甚至有这样的观点："用今天的标准衡量，赫赤、谭健的《日本政治概况》[②] 只是一本普及性教材，但却标志着学术界对日本政治的研究从总体的'日本研究'中独立出来。"[③] 尽管 1993 年长期执政的自民党下台、日本政局进入长期动荡期，中国研究日本政治的人员和成果有所增加，但细分起来，涉及日本外交的文章依然较多。即使在权威性专业刊物《日本学刊》1998 年到 2008 年发表的所有文章中，综述为 64 篇，政治外交为 235 篇，经济为 207 篇，社会文化为 181 篇。在政治外交文章中，研究外交的有 149 篇，研究政治的只有 47 篇。[④] 从 2000 年到 2014 年，《日本学刊》上发表的日本政治类论文仅占全部论文的 9% 左右。[⑤]

尽管日本政治研究的论著较少，而且其中时评性、介绍性、资料性的成果居多，但进入 20 世纪 90 年代以后，也出现了不少利用政治学理论和政治研究方法对日本政治进行研究的论著。首先是政治过程论的运用。从政治学理论上看，政治过程论属于行为主义政治学，将政治生活看作一个由政治行为者在政治系统的输入与输出过程中所发生的一系列互动行为的持续不断的过程。该研究方法反对把政治制度当作政治分析的核心内容，

① 徐万胜：《中国的日本政治研究 30 年综述》，载李薇主编《当代中国的日本研究（1981—2011）》，北京：中国社会科学出版社 2012 年版，第 45—46 页。
② 赫赤、谭健：《日本政治概况》，北京：中国社会科学出版社 1984 年版。
③ 北石：《战后 60 年来中国的日本研究》，《日本学论坛》2005 年第 1 期。
④ 郭定平：《中国的日本政治研究回顾与展望》，载李薇主编《当代中国的日本研究（1981—2011）》，北京：中国社会科学出版社 2012 年版，第 16—17 页。
⑤ 吴怀中：《中国的日本政治研究 30 年综述——以纪念〈日本学刊〉创刊 30 周年为主线》，《日本学刊》2015 年增刊，第 39 页。

因而是一种动态的政治分析方法，例如王新生的《现代日本政治》[1] 就是利用政治过程论分析日本政治的代表性著作。该书按照政治过程的顺序，依次探讨了选民的投票行动、利益集团对决策过程的影响方式、行政官僚起草法案及执政党的审议、在野党如何利用国会实现自己代表的利益要求、行政机构的行政指导、独特的外交政策制定过程、大众传播媒介的政治功能、销售税的政治过程等。

从方法论上看，首先是多元主义政治学。该理论认为现代社会是多元的社会，民主政治应该是多元主体通过"多元竞争"（讨价还价），达成"价值趋中"（妥协）的政治。传统政治民主化理论关注宪法上的分权制衡与政府内部的权力制衡，忽视了社会上的多元制衡机制的作用，而后者才是实现民主的关键环节。只有两种权力制衡机制（政府与社会）共同发挥作用，民主才能真正得到保障，多元主义民主的核心是决策权力的分散化以及决策过程的多元竞争和妥协性。许多中国学者的论文运用了该研究方法，例如，郭定平在《论战后日本政治多元化》[2] 一文中认为在战后日本政治发展中，随着占领时期的民主化改革，政治权力开始在不同的组织和个人中进行重新分配，其中较为明显的是许多社会和经济组织作为重要的政治力量参与政治过程，这些团体和组织利用自己掌握的资源影响决策过程，在社会和权力之间形成了重要的制衡机制。此外还有张云的《经团联在政府决策中的作用——以日本自由贸易协定政策出台为例》、[3] 蔡亮的《试析农业利益集团对日本政治的影响——兼论"农协"在反 TPP 活动中的政治影响力》、[4] 田凯和邵建国的《日本财界的政治影响力分析——以日本的 TPP 政策制定过程为例》[5] 等论文。

---

① 王新生：《现代日本政治》，北京：经济日报出版社 1997 年版。
② 郭定平：《论战后日本政治多元化》，《日本学刊》1994 年第 4 期。
③ 张云：《经团联在政府决策中的作用——以日本自由贸易协定政策出台为例》，《日本学刊》2008 年第 1 期。
④ 蔡亮：《试析农业利益集团对日本政治的影响——兼论"农协"在反 TPP 活动中的政治影响力》，《日本学刊》2012 年第 5 期。
⑤ 田凯、邵建国：《日本财界的政治影响力分析——以日本的 TPP 政策制定过程为例》，《辽宁大学学报》（哲学社会科学版）2015 年第 5 期。

结构功能主义政治学研究政治系统的功能和结构及其相互关系，注重从宏观角度考察政治过程，尤其是政策制定和执行中的价值分配问题。尽管作者没有明确提出，但林尚立的《政党政治与现代化——日本的历史与现实》[1] 显然属于结构功能主义的分析视角。不仅郑励志先生在序言中认为该书"展现了日本政党政治的基本结构与功能"，而且构成该书核心部分的第二部分使用的标题就是"结构·功能"。由于作者认为政党作为现代政治制度的实际"操作者"，往往成为实际的政治权力中心，因而在日本现代化的历史大背景下把握和研究其政党政治，但战前部分不仅篇幅比较少，而且理论色彩也较淡，只是将战前日本政党政治的脆弱和保守归结为：一方面与日本政党本身天生的保守性和妥协性有关，另一方面则与其生存和发展的社会与政治的客观环境有关。对于战后日本的政党政治特别是"55 年体制"，作者分别在"政党支配与社会统合""保守主义与国家战略""政策决定与政党能力""利益政治与长期政权""野党牵制与政策平衡"的标题下，对战后日本走向现代化成功的政党政治背景进行了较为精彩的理论性分析，在最后的"问题·挑战"部分也概括性地分析了"民主贫困与政治腐败""领导危机与结构转换"等。

尽管王新生的《政治体制与经济现代化——"日本模式"再探讨》[2] 从广义的政治经济学视角分析日本政治体制对经济发展的影响，但也属于结构功能主义研究方法的运用，因为作者强调政治体制是政治制度运用的形式，即政治权力配置和运用的形式以及相互之间的关系，也就是各个政治主体在政治过程中的地位与权力以及相互之间的关系。换句话说，就是行政官僚、以立法机构为舞台的政党以及各种各样的利益集团等按照制度上的规定或约定俗成的惯例行使自己应有的政治权力，以便保护或者扩大自己的利益及权限。从形式上看，这些政治主体或政治行为者分别具有不同的功能，相互之间存在密切的联系，并按特定的结构组成一个以国家政

---

[1] 林尚立：《政党政治与现代化——日本的历史与现实》，上海：上海人民出版社 1998 年版，2016 年再版时改为《日本政党政治》。

[2] 王新生：《政治体制与经济现代化——"日本模式"再探讨》，北京：社会科学文献出版社 2002 年版。

权为中心的有机整体，有规则地运转着，同时对经济发展产生不同的影响。具体说来，以 20 世纪 70 年代为界，在此以前的"55 年体制"带有竞争性政党政治、官僚主导决策过程下的经济发展模式、生产性利益集团具有较强政治影响力等特征，对经济发展的作用以积极的为主；70 年代以后的"55 年体制"发生较大变化，其特征转化为协调性政党政治、执政党与行政官僚相互利用、消费性利益集团具有较大政治影响力等，对经济发展的消极作用逐渐增大，并在某种程度上妨碍了经济的现代化。

新制度主义方法也在日本政治研究中得到运用。该研究方法认为，传统的制度主义过于重视政治结构、法律框架和程序规则，而且对制度的研究过于注重描述性，用静态的眼光看待制度而忽视制度的动态运作过程。新制度主义既关注制度在政治生活中的作用，又吸收行为主义的动态、过程、定量化的研究方法。魏晓阳的《制度突破与文化变迁——透视日本宪政的百年历程》[①] 和郭定平的《制度改革与意外后果：日本发展模式转型的政治学分析》[②] 均采用新制度主义的政治研究方法。前者将制度分为纸上的制度和实际操作中的制度，进而探讨纸上制度向实际制度的转化，成为具有约束力的规则；后者认为泡沫经济崩溃后实施的政治行政一系列改革推动了"日本模式"的转化，但也引发了转型危机、政局动荡、政策扭曲、官僚腐败以及政官关系混乱等问题，增加了转型的难度。

另外，周杰的《日本选举制度改革探究》[③] 尝试利用历史制度主义理论建构一套解释日本选举制度改革的框架，然后运用这一框架寻找解释日本选举制度改革动力的各种因素，说明选举制度改革的过程和制度演变轨迹，然后再检验改革结果的产出和效果，最后总结出混合选举制度改革的"日本模式"。具体地说，历史制度主义认为，个体和结构相互影响，行为者很难计算出最佳策略，制度对于个体行为与选择具有重要的限制作用，同时也受集体选择的结果所左右，制度改革是结构与行为的互动过程。在

---

① 魏晓阳：《制度突破与文化变迁——透视日本宪政的百年历程》，北京：北京大学出版社 2007 年版。

② 郭定平：《制度改革与意外后果：日本发展模式转型的政治学分析》，《复旦学报》（社会科学版）2009 年第 6 期。

③ 周杰：《日本选举制度改革探究》，北京：社会科学文献出版社 2012 年版，第 20 页。

这一理论框架下，作者首先以制度和社会背景分析作为选举制度改革研究的逻辑起点，并尝试将这些可能的结构性因素加以理论性的结合，描述其在选举制度改革过程中的解释意义，以建构一套解释选举制度改革动力的说法；其次，作者分析了选举制度改革过程中各种因素的作用、制度变迁的轨迹以及最终结果，同时说明政党、政治家、利益团体以及大众媒体在改革过程中的行为及其作用；最后，作者从宏观层面和微观层面评估新选举制度产生的政治效果和影响，即运用选举制度改革后历次大选的实证数据，就制度变革与选举结果的相关性进行了深入分析。

政治生态分析方法也被运用到对日本政治的分析中，张伯玉在《日本政党制度政治生态分析》① 中提出生态分析就是运用生态学的理论和方法来分析人类社会现象及其发展规律，生态分析被用于政治学研究主要是描述环境对政治行为的影响，政治生态学的特点在于试图测定不同的环境对于特征相似的个人或团体所产生的不同影响。该著作将日本政党制度这一生态单位作为生态分析中的生命系统，将政党制度产生和变化发展的政治生态条件作为其环境系统，通过分析政党制度与政治生态环境系统的内在关联及相互作用，揭示日本政党制度产生并得以发展的依据，分析政治生态环境系统变化对日本政党制度提出的特殊要求，并在此基础上把握日本政党制度的发展趋向。把握政治生态系统的特质是理解日本政党制度从何而来及其特征何以形成的关键，而审视政治生态环境的变化则是明确日本政党制度向何处去的基础。

二　日本的日本政治研究

在日本，政治学是法学部的一个学科，很少有大学将其独立出来，但政治学涵盖的范围较广，例如，1948 年成立、目前拥有 1800 多名会员的"日本政治学会"中有现代政治过程研究会、日本政治过程研究会、现代政治学研究会、政治学方法论研究会、现代地域政治研究会、东亚国际关

① 张伯玉：《日本政党制度政治生态分析》，北京：社会科学文献出版社 2006 年版。

系史研究会、欧美政治研究会、临床政治学会、批判政治研究会、性别与政治研究会等 16 个分会，分属政治过程、政治理论、政治史、比较政治等研究方向。根据学会杂志《日本政治学会年报政治学》创刊号的解说，该学会是在"清除原来制约政治学研究自由的政治体制、以实现永久和平及建设文化国家为目标的新体制形成背景下，由相关领域各种学会组成的政治学研究者全国性组织"，因而自成立以来一直起到日本政治学研究中心的作用。

日本学术界将政治学作为了解政治组织形式、对其进行解释的一门独立学科并以本国政治为对象进行批判性研究是在第二次世界大战结束以后，而且最初是建立在对战前日本政治结构、国民政治意识进行学术探讨和研究基础之上，代表作为丸山真男的《现代政治的思想与行动》、石田雄的《明治政治思想史研究》和《近代日本政治结构研究》、神岛二郎的《近代日本的精神结构》等。丸山的著作上、下卷分别于 1956 年和 1957 年出版，为战后初期撰写的论文汇集成册。其中《超国家主义的逻辑与心理》《日本法西斯主义的思想与行动》《军国统治者的精神状态》等论文，均以战前统治阶级的政治意识和行为模式为对象，结合战后现实政治问题，对战前的国家结构以及政治文化，特别是法西斯军国主义的社会基础进行批判性分析。在另外一篇名为《作为科学的政治学》的论文中，丸山认为政治学的价值在于以研究者对政治问题的关心和价值判断为媒介的社会需求，也就是说，课题选择不是学术研究自律的活动，而是在同外界的关系中形成。石田雄在《近代日本政治结构研究》中认为，随着近代化的迅速发展，传统的秩序发生动摇，专制主义的、警察式的对居民控制得到加强，传统秩序的自律性降低，日益接近官僚国家。在方法论上，石田将明治国家政治结构分成三个层次，即作为政治结构"基础"的村落共同体、地方自治机构及政党等中间性媒介机构、顶端的中央政府机构，并对不同层次的政治结构采取了不同的实证方法，然后加以组合。神岛二郎从直接研究普通国民的生活意识角度出发，以构成行动的真正动机、动力的"感性价值"为分析对象。他在《近代日本的精神结构》中指出，促进日本近代化的是日本前近代的"家族"意识，这种"家族"意识在近代化过程中逐渐为国家所代替,并在神道教的推动下,热衷于支持法西斯主义运动。

把 20 世纪 50 年代的政治研究称为批判政治学,不仅因为上述三位学者对战前政治体制及其意识进行批判,而且以辻清明为中心的其他政治学者对战后政治体制也持批判态度,其背景是冷战格局的出现导致美国对日政策发生变化,政治学者担心战前保守势力的回归。日本政治学会在 1953年出版学会年报专辑《战后日本政治过程》,后经过增补修正,在 1958 年以"现代日本政治过程"为题重新出版。尽管该书由以东京大学法学部的年轻政治学者为中心撰写的论义构成,但基本观点来自辻清明的《日本官僚制研究》。辻清明认为战后日本官僚制特点为前近代、半封建性、后进性,是战前天皇制的延续。具体说来,由于美国的占领政策是通过日本官僚制而实施的"间接统治政策",对官僚制"中立性"的幻想已渗透到广大国民中间,加之国会和政党这些应当取代官僚制的新政治主体尚未成熟等原因,官僚制的统治得以保留下来,与战前相比几乎没有什么两样。

60 年代日本政治研究领域的学者大体上分为两个群体,即埋头引进西方政治学理论并在此基础上对日本政治进行分析的学院式研究群体与尚未上升为系统理论的经验性研究群体,但后者的影响显然大于前者。50 年代末 60 年代初,许多美国的社会科学理论被介绍到日本政治学领域,诸如大众社会论、压力集团论、现代化学说、权力精英理论及政治系统论、政治行为科学、政治过程论、政治决策分析、比较政治学、国际政治学、计量政治学、数理政治学等政治学理论。日本年轻一代政治学者尝试性地利用这些理论对日本政治进行分析,1960 年日本政治学会出版了《日本的压力集团》专辑,1967 年该会又出版了《现代日本的政党与官僚》专辑,刊登的论文基本以 50 年代形成的官僚优势论为基本思路研究政党、国会和利益集团,不仅研究对象扩大,而且分析的重点也转移到经济高速增长前期的政治,将官僚的熟练专业能力与政党的无力化、国会功能的下降对应起来,从而使官僚优势的基础从战前的特权性转变为专业性。另外,田口富久治的《社会集团的政治功能》、上林良一的《压力集团论》、筱原一的《现代政治力学》等著作深化了对利益集团与政党、官僚的关系及其政治影响力的研究。

60 年代的经验性政治研究大多表现为以独特的方法分析日本独特的政治组织、结构或政治意识，带有浓厚的风土政治学色彩。这方面的代表作有京极纯一的《政治意识分析》、《现代民主政治与政治学》及《日本政治》①，升味准之辅的《现代日本的政治体制》，筱原一的《日本的政治风土》，三宅一郎的《不同层次选举的投票行动研究》，福井弘治的《自由民主党及其政策决定》，等等。

70 年代，社会党、日本共产党等革新政党控制的地方自治体迅速增加，因而地方自治体及市民运动成为政治研究的主要内容，对日本政治整体进行理论或实证研究的成果较少，例如，日本政治学会在 1979 年出版了题为《55 年体制的形成与崩溃》专辑，大部分论文是关于地方自治及市民参与政治的精辟分析。另外，筱原一的《文化变容与地方政治课题》、辻清明的《处于歧路的地方选举潮》和《日本的地方自治》、山川雄巳的《自治体的信息管理与决策》、古城利明的《地方政治的社会学》、坂田期雄的《地方制度的结构与实况》、古居寿治的《地方公共团体》等著作，均对地方政治的体制、结构、职能、发展趋势进行了严谨的探讨和理论性研究。

除上述地方自治体政治的研究外，研究市民运动和城市化基础上的市民政治在 70 年代也十分兴盛，例如神岛二郎的《民心政治学》、筱原一的《市民参与政治》、足立忠夫的《现代社会与市民》等，最具代表性的是松下圭一、高畠通敏及其研究成果。松下圭一在 1973 年编辑出版了 12 卷本的《讲座：现代都市政策》，该丛书是在自治体职员、市民运动领导者参与下完成的系列论述政策科学的力作，研究对象是向工业化、城市化、市民化社会过渡的日本社会，并提倡以都市问题为中心形成实践性的政策科学，但其政策科学带有浓厚的规范性、制度性、图式化色彩，并未阐明与传统市民不同的新中间阶层在日本政治过程中的地位和作用。高畠通敏不仅是研究市民运动的高产政治学家，仅在 70 年代就出版了《政治的逻辑与市民》《自由与政治》《新社会科学入门》《现代日本政治：1972—1977》

---

① 京极纯一：《日本政治》，杨晶、李建华译，北京：国际文化出版公司 1992 年版。

《现代日本的选举与政党》等著作，还是市民运动的组织者和积极参与者。他通过大量的实地调查及分析，不仅阐明了 60 年代以来市民运动的发展轨迹及其与日本政治的关系，而且从市民的角度出发批判了现实政治与现代社会科学。

进入 80 年代以后，由于经济低速增长背景下各政治主体为保护自己权限或利益而相互之间竞争激烈，美国学术界出版了不少分析日本政治的图书，特别是年轻一代日本政治学者早在 70 年代就详细介绍了美国的"多元主义"政治研究方法，以及 80 年代"协调主义"学说被引进日本等原因，日本学术界出现"日本政治热"。尤其值得一提的是大岳秀大、村松岐夫和猪口孝三位政治学者。大岳在其撰写的《现代日本的政治权力和经济权力》和《日本政治的争论焦点》中，运用专题研究方法分析了带有意识形态的政治争论焦点以及典型事例，在微观研究与对体制的宏观分析相结合的基础上，阐明了日本政治体制的多元主义性质；村松通过以官僚、政治家为对象的数据分析，驳斥"官僚优势论"，并进而探讨了"一党优势"下以自民党与行政官僚关系为核心的决策系统的特征，将其概括为"图式化多元主义"，其含义为"保革对立"在日本还存在，行政的作用依旧很大，在决策过程中行政官僚变成了一个回转轴；猪口也持多元主义观点，但认为官僚主导的大局没有发生较大变化，因而将日本政治系统看作"官僚主导大众包揽型多元主义"。上述三人在 80 年代创办《利维坦》专业学术刊物，努力将日本政治研究乃至日本政治学研究国际化，产生了较大影响。另外，以猪口孝为首编纂出版的 20 卷本《现代政治丛书》，各卷均在分析当代世界相关政治学理论的基础上，对日本政治的具体课题进行实证性或比较性研究。

80 年代，在多元主义政治学方面具有代表性的日本政治研究著作还有内田满的《政党政治的政治学》、草野厚的《日美柑橘贸易交涉》、村川一郎的《日本政策决定过程》、渡边昭夫的《战后日本的对外政策》、间场寿一等人的《日本政治分析》、阿部齐的《现代政治与政治学》、石川真澄等人的《自民党长期统治的结构》、猪口孝与岩井奉信的《族议员研究》、佐藤诚三郎与松崎哲久的《自民党政权》、新藤宗幸的《行政改革与现代政治》、中野实主编的《日本型决策过程的变化》等。

进入 90 年代以后，随着国际冷战格局的结束、泡沫经济崩溃、长期执政的自民党下台带来政局变化及各种改革，评价战后日本政治经济体制的局限性成为政治学界探讨的重要课题，代表性著作有樋渡展洋的《战后日本的市场和政治》、日本政治学会编辑出版的《战后国家的形成和经济发展》、新藤宗幸的《行政指导》、野口悠纪雄的《1940 年体制》、大山耕辅的《行政指导的政治经济学——产业政策的形成与实施》、原田榊樋的《1970 年体制的终结》、内山融的《现代日本的国家与市场》等。与此同时，日本的政策决定过程也是政治学界的研究热点，代表性著作有白鸟令编的《政策决定理论》、饭尾润的《民营化的政治过程——临调型改革的成果及局限性》、中野实的《现代日本的政策过程》、吉田和男的《日本国家预算》等。

从方法论的角度看，90 年代有两个流派：一个是利用经济学原理对日本政治进行分析的视角；另外一个是利用数学模式或者数理模式分析日本的各种政治现象，即所谓的"计量政治学"。前者的代表作是井堀利宏和土居丈朗的《日本政治的经济分析》，后者的代表性学者是小林良彰、蒲岛郁夫等。《日本政治的经济分析》一书从政治主体的行动原理及其背后的经济结构演绎具体政治事例，是将最大效益化作为其分析的理论基础，因而也是一种"合理性选择理论"；小林良彰的《现代日本的选举》《政治过程的计量分析》《现代日本的政治过程——日本型民主主义的计量分析》等著作，运用数量化理论及群体分析等多变量公式分析各种政治现象，能够将复杂的政治现象以具体的量化指标表达出来，看似提升了其研究成果的可信性和说服力，但其利用的变量模式大多建立在假说之上，其随意性使人自然对其研究结论产生怀疑。

蒲岛郁夫在 2006 年出版的《战后日本政治的轨迹——自民党体制的形成与变迁》[1] 是一部典型的计量政治分析著作，正如中文版翻译者所指

---

① 蒲岛郁夫：《战后日本政治的轨迹——自民党体制的形成与变迁》，郭定平等译，上海：上海人民出版社 2014 年版。

出的那样，蒲岛是日本计量政治学研究的杰出代表，该书是其学术研究之集大成，既有大量的宝贵数据资料，也有许多原创的概念和理论。作者利用许多图标、模式、公式等，对"自民党体制的形成""田中统治与中曾根政治的时代""自民党政治的动摇""联合执政时期""自民党体制与小泉政治"等进行了深入分析。作者在该书后记中明确指出书中的一些核心概念，例如"支持性参与模式""牵制性投票者""共鸣多元主义"等是为更好地理解日本政治而提出的，同时作者也用实证的方式阐明了投票行为中"争论议题的影响""业绩投票""党首投票""偏好与选项"的存在。作者明确表示：与欧美发达国家相比，日本的选民也绝不落后，只要条件具备，争论议题就会极大地左右选举结果，只要政府业绩不佳，选民就会给予"惩罚"，首相的资质要是成问题的话，执政党就要面临艰难的选战。

日本年轻一代政治学者对计量政治学研究方法提出质疑，甚至原为蒲岛郁夫学生的菅原琢随后发表对蒲岛一书的评论，[①] 他选取该书两章内容详细论述其分析、解释、议论等，指出存在的方法论及逻辑上的缺陷，同时提出阅读进行计量分析或使用计量分析方法之论文时需注意之处。菅原琢在 2009 年出版的《舆论的曲解——自民党为何大败》[②] 中，详细论述了2005 年大选之后自民党政治家及新闻记者如何"曲解"了舆论以及自民党在2009 年大选中惨败的必然性，其中利用丰富的资料批评了许多常识性见解，明确指出计量分析方法的局限性。其后，菅原琢又在《美国化的日本政治学——政权交替后的研究界及年轻研究者的问题》[③] 一文中指出，计量分析的普及、假说检证性论文出现、业绩竞争时代来临等是计量分析方法这种"美国化政治学"流行的背景，但歪曲的竞争社会造成研究的非效率性，需要对研究方法进行反省。菅原琢发表《政治与社会脱节的媒体舆论调查》[④]

① 菅原琢「書評：蒲島郁夫著『戦後政治の軌跡―自民党システムの形成と変容』」、『日本政治研究』第 5 巻 1・2 号、2008 年 1 月、168-192 頁。
② 菅原琢『世論の曲解―なぜ自民党は大敗したのか』、光文社、2009 年。
③ 菅原琢「『アメリカ化』する日本の政治学―政権交代後の研究業界と若手研究者問題」、『思想地図・5』、NHK 出版、2010 年。
④ 菅原琢「政治と社会を繋がないマス・メディアの世論調査」、『放送メディア研究 13』、NHK 出版、2016 年。

一文，指出媒体的舆论调查并非倾听社会的声音，而是按照政界的要求影响国民投票，也就是说，媒体已经失去利用舆论调查批判政府的作用，实际上将议题的选择委托给政界，完全失去了完善选举的功能和作用。

三　以比较政治学为基础的理论与方法

比较而言，中国学术界对日本政治的研究无论是数量还是质量均有上升的空间，特别是在相关理论与方法上更有强化的必要，不仅缺乏独创性的视角，而且在引用外来理论和方法上也存在尚未完全消化甚至仅为一个术语的现象。这种现象除专业研究者较少的重要因素外，还有其他因素。对日本政治研究也应有去意识形态化、去情绪化的必要。另外，也需要组织专业人员及时翻译、评介日本学术界的相关成果，以便借鉴与学习。本文在此只是从比较政治学的角度阐述中日两国政治发展的定位以及理论、研究方法的重要性。

简单地讲，所谓政治发展是指在从传统社会向现代社会的过渡过程中，政治体制的结构性功能逐渐分化、组织与过程逐渐制度化、政治主体逐渐多元化、决策程序逐渐民主化、政治参与不断扩大等。实际上，由于特殊的历史条件，在东亚这些后发型现代化国家中，其政治现代化的进程并非 20 世纪 60 年代风行一时的政治发展理论所说的单线性，而是需要经过四个阶段，即权威主义、发展主义、精英主义、市民主义等政治体制阶段。

在战后初期的东亚地区，虽然存在时间上的差别，但几乎所有的国家和地区都摆脱了殖民地、半殖民地的命运，成为独立的新兴国家，而且均采取了民主主义式的政治体制，例如宪法、议会、内阁、司法、政党、选举等。但无论是在采用干预市场型的国家，还是在政府计划型的国家，其政治发展均不顺利。在干预市场型国家中，民主的体制反而带来政治的不稳定，民族主义经济政策的失败进一步刺激了政局的混乱，结果为更加独裁型的政治体制所代替；而在政府计划型国家中，强大的社会资源动员能力虽然在短时期内保持了政治稳定，但过度强化意识形态的行为导致短缺经济的出现，最终也不得不走向改革开放、市场经济的道路。因此，归纳这一政治体制的特征就是：强有力的权威性政治人物的存在且国家权力向个人倾斜、有民主宪法而无民主政治但具有泛政治化倾向、以进口替代工业化为中心的民族主义经济政策等。但是，民族国家或国民国家初步形成，为其后的现代化建设确定了政治共同体的地理范畴，这对从未形成政治实体的海岛地区诸国来说尤为重要，进口替代工业化的成果也为后来的经济高速增长奠定了一定的基础。

实际上，权威性政治人物最关心的课题是政治整合、民族国家，站在稳定政权的立场发展经济，其进口替代工业化措施带有浓厚的民族主义色彩，因而对经济发展并不十分重视，往往因其他目标而忽略。也就是说，虽然在民族主义情绪的推动下，战后初期东亚各国均施行了进口替代工业化的政策，但当时的权威主义领导人并没有将发展经济作为最重要的使命来对待。比起经济发展，政权的稳定、国家的独立和安全是第一位的。另外，作为后发型现代化国家，东亚各国在战后初期实施进口替代工业化战略，从当时的政治含义以及政权稳定的角度讲是必然的和合理的措施，因为新生的国家政权建立国营企业以对抗外国资本的行为，能够引起民族主义情绪高涨的国民的认同和支持。但长久地执行这一政策势必带来成本上升、负债累累甚至经济危机等弊端，失去国民的支持，权威主义政权成为社会各阶层批判的对象，为发展主义政治的兴起奠定了必要的条件和基础。

具体来说，进口替代工业化之所以失败，从经济角度讲有三个方面的原因。第一，通过剥夺农民的方式进行工业建设，势必造成国内市场的狭窄。因为农民收入水平低，缺乏相应的消费能力，难以较大规模地购买工业产品。第二，当时的工业化多为资本、技术密集的重工业，难以吸收较多的农村剩余劳动力，造成农民的贫困。第三，技术水平较低，产品质量和经济效率较差，成本较高，难以打开市场。

所谓发展主义政治是指以经济增长极大化为目标的政治体制，也有人称为"新权威主义""威权主义""独裁开发体制"等。从起始的时间上看，1957 年成立的沙立政权、1961 年成立的朴正熙政权、1965 年新马分离后的李光耀政权、1966 年成立的苏哈托政权、1970 年成立的拉扎克政权、1972 年实施军管的马科斯政权等分别标志着泰国、韩国、新加坡、印度尼西亚、马来西亚、菲律宾等进入发展主义政治阶段。这一政治体制的特征是以强有力的政治人物为中心，议会或者政党政治变成民主主义的一种象征，军队或独裁性政党与技术性行政官僚成为稳定社会秩序、推动经济发展的两大政治主体，在实施出口导向工业化的基础上出现了被誉为"东亚奇迹"的经济高速增长局面。尽管经济取得令世人瞩目的成绩，但在发展主义政治体制下，往往存在党政不分、军政不分、政企不分、各领域精英相互勾结的"裙带资本主义"弊端，遂造成市场经济不完善、贪污腐败盛行、金融体制漏洞百出、贫富差距过大等，不仅影响到经济达到一定水平后的稳定持续增长，而且在经济全球化趋势日渐加强的状况下，很容易受到外来资本的冲击，1997 年爆发的亚洲金融危机充分说明了这一点。

从东亚地区的历史背景来看，尽管各国存在程度上的些许差异，但在传统文化中权威主义、集团主义色彩较浓的特征上具有共性，同时无论在经济发展方面，还是在自由平等意识以及民主政治实践方面，均与西方国家存在不小的差异。因此，即使在摆脱发展主义的政治体制后，从属性较强的政治共同体成员仍需要在国家的组织和主导下，进行赶超发达国家的急行军，从而在政治体制上呈现出浓厚的精英多元色彩。战后的日本正是这样一种政治体制（作为东亚地区政治发展程度最高的国家，战前的日本已在很大程度上完成了权威主义、发展主义阶段，占领时期改革使其进入第三个发展阶段），即所谓的"55 年体制"。虽然在世纪之交，韩国出现了政党间权力交替的政治民主化现象，但正如地方相互对立的"地域政治"所体现的那样，属于尚未稳定的精英多元主义政治体制。

需要补充的是，工业化、城市化的直接后果就是职业的多元化以及在此基础上的利益多元化，随之而来的是政治势力多元化。具体地说，一方面，那些具有相同利益的社会成员为提升自己的政治影响力而组织起来，形成所谓的利益集团，并通过投票选举、提供政治资金、直接参与、个人联系、诉诸舆论、游行示威等形式表达其利益要求，同时对决策过程施加压力，例如农业团体、工会组织、消费者协会、经营者团体、教师协会等；另一方面，由于这些利益相互之间带有某种冲突性，例如市民团体与农民团体、流通业团体与消费者团体、经营者协会与工会组织、企业团体与环境保护组织等，因此，它们各自通过相关的渠道对政治过程施加压力，或者直接选举自己的政治代表进入立法机构，参与制定保护和扩大自己利益的相关法律。这样一来，多元化趋势便形成了现代政治民主化的社会基础。

利益集团的增加与城市中间阶层的迅速扩大有关。所谓城市中间阶层是指那些既不是占有生产资料的资本家，也不是纯粹出卖劳动力的工人，而是较为富裕的各种企事业管理人员或从事特殊职业的技术人员，其中又分为新中间阶层和旧中间阶层。新中间阶层是指律师及医师等专业人员、技术人员、行政管理人员、企业管理人员等，即所谓的白领阶层或金领阶层；旧中间阶层是指那些经营较小规模商店、饮食店、手工业的个体经营者。

从 80 年代中期所做的调查结果来看，东亚地区中间阶层的共同特征有以下三点。第一，是经济上的相对成功者，即所在国的中上收入群体，具有购买最新消费资料的能力并拥有最新消费资料。第二，充分肯定自己的能力与业绩，通常选择"收入高""能发挥能力"的工作，其回答比例大大超过诸如"工作较轻""工作时间较短""工作环境较为轻松"等选择。第三，他们的政治主体意识以及政治参与意识较强，而且对政治过程乃至决策过程十分关心，对现存政治体制亦持批判态度，因而成为政治民主化的积极推动者。同时，由于他们是高速增长的最大受益者，因而肯定国家政权对经济发展的推动作用，也不希望社会体制发生急剧的变化。

中间阶层积极组成自己的团体，其原因一方面是行政体制的日益完善，另一方面是日益独立的个人通过各种团体与国家保持关系。特别是国家的经济职能在凯恩斯主义理论的主导下得到急剧扩张后，共同体成员的生产、生活过程与国家政策紧密相连，人们不得不采取各种手段影响国家的决策过程，因而相互之间的联系日趋加强。更为重要的是，由中间阶层特别是新中间阶层组成的社会团体与传统的社会团体不同，也就是这些新兴团体更多地参与公共领域特别是政治领域的活动，积极监督国家权力的行使过程，强调政权组成的正统性与合法性，因而对政治过程民主化起到推动作用。

市民主义政治体制带有以下诸特征，即政府在社会经济活动中的作用逐渐减弱，在地方自治体、民间企业、社会团体以及个人的积极参与下，民间企业、民间组织（NPO——非营利组织、NGO——非政府组织）、市民团体甚至个人，不仅其政治主体意识与政治参与意识较强，而且逐渐成为政治、经济、社会活动的主体。

目前东亚地区正处在新一轮的政治变革过程中，政治发展层次最高的日本处在从精英多元主义政治体制向市民多元主义政治体制过渡时期，过去那种政府主导下的"利益诱导政治结构"造成了90年代后经济的持续衰退，在野党的多党化、软弱化也是这种政治结构产生诸多弊端的重要原因。当然，封闭的国内市场以及行政指导下的第三产业难以适应越来越明显的全球化趋势构成改革的体制性原因。1994年日本国会通过的以变革选举制度为中心的政治改革四法案，1996年开始的以行政改革为中心的经济结构、金融体制、政府财政、社会保障、教育等六大改革，1999年实行的以废除政府委员国会答辩制为中心的国会制度改革等措施，其目的就是通过实施小选区比例代表并立制，形成两大政党竞争并主要以政策吸引选民的政治结构。与此同时，最终将政治权力和责任逐渐"从政府转移到民间""从中央转移到地方""从官僚转移到议员"，确立政党在决策过程乃至政治过程中的主导地位，削弱行政机构的规模和权限，发挥地方政府和民间企业、市民团体乃至个体国民的主观能动性及其活力。但目前日本经济的持续低迷、政治家与官僚等既得利益集团的反对、权威主义性较强的传统文化、知识经济领域的严重滞后、老龄化与少子化的社会人口结构等，均使改革与过渡伴有巨大的困难。

在韩国，其改革的主要目标是建设进入精英主义政治发展阶段的政治制度以及新的政治体制。在已经超越政治民主化客观指标的新加坡，既无农业亦无地方政府的城市国家特征，使其发展主义政治体制实质仍未发生较大的变化，人民行动党控制这个城市国家的能力尚未受到挑战，其立法、行政、司法亦未实现功能的结构化及专业化，政治精英的多元化体制也没有形成，政策过程的民主化及政治参与的成熟化仍然需要较长的一段时间。较小的城市国家规模、权威政治人物拥有的强大影响力、权威主义式的儒家文化色彩均使得改变促使经济现代化较为成功的政治体制十分困难。在泰国、马来西亚、印度尼西亚、菲律宾等国家，政府在继续大力推动经济发展的同时，亦应在政治领域采取完善政党政治、军队退出政治过程尤其是决策过程、确立政治结构功能化以及多元化等改革措施。在一些仍处在权威主义政治发展阶段的国家，如何通过经济上的改革开放推动政治发展是一个迫在眉睫的重要课题。

由此可见，首先通过比较政治学的研究方法阐明东亚地区各个国家所处的不同的政治发展阶段，然后才能利用特定的政治学理论与方法对具体政治体制或政治现象做出较为客观、准确的分析。正因如此，理论与方法是研究国际政治必不可少的工具。

（原载《国际政治研究》2016 年第 5 期，收录于本书时有修改）

历史研究与国际政治学

尽管当今世界学科划分越来越细，但在进行具体的学科研究时必须具有更为宏观的知识和理论背景。例如，在人文社会科学研究领域，无论是政治学、经济学，还是法学、社会学，均离不开历史学科，正如马克思、恩格斯在《德意志意识形态》中所说的："我们仅仅知道一门唯一的科学，即历史科学。历史可以从两方面来考察，可以把它划分为自然史和人类史。"① 恩格斯在谈到马克思的唯物史观"对于一切历史科学都是一个具有革命意义的发现"时补充说，"凡不是自然科学的科学都是历史科学"。② 笔者在读过日本国际政治学会编的四卷本特别是《日本国际政治学（第四卷）：历史中的国际政治》后，深感历史研究对国际政治学研究具有特别重要的意义。因篇幅关系，本文仅结合李钟元教授的"序章　历史与国际政治学"、细谷雄一教授的"第一章　战后日本国际政治史研究的发展历程"、川岛真教授的"第四章　东亚国家政治史——围绕中国的国际政治史与中国外交史"、服部龙二教授的"第五章　两次世界大战间的东亚国际政治史"等章节分析历史研究与国际政治学的关系。

一　外交史与国际政治学

由于国际政治学是一门较新的研究领域，因而其名称也较为混乱，国内一般称为国际关系学，正如第四卷主编李钟元所说的那样，在日本，"国

---

① 《马克思恩格斯选集》第 1 卷，北京：人民出版社 1972 年版，第 21 页。
② 《马克思恩格斯选集》第 2 卷，北京：人民出版社 1972 年版，第 117 页。

际政治学"一般定位为"国际关系论"的一个研究领域，甚至将"国际关系论"定义为"对反映到国际的各种政治关系中的法律、政治、经济、文化、社会、历史等各种因素进行的整体性研究"，并将"国际法、国际组织论、国际政治论"作为"国际关系论"的"三项研究内容"。① 但进入 20 世纪以后，随着各国之间的关系日益密切，国际关系学的研究对象逐渐扩大，而且焦点更多地放在国家之间的各种政治关系，因而国际关系学反而被置于国际政治学之下。正因如此，1956 年 12 月，日本国际政治学会成立。

更为重要的是，从古典外交史发展而来的国际史也称为"国际政治史""国际关系史"，因而国际政治学从一开始就与历史研究密不可分。不仅早期的国际政治学者本身为历史学家，而且现代国际政治学直接产生于历史研究与外交史，这也是日本国际政治学会成立时提议将其名称定为"外交史学会"呼声很高的重要原因之一，其背景就是创建学会的人物以研究外交史、国际政治史的学者为中心，而且最初发表的论文大多为历史研究的成果，直到 20 世纪末依旧凸显这一倾向。1998 年的调查结果显示，日本国际政治学会的三个专业领域各自所占比例分别为国际政治理论研究67.9%、地区研究 55.7% 及外交史与国家政治史研究 55.3%。② 1976 年，日本国际政治学会成立 20 周年，细谷千博在总结战后日本国际政治学的发展状况时仍然按照外交史与国家政治史研究、地区研究、国际政治理论研究三个方面概括日本学术界在该领域的研究成果。③ 直到 2006 年日本国际政治学会成立 50 周年，日本学者在策划四卷本丛书，概括日本国际政治学目前状况时，才意识到世界处在巨大变化之中，传统的研究方法和理论难以对其加以描述，因而增加课题研究一项，四卷各自名称为"作为学科的国际政治""无国境的国际政治""地区研究与国际政治""历史中的国际政治"，并强调了历史研究、地域研究与理论研究之间的相互挑战。由于

---

① 〔日〕李钟元、田中孝彦、细谷雄一主编《日本国际政治学（第四卷）：历史中的国际政治》，刘星译，北京：北京大学出版社 2017 年版，第 1—2 页。

② 〔日〕李钟元、田中孝彦、细谷雄一主编《日本国际政治学（第四卷）：历史中的国际政治》，刘星译，第 4 页。

③ 細谷千博「総説」、日本国際政治学会編『戦後日本の国際政治学・国際政治 61、62』、有斐閣 1979 年 5 月、i-iixx。

冷战结束以后资料大量涌现，传统的历史研究式国际政治学遭遇较大的挑战。①

尽管国际政治学诞生于英美这两个传统大国和新兴大国，但英美两国的学术方法存在差异。在功能主义和实证主义方法论传统十分浓厚的美国社会科学中，历史是实证命题的工具，历史方法处在边缘位置。与其相比，英国的国际政治学"受到历史方法论的强烈影响"，"众多的政治学者接受过作为历史学家的训练"，历史方法占据支配地位。② 在德国、法国、英国等国，包括国际政治学在内的政治学，都是在与哲学、社会学、法学、历史学等社会、人文科学各领域的密切联系中得以发展的。在这样的知识传统与环境中，"理论"与"历史"并不是分离和对立的关系，思想、哲学与规范方法被视为社会科学的重要组成部分。③

美国主导的国际政治学理论取向较强，这种脱离历史的社会科学无疑是美国文化与国情的产物，具备"追求自然科学方法论"的特点。19 世纪中期以来，政治学实现了从"历史政治学"向"政治科学"的转型，并与历史学分道扬镳，走向成为"科学"的道路。计量模型、系统分析、功能主义、行为科学等战后美国政治学的发展动向正是在这样的历史背景下出现的，也对国际政治学的科学发展产生了极大的影响。但是，近年来，国际政治学正处于建构主义、批判理论，以及重视认识、价值、文化等因素的后实证主义和后现代主义等各种理论发起挑战而引发的"第三次论战"之中，以美国为中心的国际政治学在经历了"欧洲化""去欧洲化"后，正出现可称为"再欧洲化"的现象，在这一现象中值得关注的是，历史、文化、传统、价值观、意识等概念再次走上了国际政治理论研究的舞台。④

① 国分良成・田中明彦「対談：『日本の国際政治学』を語る」、『書斎の窓』5 号、2009年、2-15 頁。
② 〔日〕李钟元、田中孝彦、细谷雄一主编《日本国际政治学（第四卷）：历史中的国际政治》，刘星译，第 6 页。
③ 〔日〕李钟元、田中孝彦、细谷雄一主编《日本国际政治学（第四卷）：历史中的国际政治》，刘星译，第 7 页。
④ 〔日〕李钟元、田中孝彦、细谷雄一主编《日本国际政治学（第四卷）：历史中的国际政治》，刘星译，第 10—11 页。

外交史、国际政治史立足于历史与理论、历史学与政治学的基础之上，并从政治的视角分析历史事实。因此，国际政治学的各种理论为历史研究提供了新的视角，同时，历史研究也对国际政治学的许多理论产生了重大的影响。随着外交史料的公开及方法的创新，历史与理论的结合已经成为趋势。实际上，战后日本学术界一直坚持其研究方法，并在其基础上取得较多优秀成果。

日本国际政治学会自创始之日起便不断强调引用公开史料的重要性，同时，也是出于对战前日本外交失败的反省，特别重视外交史的研究。1959 年 5 月，日本国际政治学会成立太平洋战争原因研究部，旨在对太平洋战争的开战外交史进行实证研究，亲自出任研究部长的理事长神川彦松表述的立场为"在研究太平洋开战外交史的计划中，我们的目的就是将以今天可能得到的基础史料、有关事件的幸存者的回忆等为根据，竭尽全力对日本何时、通过何种具体过程最终走向开战的问题进行实证研究"。其研究成果《走向太平洋战争之路》于四年后出版，该书强烈反映了当时日本国际政治学会的关心所在，人们可以从史料实证主义、国家主义、政策决定过程理论中感受到浓厚的学术色彩。这既为国际学术界做出贡献，也推动了其后日本外交史研究的飞跃式发展。①

20 世纪 70 年代末，有两本书拓展了日本外交史研究传统的背景及国际政治学的研究视角，即京都大学法学部教授高坂正尧的《古典外交的成熟与崩溃》和东京工业大学副教授永井阳之助的《冷战的起源》。前者描述了从维也纳体系到第一次世界大战的欧洲传统外交史，后者利用美国公开的史料分析了古巴导弹危机后美苏之间的紧张状态，其问题意识均来自错综复杂、眼花缭乱的现实国际政治，也就是中苏对立、中美缓和、石油危机等影响世界格局的重大事件不断出现、成长为经济大国的日本在国际舞台上扮演何种作用的现实背景。

冷战体制结束后，基于美英外交文献的日本国际政治史研究取得飞跃

---

① 〔日〕李钟元、田中孝彦、细谷雄一主编《日本国际政治学（第四卷）：历史中的国际政治》，刘星译，第 23—24 页。

式发展，不仅研究对象逐渐转向冷战后，而且开始探索战后日美关系的本质，因为冷战结束后日本国内的意识形态对立逐渐消失，以史料实证主义探讨战后日本日美关系史的优秀著作相继问世，其中代表作是五百旗头真主编的《日美关系史》（2008 年）。另外，利用第一手资料、以更宽广的时间研究国际政治史的学术成果日益增多，除英美外交史的研究外，东亚地区国际政治史研究也有相当的进展。①

二　国际政治中的历史

国际政治学在很大程度上以历史研究为基础，但特定课题本身就是历史，例如对东亚近代以来国际关系的研究。尽管日本的近代东亚国际政治研究大多以中国为中心，但其视角来自区域外，正如该研究领域核心人物川岛真所说的那样，"东亚国际政治史的研究主流是，即使研究对象是围绕中国的国际政治史，也从日本、英国、美国等视角首先设定课题，随后将中国的史料运用于其中。其原因首先在于中国自身的外交档案解密并不充分，此外中国本身也被认为是从属性的行为体"。川岛也承认"在东亚国际政治史中，中国始终是舞台，即使是从属性的，中国也始终是登场人物之一。而中国是如何从属的，如何次要的，这一点并没有得到明确，总之，将中国设为空白的同时叙述东亚国际政治史会存在许多困难"。期望"今后，以从中国视角考察的中国外交史为基础的东亚国际政治史与以往从外部考察中国的东亚国际政治史这两种背景将时而结合开展研究，两者将各自或结合起来描述东亚的国际政治史"。②

实际上，理解这种现象并非十分困难，作为地区国际关系体制的制造者和维护者，中国在传统社会中发挥了主导性作用。在这一体制形成过程中，册封（朝贡或朝贡贸易）体系是其核心，农业文明及华夷秩序是这一

---

① 〔日〕李钟元、田中孝彦、细谷雄一主编《日本国际政治学（第四卷）：历史中的国际政治》，刘星译，第 29—30 页。

② 〔日〕李钟元、田中孝彦、细谷雄一主编《日本国际政治学（第四卷）：历史中的国际政治》，刘星译，第 66—67 页。

体制的时代和思想基础。但近代工业文明及其基础之上的条约国际关系体系产生于西欧，随之而来的扩展效应波及其他地区，"挑战"与"迎战"的局面在东亚地区格外激烈，其国际政治史研究的中心是两种国际关系体系的冲突与对抗。同时，伴随近代国家及国际之间国家体系的形成，民族主义成为抗争的主旋律，在很大程度上掩盖了内部整合所具有的局限性，因而在融入世界体系过程中积累了一套独特的价值观念体系。

正如川岛所说，中国的外交史研究从清末已经开始，但大多使用中国方面的资料，用中国视角构建历史，到 20 世纪 30 年代逐渐形成正规的历史研究，在此之前是西方学者从外部的视角利用海关、传教士、外交官等留下的资料研究围绕中国的国际政治史，其代表是马士在 20 世纪初出版的三卷本著作，其利用英国议会及政府报告和美国《外交关系》等列强方面的文献，描述了中国对外关系的整体情况。[①] 但民国成立以后，以清华大学蒋廷黻教授为代表的学者提出研究中国外交史的新标准，主张撰写外交史必须详尽利用各国的相关资料，在方法和内容上与国际史学研究接轨，形成了有别于传统外交史研究的重视综合分析及整体把握历史的新学派。特别是蒋廷黻教授编著的《评〈清史稿·邦交志〉》（1929 年）、[②]《近代中国外交史资料辑要》（上、中卷，1931 年、1934 年）、[③]《最近三百年东北外患史》（1932 年）、[④]《中国与近代世界的大变局》（1934 年）[⑤] 等为外交史新学科的形成做出重要贡献。

尽管战前日本人的中国外交史研究大多为时事解说性言论，但也存在基于中国方面史料进行的实证研究，其代表是矢野仁一。另外，田村幸策等人从国际法学视角对中国缔结的条约内容进行详细分析，并形成了独特的学术风格。但"这些研究与其说是中国外交史，更侧重于'在中国的国

① 〔日〕李钟元、田中孝彦、细谷雄一主编《日本国际政治学（第四卷）：历史中的国际政治》，刘星译，第 60 页。
② 蒋廷黻：《评〈清史稿·邦交志〉》，载蒋廷黻《中国近代史》，北京：团结出版社 2006 年版。
③ 蒋廷黻：《近代中国外交史资料辑要》（上、中卷），北京：东方出版社 2014 年版。
④ 蒋廷黻：《最近三百年东北外患史（从顺治到咸丰）》，载蒋廷黻《中国近代史大纲》，北京：东方出版社 1996 年版。
⑤ 蒋廷黻：《中国与近代世界的大变局》，《清华大学学报》（自然科学版）1934 年第 4 期。

际政治史'这一侧面"。①

川岛认为，美国学者费正清同时继承了马士和蒋廷黻两个系统，在 20 世纪 60 年代末出版了两册图书，勾画了"条约体制"与"朝贡体系"之间的对立，以及由此产生的"冲击-反应"的范式，与现代及传统的冲突这一观点相关联，不仅对与中国有关的国际关系，而且对中国近现代史的研究内容也产生了强烈影响。川岛高度评价了"台北学派"对中国外交史研究的学术贡献，不仅在研究基础建设方面，即对外交档案的整理与刊行，极大地刺激了世界的外交史研究，而且其研究工作成为世界的研究中心。而改革开放之前的中国外交史研究或中国的国际政治史研究，重视的是基于侵略与抵抗、社会主义的必然性、新民主主义历史观的叙述性与故事性研究。即使在改革开放后，开始了真正意义上对 20 世纪前半期外交史的研究，但先评价再叙述的历史描述方法本身并没有改变。②

20 世纪 90 年代以后，由于中国在全球化背景下的急速发展，中国外交史研究也发生了很大变化。首先是出现一种学术趋势，即中国留学生同时使用中国史料与日本、欧美史料，从国际社会中的中国这一视角描述历史。在日本，以滨下武志为代表的学者讨论了亚洲的地区秩序及朝贡贸易理论。进入 21 世纪后，探讨东亚国际秩序的研究在对费正清的"冲击-反应"理论及滨下的朝贡贸易理论进行批判的背景下不断发展。关注中国海关研究的国际政治史研究与关注档案研究的中国外交史研究相互影响，研究方法也相互接近，但利用中国外交档案的研究仍然不足。在此阶段，应相对化那种非此即彼的方法，在认清对象的同时进行对话，摸索前行。③

尽管川岛强调档案资料对研究中国外交史的重要性且身体力行，④ 但

---

① 〔日〕李钟元、田中孝彦、细谷雄一主编《日本国际政治学（第四卷）：历史中的国际政治》，刘星译，第 72—73 页。

② 〔日〕李钟元、田中孝彦、细谷雄一主编《日本国际政治学（第四卷）：历史中的国际政治》，刘星译，第 78—79 页。

③ 〔日〕李钟元、田中孝彦、细谷雄一主编《日本国际政治学（第四卷）：历史中的国际政治》，刘星译，第 82—85 页。

④ 戴海斌采访整理《我是如何进入中国近代外交史研究的？——川岛真教授访谈录》，载张剑、江文君主编《现代中国与世界》第 1 辑，上海：上海书店出版社 2018 年版。

由于时间越近外交档案解密越少，因而国际政治学研究大多倾向于理论推演，且容易出现颠覆性见解。但无视历史背景的国际政治研究容易出现偏差。例如，进入 21 世纪以来，中国学术界出现批判性反思 1972 年中日邦交正常化给其后中日关系带来的负面影响。有学者写道："由于日本保守政治势力拒绝侵略战争责任的谢罪、赔偿，两国签订'和平条约'的'法律解决'不可能实现；经过日本的超党派外交、情报战活动和'遭遇激战'式的政府间谈判，两国达成了回避'日华和约'和日美安保体制之'政治解决'的'联合声明'。既然不能革除日美同盟对华敌视和美国庇护下日本对华蔑视的冷战政治属性，历史连续性结构也就决定了中日关系仍然不正常的周期性恶化特征。"①

尽管日本学者毛里和子认为在中日邦交正常化的谈判中，中国方面做出了更多的让步，例如战争状态的结束以"不正常状态的终结"来表述、删除"赔偿请求权"中的"权"字、日本断绝与台湾的"外交关系"按照日本希望的方式实施、联合声明没有涉及《日美安保条约》和"台湾条款"等，② 但在日本也有批判性评价日本政府邦交正常化政策的声音。早在 20 世纪 90 年代，原外交官冈崎久彦就认为，日本在中日邦交正常化时抛弃台湾，致使日美协调出现混乱，给予中国各个击破的机会；中岛岭雄更是批判说，在当时中苏对立之际日本未能迫使中国让步，反而抛弃台湾，田中政权的中日邦交正常化是落入中国"圈套"的"拙速外交"。③

客观地讲，上述国际政治学式的结论并非客观、准确的历史性定位，在当时的国际背景下，通过"政治解决"解决邦交正常化问题是两国领导人的高度政治智慧和果断行动，虽然也有遗留问题影响至今，但更多的是后来主、客观环境发生巨大变化所致。尽管如此，从日本方面来看，中日邦交正常化的决策过程仍然值得研究，特别是随着近些年外交档案的公开及当事人回忆录或日记的出版，增加了重新探讨的必要性。

---

① 刘建平：《中日邦交正常化谈判的过程及其国际政治学意义》，《开放时代》2010 年第 7 期。
② 毛里和子『日中関係史』、岩波書店 2006 年。
③ 岡崎久彦・中島嶺雄『日本にアジア戦略はあるのか』、PHP 研究所 1996 年。

三　历史中的国际政治

实际上，国际政治学多以历史上的外交或国际关系为研究对象，正如服部龙二教授所指出的那样，"从第一次世界大战到太平洋战争期间的国际政治史是研究成果最为丰富的学术领域之一。如果外交史学家今天仍被两战期间的国际政治所吸引，不仅是由于人类经历了未曾有过的大战争，也是因为这一时期出现了关系到现代国际政治根基的各种问题，即国际秩序的形成与崩溃，帝国的重组，国际组织的建立与局限性，超越国境的人员流动及贸易等各种关系网络，脱殖民地化与民族主义，地区主义，'日中提携'的失败等。成为现代国际政治基础的潮流从这一时期起开始覆盖世界"。①

特别是以中国为中心的两次世界大战之间东亚国际政治研究更是重点，近年来一个显著的学术倾向是，利用中华民国北京政府与国民政府的第一手史料，将中国作为主要行为体进行描述的研究增多。但是，运用典型的国际政治史方法进行的研究却没有与史料解密的速度同步发展。尽管目前利用各国史料进行全面描述国际政治全貌的合作研究的事例逐渐增加，特别是中、日、美有关侵华战争的国际合作研究，也出现了从中国华南、台湾直至东南亚及南方的国际合作研究，但这种合作研究尚需推进。②

服部教授认为，第一次世界大战前后的亚洲国际政治可以分为三重结构：第一是与中国有关的不平等条约及殖民统治等19世纪以来的问题；第二是"二十一条""山东问题"等第一次世界大战期间产生的悬案；第三是中国重新统一及去殖民化等第一次世界大战后日趋明显的潮流。同一时期的日美关系也可以分为三个层次：首先是围绕太平洋的地缘政治性的紧张关系；其次是围绕亚洲的权益与理念的调整；最后是围绕种族问题的社

---

① 〔日〕李钟元、田中孝彦、细谷雄一主编《日本国际政治学（第四卷）：历史中的国际政治》，刘星译，第86页。
② 〔日〕李钟元、田中孝彦、细谷雄一主编《日本国际政治学（第四卷）：历史中的国际政治》，刘星译，第87页。

会文化冲突。在此背景下形成的华盛顿体系是日、英、美协调外交的结果，但其基础是中国被置于从属地位和苏联被排斥在体系之外。进入 21 世纪以来，日本学术界在该研究领域取得较多的突出成果，例如币原喜重郎外交典型地体现了华盛顿体系的特点，在中国统一及建立秩序时奉行了不干涉政策，在日本人移民美国和北京关税特别会议上基本尊重《华盛顿条约》的精神。即使在田中义一执政时期，与中国国民政府的"革命外交"也达成了不少妥协。①

服部教授进一步指出，华盛顿体系的建立使列强可以基本维持在华权益，经过北伐战争国民政府成为国际政治的主要行为体后，日、美、英的对策各不相同，使华盛顿体系本身出现了松动，九一八事变后币原外交的变质与崩溃标志着日本拉开了终结华盛顿体系的序幕，承认"满洲国"、退出国联、签订《日德防共协定》、卢沟桥事变引发了侵华战争的扩大。日本学术界在这些方面也出现了大量的实证性研究成果，例如，在九一八事变之前如何恢复受"中东铁路事件"影响的该铁路功能；因世界经济危机导致对大豆需求的减少；九一八事变后国民政府的内部意见虽然不统一，但在政策上避免与日本直接交涉而通过上诉国联寻求"国际解决"；日本退出国联后，其委任统治还在继续沿用"与国联保持合作关系的非加盟国"的名义，南洋诸岛也最终成为太平洋战争中日本的战略据点；如同"天羽声明"表面化那样，重光葵外务次官实际上越过广田弘毅而掌控了对华政策；卢沟桥事变的实证研究不断发展，对事变的评价也有分歧；等等。②

从日本侵华战争开始到太平洋战争，包括德意日三国结盟、日本南进政策、日美谈判等，日本学术界也进行了深入研究，不仅出版了侵华战争前期复杂的讲和谈判的研究成果，也有从决策过程的视角研究日本走向开战的国家政策以及关注主要外交决策者的构想。另外，较为显著的学术动

---

① 〔日〕李钟元、田中孝彦、细谷雄一主编《日本国际政治学（第四卷）：历史中的国际政治》，刘星译，第 88—92 页。

② 〔日〕李钟元、田中孝彦、细谷雄一主编《日本国际政治学（第四卷）：历史中的国际政治》，刘星译，第 94—95 页。

向是出现了合作研究的诸多成果，例如有关战时重庆政权、上海的占领政策、兴亚院的活动等领域的研究。在日美谈判问题上，近年来研究的重要特点是对情报的关注度日益增加，研究认为日本也在相当程度上破解了美国国务院等的电报，在破解密码方面日本试图与匈牙利、德国、分兰等进行合作，虽然日军似乎在搜集情报方面取得了一定的成果，但远远没有充分分析并利用这些情报。[①]

服部教授最后总结道，华盛顿体系就亚洲国际政治史而言具有双重性：第一，日本基于华盛顿会议精神，将与美英的协调作为对外关系的基轴，因此日本的大陆政策相对受到限制；第二，日、美、英的协调具有强烈的维持现状的性质，列强在中国的权益通过华盛顿会议基本得到维持。因此，在中国收回国权并走向统一之际，日、美、英在对华政策上无法达成充分的一致，各国的秩序构想出现分化，日本未能超越两国关系的框架以对世界局势进行总体判断，走上了侵略扩张的道路。[②]

显然，服部教授是将国际政治学放在历史背景下加以实证性考察，其结论也尽可能地接近历史发展的必然性。尽管国际政治学理论也不断发生变化，甚至有回归历史研究之说，[③] 但如果过度强调国际政治研究的理论性，则难以得出较为客观的结论。例如，尽管新现实主义理论历史性地论证国家不是因相互对抗而集结势力，而是根据各自优势形成的"专业化"组织，其结论只能是"非历史性"或"反历史性"的。[④]

这样的事例经常可以看到，例如过去一度十分流行的观点是，中日邦交正常化是在"以民促官"的方式，也就是民间交流不断扩大的基础上实

① 〔日〕李钟元、田中孝彦、细谷雄一主编《日本国际政治学（第四卷）：历史中的国际政治》，刘星译，第96—97页。

② 〔日〕李钟元、田中孝彦、细谷雄一主编《日本国际政治学（第四卷）：历史中的国际政治》，刘星译，第98—99页。

③ 遠藤誠治「序論　歴史的文脈の中の国際理論」、日本国際政治学会編『国際政治』175号、2014年3月、1-13頁；平田準也「国際関係理論の歴史的展開—論争・対話・覚醒」、早稲田大学大学院社会科学研究科『ソシオサイエンス』14号、2008年、188-202頁。

④ 篠原初枝「外交史・国際関係史と国際政治学理論国際関係論における学際アプローチの可能性へ向けて」、『アジア太平洋討究』11号、2008年、185-198頁。

现的。具体说来，由于战后冷战体制的形成，日本在美国的压力下选择台湾当局作为媾和对象，中华人民共和国与日本处在无外交关系的状态，因而两国的交流及贸易只能通过民间交流的方式进行，而且正是在民间交流的推动下，最终实现了关系正常化。但目前的看法是"'民间交流'是在中日双方政府支持下进行的，民间交流对中日邦交正常化只是一种量变的'积累'，中日邦交正常化不是'民间交流'水到渠成的结果。如果没有中美关系的改善和尼克松的访华乃至中国的主动，田中角荣即便当了首相，也没有访问中国的理由和勇气"。①

总而言之，国际政治学与历史研究是理论与历史的关系。所谓"理论"是指国际政治学的范式，所谓"历史"是指外交史或国际关系史。尽管受后现代主义的影响，外交史研究逐渐势弱，而且受社会史影响较重，但国际政治学理论与历史研究的合作日趋密切。对那些关注国际体系发展的历史学者来讲，"全球化社会复合式相互依存模式"具有较强的范式作用。相反，历史学者对这一理论的检验对国际政治学者也具有许多启发意义。尽管历史研究不使用任何理论也可以成立，但即使"叙述性"历史也需要社会学、文化学、语言学领域的理论，"分析性历史"更需要政治学方面的范式。例如，在外交史研究方面，决策过程是重要的研究领域，分析政治家行为的背景和互动需要政治学的分析方法。另外，即使在历史研究领域，也有不同的理论或方法。有学者指出，20 世纪 70 年代，历史社会学向国际关系论扩展，到 80 年代国际关系论反而向历史社会学渗透，而历史社会学又分为"韦伯型历史社会学"和"福柯型历史社会学"。②

如同前述，国际政治学有回归历史研究的趋势，正如冷战史专家卡戴斯指出的那样，政治学者喜欢预测或提供政策建议，而历史学者则偏爱通过事例研究"寻找变数"。③ 当然，也不是完全不使用理论，例如，入江昭

① 王雅丹：《中日邦交正常化不是"民间交流"水到渠成的结果》，《世界知识》2012 年第 23 期，第 24—26 页。
② 大賀哲「国際関係論と歴史社会学—ポスト国際関係史を求めて」、東京大学社会科学研究所編『東京大学社会科学研究所紀要　特集　歴史社会学』3・4 号、2006 年、37-55 頁。
③ 篠原初枝「外交史・国際関係史と国際政治学理論国際関係論における学際アプローチの可能性へ向けて」、『アジア太平洋討究』11 号、2008 年、185-198 頁。

除使用国际政治理论外，也援用其他学科领域的理论，只是不太明显而已。在国际政治学领域也是如此，尽管国际法、国际政治学、国际关系论各自具有独特的理论与方法，但具体到研究课题仍然需要拥有特定事例相关的详尽资料，对其进行深入分析方能得出客观的结论。正如有学者最近强调的那样："历史是一座富矿，是今人取之不尽的研究材料和思想理论来源，国际关系学应不断地往返于现实和历史之间，往返于历史与理论之间。"①

（原载《国际政治研究》2018 年第 5 期，收录于本书时有修改）

---

① 任晓：《国际关系学的"去历史化"和"再历史化"——兼疑"修昔底德陷阱"》，《世界经济与政治》2018 年第 7 期。

"国民国家论"评介

客观地讲，最近三十年来对日本近现代历史研究影响最大的史学理论莫过于以西川长夫为代表提出的"国民国家论"。尽管学术界对其质疑的声音较大，且随着西川的去世，该学说的影响力骤然下降，甚至有学者认为在 21 世纪初围绕该学说的讨论就已结束，但不可否认的是其问题意识及其影响依然存在。鉴于中国国内学术界至今尚未有系统性论述该学说的文章，本文将主要从学术史的角度加以评介。需要说明的是，所谓"国民国家"是指"在由国境线划分一定范围、具有主权的国家里，居住其中的人们均持有国民一体性意识的国家"。①

一 西川长夫与"国民国家论"

西川长夫，1934 年出生在朝鲜半岛，二战结束后回到日本，1960 年毕业于京都大学文学部法语科，毕业论文为《司汤达作品中的波拿巴主义》。其后，西川在京都大学继续学习硕士、博士学位课程，1967—1969 年留学法国巴黎大学，1969 年任立命馆大学文学部副教授，1974 年升为教授，1991 年以《法国近代与波拿巴主义》论文获得立命馆大学的博士学位，2000 年转任立命馆大学研究生院综合学术研究科教授，2013 年 10 月因病去世。

西川长夫在《思想》杂志 1973 年 1 月号上发表题为《波拿巴主义概

---

① 木畑洋一「世界史の構造と国民国家」、歴史学研究会編『国民国家を問う』、青木書店、1994 年。

念的再探讨》一文，1975 年在《思想》杂志 10 月号上再次发表题为《波拿巴主义与民主》的论文，1984 年出版专著《法国近代与波拿巴主义》，均引起较大反响。因为在传统的"讲座派"马克思主义历史学者看来，法兰西第二帝国时期的拿破仑三世政权是立足于资产阶级和无产阶级"均衡"之上的"非正常状态国家"。① 直到 20 世纪 70 年代，日本近代历史"绝对主义天皇制论"仍然是日本学术界主流观点，即"体现国家历史性阶级本质的'国家类型'论属于资本制国家范畴，而在'国家形态'论领域则具有绝对主义本质"。② 但上述西川的两篇论文及著作提出了颠覆性观点，即波拿巴主义是近代国家的典型，类似德意志帝国时期的俾斯麦政权、俄国的克伦斯基政权、英国的阿巴德政权到哈马斯顿政权，乃至日本明治维新后的政权。强大的行政机构独裁是"近代中央集权国家（资产阶级）强化的最终形态"，因此不能将波拿巴主义看作"过渡期国家的例外"。③

西川的观点来自 1968 年巴黎"五月革命"的亲身体验，同时也有痛批当时日本史研究者"幻想"的因素。西川明确指出，"出现完全相反的观点，即波拿巴主义是相对于'议会式中道主义'（七月王朝、第三及第四共和国）的'（人民投票）的人民中道主义'（第一及第二帝政）。这种独裁体制（帝政）相对于议会民主（共和政体）更民主（人民）、更左翼（相对于中道右派的中道左派）。必须打破共和体制比帝政民主进步的传统观点，同时也要认识到波拿巴主义比起议会主义，对人民来讲是更现代式的对应（大众社会的认识）"。④ 在日本史的叙述中存在这样一种神话，即共和制及议会制是"进步的"，帝制是"反动的"，但西川认为往往是帝制推动近代化，"更现代式地对应人民"，在近代国家的形成过程中，行政权力独裁的"独裁体制下经济发展型"更为普遍。⑤

---

① 服部之総「マルクス主義における絶対主義の概念」、『服部之総全集 2』、福村出版、1972 年。
② 中村正則「序説 近代天皇制国家論」、『大系 日本国家史 4』、東京大学出版会、1975 年。
③ 西川長夫『フランスの近代とボナパルディズム』、岩波書店、1984 年、64 頁。
④ 西川長夫『フランスの近代とボナパルディズム』、117 頁。
⑤ 今西一「ボナパルディズム論から国民国家論へ—西川長夫の業績をめぐって」、『立命館言論文化研究』第 12 巻第 3 号、2000 年 11 月、143–152 頁。

为参加纪念法国大革命 200 周年的一次国际学术讨论会，西川于 1987 年发表了题为《围绕国家与民族主义的三个断章——法国大革命的消亡（1）》的论文。他认为法国大革命 200 周年标志着一个时代的结束，即革命时代的终结乃至国民国家时代的终结，应将今后研究的焦点对准即将消失的国民国家。"目前所有好的东西和坏的东西（社会福利或原子弹爆炸）均与国家有关，或者是由国家带来的。但国家面临三重危险，一个是核战争的可能性，一个是跨国企业资本脱离国家，一个是市民对国家强权所致弊病的反抗。"①

1989 年，西川在纪念法国大革命 200 周年巴黎国际学术讨论会上发表了学术报告，将"明治维新"称为"明治革命"，在其后的讨论会上又发表了题为《法国革命与国民整合》的报告，从国民整合的视角分析法国大革命。1992 年，西川在其发表的论文《重新探讨国民》中明确指出："论述国民的困难在于我们至今仍为国民性意识形态所束缚，自我也渗透在国民性意识形态框架内，必须以国民为对象。国民既是解放的观念，也是压抑的观念，国民在时间空间上趋向整体性的整合观念，对国民的探讨即使是一个侧面的问题，也必须将复杂的整体纳入视野，国民是一个被超越的历史性概念。"②

其后，西川把"国民国家论"视野扩展到全球范围，其代表作为 1992 年出版的《超越国境——比较文化论序说》。其中明确指出："地球分为各个国家的历史并不长远，充其量是最近 200 年，即法国大革命以后的事情。尽管如此，我们一直受到近代国民国家意识形态的束缚。国家意识形态的特色之一是本国与他国、国民与外国人、'我们'与'他们'等的二分法。'他们'在过去是怪物和食人族，在今天是黑人、共产主义者、犯罪者及外国劳动者等，这是一种公认的歧视原理。"③

① 西川長夫「国家とナショナリズムをめぐる三つの断章―フランス大革命の消滅（1）」、『歴史学研究』第 569 号、1987 年 7 月；西川長夫『増補版　国民国家論の射程―あるいは「国民」という怪物』、柏書房、2012 年、155-156 頁。

② 西川長夫「国民（Nation）再考―フランス革命における国民創出をめぐって」、『人文学報』第 70 号、1992 年。

③ 西川長夫『国境の超え方―比較文化論序説』、筑摩书房、1992 年；西川長夫『増補版　国境の超え方―国民国家論序説』、平凡社ライブラリー、2001 年、18 頁。

西川在 1994 年历史学研究会编纂出版的《论国民国家》中撰写了《法国型国民国家的特征》一文，首次提出国民国家拥有三个特征。第一，国民国家具有国民主权和国家主权，但"政体可以是君主制、共和制，也可以是民主制、独裁制"，"判断是否为国民国家的不是本国国民，而是他国，因而这是一种国际关系"，而且"唯一的判断标准是该国是否'文明化'"。"不论是民主的还是专制的"观点早在西川的"波拿巴主义论"中就出现过，但在日本历史学中有天皇制问题，所以过度强调共和制是民主的、君主制是专制的"神话"，也由此产生了绝对主义是"民族国家"，不是国民国家的观点。第二，"为整合国民需要强有力的意识形态，其自然是民族主义，但其中包括'文明''文化'的概念，称为国家意识形态较为合适"。同时，"为整合国家而产生各种机构（从议会、政府、军队、警察等统治、暴力机构到家族、学校、新闻业、宗教等意识形态机构）"。第三，国民国家位于世界性的国民国家体系（国家之间体系）中，并非单独存在。[①]

1995 年，西川又提出了国民国家拥有的另外两个特征。一个是国民国家的矛盾性，即国民国家既有解放的侧面也有压制的侧面，既有平等的侧面也有差别的侧面，既有整合的侧面也有排斥的侧面，既有普遍原理（文明）也有个别主张（文化）。正因如此，国民国家本来就是矛盾性的存在，矛盾性正是其发展的动力所在。另一个特征是国民国家的模仿性。"不是自主的国民国家集合起来形成国家之间体系，而是世界体系或国家之间体系产生了国民国家，民族及固有的国家产生了民族及固有的文化。"[②] 这一观点与"原有的国民国家形成逻辑针锋相对，是对民族主义历史学的激烈批判"。

西川将"国民国家论"汇总为两个大的图表，即"国民整合的前提和各种要素"（包括经济整合、国家整合、国民整合、文化整合等）、"国民

---

① 西川长夫「フランス型国民国家の特色」、歴史学研究会編『国民国家を問う』、青木書店、1994 年、25-26 頁。

② 西川长夫「序　日本型国民国家の形成—比較史的観点から」、西川长夫・松宫秀治編『幕末・明治期の国民国家形成と文化変容』、新曜社、1995 年、7-8 頁。

化"（即文明化，包括空间的、时间的、习俗的、身体的、语言与思考等），并以日本近代历史为对象验证其理论，将明治维新评价为"非西欧世界中国民国家形成的起点"。① 具体说来，"不仅从政治各种关系，而且从改变全部社会集团的风俗及心性的视角来看，比起法国革命，明治维新是一场更大的变革"。② 西川高度评价岩仓使节团对近代日本国家形成的影响，认为"19 世纪 70 年代初的欧美处在国民国家进一步完善的过程中"，岩仓使节团具有巡视"国家间体系之环的历史意义"。③

在有关"国民化"的问题上，西川认为："一般在后发型国民国家形成过程中强加了十分突出的国民化，特别是日本这样的国民化，由于需要接受异文化，因而其变化更大。站在人民一侧观察，比起法国人民，日本人民被迫面对更大的变化，这是毫无疑问的。""国民化基本上是文明化"，而且在其基础上分析了"空间的国民化""习俗的国民化""身体的国民化"。"在缺乏西欧式宗教的我国，拒绝可能给本国独立带来危险的基督教，取而代之的只能是天皇制，这种明确的认识是在经过欧美使节之后许多岁月、在制定帝国宪法过程中确立的。"这就是"传统的创造（发明）"。对于模仿性近代化国家来说，这是一个最大的难点，日本在近代国民国家形成中恰恰克服了其困难，可以说天皇制是"依据家族意识的国民国家原理极其巧妙的发明"。④

另外，西川长夫提到"个人文化"问题。他强调："'个人文化'作为议题，有必要明确它是对抗'日本文化'的据点。同时还要摆脱文化的静态分析方法，如同岩田庆治所说的那样，要关注文化创造过程中的时机问题。"⑤ 西川关注对抗国民文化单一性的复数文化共存，将其表述为多文

---

① 西川長夫・渡辺公三編『世紀転換期の国際秩序と国民文化の形成』、柏書房、1999 年。

② 西川長夫「序 日本型国民国家の形成—比較史的観点から」、西川長夫・松宮秀治編『幕末・明治期の国民国家形成と文化変容』、21 頁。

③ 今西一「ボナパルディズム論から国民国家論へ—西川長夫の業績をめぐって」、『立命館言論文化研究』第 12 巻第 3 号、2000 年 11 月、143-152 頁。

④ 西川長夫「序 日本型国民国家の形成—比較史的観点から」、西川長夫・松宮秀治編『幕末・明治期の国民国家形成と文化変容』、7-8 頁。

⑤ 西川長夫「国民文化と私文化」、『国境の越え方—比較文化論序説』；西川長夫『増補版 国境の越え方—国民国家論序説』、298-299 頁。

化主义概念。关于"多语言、多文化主义有各种观点，在世纪转换时期我们面临这些难题，在我们面前有许多试行错误"。① 或许正因如此，西川撰写了有关多文化主义的书，② 但其关心原住民及殖民地隐藏"多文化主义的非正义"问题③的直接原因是 2001 年的"9·11"事件。西川指出，该事件的过程清晰地显示了政治的、经济的两极化现象——将世界用恐怖与反恐怖的政治二分法逻辑进行区分，也是国家之间乃至一个国家内部经济的两极化现象。④

2006 年，西川在《围绕"个人文化"的各种问题》中指出，文化中"个人"的恢复也可以称为与"个人"关系中成立的他者的恢复。⑤ 文化的定义本身是以"集团化"——"国民化"为前提的，这样的定义提倡"个人的恢复"。也就是说，"个人"不是消失在集团中，而是将其作为抵抗集团力量的据点。晚年的西川全力以"个人"为起点叙述历史，结果成为"国民的历史撰写的历史叙述（包括'战后历史学'）的强烈对立面"。⑥

西川长夫晚年关心殖民地问题，尤其是"国内殖民地"问题。他指出："通常国内殖民地论关注一个国家内部具有文化及民族特征的周边地区，其相对于中央是处在殖民地状态的。……可以认为现在所用'国内殖民地主义'一词最早出现在 20 世纪 60 年代后期到 70 年代的美国。……相同问题也出现在英国国民国家形成时期中心（英格兰）与周边各国（苏格兰、威

---

① 西川長夫「多言語・多文化主義をアジアから問う」、西川長夫・姜尚中・西成彦編『20世紀をいかに越えるか　多言語・多文化主義を手がかりにして』、平凡社、2000 年。

② 参见西川長夫・渡辺公三・ガバン・マコーマック編『多文化主義・多言語主義の現在　カナダ・オーストラリア・そして日本』、人文書院、1997 年；西川長夫・山口幸二・渡辺公三編『アジアの多文化社会と国民国家』、人文書院、1998 年；西川長夫・姜尚中・西成彦編『20 世紀をいかに越えるか　多言語・多文化主義を手がかりにして』、平凡社、2000 年；等等。

③ 西川長夫「多文化主義の不正義」、『立命館言語文化研究』第 19 巻第 4 号、2008 年（2007 年 3 月に立命館大学で開催された国際カンファレンス「社会正義と多文化主義」での報告）。

④ 西川長夫「いまなぜ植民地主義が問われるのか」、西川長夫・高橋秀寿編『グローバリゼーションと植民地主義』、人文書院、2009 年、24-25 頁。

⑤ 西川長夫「〈私文化〉をめぐる諸問題―アイデンティティ論を中心に」、『国立歴史民俗博物館研究報告』第 132 号、2006 年。

⑥ 加藤千香子「国家国民論と戦後歴史学―〈私〉論の可能性」、『立命館言論文化研究』第 27 巻第 1 号、2015 年 10 月、125-139 頁。

尔士、爱尔兰）的关系上。……随着国内殖民地主义概念具有普遍性，其用语本身也得到更为广泛的传播。"① 西川最后的著作是《究明殖民地主义时代》，显示其在临终前仍然在考虑该问题，"国民国家论不分析殖民地主义问题就不能成立"可以说是其遗言。②

二 "国民国家论"引发的争论

西川长夫的"国民国家论"在史学界引起较大反响，但评价不一。早在 1992 年就有学者批判道："法国的历史可以理解，但类似这样的国家能有几个？该学说就是一种法国中心史观。"③ 尽管如此，在整个 20 世纪 90 年代，日本史学界特别是日本近代史研究领域的讨论基本是围绕"国民国家论"展开的。例如，1990 年历史学研究会大会全体会议的主题是"历史认识的'境界'"，1991 年的主题是"历史认识的'境界'2——论国民国家"，1992 年的主题是"历史性转换与民族运动——论国民国家"，1997 年的主题是"近代日本的'少数'"，1999 年的主题为"重新探讨：作为方法的'战后历史学'——世界史中的 20 世纪（4）"。再如，1992 年社会思想史学会讨论会的主题是"国民国家——其思想与历史"，《现代思想》杂志 1993 年 5 月号的专题为"追溯民族根源——消失的国民国家"，《思想》杂志 1993 年 9 月号刊登《对谈"公论"世界与国民国家——日本的近代》，《思想》杂志 1996 年 10 月号刊登了上野千鹤子的《"国民国家"与"社会性别"——围绕"女性国民化"》。此外，1998 年 3 月日本史研究会例会的主题是"日本的形成及其结构"，1998 年东京都立大学学术讨论会的主题是"思考国民国家论、国民叙事"，1998 年日本史研究会大会的主题是"'战后历史学'的总结——'国民国家论'及其批

判"，等等。①

1989 年之后，接连出现了东欧剧变、苏联解体、冷战体制结束等一系列世界性大事件。在这一背景下，历史学需要重新审视过去的历史观，构筑新的历史观，"国民国家论"正是在这一过程中登场的，并引起极大的关注。但历史学界最初对西川的"国民国家论"进行批判的主要观点是，该学说是"没有结果的讨论"，并过高评价了国民国家的国民整合能力。尽管如此，由于西川的"国民国家论"批判了以西欧近代史为基础的理想型"近代史观"，因而不能过低评价其推动重新构建世界史观氛围出现的作用。② 正如西川在其最后一篇文章《"战后历史学"的反省》中所说的那样，1999 年历史学研究会大会全体会议是历史研究者自身探讨"战后历史学"的会议，是"战后历史学"影响下成长起来的历史学者进行的"战后历史学""送葬"仪式。③

在会议上提出最激烈问题的自然是西川。会议的三个主题报告分别是石井宽治的《"战后历史学"与世界史——从基本规律论到世界体系论》、西川长夫的《"战后历史学"与"国民国家论"》、二宫弘之的《"战后历史学"与社会史》，评论者是牧原宪夫。虽然在石井、二宫的报告中也批判了作为"战后历史学"基础——"世界史基本规律"的"一国史框架"和"生产力至上主义"，但西川的报告更是触及了"战后历史学"的核心问题，即"无论是体制内历史学，还是反体制历史学，历史学经常发挥强化国民国家的功能，以'战后历史学'为基础的历史学研究会通常将历史意识作为问题，其是所有在问题中相互批判、自我批判最强的领域，但今天想起来特别不可思议的是，几乎从来没有彻底批判历史学自身的基础，即国民国家基础。相反，因反体制立场和面向社会主义的使命感而对历史

① 長志珠絵「国民国家論がたちあがるとき」、『立命館言論文化研究』第 27 巻第 1 号、2015 年 10 月、141-145 頁。
② 小谷汪之「総論　世界史像の行方」、歴史学研究会編『現代歴史学の成果と課題　Ⅰ　1980-2000 年　歴史学における方法的転回』、青木書店、2002 年、11-12 頁。
③ 西川長夫「戦後史再考」、西川長夫・大野光明・番匠健一編『戦後史再考—「歴史の裂け目」をとらえる』、平凡社、2014 年（「戦後歴史学の反省」は同書の第 1 章「戦後史再考」に所収）。

学国民国家基础的疑问，有意识或无意识地受到了压制、隐蔽"。①

西川对历史学者进行了极其严厉的批评："历史学者在许多场合缺乏难以拯救的自我国民化的觉悟，这种无意识本身既是国民化的结果，同时也是接受国家意识形态的结果，即科学（学问）本来处在中立立场。这种无意识也来自历史学本来的面目，即国民（民族）的美化。"② 在 1997 年历史学研究会大会上，也缺少对"难以拯救的自我国民化的觉悟"的批判，即在大会主题报告"近代日本的少数"中，对西川祐子提出的"少数"定义抱有同样的质疑。③ 也就是说，将自己放在"国民"这一多数派位置，对此完全无意识。

尽管与会者并没有对西川的批判做出正面的反应，但在"战后历史学"非主流的民众史及女权性别史领域中出现了积极接受"国民国家论"的动向。20 世纪 80 年代末 90 年代初，"慰安妇"诉讼的出现以及"社会性别概念"的运用使得以女权主义为背景的研究颇有声势。女权主义以及社会性别的历史研究是从男性中心社会边缘化的侧面提出问题，但正是在这一时期，被边缘化、歧视化的女性也将目光转向成为国家成员并负有责任的存在。另外，关于近代家族再探讨及近代产生的性别分工产业结构的研究也不断涌现。④ 这些研究之所以引人注目，皆因民族主义及社会性别、女性国民化问题、近代家族与国民国家具有密切关系，其视角与"国民国

① 西川長夫「戦後歴史学と国民国家論」、『歴史学研究　増刊号』第 729 号、1999 年、13-14 頁；歴史学研究会編『シリーズ歴史学への問い　3　戦後歴史学再考—「国民史」を超えて』、青木書店、2000 年。

② 西川長夫「戦後歴史学と国民国家論」、『歴史学研究　増刊号』第 729 号、1999 年、14 頁；歴史学研究会編『シリーズ歴史学への問い　3　戦後歴史学再考—「国民史」を超えて』。

③ 西川祐子「女性はマイノリティか」、『歴史学研究　増刊号』第 703 号、1997 年。

④ 荻野美穂・田邊玲子・姫岡とし子・千本暁子・長谷川博子・落合恵美子編『制度としての〈女〉一性・産・家族の比較社会史』、平凡社、1990 年；小山静子『良妻賢母という規範』、勁草書房、1991 年；小山静子『家庭の生成と女性の国民化』、勁草書房、1996 年；西川祐子『近代国家と家族モデル』、吉川弘文館、2000 年；上野千鶴子『近代家族の成立と終焉』、岩波書店、1994 年；上野千鶴子『ナショナリズムとジェンダー』、青土社、1998 年；加藤千香子『近代日本の国民統合とジェンダー』、日本経済評論社、2014 年。

家论"有共鸣的地方。①

另外，居于"战后历史学"主流位置的日本近代史研究者们强烈反对"国民国家论"。1998 年度日本史研究会大会的主题虽为"战后历史学的总结"，但会上仍有人呼吁"继承'战后历史学'的知识财产"，甚至个别报告提出的共同主题是"'国民国家论'及其批判"。② 该大会的策划者小路田泰直认为："最近一段时期'国民国家批判症候群'凸显，围绕历史学的思想状况（思潮）出现了'麻烦'或'危机感'。""可以毫不在乎地说'国民国家相对化'实际上意味着将《日本国宪法》的前言精神相对化。"③ 小路田泰直认为，冷战的结束不是国民国家时代的结束，而是"真正国民主权"时代的开始，基于《日本国宪法》确立"真正国民国家"是最重要的课题，因而他率先提出继承"战后历史学"且批判"国民国家论"。

在 1998 年的日本史研究会大会上，做分论坛报告的大门正克指出："20 世纪 90 年代新自由主义的思想与'国民国家论'相互出现，创造出具有共鸣的领域。"大门对"国民国家论"提出了批判意见，在"国民国家论"中，将国民国家的约束力作为判断的标准，其中是否与国民国家有关成为最大且唯一的标志，这具有过分强调人际关系与国民国家相关、压制个人的危险性倾向。④ 大门担心新自由主义将急速降低国家相关的国民生活保障功能，而忌讳"人与人的联系"、展望"超越社会之个人"的"国民国家论"与新自由主义是共犯关系。⑤

另外，研究日本近代史的安田浩认为，虽然"国民国家论"在开创研

---

① 西川長夫「戦後歴史学と国民国家論」、『歴史学研究　増刊号』第 729 号、1999 年、12 頁。

② 日本史研究委員会「一九九八年度日本史研究会大会に向けて」、『日本史研究』第 434 号、1998 年。

③ 小路田泰直『国民〈喪失〉の近代』、吉川弘文館、1998 年、3 頁。

④ 大門正克「歴史への問い/現在への問い③ 1990 年代とはどういう時代なのだろうか」、『評論』第 103 号、日本経済評論社、1997 年；大門正克『歴史への問い/現在への問い』、校倉書房、2008 年。

⑤ 加藤千香子「国民国家論と戦後歴史学—〈私〉論の可能性」、『立命館言論文化研究』第 27 巻第 1 号、2015 年 10 月、125−139 頁。

究近代的压抑性以及近代国家比较方面值得肯定，但其强烈批判"脱离'国民'或'非国民'选择的方法论"，"对只能生活在特定社会关系中的现实性个人进行的高调批判"，"丧失了叙述自我反省式国民史的必要"。[①]

从上述历史学者对"国民国家论"的批判来看，国家既是培养民主主义的场所，又是提供生活保障的主体，也是培育人与人关系的纽带，是不可缺少的存在。"战后历史学"设想了"变革主体"，即取代传统统治阶级掌握国家权力的"真正的国民"。策划 1999 年度日本史研究会大会的安田常雄指出，作为"战后历史学"描述的"国民"，其本质上具有"进步性""革命性"。这里所说的"变革"是一种经验性的国民观，其研究方法持续存在。[②]

也就是说，"战后历史学"是以"建立由'真正国民'组成的'真正国民国家'为目标的'国民历史'的学问"，即使在重新探讨"战后历史学"描述的世界史观时也依然继承了其本质。正因为讨论"国民国家论"时以这种"战后历史学"为前提，大门正克批判"国民国家论"是"按照全体一元化的过程描述国民国家"。但西川驳斥道，大门先生不能赞同"国民国家论"也许是因为涉及问题点不同，大门先生将其指责为还原论时主要是在国家机器方面考虑"国民国家论"，因此，国民化的问题、国民是如何恐怖的存在，该方面问题意识较为弱化。西川强调国民国家是产生战争的机器，国民国家不能离开殖民地而存在，国民化、殖民地、战争在"国民国家论"中占有非常重要的地位。[③]

大门正克在看国民国家时是一种由国家机器整齐划一的傀儡集团式的国民观，但西川认为是每个人无意识地与战争及殖民地相关，两者的国民观有很大的不同。"战后历史学"与"国民国家论"之间具有不可跨越的鸿沟，这可以归结为对"国民"的定义不同。与"战后历史学"相关的研究者评论"国民国家论"是"没有结果的讨论"。西川认为，战后 50 年是

① 安田浩「戦後歴史学の論じ方によせて」、歴史学研究会編『シリーズ歴史学への問い 3 戦後歴史学再考―「国民史」を超えて』、175-176 頁。
② 安田常雄「方法についての断章―序にかえて」、歴史学研究会編『シリーズ歴史学への問い 3 戦後歴史学再考―「国民史」を超えて』、14-15 頁。
③ 牧原憲夫編『「私」にとっての国民国家論―歴史研究者の井戸端談義』、日本経済評論社、2003 年、141 頁。

"国民这个怪物" 的 "再生"。① 这一时期的西川比此前更为明确地宣布 "非国民"。② 西川担心的不仅仅是 "自由主义史观",显示其强烈忧虑的是以加藤典洋为代表的知识人围绕 "谢罪" 的发言。西川认为 "构筑谢罪主体论是将追究人的战争责任转移到国家这一主体","这样一来,作为一个人,丧失了在内心深处面对战争牺牲者之苦的最初契机"。③

三 "国民国家论" 的影响

虽然有学者认为牧原宪夫的《对 "我" 而言的 "国民国家论"》(日本经济评论社,2003 年) 等有关 "国民国家论" 回顾与展望的图书的出版可以被看作该学说告一段落的标志,④ 但 2014 年 10 月立命馆大学国际语言研究所举行了带有西川追思会意义的 "国民国家论" 系列讲座,主张应批判性继承其问题意识。对 "国民国家论" 做过积极评介的今西一明确说道:"从民众史的视角看历史学,第一时期是从 1945 年到 1960 年 '讲座派' 马克思主义社会经济史占据压倒性影响的时代,大塚久雄的经济史和丸山真男的政治史等 '市民派' 社会科学也完全处在其影响之下。第二时期是 20 世纪 60 年代,色川大吉、安丸良夫、鹿野政直等提倡的民众思想史抬头。第三时期是从 1975 年开始,网野善彦、阿部谨也等倡导的社会史登场。第四时期,西川长夫主导的 '国民国家论' 具有较大影响力。"⑤

吉田裕对 "国民国家论" 持肯定的评价,"认为其阐明了此类国民国家的人为性、虚构性、意识形态性,且努力主张其具有超越各个国家

---

① 西川長夫「思想の言葉　1995 年 8 月の幻影、あるいは『国民』という怪物について」、『思想』第 856 号、1995 年。

② 西川長夫「戦後 50 年とある非国民のつぶやき」、『文学』春号、1995 年。

③ 西川長夫「国民国家論からみた『戦後』」、『国民国家論の射程—あるいは「国民」という怪物について」、柏書房、1998 年 (1997 年 11 月立命館大学 50 周年記念シンポジウムでの講演)。

④ 真边将之:《日本近代史研究的动向与若干问题》,载李卓主编《南开日本研究》,周晓霞译,天津:天津人民出版社,2016 年。

⑤ 今西一「国民国家論と『日本史』」、『岩波講座　日本歴史　第 22 巻　歴史学の現在』、236 頁。

特殊性的普遍性，因而产生很大影响。西川的观点之所以拥有较大的冲击力，是因为其关注创造国民一体性意识的政治文化问题，他尖锐地指出"历史学与历史记述是国家制度，是卓越的国家意识形态，其自身也是一种民族主义'"。① 另外，正是因为"国民国家论"，历史学才发生视角性变化，即从利用比较史及发展阶段论方法、以批判落后日本为对象的"战后历史学"转为在近代国民国家普遍存在的前提下来把握日本。② 理论视角转化的一个具体事例是自由民权运动研究。过去将其作为对抗明治专制政府的资产阶级民主主义运动来分析，但从"国民国家论"的立场看，自由民权运动是一场形成国民国家的政治文化运动，因为政府与民权派的对立具有形成国民国家这一共同的目标，其对立始终具有相对性。③ 总而言之，所谓"国民国家论"，意味着对"战后历史学"的批判。但是，这里所说的"战后历史学"不是战后历史学的全部，而是指马克思主义式研究潮流加丸山真男代表的近代民主主义式研究潮流。④

当然，"国民国家论"也存在诸多问题。大门正克指出，纳入"国民国家论"范畴的民众受到了很大束缚。"在国民国家存在的前提下，其呈现的束缚性一直存在，国民始终以被动的形式出现。从整体上看，'国民国家论'对竞争关系、竞争状况的关心较弱，容易将其解释为国民国家体系的单方面行动。"⑤ 安丸良夫在《现代日本思想论》中也指出，"国民国家论""没有将国民国家中的对抗、纠纷、矛盾等作为主要内容，充其量只是将其作为国民国家形成的媒介式作用的工具"。⑥

---

① 西川長夫「戦後歴史学と国民国家論」、『歴史学研究　増刊号』第 729 号、1999 年；歴史学研究会編『シリーズ歴史学への問い　3　戦後歴史学再考—「国民史」を超えて』。
② 安丸良夫『現代日本思想論』、岩波書店、2004 年、137 頁。
③ 宮地正人「通史の方法」（名著刊行会、2010 年）は、「国民国家論を駆使するのに最もふさわしい時期は（民権期ではなく）、明治 20 年代から以降の時期」であると指摘している（107 頁）。また、宮地の国民国家論批判としては、宮地正人『21 世紀歴史学の創造・2・国民国家と天皇制』（有志舎、2012 年）を参照のこと。
④ 吉田裕「近代史への招待」、『岩波講座　日本歴史　第 15 巻　近現代　1』、岩波書店、2014 年、5–7 頁。
⑤ 大門正克『歴史への問い／現在への問い』、53 頁。また、国民国家論批判としては、大日方純夫『近現代史考究の座標』（校倉書房、2007 年）も重要である。
⑥ 安丸良夫『現代日本思想論』、137 頁。

　　西川的"国民国家论"没有将战争责任作为主题，认为"国家到处布满陷阱，其结构是一旦出现偏差立即将其归罪为国家"，"人们通过追究战争责任而批判国家收回"。同时，他又指出："我从战争中学到的、阅读战后文学培育的观念是，将自己与日本、日本国民同一化而停止说些什么或做些什么。……战争总是将国民卷入其中，国民既是加害者也是受害者。承担战争责任者终究是支持战争的国民，应终止这种说法。"① 高桥哲哉的《战后责任论》（讲谈社，1999 年）和《历史修正主义》（岩波书店，2000年）在明确"战争责任"和"战后责任"的区别及关联、承担责任的"日本人"主体性地位的基础上，努力将战争责任概念清晰化，即将加藤典洋和西川区别开来。前者在《战败后论》（讲谈社，1997 年）中提出将国民国家架构成绝对化的谢罪主体，后者在"国民国家论"逻辑上却提出战争责任否定论。在这个问题上，酒井直树的观点非常重要。酒井认为，因为人种差别和民族差别的问题是制度性的，不能说"我"不是"日本人"就可以逃脱"责任"，问题是"分裂日本人"，即将"分裂带入日本人自发的共同性中"。他得出以下结论："与其说国民性责任问题是过去遗留下来的沉重负担，倒不如说是割断国民、民族、人种三者之间的同一性，从而为面向未来、创造新关系创造重要机会。"②

　　真边将之认为，在打破"国民国家论"框架、探讨自由民权运动时期有关民众的研究成果中，牧原宪夫的《国民与客分之间》（吉川弘文馆，1998 年）一书值得关注。该书的主题集中于近世毫无政治参与意识、作为"客人身份"的民众是如何转变为"国民"的。松泽裕作的《自由民权运动"民主"的梦想与挫折》（岩波新书，2016 年）也从不同的视角出发描绘自由民权运动，并把自由民权运动理解为在近世身份的解体过程中谋求新的社会秩序与社会结合的一种运动。对"国民国家论"批判最为严厉的是宫地正人的《国民国家与天皇制》（有志社，2012 年），认为随意地应

----

① 西川長夫『国民国家論の射程—あるいは「国民」という怪物について』、288、275、13 頁。

② 酒井直樹「日本史と国民的責任」、歴史と方法編集委員会編『歴史と方法　4　帝国と国民国家』、青木書店、2000 年。

用"国民国家论"是历史学的"自杀行为",并对随意运用这种模式进行研究的潮流进行了批判。宫地并非完全否定"国民国家论",而是认为采用"日本型国民国家"这一视角才是关键所在。①

成田龙一认为,"国民国家论"对 20 世纪 90 年代的日本近代史研究产生了很大影响。例如西川在《跨越国境的方法》中指出,世界地图是由地球上各个国家构成的,存在按国境划分、以不同肤色来区分国民的固定观念,这就是所谓的"世界地图的意识形态"。但地球上的国家用颜色来区分是在法国大革命以后,我们的头脑才被"近代国民国家的意识形态"侵入,导致产生本国与他国、"我们"与"他们"的二分法。文明与文明化的概念是国民国家时代"起支配作用的意识形态",明治维新时创造出来的日本,也成为这种国民国家之一。与西方相比,明治维新所带有的"半封建"性质被认为是日本的特殊性,但如果从"国民国家论"的立场来看,其绝对不是特殊性,而是国民国家在日本形成的特征。西川认为,近代日本不是歪曲了的近代,其所具有的矛盾也不是封建制度的残留,而是近代带来的。②

奈良胜可认为,20 世纪 90 年代以后一个大的动向就是以文化史为中心的国民国家批判论的兴盛。该理论是将明治维新置于近代化的起点,但不是无条件地赞扬,而是把握窒息、压抑性甚至介入或掌握人们意识等负面现象,将人们纳入巨大体制内的过程。使人们痛苦的不是特定的政治家及军人或者天皇,而是不能直视但谁也逃脱不了的近代体制本身。奈良认为应从地域个性以及对未来展望的立场接受国民国家批判论的成果,同时通过"世界"与"国家"(关注较为成熟的传统国家如何在西方冲击下被迫成为国民国家)、"国民"与"民意"(关注过剩的民意如何阻碍了权力的集中及国家政策的形成)、"决断"与"活力"(关注近世社会的制约及现实主义与整个明治变革有何种关联) 等视角对明治维新进行重新探讨。③

① 真边将之:《日本近代史研究的动向与若干问题》,载李卓主编《南开日本研究》,周晓霞译。

② 成田龍一『近現代日本史と歴史学—書き換えられてきた過去』、中央公論新社、2012年、98-100頁。

③ 奈良勝可「明治維新論の現状と課題」、『歴史評論』第 812 号、2017 年 12 月、5-14 頁。

除宏观研究的影响外，今西一认为，在微观研究方面，"国民国家论"激发了对少数人的历史、社会性别史、殖民地史的研究，并由此诞生了新的学科，出现了许多优秀的相关研究成果。例如，主张部落歧视为前近代遗留者逐渐减少，探求近代性差别的差别论成为主流；"家族国家"不再被认为是前近代产物，而是近代国家的主流。西川祐子的《近代国家与家族模式》（吉川弘文馆，2000 年）就认为"近代国家下的家族即近代家族"。在殖民地研究方面，驹込武的《殖民地帝国日本的文化整合》（岩波书店，1996 年）、松田京子的《帝国的视线》（吉川弘文馆，2003 年）等均受到了"国民国家论"的影响，甚至出现了富山一郎、石原俊等人的"国内殖民地论"。①

总而言之，"国民国家论"为重新思考明治维新及日本近代史提供了一个较为新颖的视角。世界历史本来就是多线多元式发展，尽管具有一个大致的共同性方向，但如何认识传统在近代化中的作用以及日本近代化过程中的特殊性，仍然是历史研究学术界的重要课题之一。

（原载《日本学刊》2020 年第 3 期，收录于本书时有修改）

---

① 今西一「国民国家論と『日本史』」、『岩波講座 日本歴史 第 22 巻 歴史学の現在』、255-256 頁。

战后日本学术界对新兴宗教的研究

日本作为世界上对宗教最宽容的国家之一，不仅拥有远超其人口总数的各种宗教信徒成员，而且新兴宗教团体也为数众多，最多时达到 2000 多个，目前拥有一定规模、持续进行宗教活动的新兴宗教团体有 350～400个，① 信徒约占日本总人口的 1/10。② 正因如此，日本学术界有不少研究新兴宗教的学者，而且研究方法与研究成果也较多。本文大致按照时间顺序介绍新兴宗教研究的历史与现状。具体地说，尽管目前在日本学术界大多数研究者将新兴宗教团体称为"新宗教"，但在战后学术史上先后将其称为"民众宗教""新兴宗教""新宗教"等。当然，在同一时间段内也出现使用不同称呼的学术研究，即使同一个研究者也会改变其观点和定义名称。

一 民众宗教研究

在日本学术界，通常认为新兴宗教团体出现于江户时代末期，其后持续发展。因而战前已经出现相关学术性研究，特别是对教派神道的研究，例如中山庆一的《教派神道的形成过程》（森山书店，1932 年）、鹤藤几太的《教派神道的研究》（大兴社，1939 年）等。从书名也可以看出，这一时期主要是对教派神道新兴宗教团体——天理教、金光教等的研究，既没有涉及源自佛教的新兴宗教团体，也没有分析其他神道系的新兴宗教

---

① 石井研士『プレステップ宗教学』、弘文堂、2010 年、130 頁。
② 井上順孝『人はなぜ新宗教に魅かれるのか』、三笠書房、2009 年、18 頁。

团体，例如同样源自神道系的"生长之家""大本"等新兴宗教团体，因为这些团体常常被官方和媒体称为"新兴类似宗教团体""疑似宗教"等。

战后初期，日本的新兴宗教研究受二战前研究方法乃至其观念的影响较大，尽管有时也涉及其他新兴宗教团体，但总体性评价依然较低，例如渡边楳雄的《现代日本的宗教》（大东出版社，1950 年）、小口伟一的《日本宗教的社会性质》（东京大学出版会，1953 年）等。① 小口伟一明确指出，传统宗教的领导者作为职业工作者，为轻松获得金钱而进行宗教家的活动，在克服战后混乱世态的健全精神层面上没有发挥领导者的作用。与此相对，新兴宗教的兴起不足以成为对传统宗教的革新运动，它们不满于依然延续原始心性和巫术传统、咒语等的宗教行为。新兴宗教没有通过治病、现世利益等个人救济来聚集信徒并构筑社会变革的世界观。与其说大部分新兴宗教团体是宗教传统的革新，不如说其保留了主题变奏的内容，在大部分宗教中可以看到教义内容的共同性，这些都与民俗宗教的传统密切相关。②

尽管如此，战后初期日本新兴宗教团体急剧增加，其信徒规模迅速扩大。究其原因，一方面在占领时期，以美国为首的盟军总部对日本实施非军事化、民主化改革，确立了信教自由的制度保障。尽管 1951 年 4 月颁布的《宗教法人法》比 1945 年 12 月颁布的《宗教法人令》在有关宗教团体的界定上稍微严格些，但比 1939 年制定的《宗教团体法》要宽松得多，同时将税收优惠措施的适用范畴扩大到所有宗教团体，因而许多新兴宗教团体纷纷登记为宗教法人。尽管如此，大多数还是战前已经成立的新兴宗教团体，战争结束后出现的新兴宗教团体较少。另一方面，日本自 1955 年开始进入经济高速增长时期，这也是新兴宗教团体规模迅速扩大的阶段。战前信徒超过百万的新兴宗教团体只有天理教，但 20 世纪 60 年代信徒超过百万的新兴宗教团体有创价学会、立正佼成会、灵友会等，创价学会的成员甚至达到数百万之多，其组织方式、运动形式也发生了较大的变化。

---

① 井上順孝「新興宗教から近代新宗教へ—新宗教イメージ形成の社会的背景と研究視点の変化」、堀江宗正編集『宗教と社会の戦後歴史』、東京大学出版会、2019 年、267-292 頁。
② 小口偉一『日本宗教の社会的性格』、東京大学出版会、1953 年、72-103 頁。

这些团体不仅开展宗教活动，大多也涉足政治、经济、文化、教育、医疗等行业，甚至设立政党进入政界，建立大中小学、幼儿园等教育机构和医院，在国际上也积极传教或开展交流活动。

受上述社会现象的刺激，日本学术界对新兴宗教团体开始进行较为深入的学术研究，其中具有代表性的学者有村上重良（1928—1991年）和高木宏夫（1921—2005年）等。村上重良从东京大学文学部宗教学宗教史学科毕业，曾任庆应义塾大学讲师。作为日本共产党的成员，他发表、出版过批判创价学会和公明党的论著，后因反对1974年日本共产党与创价学会达成妥协而被开除出党。村上重良主要以历史学研究方法论述新兴宗教，但其使用的词语是"民众宗教"，研究对象也主要是幕末维新时期出现的新兴宗教团体，尤其注重考察与国家神道相对立的民众主导的教派神道宗教团体。村上重良的奠基作是1958年出版的《近代民众宗教史研究》（法藏馆，1958年，增订版1963年，修改版1972年），其中写道："在幕末维新时期从民众生活中诞生、得到民众支持的诸多新宗教中，大半是战前被称为'教派神道'的宗教，可以暂称为'近代民众宗教'。"① 1971年出版发行的岩波书店《日本思想大系》第67卷为《民众宗教的思想》，收录了如来教、黑住教、天理教、金光教、富士讲、丸山教的基本文献和教典。关于收录方针，村上重良说明道："在选定收录的文献时，原则上是在这个时期②的民众宗教中，其教义具有独特、明确的体系，经得起思想史的评价，并且对整个日本社会有一定宗教、思想影响的教典。"③

村上重良对幕末维新时期民众宗教的研究刺激了60年代以鹿野政直、安丸良夫为代表的学者对民众思想史的论述，因为民众宗教的思想与民众斗争、民众运动的思想有密切关系。正如鹿野政直所说，"通过向绝对者回归，在与传统秩序完全对立的新秩序这一点上，在神秘的束缚中包含革命的萌芽"。④ 所谓"农民的变革思想"，从黑住教、天理教、金光教中可

① 村上重良『近代民衆宗教史の研究』、法藏館、1958年、5頁。
② 幕末维新时期。
③ 村上重良・安丸良夫『日本思想大系　67　民衆宗教の思想』、岩波書店、1971年、564頁。
④ 鹿野政直『資本主義形成期の秩序意識』、筑摩書房、1969年、155頁。

以看到，在这种民众思想史研究中，黑住教、天理教、金光教的特征正是安丸良夫所说的"现世利益性、一神教的普遍神与救济观念、人性变革与生活规律"。① 显而易见，安丸良夫是将村上重良的研究成果放在民众思想史的脉络中加以评价与定位的。

换句话说，60 年代中期以后，日本的研究者不再局限于以西欧合理主义、自由主义思想批判天皇制国家意识形态，而是出现了从民众思想、民众宗教中重新认识日本近代化的动向。② 例如，安丸良夫认为，在包含武士阶级儒家道德的民众通俗道德中，虽然没有变革社会、创造新社会的思想，但可以看到农民、商人自发磨炼自我的契机。近代末期农民遭到封建权力和商业高利贷资本的剥削，进入明治时期仍被财阀资本主义、寄生地主剥削，即使遵循通俗道德刻苦劳动也难以取得成功，而且民众唯心论式地理解社会阶层的上升和没落对社会权力集团来说是有利的。然而，作为通俗道德实践者的民众有时会将不走运常态归结为自己的心态，在体验民俗宗教的神迷之际而重新信仰它。一位普通民众超水平神体验显示的宗教能力、教义与同样陷入社会不安、疾病、贫困、纠纷等苦恼的民众产生共鸣，从而形成民众宗教的初期信徒集团。民众宗教的主要教义除宗教因素外仍然是通俗道德，没有总体认识社会结构的志向。因此，社会批判的根据只是对自己遭遇不幸的诅咒、对世间道德颓废的不满，社会变革也停留在宗教蓝图性所描述的只有遵守通俗道德民众才能够安居乐业的理想之乡。③

如果将幕末以来的新兴宗教看作改革的"起点"，则否定了其战前"淫词邪教"④ 的印象，而且使其成为具有半封建性质的近代天皇制意识形态的对立面，由此决定了民众宗教对民众思想史研究的决定性影响。但这种历史学、思想史学式的定义具有局限性，也就是将 18 世纪以前和 20 世

---

① 安丸良夫『日本ナショナリズムの前夜』、朝日新聞社、1977 年、71 頁。
② 櫻井義秀「新宗教教団の形成と社会変動—近・現代日本における新宗教研究の再検討」、『北海道大學文學部紀要』第 46 卷第 1 号、1997 年 9 月、111-194 頁。
③ 安丸良夫『日本の近代化と民衆宗教』、青木書房、1974 年、87-146 頁。
④ 江户时代对有别于传统宗教的民间信仰的称呼，即将有伤风化的"小说淫词"与冲击封建正统意识形态的"异端邪教"合并为一个概念，近代日本政府和媒体有时使用该词称呼部分新兴宗教，但更多使用"类似宗教"一词。

纪以后的新兴宗教排除出民众宗教的范畴，因而宗教学、宗教社会学领域的学者更多使用"新宗教"这一称呼，认为这一概念的范畴能够涵盖近代以来的所有新兴宗教团体，具有普遍性。[①]

实际上，在20世纪50年代，"民众"这一概念在历史学和思想史学界并没有特别的意义，但60年代民众思想史研究兴起后，其含义区别于"人民""国民""庶民""大众"等概念，带有"传统性、土著性、底层性、日常性"的意识形态色彩，与民俗学的"庶民"概念较为接近，因而民众史、民众思想史的兴起开创了历史学与民俗学的相互交流之路。民众宗教也深受这一动向的影响，因而在进入70年代以后，对新兴宗教团体的研究也出现了批判性的变化。例如，在对金光教的研究中，有观点认为，到明治初年，其教义已经与创始时期存在较大差异，甚至动摇了草创时期最高神的地位，由此也可以看出民俗学对民众宗教研究的影响。[②]

进入80年代以后，民俗学进一步影响到民众史及民众思想史学、宗教学及宗教社会学对新兴宗教团体的研究，例如安丸良夫在"民俗性对抗"的宏观视角下探讨幕末维新时期民俗信仰的变化，提出一个新的研究方向，即放弃过去曾经主张的"反叛的民众及其对有限近代天皇制的屈服与担忧"。这一新论点最后集结为1992年由岩波书店出版的《近代天皇观的形成》，从中也可以看出宗教社会学的影响。其实宗教学、宗教社会学领域的研究也受到民俗学的影响，例如岛薗进从民俗信仰结构性变动的视角分析民众宗教的出现，改变了过去的近代民众宗教观，也较大地改变了通过对抗达到近代的民众观。[③]

直到90年代，民众宗教的研究仍然持续并且出现了新的变化。韩国也是世界上对宗教比较宽容的国家之一，因而研究者也比较多，但韩国的学

① 対馬路人・西山茂・島薗進・白水寛子「新宗教における生命主義的救済観」、『思想』第665号、1979年。
② 宮田登『生き神信仰』、塙書房、1975年；宮田登『近世の流行神』、評論社、1976年；宮田登『民俗宗教論の課題』、未来社、1977年；など。
③ 島薗進「民俗宗教の構造的変動と新宗教」、『筑波大学哲学思想学系論集』第6号、1980年。

术界多从宗教学、民俗学、社会学等视角研究新兴宗教团体。最初是日韩两国的宗教研究者之间进行学术交流，后来扩展到历史学、思想史学领域。尽管日韩在民众宗教研究上的方式、方法有所不同，例如对民族、国家、近代等概念的界定有较大差异，但对民众宗教有关宇宙观、末日观、生死观等方面的比较，在思想史研究领域共同提出了许多具有启示性的观点。一连串的学术交流和学术讨论会，其成果最后集结为《从宗教看亚洲近代》（柳炳德、安丸良夫、郑镇弘、岛薗进等编，鹈鹕社，2002 年）一书。

90 年代以后的民众宗教研究不再强调其独特性，而是从普遍性的视角加以分析。例如，神田秀雄质疑安丸良夫等人包含在"通俗道德"家族下的民众宗教观以及通过民众斗争视角论述秩序意识的主张，认为民众宗教建立在恢复与近代家族对立的"互惠性交欢"基础上，应从包括未来世界在内的救济者信仰视角分析民众宗教。[①] 另外，民众宗教研究也受到 90 年代兴起的"国民国家论"的影响，即幕末时期以来的民众宗教在国民国家形成过程中的自我定位及其变化。也就是说，国民国家形成中的国民化与近代民众宗教团体及信徒的动向密切相关，而且近代宗教行政与学术对宗教概念的界定及其通俗化，不仅影响到普通民众对新兴宗教团体的印象，而且影响到战后对新兴宗教团体的研究。[②]

另外，使用"民众宗教"称呼研究新兴宗教团体的代表性学者还有小泽浩。其代表性著作有《活神的思想史——日本近代化与民众宗教》（岩波书店，1988 年）、《民众宗教与国家神道》（山川出版社，2004 年）等，不过小泽也使用"新宗教"一词，例如《新宗教的风土》（岩波书店，1997 年）。即使是"民众宗教"概念的倡导者、奠基者村上重良，早期也将日本进入帝国主义阶段以后出现的新兴宗教团体称为"新兴宗教"（主

---

① 神田秀雄「19 世紀日本における民衆宗教の終末観と社会運動」、『歴史学研究』第 724号、1999 年 6 月；神田秀雄「近代移行期における伝統的社会の変容と民衆宗教」、柳炳徳［ほか］編『宗教から東アジアの近代を問う：日韓の対話を通して』、ぺりかん社、2002 年。

② 幡鎌一弘「明治期における社会と天理教」、『天理大学おやさと研究所年報』第 3 号、1996 年。

要指大本教派系和法华派系的在家修行教团），① 后来又将幕末以来的新兴宗教改称为"新宗教"（《新宗教——其行动与思想》，评论社，1980 年）。但"民众宗教"一词至今仍在使用，例如 2019 年出版了岛薗进、安丸良夫、矶前顺一的《民众宗教论：宗教性主体化是什么》（东京大学出版会）。需要指出的是，"民众宗教"概念大体上仅指"教派神道"，研究者也侧重该领域，较少涉及其他新兴宗教团体，这显然受到战前"类似宗教"概念的影响。

需要注意的是，在民众宗教研究中有这样一种论点，即认为民众宗教创始者的宗教思想达到比"天皇现人神"的复古主义更为合理的信仰水平，如果没有天皇制意识形态的压制，也许会成为与新教伦理媲美的宗教革新。② 这种论点评价过高，因为现在的民众宗教研究者从对天皇制意识形态对立的视角来看民众宗教，却忽略了一个事实，即当时的民众宗教和战后的新兴宗教、现在的新宗教一样，具有民俗宗教传统，即在教祖及教师的巫术神灵附体、灵界志向、咒术治疗法等影响下，广大民众才有可能成为信徒。其原因在于，从教团的文献资料看教义形成的方法，这在某种意义上与经典研究非常接近。教团稳定、成形化后的规定教义是合理的，立教时的混沌状态不可复原。另外，教义和实际的教团活动通常会有相当大的落差，信徒对文书的归纳形成对教团有利的资料。从这一点来看，幕末时期的民众宗教具有与现在新宗教相同的性质。正如新兴宗教研究者指出的宗教思想局限性那样，民众宗教研究除资料批判的严密性外，与研究对象保持距离的态度是必要的。村上重良就通过研究指出，从日本近代资本主义成立期的教祖、信徒们的阶级规定性来论述民众宗教、新兴宗教的革新性和界限的方法依然有效。通过采取在历史、社会状况中理解宗教思想、意识形态的态度，可以避免过高地评价宗教思想的历史意义。③

---

① 村上重良『近代民衆宗教史の研究』、法藏館、1963 年 2 版、193 頁。
② 小沢浩『生き神の思想史』、岩波書店、1988 年、24 頁。
③ 櫻井義秀「新宗教教団の形成と社会変動—近・現代日本における新宗教研究の再検討」、『北海道大學文學部紀要』第 46 巻第 1 号、1997 年 9 月、111–194 頁。

二　新兴宗教研究

1959 年岩波书店出版高木宏夫撰写的《日本的新兴宗教——大众思想运动的历史与逻辑》，学术界由此认可并正式使用"新兴宗教"一词。高木的研究方法接近社会学，研究对象是战后急剧增长的新兴宗教团体，大多是从组织论的视角探讨新兴宗教运动在较短时期内的巨大变化机制。高木宏夫 1949 年毕业于东京大学文学部宗教学科，其毕业论文为基于详细实地调查的《民众的宗教意识》。毕业后任职于东京大学东洋文化研究所，最初数年一直坚持进行实地调查。其最早研究的教团是天理教，因为当时天理教的最高首领中山正善是东京大学宗教学的毕业生，高木宏夫可以自由地查阅该教团早期的资料。

高木宏夫和小口伟一合著的《明治宗教社会史》指出，天理教的特征是信徒中"贫农和城市贫民较多""与民间信仰关系非常密切"；教祖出身"奈良县水田耕作村庄，当时日本农民因商品经济分化严重，从地主商人型的豪农跌落为贫民"；"社会问题的解决，在农村宗教中发挥了较大的作用"。① 在《宗教教团的形成过程——天理教的状况》一文中，高木宏夫写道，"宗教与社会组织及经济具有密切关系"，"在我国宗教的各种功能中，特别重要的问题是宗教组织起到维持、改造旧体制的较大作用，各种社会性问题消失在个人的宗教现实利益中，作为个人问题加以解决，具有不将社会性问题成为社会问题进行政治性解决的倾向"，"天理教是在封建制解体、向绝对主义转化的过程中发展起来的，信徒在社会阶层的解体和转化中得到增加"。② 在《日本人的宗教生活实体——从庶民宗教结构所见》中，高木宏夫进一步强调了这种具有唯物史观的经济社会作用。"日本经济社会的发展与宗教势力的消长具有极其密切的关系，经济危机时期有信

---

① 小口偉一・高木宏夫「第 5 章　明治宗教社会史」、開国百年記念文化事業会編『明治文化史　第 6 卷　宗教』、洋々社、1954 年、439-535 頁。

② 高木宏夫「宗教教団の成立過程—天理教の場合」、『東洋文化研究所紀要』第 6 号、1954 年、265-338 頁。

徒急剧增加的教团，也有村落在该时期流行新宗教。"[1]

实际上，"新兴宗教"一词早在高木宏夫与高臣武史 1956 年合著出版的《对生存的热情——从巫术到新兴宗教》（东都书房）中便已出现，1958 年高木宏夫又撰写出版了《新兴宗教——吸引大众的团体》（讲谈社）。"新兴宗教"一词流行的背景是新兴宗教团体规模迅速扩大并向政界扩展，例如创价学会 1955 年首次参加统一地方选举就获得了 52 个席位，1956 年初次参加参议院选举，获得 3 个席位，在全国选举区获得 99 万张选票。高木宏夫认为新兴宗教团体有积极的一面，他在 1959 年发表的《作为人众组织的新兴宗教——大众组织中的生活规律问题》论文中指出，新兴宗教具有以下打破民众停滞性的特征，即确立自我地位、起到令人觉醒的"进步作用"、萌发连带感或同志意识、出现具有独特思想的活动家等，因而具有"现代、进步作用的侧面"。"教理通常透过生活规律加以说明"，"在个人的日常行动中，有必须不断加以实践的简单伦理道德，这个规律成为理论与实践的结合点在运动中得以实施"。[2]

高木宏夫在 1959 年发表的另外一篇论文中写道："以前学者及评论家经常指出新兴宗教的现世利益及其咒语性质、教理的停滞落后性。……脱离这些客观主义的立场，客观地看信徒的主体性立场，现世利益不过是入教或坚定信仰的一个媒介，……作为生活规律来要求自己进行实践性的伦理道德，根据生活行动的变化取得人性的提高。""宗教生活的终极目的自然是观念的东西，但在信徒看来日常生活就是为实现其目的而行动，因为时常将利益作为验证的对象，地上天国既具有观念上的内容，也是极为具体的东西，在这个意义上说，新兴宗教的思想是现实的、具体的，不是观念的、抽象的。"[3]

高木宏夫 1959 年出版的《日本的新兴宗教——大众思想运动的历史

---

[1] 高木宏夫「日本人の宗教生活の実体―庶民宗教の構造よりみた」、創文社編集部編『現代宗教講座 第 5 巻 日本人の宗教生活』、創文社、1955 年、211-256 頁。

[2] 高木宏夫「大衆組織としてみた新興宗教―大衆組織における生活規律の問題」、『中央公論』第 74 巻第 1 号、1959 年、209-217 頁。

[3] 塚田穂高「高木宏夫の新興宗教研究・再考」、東京大学文学部宗教学研究室編『東京大学宗教学年報』第 25 号、2007 年、31-48 頁。

与逻辑》之所以产生较大影响，一方面是因为这是首次系统阐述新兴宗教的专著，另一方面是因为该书将新兴宗教放在主流大众思想运动史中加以阐述，同时又将其与正在如火如荼展开的革新运动及其革新政党联系起来加以评述。在该书前言中，作者明确写道："新兴宗教的科学性研究原来只是集中批判其教理，几乎缺乏从大众思想运动的视角加以分析的研究。因此，我们将其作为大众思想运动进行研究的同时，必须认识到其在日本主流大众思想运动中的适当地位。新兴宗教的信徒主观上以建设理想社会为目标而参与运动，因而与革新阵营实现科学理想的社会运动自然具有共通之处，应该将两者应有的运动方式加以比较和分析，从权利的角度阐明目前大众思想运动的影响及其相互关系。以新兴宗教是低俗的、后进的、政治的、反动的思想为由而否定全部大众思想运动，这种评价是错误的。这种单纯的否定论也不会正确评价正在展示的大众创意和能量。"①

《日本的新兴宗教——大众思想运动的历史与逻辑》包括日本人的宗教生活、明治以后的大众思想运动（战前的大众思想教育、战前的新兴宗教）、战后的大众思想运动（革新阵营的大众思想运动、战后的新兴宗教）、新兴宗教的运动形态（组织形成的各种条件、大众思想运动的展开、完成阶段的教理、完成阶段的组织）、新兴宗教引发的各种问题（新兴宗教缔造什么样的人、在思想方面与革新阵营的比较、在组织方面与革新阵营的比较）、若干结论等章节，篇幅不长，基本内容围绕大众思想运动及其与革新阵营的比较展开。在结语中，作者认为新兴宗教团体不仅给保守政党带来正面作用，而且对资本一方而言也存在有利的因素，因而革新阵营如何通过正确的大众教育活动争取新兴宗教是重要的课题。

受"安保斗争"的影响，进入 20 世纪 60 年代后，高木宏夫甚至对新兴宗教团体与政治社会运动的结合加以评论，即将新兴宗教作为大众思想运动成功的因素分析政界革新阵营与工人运动的问题。例如，"我们作为具有认真、优秀人格的人必须以平等心态倾听大众的苦恼，建造成为谈话伙伴的体制，必须建造确信这是自己生存价值场所的组织。如果缺乏这些

---

① 高木宏夫『日本の新興宗教—大衆思想運動の歴史と論理』、岩波書店、1959 年、iii 頁。

就不能阻止新兴宗教的扩张"。① 进入 70 年代以后，随着新兴宗教团体规模发展处于停滞时期，高木宏夫的相关研究不仅数量较少，而且观点也发生了较大的变化。概括地说，其对新兴宗教团体的评价较为消极，明确认为从幕末直到战后，新兴宗教没有形成主体性的信徒，也没有面向社会变革，却使信徒们处在反动、后进的状态，没有起到任何的积极作用。例如，"无论是在绝对主义天皇制的末期，还是战后社会的变革时期，新兴宗教的信徒们没有发挥显著的现代化作用"；② "灵友会、创价学会、立正佼成会等日莲系教团几乎所有的信徒生活在远离社会主义运动的地方，没有参加'改变社会'的活动"。③ 尽管前后观点有不一致的地方，但高木宏夫认为新兴宗教团体的教义具有反动性、后进性，并从社会经济的视角加以分析，对其保持批判、启蒙的"立场"，同时利用下述"方法"，即在当事人认识及组织运动方式上阐明教团内在的逻辑，从某种意义上说这种方法论是成功的。④

高木宏夫将新兴宗教运动置于日本近代的大众思想运动中，认为明治政府进行的天皇制绝对主义教化运动以及自由民权运动、左翼运动、战后革新阵营的工人运动等是自上而下的大众教化、动员，与其相反，新兴宗教是下层民众自行开展思想运动并获得成功的事例。尽管新兴宗教的思想具有将大众从社会不安、苦恼中拯救出来的广泛社会运动意义，但问题是作为个人心态的反映，有一个颠倒的社会认识，即对具体社会问题如疾病、贫困、纠纷的产生，信徒对教祖、导师无条件服从，没有形成民主式的组织。因此，虽然革新阵营的各种运动应该大力学习新兴宗教生活规律带来的理念内部化、集会一体化、领导者经验主义的组织营运能力、大众

---

① 塚田穂高「高木宏夫の新興宗教研究・再考」、東京大学文学部宗教学研究室編『東京大学宗教学年報』第 25 号、2007 年、31-48 頁。

② 高木宏夫「日本近代と新興宗教運動」、丸山照雄編『変革期の宗教』、伝統と現代社、1972 年、132-147 頁。

③ 高木宏夫「世直しの思想」、清水雅人ほか『新宗教の世界 I 新宗教の諸問題』、大蔵出版、1979 年、85-102 頁。

④ 塚田穂高「高木宏夫の新興宗教研究・再考」、東京大学文学部宗教学研究室編『東京大学宗教学年報』第 25 号、2007 年、31-48 頁。

本位的教化方法、大众动员等，但最终得到理性社会认识而形成民主社会的主体应该是新兴宗教以外的群众运动。高木从组织论的视角分析新兴宗教的运动形态，即在任何时代都有民间信仰小集团在一定社会背景下成功地发动群众，进而发展为组织的可能性，其论述水平较高。战后，由于疾病、贫困、争端，群众陷入社会不安之中，而且为解决问题提供力量源泉的家庭、村庄、工作单位等共同体性质的成分减少，大众在新兴宗教小集团活动中寻找人生向导、身边的人际关系。高木的分析并不仅仅局限于新兴宗教兴盛的社会因素，还详细地分析教团发展阶段及教义组织的合理化、与自然科学及传统社会制度的磨合过程，以及宗派活动的组织条件、流动信徒因教团内地位上升而得到在世俗社会无法体会到的充足感等活动的动机等。[①]

总的来说，"新兴宗教"这个名称抓住了新兴宗教集团的活动时期，可以理解加入宗教活动的信徒动机、教团发展的社会背景，但批判刚刚兴起的教团的宗教观、礼仪。实际上，现在成为大教团的新兴宗教团，其当时的教义、礼仪、信徒动员的方法就是采取与现世利益紧密相连的咒术性宗教行为。堀一郎感叹，不少新兴宗教团利用咒术性现世利益吸引信徒，勤劳大众的一点金钱变成大殿堂、大伽蓝等巨大建筑物。迷信、俗信之类受到民众支持的文化残缺性不仅来自农耕祭祀型的民间信仰，传统宗教的衰落也是咒术繁荣的原因。"宗教不是通过使用咒术来引导民众获得更高拯救，而是产生咒术征服宗教、接近民众，民众使用咒术挽救宗教的讽刺现象。"[②] 不能否认，日本新兴宗教热无论在什么时代都会反复出现这样的观点。

不过，与新兴宗教研究者的预测相反，将咒术要素合理化，将民众宗教本来的通俗道德体系化，这样的宗教集团取得了前所未有的扩大和成功。这是因为战后依然重视勤劳、和平的通俗道德，既没有恒产、也没有组织背景的平民成功的唯一途径，是在阶层平均化的税收制度和经济高速

---

① 高木宏夫『日本の新興宗教』、岩波書店、1954年、85-154頁。

② 堀一郎『日本宗教の社会的役割』、未来社、1962年、144-153頁。

增长中实现的。这种通俗道德自明治以来与通过学历主义获得成功的方式相结合，给予难以阶层上升的普通人一点希望，也是他们宣泄不满情绪的渠道。新兴宗教团体的成长之所以停滞，是因为日本整体的上升志向处在暗淡时期，而之后详细叙述的新新宗教兴起是在低速增长、前途不安的时代出现的。①

其后使用"新兴宗教"词语研究新兴宗教团体的代表性学者是佐木秋夫，其代表作有《新兴宗教——其产生的现代条件》（青木书店，1960 年）、《新兴宗教的系谱——天皇制的产物》（白石书店，1981 年）等。

三　新宗教研究

为区别旧的新兴宗教团体与新的新兴宗教团体，1979 年社会学家西山茂在其发表于《历史公论》上的《新宗教的现状——面向"后现代化"的意识变化视角》论文中首次提出"新新宗教"这一概念，认为随着第一次石油危机及经济高速增长后富裕社会的到来，以巫术性神秘主义和末日论式原本主义为特征的一种新型宗教抬头。特别是 20 世纪 80 年代以后"幸福科学""奥姆真理教""统一教会"等新兴教团的出现与急速扩展，大众媒体将其称为"新新宗教"。沼田健哉撰写出版了《现代日本的新宗教》（创元社，1988 年）、《宗教与科学的新乐园——以新新宗教为中心》（创元社，1995 年）等，指出"新新宗教"不仅强调神秘现象，也依靠伪科学吸引年轻人。

井上顺孝在《"新新宗教"概念的学术有效性》一文中指出："充实的新宗教研究有宏观分析视角与微观分析视角以及连接两者的视角，新新宗教论属于这个联结点的研究。……这一概念是否有效取决于能否将微观、宏观的课题有效地结合在一起。"② 尽管如此，由于"新新宗教"本身

---

① 櫻井義秀「新宗教教団の形成と社会変動—近・現代日本における新宗教研究の再検討」、『北海道大學文學部紀要』第 46 巻第 1 号、1997 年 9 月、111-194 頁。
② 井上順孝「〈新新宗教〉概念の学術的有効性について」、『宗教と社会』第 3 号、1997 年 6 月、3-24 頁。

含义的界定较为含糊，这一词语并没有流行开来，甚至诸如《广辞苑》《大慈泉》等著名大词典也没有将其单独列为词条。但随之而来的问题是如何称呼不同时期的新兴宗教，对此也曾出现过"后新宗教""超新宗教""近代新宗教"等名词。其中的"近代新宗教"与传统宗教关系较深，可以看作传统宗教的近代形态，特别是源自佛教系的创价学会、立正佼成会、真如苑等，是在家佛教团体。由是，新兴宗教可分为与传统宗教关系较少的"超宗教"以及与传统宗教关系较多的"新宗教"，后者占多数。①

尽管本文中使用的"新宗教"概念出现时间较晚，但可以追溯到战后初期。1951 年成立的"新日本宗教团体联合会"（以下简称"新宗联"）由"新宗教团体联合会"和"日本新宗教联合"两个团体合并而成，但"新宗教"这个词语在名称中消失了，一直到 1963 年"新宗联"调查室编辑出版的《战后宗教回想录》中出现"新宗教"一词，其用意是取代当时带有歧视含义的"新兴宗教"一词。尽管如此，该词在 10 年后才逐渐被学术界和媒体使用，特别是大藏出版社在 1978—1979 年出版五卷本《新宗教的世界》、1980 年新兴宗教研究领域开拓者村上重良撰写并出版《新宗教——其行动与思想》、1981 年出版资料文献集《新宗教研究调查指南》（井上顺孝、孝本贡、盐谷政宪、岛薗进、津岛路人、西山茂、吉原和男、渡边雅子等合著，雄山阁）等书后，"新宗教"才作为专门术语固定下来。② 但正如神田秀雄所指出的那样，"新宗教"这一概念也有其局限性，即"以当代各种宗教存在为前提，最大限度地忽略其历史性地位而对各种宗教进行分类与分析"。③

进入 70 年代以后，较为年轻的研究者纷纷展开对新兴宗教团体的个案研究，其中最为活跃的是 1975—1990 年的宗教社会学研究会（以下简称"宗社研"）下属研究团队，成员有井上顺孝、孝本贡、岛薗进、对马路人、西山茂、渡边雅子等学者。该团队时常举办学术讨论会和开展共同调

---

① 井上顺孝「新宗教研究の射程から—新興宗教から近代宗教へ」、『月本昭男先生退職記念献呈論文集』（第 1 巻）、聖公会出版、2014 年。

② 井上顺孝［ほか］編『（縮刷版）新宗教事典・本文篇』、弘文堂、1994 年、2 頁。

③ 神田秀雄「近世後期における宗教意識の変容と統合」、『日本史研究』第 368 号、1993 年。

查活动，同时最早广泛使用"新宗教"一词，其理由是当时大众传播媒体使用的"新兴宗教"多带有贬义，"民众宗教"的范畴又不够宽泛，而且近代出现的新兴宗教团体是具有时代特征的宗教。"新宗教"一词带有更多的包揽性、中立性的含义，宗社研研究团队 1981 年出版的《新宗教研究调查指南》也反映了其意图。①

宗社研研究团队的成员来自宗教学、社会学、文化人类学、心理学、历史学、民俗学、文学等领域，反映了其对新兴宗教的研究涉及各个方面，与研究佛教、神道教、基督教、伊斯兰教等传统宗教的方法相同，因而提高了新兴宗教的研究水平，这一点在 1990 年出版的《新宗教事典》中也有所体现。其中之一是关于新兴宗教的时期划分，例如幕末维新时期出现的天理教、金光教等与战后开始活动的创价学会、立正佼成会、世界救世教等有很多不同，显示出社会变迁与宗教的关系。在近代化过程中日本社会发生变化，新兴宗教受其影响本身也出现新动向，因而新兴宗教出现的时期可分为二期、四期甚至六期。

1995 年"奥姆真理教"地铁毒气事件是新兴宗教研究的一个转换点，相关论著较多，其中代表性的有樱井义秀的《有关"奥姆真理教"现象的记叙》（《现代社会学研究》第 9 期，1996 年）、岛薗进的《现代宗教的可能性——"奥姆真理教"与暴力》（岩波书店，1997 年）、岛田裕巳的《"奥姆"——为何宗教产生恐怖主义》（特朗斯彼，2001 年）等。尽管这些论著各有独特的见解，但共同之处是认为将信徒的入教与转向看作单方面精神控制之观点是错误的。② 与此同时，受"奥姆真理教"事件的影响，研究新兴宗教者明显减少，而且调查方法也被迫发生变化，完全接受新兴宗教团体理念的研究以及为"奥姆真理教"开脱的研究者受到社会的严厉批判。究其背景，一方面普通民众对新兴宗教团体的认识仍受战前邪教观的影响，另一方面也是研究者在整体评价新兴宗教团体上依然存在

---

① 井上順孝「新興宗教から近代新宗教へ—新宗教イメージ形成の社会的背景と研究視点の変化」、堀江宗正編集『宗教と社会の戦後歴史』、267-292 頁。

② 西山茂「日本の新宗教研究と宗教社会学の百年—実証研究の成果と課題を中心に」『宗教研究』第 78 巻第 4 号、2005 年、195-225 頁。

不足的地方。

新兴宗教出现的背景，首先是近代以来的工业化、城市化及随之而来的家庭形态急剧变化。也就是说，明治维新以后，人口急速流动，从第一产业向第二产业、第三产业转化，过去那种定居特定地区、与固定寺院具有密切关系的生活方式发生完全变化。在这一社会背景下，新兴宗教团体起到让国民进入新团体的作用。与此相对，巨大的社会变化也对宗教团体的活动形态产生影响。人们集结为团体的原理由原来的地缘、血缘逐渐变为社团缘乃至同志缘，宗教成为人与人之间联系的媒介，新兴宗教因生活在同一地区产生的关系与家庭关系逐渐弱化而信徒增加。例如，孝本贡通过对灵友会和妙智会的研究指出"祖先信仰"和"现世利益"是新宗教的两大特征，信徒的先祖是祭祀的夫妻双方先祖，供养他们可以左右现世中子孙的幸福与不幸，这种先祖观在下层市民中很有市场。①

在新兴宗教研究中，宗教与政治的关系也是一个重点。传统宗教与政治的关系很早以前就成为研究的对象，但在实施"政教分离"制度的战后日本，出现了像创价学会与公明党那样的新兴宗教团体，它们很快对政治产生影响，这在即使早已存在宗教政党的欧洲以及政教合一的伊斯兰世界也是少有的现象。正如针对藤原弘达的妨碍言论、出版自由事件而导致创价学会放弃国立戒坛且表明政教分离、"奥姆真理教"组织的"真理党"以及幸福科学组织的幸福科学党在参与国政选举之际利用各种媒体大肆宣传自己的主张所体现的那样，政治与宗教的关系也是新兴宗教研究的一个热点。该领域的代表作是塚田穗高的《宗教与政治的转换点——保守党合并与政教一致的宗教社会学》（花传社，2015 年）。

更为重要的是对新兴宗教团体信徒动机的研究，换句话说，就是探究什么样的理由使人们加入新兴宗教团体。经济因素是其中之一，经济不景气时期与稳定时期有不同的变化，贫穷、疾病、纠纷被认为是加入新兴宗教团体的主要原因。在经济高速增长结束以后状况稍微有所变化，因经济

① 孝本貢「新宗教における先祖祭祀」、『現代日本における先祖祭祀』、御茶の水書房、2001 年、145-198 頁。

问题加入新兴宗教团体的信徒占比明显减少，但疾病或人际关系仍然是重要的加入因素。另外，从宗教社会学的视角分析有关贫困问题，实际上这里的贫困并非单纯的贫困，而是比较标准不同的相对贫困论。①

新兴宗教团体规模的迅速扩大与高等教育的普及也有密切关系。战前日本在一定程度上普及了初等教育和中等教育，1945 年接受中等教育的比例大约为 45%，其后高等教育也得到普及。教育的普及有助于提高以印刷物为媒介的信息传递能力和接受能力，这成为许多新兴宗教团体大量出版教祖传记、教义解说、定期刊物等的社会基础。70 年代以后，随着电视、卫星广播、互联网等传媒被广泛利用，宗教与信息化的关系成为学术界探讨的一个热点，《新宗教事典》用了较大篇幅介绍新兴宗教团体在该领域的活动。另外，地域社会的变动与差异也是新兴宗教实证研究的重要领域，该领域的代表性著作有柳川启一、安斋伸编的《宗教与社会变动》（东京大学出版会，1979 年）、田丸德善编的《城市社会的宗教——滨松市宗教变动的诸相》（东京大学宗教学研究室，1981 年）等。

研究者还重视新兴宗教与传统宗教之间的关系，例如岛薗进分析了早期的新兴宗教与民俗宗教的密切关系，并认为从中出现飞跃而形成近代新兴宗教；西山茂着重研究日莲派系新兴宗教与日莲宗、法华宗之间密切的组织关系，提出"内栖性新宗教"的概念，即指从传统宗教团体继承了宗教仪式核心部分的传统宗教团体内的新宗教。② 随着新兴宗教团体的增加，即使每个宗教团体各有特色，新兴宗教、民俗宗教与神社神道、佛教派系的关系密切程度也超过想象。三木英等人对生驹山宗教的实证研究证明了新兴宗教与民俗宗教的关系难以区分。③

"奥姆真理教"事件发生后，学术界对新兴宗教负面因素的研究增多。战后对新兴宗教的批判性言论多出自媒体记者和传统宗教相关者，新兴宗教研究者在分析研究对象时大多尽量不带有价值判断，但该事件发生后有

① 森岡清美『現代社会の民衆と宗教』、評論社、1975 年。
② 西山茂「新宗教の特徴と類型」、東洋大学白山社会学会編『日本社会論の再検討：到達点と課題』、未来社、1995 年、147-168 頁。
③ 宗教社会学の会編『生駒の神々─現代都市の民俗宗教』、創元社、1985 年；宗教社会学の会編『聖地再訪生駒の神々─変わりゆく大都市近郊の民俗宗教』、創元社、2012 年。

关邪教问题受到社会关注，因而邪教问题也成为研究的一个重要课题。尽管樱井义秀以"统一教会"为中心研究邪教问题，[①] 但研究邪教问题的论著大多以"奥姆真理教"为典型事例。宗教团体实施无差别的恐怖事件是近代日本宗教史上前所未有的事情，这迫使研究者或多或少地转变意识，也就是"性善说"发生了变化。

新兴宗教研究是观察同一时期的社会状况，因而研究方法较为多样化，例如可以与创始人和骨干信徒直接面谈，也可以采访那些脱离教会者寻问其离开的理由，还可以参与教会的活动，得到没有文字化的信息，同时对复数教会进行比较研究。宗教团体在形成过程中，不仅可以参考其本身对外发布的信息，而且可以更多地考察外部对其的反应，也就是对其批判的信息，自然也有宗教团体方面的反驳，即"残留的宗教"成为历史资料的中心。

即使在幕末维新时期成立的新兴宗教团体也有反对者的声音保留下来，例如当时的报纸杂志或其他活字印刷物，战后还可以从电视等影像资料中获得相关信息，特别是进入互联网时代后，可以看到无数有关宗教的信息，无论是肯定还是否定，均努力阐述自己的主张。研究者可以依据双方的资料，从各种角度加以论述。一个新兴宗教团体既有热心的信徒，也有形式上的信徒，既有无情的批判者，也有同情的批判者，因而具有复杂的人际关系，可以从网络状态论的角度进行分析。

新兴宗教团体往往衍生出许多团体，对其他宗教团体的创始人也会产生思想上的影响。例如，世界救世教系的教团超过 20 个，灵友会系的教团有 20 个左右，天理教系也有 10 个以上的分派教团。[②] 传统宗教也有分派，新兴宗教分派有独特原因。例如，世界救世教和灵友会的组织结构是一个重要因素，支部独立性较高的教团容易分派。另外，创始人去世，后继者竞争也容易分派。世界真光文明教团创始人冈田光玉 1974 年去世引起的纷争是典型事例，关口荣与冈田惠珠各自主张自身是教团继承人，最后上诉

① 櫻井義秀『「カルト」を問い直す—信教の自由というリスク』、中央公論新社、2006 年。
② 弓山達也『天啓のゆくえ—宗教が分派するとき』、日本地域社会研究所、2005 年。

到最高法院，关口获得承认，冈田惠珠则于1978年新建崇教真光教团。

宗教有时代与地域的差异，领导人交替时如何适应新需求是一个关系到教团生存的大课题，各地支部也要适应地方特色，因而对新兴宗教的认识也丰富起来。新兴宗教的团体比较多，其中一部分发展为巨大教团，与产业形态、城市化、家族状态以及教育普及等有密切关系，其变化与地域、社会阶层、年龄层也有较大关系。从认知宗教学的角度出发，适应固定状态也是一种认识途径。日本的寺院将会减少，可将传统宗教与新兴宗教加以比较。从生死观、祭祀等文化角度分析也有必要。此外，全球化时代也会对其产生影响。1964年东京奥运会前后访问日本的游客每年有二三十万人，2010年有1000万~2000万人，这也是宗教传播的机会。①

总结以上的研究史，即对从近世后期开始到明治、大正、战时、战后的民众宗教、新兴宗教、新宗教进行的研究，首先可以看出时代背景的影响。由于日本战败投降，以美军为中心的盟军占领日本并对其进行改造，因而主张日本落后型的"讲座派"马克思主义在学术界影响较大。以村上重良为代表的新兴宗教研究者运用唯物史观的研究方法，以国家权力下近代化之前民众自身近代化的萌芽和天皇制意识形态压制下的教团形态为焦点，将幕末维新时期的新兴宗教看作推动历史发展的人民斗争的组成部分，不仅将其命名为"民众宗教"，而且肯定其在历史发展中的积极作用。尽管高木宏夫的新兴宗教研究接近社会学的研究方法，但在很大程度上仍然是村上重良研究方法的延续，是在战后的民主主义思潮中，近似从消除前现代化的视角进行社会批评。同时，将战后初期急速扩大规模的新兴宗教团体作为研究对象，而且高木宏夫从社会组织论的角度比较新兴宗教团体与革新政党的异同，其政治性倾向显而易见，其结论也有前后矛盾的地方。也许正因如此，其在学术史上的影响力不如民众宗教的研究者。从20世纪70年代开始，日本学术界深受欧美国家社会学的影响，不仅作为研究对象的新兴宗教集团发生了变化，而且研究的方式也不一样，其问题意识

---

① 井上順孝「新興宗教から近代新宗教へ—新宗教イメージ形成の社会的背景と研究視点の変化」、堀江宗正編集『宗教と社会の戦後歴史』、267-292頁。

更加重视以宗教集团的实际情况调查为中心的现代宗教研究。这种田野调查式的研究方法，更容易把握新兴宗教的真实面貌，也有利于客观评价新兴宗教团体的社会功能，但将宗教集团作为其自身来接受、远离宗教批判观点是其研究的一个问题。① 因此，1995 年"奥姆真理教"地铁毒气事件之后，日本学术界也在反思新兴宗教研究中的问题意识及研究方法，不仅与新兴宗教团体拉开一定距离进行观察，而且不带有先入为主的观念，更重要的是，也重新审视新兴宗教团体的负面影响。

（原载《日本文论》第 2 辑，社会科学文献出版社，2020，收录于本书时有修改）

---

① 櫻井義秀「新宗教教団の形成と社会変動—近・現代日本における新宗教研究の再検討」、『北海道大學文學部紀要』第 46 卷第 1 号、1997 年 9 月、111-194 頁。

试论日本的地主制与早期
资本主义的发展

对日本近代史上的地主土地所有制，学术界争论颇多。多数学者认为它是封建制度的残余，它的存在和发展是明治维新这场资产阶级革命不彻底的重要表现。但据近年来的研究成果，笔者认为有必要对这一课题重新进行探讨。本文试图通过具体分析地主制与早期资本主义发展的关系，阐明地主制的历史地位及作用。

一

日本地主①，在领主土地所有制占统治地位的幕藩封建社会中，作为一个新兴的中间剥削阶层，它是伴随着社会生产力的提高和商品经济的发展而产生的。它的出现和发展对领主经济是一个瓦解的因素，并为此受到封建统治阶级的限制和打击。因此，新兴的地主阶层在不同程度上参加了推翻幕府的资产阶级革命。尊王攘夷、倒幕运动中的"豪农"就是这一阶层。通过明治维新，他们成为合法的土地所有者，并依仗自己的政治、经济优势，在小农没落的基础上，迅速发展起来。

在日本近代史研究中，一般均把明治维新后地主所有土地的保留视为资产阶级革命不彻底的一种表现。但实际上，在资产阶级领导的资产阶级

---

① 本文论述的地主是指 5 町步（约 5 公顷）以上的土地所有者，即日本学术界所说的依赖地租可以生活的寄生地主。参见大桥博：《地方产业的发展和地主制》，临川书店 1982 年版，第 6 页。

革命中，领主土地所有制的废除以及地主土地取得合法地位，几乎是不可避免的现象。即使在被看作最彻底的资产阶级革命——法国大革命中，地主的土地也没有受到触动，从而保留下来。其原因如下。

第一，在领主土地所有制占统治地位的国家里，资产阶级革命在变革旧经济基础方面的首要任务，就是废除这种封建的土地所有制，消灭农村共同体诸原则，创造绝对自由的土地私有制，为资本主义的发展开辟道路。至于以何种方式和在多大程度上满足农民的土地要求，则主要依据革命阵营中阶级力量的对比。

第二，资产阶级革命充其量是用一种剥削制度代替另一种剥削制度，它把私有财产看作神圣不可侵犯的。作为革命的领导者资产阶级，它如果否定了并非凭借封建权力形成的地主的土地所有权，势必会危及自己的私有财产。更何况它同地主阶层在经济上有着密切的联系，常常是一身二任的。从某种意义上说，资产阶级与地主是商品货币关系发展带来的一对双胞胎。

第三，在领主土地所有制占统治地位的封建社会中，地主经济是作为领主经济的对立物成长起来的。前者的出现和发展破坏、瓦解了后者，因此，新兴的地主阶层与封建统治者有着尖锐的矛盾。在反对封建制度的资产阶级革命中，地主阶层积极地活跃在政治舞台上，在某种程度上领导了农村中的革命。而且一般说来，在资产阶级革命时期以及革命后的一段时间里，资产阶级大多尚未形成一个成熟的阶级，这样就使地主阶层在早期资本主义国家中占有举足轻重的地位。它绝不会将自己的财产拱手送给别人。非但如此，它还将利用自己的优势，迅速增加自己的财产。如果说地主阶层在封建社会中的成长曾受到国家权力的压制，那么资产阶级革命后，地主制则是在国家权力的保护下迅速发展起来的。

第四，在领主土地所有制占统治地位的条件下，无地农民、佃农不可能成为农民中的多数或主体。因此，他们还没有力量继占有份地的农民之后，也为自己争得土地的所有权。他们虽然参加了反对封建制度的革命，但他们的要求往往受到新政府的压制，得不到实现。

那么，保留地主所有土地是否意味着资产阶级革命不彻底？或者说，地主制的存在和发展是否阻碍了资本主义的发展呢？为回答这个问题，有必要对地主制与资本主义发展的相互关系作具体考察和分析。

马克思指出："土地私有权，从而对直接生产者的土地的剥夺——一些人拥有土地私有权，意味着另一些人丧失土地所有权——又是资本主义生产方式的基础。"① 这段话包含两层意义：一方面，大量土地集中在少数人手中，这就为资本主义大农场的出现创造了条件；另一方面，地主土地所有制的发展，加速了劳动者和生产资料的分离，为资本主义的发展提供了大量必需的劳动力。

明治维新后，由于允许土地自由买卖，地主得以迅速集中土地，从而使失地农民急剧涌现。农民丧失土地后，其出路之一就是充当雇佣工人。随着资本原始积累和工业革命的展开，为适应资本主义工业发展的需求，农村中的破产农民不断流入城市。从 19 世纪 80 年代开始，日本工人总数急剧增长。包括矿业在内，民办及官营工厂的工人数 1886 年约达 10 万人，1900 年约为 53 万人，到 1909 年激增到 115 万人。如果再加上运输、通信部门的工人，约有 150 万人。②

从农村来看，1887 年农家户数约占全国总户数的 70.10%，1909 年为64.07%，到 1912 年下降为 57.72%；③ 仅从 1898 年到 1903 年五年间，农民流入城市的总数达 175600 人。④ 但在另一方面，由于明治初年的资本主义工业尚未发达，再加上直接引进西方先进的技术设备造成资本有机构成高，限制了破产农民转化为雇佣劳动者的数量，使大量无地农民仍然留在农村，佃耕地以及佃农的数量不断增长。1884 年全国佃耕地率为 35.9%，1982 年达到 40.2%，到 1907 年增加到 44.9%。⑤ 1886 年全国佃耕农户有2397000 户，到 1891 年达到 2484000 户，五年时间增加了近 10 万户。⑥ 而佃农的增长又加剧了对佃耕地的竞争，使地主有可能不断提高地租。沉重

① 马克思：《资本论》第 3 卷，人民出版社 1975 年版，第 915 页。
② 大石嘉一郎：《日本产业革命的研究》上卷，东京大学出版会 1975 年版，第 134 页。
③ 高桥龟吉：《最近的日本经济史》，平凡社 1930 年版，第 400 页。
④ 青木惠一郎：《日本农民运动史》第 2 卷，日本评论社 1958 年版，第 490 页。
⑤ 古岛敏雄：《资本制生产发展与地主制》，御茶水书房 1963 年版，第 191 页。
⑥ 吉野城：《日本农民分化论》，大月书店 1958 年版，第 94 页。

的地租迫使佃农必须在农闲季节出外做工才能维持生活。由于这些"出稼型"（在一定期间离乡出外挣钱）的工人是为了补充家计而临时到工厂做工，城市资本家有可能以低于殖民地工人的工资和形同监狱式的劳动雇佣他们，从而降低生产成本，维持高额的利润。在这种高额地租与低工资制相互依赖的基础上，形成了资本家与地主的共同利益。

明治初年，由于生产力水平的限制以及上述原因，绝大多数的地主采用出租小块土地给农民耕种的经营方式。地主向佃农征收高达收获量68%的实物地租，其中除少数供自家消费外，其余全部投入市场变为货币。在缴纳地税后，地主手中仍剩有大量货币资金。从以下数字中我们可以大致估计地主资金的规模。从1884年到1886年，日本全国农业生产总额平均每年为3亿7500万元，同一时期佃耕地大约占耕地总面积的36%，那么地主土地上的生产额价值应为1亿3500万元。[①] 其中佃农所得一直为32%，国家所得三年平均为19.6%，地主所得平均为48.4%。[②] 由此推算，地主阶层的年纯收入约为6500万元。1884年国民收入只有2亿3400万元。[③] 这样看来，地主阶层就占其中的近30%。

地主阶层是如何运用这笔巨额资金的呢？他们除了自家消费以及用一部分资金继续购买土地、扩大其占有的土地面积外，还有相当一部分用来投资资本主义工商业，将其转化为资本。

明治政府对土地的重课以及对工商业少课或免课的税收政策是促使地主资金流往非农业部门的原因之一；另外一个原因则是国家对新兴工业的扶植和保护，使这些新企业能够获得稳定、高额的利润，这吸引了地主资金的投入，而且高额佃租也使地主除了购买土地以外，大多不亲自经营土地。因此，地主手中往往有相当数量的资金。例如岐阜30町步地主T家，从1879年到1884年，农业收入金额在扣除包括购买土地的各项支出后，剩余资金每年分别为817、849、1910、1715、126和815元[④]，在上述两个

① 大石嘉一郎：《日本产业革命的研究》上卷，第44页。
② 楫西光速等：《日本资本主义的成立》，东京大学出版会1956年版，第469页。
③ 楫西光速等：《日本资本主义发展年表》，东京大学出版会1956年版，第469页。
④ 坂井好郎：《日本地主制史研究序说》，御茶水书房1978年版，第56页。

原因的推动下，地主阶层基本上将这些剩余资金转移到农业以外的部门。

银行金融业是地主资金的主要投资场所。明治初年有许多银行是地主阶层兴办的。例如 1873 年成立的新潟县第四银行，9 名最大股东中有 6 名是 400 町步以上的大地主，其掌握的股票金额为该行总资本的 1/6。90 年代成立的新潟中条共立银行，最大的 6 名股东全是 1000 町步以上的大地主。① 投入银行的资本，在个别地主的资金中占有很大比重。例如岐阜县 60 町步地主 T 家，"农外"（农业以外的部门）投资金额共计 29120 元，其中银行投资为 21520 元，约占"农外"总投资的 74%。山梨县 46 町步地主奥山家，"农外"投资中的 85.9% 是投入银行业的。②

在经济比较发达、新兴工业迅速发展的中部地区，地主资金多被吸引到棉纺、制丝等部门。例如冈山县 370 町步大地主大原家，在 1889 年仓敷纺织公司成立时就开始向这家公司投资，到 1896 年共投资 127600 元，成为当地纺织业的最大股东。到 1902 年，大原家的"农外"投资共计四五十万元，其中纺织业投资约占投资总额的 43.3%。③

从 19 世纪 90 年代起，地主阶层的"农外"投资逐渐超过农业投资，从而使"农外"部门的收入超过农业收入。例如冈山县 100 町步地主梶谷家，在 1894 年到 1897 年的总收入中，地租所得为 40%~45%，股票收入却为 50%~55%。④

尽管我们对明治年间地主阶层的"农外"投资总额及其在整个国民经济中所占的比重难以做出准确推算，但根据上面介绍的种种情况，地主资金在日本资本主义工业化中起到了重要作用，这是毋庸置疑的。也可以看出，明治维新后地主土地所有制的发展在客观上起到促进资本原始积累的作用。一方面，地主阶层迅速集中土地，创造了大量没有任何生产资料的无产者，为工业生产提供了众多的廉价劳动力；另一方面，地主阶层拼命剥削佃农，将实物地租变为资金，投到工商业，推动了资本主义在这些部

① 守田志郎：《地主经济与地方资本》，御茶水书房 1963 年版，第 86、124 页。
② 坂井好郎：《日本地主制史研究序说》，第 212 页。
③ 中村政则：《近代日本地主制史研究》，东京大学出版会 1979 年版，第 105—107 页。
④ 坂井好郎：《日本地主制史研究序说》，第 272 页。

门的发展。

地主阶层除采用购买股票的方式投资工商业，坐享股息、红利外，还亲自创办企业，招雇工人进行资本主义生产。例如福岛县 500 町步大地主桥本家在 1881 年创办桥本制丝厂，雇佣工人 206 名。另外还在 1898 年和 1918 年分别创办郡山电气公司和大日本纺织公司。① 中越铁路创办总会成立于 1895 年，在 32 名发起人中，除 4 名是产业资本家和商业资本家外，其余 28 名全是当地地主，年收入超过 2000 石的就有 7 名。② 根据 1902 年的统计，在 3179 名 50 町步以上的大地主中，参与工矿业、商业、酿造业和金融业的有 909 名，约占总数的 28.59%；从事农业经营的，即多半以雇工自营的经营地主有 1120 名，约占总数的 35.23%；完全依赖地租生活的有 952 名，约占总数的 29.95%；其余 6.23% 的地主兼为自由职业者。③

这个统计材料说明，在明治维新后的半个世纪中，随着日本资本主义的发展，地主阶层也在很大程度上资产阶级化了。投资于工商业、金融业等的地主，已经兼备了资产阶级的身份。那些从事农业经营的地主，也逐渐采用资本主义的经营方式，这主要表现在使用雇佣工人进行生产上。1902 年，在 329 万农业劳动者中，兼作农业雇工的农民有 2161000 人，兼作农业部门以外工人的农民有 583000 人。使用雇工的农家有 23 万户，农忙季节雇工的农家有 30 多万户。④ 这些使用雇佣工人的地主正朝着既是土地所有者又是农业资本家的方向转化。但是，上述变化对整个地主土地所有制的影响并不是很大，因为进入 20 世纪以后，出租小块土地给无地或少地的农民耕种，进行高额实物地租剥削，仍是地主的主要经营方式。因此，所谓日本地主阶层的资产阶级化，主要是指他们中间的一部分人投资工商业，将自己的资金资本化了。他们既是地主又是资本家，而作为地主，则带有许多封建的因素，从而成为一个矛盾的统一体，这种现象从一个侧面

① 庄司吉之助：《地方资本主义的发展和地主制》，载历史学研究会编《明治维新与地主制》，岩波书店 1956 年版，第 310 页。
② 高井进：《明治期农民生活的地区研究》，雄山阁 1978 年版，第 56 页。
③ 野村耕作：《日本地主土地所有制的危机》，载历史学研究会编《日本资本主义与农业问题》，校仓书房 1970 年版，第 100 页。
④ 近藤康男：《日本农业论》上卷，御茶水书房 1976 年版，第 356 页。

反映了日本地主制与早期资本主义的关系。

在地主阶层的积极参与下，日本资本主义得到迅速发展。从 19 世纪 80 年代开始进入工业革命时期，到 20 世纪初，资本主义生产方式在日本基本确立。从国民经济各部门的生产规模来看，资本主义经济已占统治地位。1878 年，在 3 亿 9700 万元的国民生产总额中，农、林、水产业约占 67.5%；工商业约占 32.5%。到 1910 年，国民生产总额已达到 28 亿 8800 万元，其中农、林、水产业为 11 亿 3300 万元，约占生产总额的 39.2%；工商业为 17 亿 5500 万元，约占生产总额的 60.8%。[①]

随着社会经济结构的变化，阶级结构也发生了重大变化。资产阶级业已形成，力量逐渐强大，地主阶层势力相对减弱了。这一状况在国会中的反映则是资产阶级议员的增加和地主议员的减少。1890 年第一次国会开幕时，众议院地主议员约占议员总数的 48%，资本家和自由职业者议员约占 27.7%；1902 年分别为 31.9% 和 38.8%；到 1920 年地主议员下降到 20%，资本家和自由职业者议员却上升为 57.4%。[②]

二

地主制虽然在资本与劳动力方面对早期资本主义起到推动作用，但在资本主义生产方式确定后，情况发生了变化。社会总资本的积累已经取代了主要从农业部门获取资金的方式，劳动力的来源也开始从农村转向雇佣劳动力的再生产。所以，地主制对于资本主义的进一步发展已不是必不可少的，而在其他方面则成为资本主义发展的障碍。

在地主阶层的残酷剥削下，小农生活极为贫困，购买力十分低下，这样就限制了国内商品市场的开发。另外，出租地主的经营方式束缚了直接生产者的劳动积极性，限制了农业生产力的提高。这样，农业就不能满足工业日益发展的需求，由此加剧了地主制与资本主义的矛盾。在粮食市场

---

① 楫西光速等：《日本资本主义的发展》，东京大学出版会 1955 年版，第 81、360 页。

② 岩波讲座：《日本历史·15》，岩波书店 1976 年版，第 323 页。

问题上就是如此。由于日本产业工人的迅速增加，国内产米逐渐供不应求，每年需要进口大量粮食，最高年份（1904 年）达到 600 万石。地主阶层为了维持国内米价，以保证自己的利益，要求实行高关税政策。而资产阶级出于支付低廉工资的需要，则主张取消粮食进口税。从 1906 年起，地主阶层同资产阶级的代表在国会中展开激烈斗争，最终资产阶级取得胜利。1914 年第三十次国会通过法案，取消从朝鲜、中国台湾、库页岛等地进口谷物的关税。[①]

另外，受资本主义工业发展的影响，地主土地上的直接生产者——佃农为了争取应有的权益也同地主阶层展开斗争，这在经济比较发达的地区尤为明显。到 20 世纪最初十年末，佃农同地主的矛盾迅速激化，日本佃农斗争特有的方式——租佃争议也随之高涨。从 1920 年到 1926 年，平均每年发生 1582 件租佃争议。[②] 佃农在斗争中提出的要求不仅是减轻地租，也包括佃耕权，以及保证租佃农的地位及合法利润等。

在国家政权中已占据重要地位的资产阶级，深感地主制的存在是国内商品市场不能发展的原因之一，也是资本主义继续发展的障碍。所以，在佃农斗争日益高涨的同时，他们也积极活动，主张对地主制加以改革。1920 年，国家成立租佃制度调查委员会，该委员会在翌年提出第一个租佃法方案。其主要内容就是佃农对土地拥有佃耕权、对第三者有一定的抵抗力、租佃契约最低为十五年以及承认佃田耕地转让的自由等。[③]

总之，资本主义生产方式确立后的地主制受到内外两方面的夹击，其发生变化是必然的。由于资产阶级的反对，谷物高价市场已不复存在，而且由于佃农的斗争，地主阶层也不能为所欲为地提高地租。因此，他们过去那种把土地分成小块出租给农民、征收实物地租的做法已不是有利的经营方式，地主阶层只有在自己的土地上采用资本主义的农业经营方式才能摆脱这一困境。但地主阶层是否采用资本主义生产方式、地主土地

---

① 原秀三郎：《大系 日本国家史 第 5 卷·近代 2》，东京大学出版会 1978 年版，第 33 页。

② 楫西光速等：《日本资本主义的发展》，阎静先译，商务印书馆 1963 年版，第 219 页。

③ 这个方案由于受到地主的强烈反对而搁浅，仅在 1924 年实施了《租佃调停法》。参见晖峻众三：《日本农业史》，有斐阁 1981 年版，第 158 页。

所有制是否转化为资本主义土地所有制，除本身条件外，还受其他客观条件的影响。

从世界资本主义发展史来看，地主土地所有制的发展、变化受农业部门以外的资本主义发展的影响和制约。在资本主义尚未发达时期，破产农民向雇佣劳动者的转化受到限制，这些无地农民被迫留在农村谋生，必须利用地主的土地以及地主控制的山林、草地、牧场和池塘等，为此他们不得不接受地主提出的租佃条件。在这种情况下，对地主来说，将土地划分成小块出租给无地或少地的农民耕种，往往比自己雇工经营要有利得多。而且资本主义发展初期的生产技术水平还很低，农村史是如此。租佃小农还必须用自己简陋的农具耕种地主的土地，因此，集中生产显然不如分散经营优越，此时在地主土地上组织资本主义生产还不具备条件。

当然，随着资本主义的发展，地主土地所有制逐渐发生变化，而最终使地主土地所有制发生根本变化的是工业革命和工业革命引起的农业革命。

大机器工业对农业的影响是非常大的。一方面，"工业中心的形成、其数目的增加、以及它们对人口的吸引，不能不对整个农村结构产生极深远的影响，不能不引起商业性农业和资本主义农业的发展"。[1] 另一方面，农业机器的应用，"导致生产集中和资本主义协作在农业中的应用"。[2] "农业中使用机器愈来愈多，使劳动生产率不断提高，结果必然会发展纯粹资本主义的生产关系。"[3]

地主土地所有制就是在上述两方面原因的推动下，逐渐发生质的变化的。首先，机器大工业的发展，吸引了大批无地农民离开农村流入城市，这样就使地主土地上的劳动力日趋减少，过去那种将土地划成小块出租给农民的经营方式发生困难。其次，由于佃农的抵制，地主也不能继续获得高额的利润。反过来说，大工业的发展能够给农业提供廉价的生产资料，使利用机器进行生产要比工人劳动更为划算。这样，地主逐渐购买大型农

---

① 《列宁全集》第3卷，人民出版社1959年版，第20页。
② 《列宁全集》第3卷，第197页。
③ 《列宁全集》第15卷，第67页。

具、雇佣农业工人进行生产。而"地主在添置机器或改良农具时，用自己的农具来代替农民（为地主做工者）的农具；这样，他就从工役经济制度过渡到了资本主义经济制度"。① 因为"所谓资本主义制度，就是雇佣工人（长工、季节工、短工等等）用业主的农具来耕种土地"。②

即使地主不亲自经营土地，而是将土地出租给农业资本家，由于工业社会的形成，各生产部门之间形成社会平均利润，如果农业资本家投入土地的资本得不到投入工业部门的同等资本所带来的利润，那么他是不会将资本投到农业上的，即不会租借土地进行生产了。所以，这时土地所有者得到的地租变成纯粹的资本主义地租，即超过平均利润以上的那部分剩余价值。

但在日本，工业革命后仍有很大一部分地主继续采用出租小块土地给佃农的经营方式，因此，地主土地所有制并没有过渡或转化为资本主义土地所有制，而是仍然带有浓厚的封建因素。如何理解这一现象呢？我们认为这主要是由日本资本主义的后进性造成的。正因为它是后进的，所以形成了日本早期资本主义发展中两个显著的特点。一是资本主义工业主要生产部门的移植性。也就是说，日本自身的经济发展水平并不具备工业革命的条件，而是在国家政权的主导下，从先进资本主义国家购入机器设备，移花接木式地进行工业化。所以，日本的工业革命既不广泛又不彻底，得到迅速发展的只是棉纺等轻工业，而重工业中的机械工业却发展缓慢。例如，1909 年工业生产额构成为：纺织业占 49.7%、金属工业占 2.3%、机械器具业占 5.2%、窑业占 3.2%、化学工业占 11.1%、木材业占 2.6%、印刷业占 1.9%、食品业占 18.8%。到 1919 年其构成分别为 48.9%、5.0%、10.6%、2.6%、11.5%、2.3%、1.6% 和 11%。③ 这样，工业既不能吸收大量破产农民，又不能给农业提供廉价的生产资料，遂造成出租小块土地给农民比雇工经营有利得多的特殊情况，从而限制了地主土地所有制向资本主义土地所有制的过渡或转化。

---

① 《列宁全集》第 3 卷，第 196 页。
② 《列宁全集》第 3 卷，第 163 页。
③ 持田惠三：《农业的近代化与日本资本主义的形成》，御茶水书房 1976 年版，第 47 页。

早期日本资本主义发展的另一个显著特点是军事工业的发达。例如，1903 年官办军事工厂有职工 53593 人，为 19843 马力（1 马力 ≈ 735 瓦），而民营机械厂职工只有 32029 人，仅为 5494 马力。[①] 当日本走上资本主义道路，成为世界资本主义列强的一员时，这些军事工业成为日本对外扩张的强力支柱，用武力掠夺来的海外市场暂时弥补了国内市场的不足。因此，尽管 20 世纪 20 年代以后，地主制同资本主义的矛盾逐渐激化，但由于当时日本朝野的注意力被吸引到海外的殖民地市场，国内阶级矛盾也因对外侵略获得的巨大利益而得到暂时缓和，紧接着便进入大规模的战时经济体制时期。虽然日本政府也采取了限制、改革地主土地所有制的法令措施，但没有完全解决地主制与资本主义的矛盾。正是由于上述原因，日本地主制没有过渡或转化为资本主义土地所有制。在这个意义上，可以说战后农地改革是从 20 世纪初期开始的地主制与资本主义矛盾得到最终解决的结果。

三

明治维新后的地主土地所有制究竟是什么性质的呢？是"封建性"的，还是"半封建"的，抑或"浓厚的封建残余"？

在人与物的关系即所有者与生产资料的关系方面，纯粹封建的土地所有制和资本主义土地所有制虽然都是由"一些人垄断一定量的土地"，[②] 但也存在巨大的差异。我们知道，封建土地所有制是一种"等级的所有制"，它的一个显著特点是"土地占有的等级结构以及与之有关的武装扈从制度"。[③] 即在受封者要履行军事义务的前提下层层分封，而任何一级土地所有者都处于从属和统治的地位，没有完全自由的土地所有权，也就是无权自由处理自己的土地。德川幕府时代的土地制度就是这样一种土地领有制。而资本主义所有制则具有完全自由的土地所有权，这种土地所有权使

① 守屋典郎：《日本经济史》，周锡卿译，生活·读书·新知三联书店 1963 年版，第 179 页。

② 马克思：《资本论》第 3 卷，第 695 页。

③ 《马克思恩格斯全集》第 3 卷，人民出版社 1960 年版，第 27 页。

"土地所有者可以象每个商品所有者处理自己的商品一样去处理土地"。① 也就是"不仅意味着毫无阻碍和毫无限制地占有土地的可能性，而且也意味着把它出让的可能性"。② "这种关于土地自由私有权的法律观念"，"在现代世界，只是随着资本主义生产的发展才出现"。③ 很显然，在所有者与生产资料的关系上，日本近代地主土地所有制应当属于资本主义的范畴。因为作为土地所有者，明治维新后的地主既获得了法律上承认的土地所有权，又可以自由地处理自己的土地，即有权买卖、转让、出租自己的土地。

但在劳动者和土地的结合方式以及由此形成的人与人的关系方面，地主土地所有制却呈现出十分复杂的现象。我们先来分析一下这种土地制度上的土地所有者和直接生产者的身份关系。在领主土地所有制占统治地位的封建社会中，封建领主或者把土地划分为直属地与农民的份地，通过劳役地租的形式剥削农民的剩余劳动价值；或者把全部领地均作为份地分给农民耕种，通过征收实物地租的形式剥削农民的剩余产品。日本的幕藩领主采用的是后一种剥削方式。但无论哪一种方式，封建领主都是采用超经济的强制手段，将直接生产者——农民束缚在土地上，并剥夺他们的人身自由，形成人身依附关系。而农业"资本主义生产方式的前提是：实际的耕作者是雇佣工人，他们受雇于一个只是把农业作为资本的特殊使用场所，作为在一个特殊生产部门投资来经营的资本家即租地农场主"。租地农场主按期向土地所有者缴纳一定量的货币额——地租。"在这里我们看到了构成现代社会骨架的三个并存的而又相互对立的阶级——雇佣工人、产业资本家、土地所有者。"④ 换句话说，农业中的资本主义生产关系表现为农业资本家凭其握有的一定资本，从土地所有者那里租来土地，雇佣工人进行生产。其结果，工人得到生产价值的一部分，即劳动力价值——工资；资本家获得工人生产的剩余价值的一部分，即利润；而土地所有者占有剩余价值的另一部分，即地租。

---

① 马克思：《资本论》第 3 卷，第 696 页。
② 恩格斯：《家庭、私有制和国家的起源》，人民出版社 1972 年版，第 164 页。
③ 马克思：《资本论》第 3 卷，第 696 页。
④ 马克思：《资本论》第 3 卷，第 697—698 页。

农业资本主义生产关系除上述形式外还有一种形式，即土地所有者并不出租土地给农业资本家，而是自己雇佣工人进行生产。这样，他就独吞了直接生产者创造的全部剩余价值，而他也就兼有土地所有者和农业资本家的双重身份。无论是出租土地给农业资本家，还是土地所有者自己经营农场，在其土地上劳动的直接生产者是出卖劳动力的自由雇佣工人。

明治维新后的地主土地所有制也存在两种不同的经营方式：雇工自营和出租土地。自营地主无疑是兼有土地所有者和农业资本家双重身份的。这种经营方式是资本主义性质的，雇主与直接生产者之间的关系是一种雇佣关系。那么，出租地主与佃农之间的关系是什么性质的呢？不消说，这时的地主与佃农的关系同过去封建领主与农民的关系存在质的区别。因为明治维新后，农民对封建领主的人身依附关系和封建领主对农民的"超经济的强制"均已消失，农民在法律上是享有身份自由的。在这个前提下，佃农同地主已不是隶属关系，而是一种新型的契约关系，原则上订立和解除这种关系都是自由的。

但是，明治前期的地主与佃农之间的关系绝不是平等的。佃农还没有得到有法律保障的佃耕权，地主将土地卖给第三者时，佃农不能拒绝新土地所有者收回土地的要求，也就是对第三者没有抵抗力。另外，佃农不经过地主的允许，不能转租、让渡租佃地。除歉收外，不能减免地租。欠缴地租时，地主可以单方面决定收回土地。在1898年颁布的明治民法中有关佃耕地的条文就是这样规定的。例如，契约中没有写明时，不承认对第三者的抵抗力（《民法》第六百〇五条）；限制让渡、转佃的自由（第六百十二条）；租佃续借期缩短到二十年以下（第六百〇四条）；无明确期限的租借，任何时候都可以解约（第六百一十七条）；否定地租减免请求权（第六百〇九条）；等等。①

那么，明治维新后地主与直接生产者的经济关系又是怎样的呢？具体地说，租佃农向地主缴纳的地租究竟属于什么性质的呢？众所周知，在封

---

① 岩本纯明：《近代土地所有制与寄生地主土地所有制》，载《农业经济研究》第50卷第8号，1978年。

建生产方式下，"地租的本质就在于地租是剩余价值或剩余劳动的唯一的占统治地位的和正常的形式"。① 而资本主义地租"是以农业中的资本家和雇佣工人为前提的"，是"扣除了企业利润余下的一部分额外价值"。② 当然，这不排除地主以土地所有者和农业资本家的双重身份独吞直接生产者的全部剩余价值的现象。资产阶级革命后的自营地主就属于这种类型，尽管这时还谈不上平均利润。

出租地主则不然。他们向佃农征收高达收获 68% 的实物地租，其地租不仅囊括佃农的全部剩余产品，甚至还侵吞了一部分必要产品。为什么会出现这种状况呢？这是因为明治维新后，资本主义刚刚开始发展，资产阶级尚未形成一个成熟的阶级，地主阶层作为早期资本主义国家的主要统治者占有极大的优势。在租佃关系上，地主受到国家权力的保护，土地所有权处于优势地位，而土地耕种权是极其微弱的，甚至还没有产生。更为值得注意的是，由于这时的资本主义工业尚不发达，大量的破产农民留在农村，因此加剧了佃耕地的竞争。租佃农的租佃大多数是为求生存的"糊口租佃"，而不是为出卖农产品的"经营租佃"，即大多数佃农是因为贫困才被迫租佃土地，而在很小程度上是为了获取利润。因此，"租地农民自己还不是产业资本家，或者他的经营方式还不是资本主义的经营方式"，在这里，租地农民以"租金支付给土地所有者的东西，往往不仅占去他的利润——即他自己的剩余劳动，他作为自己劳动工具的所有者对这种劳动享有权利——的一部分，而且还占去他在其他情况下以同等劳动得到的正常工资的一部分"。③

但是，无论如何，"地租在这里已不再表现为一般剩余价值的正常形式"。④ 也就是说，它已经不再是纯粹的封建地租，是产生在特定历史时期——资本主义发展初期，即资本原始积累时期——的暂时现象，随着资本主义的发展它必然发生变化。

---

① 《马克思恩格斯全集》第 25 卷，人民出版社 1974 年版，第 895 页。
② 《列宁全集》第 3 卷，第 145 页。
③ 马克思：《资本论》第 3 卷，第 705 页。
④ 马克思：《资本论》第 3 卷，第 905 页。

从以上论述中我们可以看到，明治维新后的地主土地所有制是一个多种性质的混合体。它既属于资本主义的范畴，又带有"浓厚的封建因素"，特别表现在出租地主与佃农的经济关系上，在这一点上可以说它带有半封建性质。但综观全局，似不能将其称为半封建的土地所有制。如果一定要明确明治维新后的地主土地所有制的性质，那么我们只能说它是既不同于封建土地所有制，又不同于资本主义土地所有制，然而又兼有两者特色的一种土地私有制形式，是一种过渡性质的土地所有制。这种土地所有制在客观条件的推动下，将逐渐向资本主义土地所有制过渡和转化。从这个意义上说，它是从属于资本主义制度的一种土地制度。

（原载《世界历史》1986 年第 8 期，收录于本书时有修改）

英国和日本资产阶级革命
初期的地主政治

尽管英国和日本走上资本主义发展道路的时间相差两个多世纪，但两个国家有着惊人的相似之处，这就是：在从封建社会向资本主义社会过渡时期，地主阶级作为统治集团中的主要成员，积极活跃在政治舞台上，从而使这一历史时期带有浓厚的地主色彩。过去我们未能充分认识到这一点，因而对资产阶级革命产生了一些误解。本文试图以英国、日本两个国家为例，探讨早期资本主义发展的规律性问题。

一

我们先分析一下地主阶级的产生。

众所周知，在西欧和日本的封建社会里，国王或将军是全国土地的最高所有者，他们把土地以封地或采邑的形式分封给封建大领主，大领主们又将领地的一部分分封给下一级的封建领主，这些封地或采邑逐渐由终身占有变为世袭所有，形成等级制的封建领主土地所有制。封建领主或者是把领地分割成自营地和农民的份地，通过劳役地租的形式剥削直接生产者的剩余劳动价值；或者把全部领地均作为份地分给农民耕种，通过征收实物地租的形式剥削农民的剩余产品。都铎王朝时期的英国采用的是前一种封建生产关系，而德川幕府时代的日本则是后一种形式。但无论哪一种剥削方式，封建领主都是采用超经济的强制手段，将直接生产者束缚在土地上，剥夺他们的人身自由，形成人身依附关系。在这里，我们看到的是领主阶级和农民阶级的直接对立，而社会的主要阶级矛盾也正是这两大阶级之间的矛盾。

然而，到封建社会末期，随着商品经济的发展和资本主义生产方式的出现，逐渐产生了一个新的剥削阶级——新兴地主阶级。在英国，新兴地主阶级主要是从地产的转移中产生的。新航路开辟后，英国处于国际贸易的交通要道上，一些商人、手工工场主和城市市民纷纷组织贸易公司，在国家的支持下积极向海外扩张。英国当时的海外贸易是与走私、海盗掠夺结合在一起的，通过这些活动掠夺了大量的财富。这不仅推动了英国资本主义工场手工业的发展，而且在英国产生了一个新兴中产阶级。这些富裕的商人、手工工场主、城市市民以及乡绅不断购买土地，成为大土地所有者。他们之所以将积累的资金投到地产上，主要有三个原因。第一，工业革命以前，土地仍然是英国社会财富的基础，土地产生活必需品和大部分原料。而且土地是一个实体，不会因天灾、人祸或意想不到的原因而突然消失。与银行信贷、商品贸易和工业生产相比，土地的利润虽然较少，但作为补偿，土地会给主人带来社会地位。第二，地产的不断流动，使富裕的中产阶级有可能将资金投入土地。受价格革命等影响，王室收入逐年减少，而支出却不断增加。为了解决财政困难，从亨利八世开始，就不断出卖教会和王室的地产。1534 年的宗教改革就是亨利八世以离婚案为借口，为达到摆脱罗马教廷控制、没收教会财产、解决自己财政窘境的目的而实行的。在这次拍卖教会土地的高潮中，全国大约有 1/6 的土地变换了主人。亨利八世的王位继承人爱德华六世和伊丽莎白女王也分别出卖了价值 83 万和 82 万英镑的王室地产。[①] 1603 年斯图亚特家族入主英格兰后，更是变本加厉地出卖王室地产，仅在 1606 年至 1616 年十年间，就廉价出卖了 7 个郡中的 800 多座王室庄园。[②] 另外，随着商品经济的发展，那些依赖传统地租收入的老式贵族逐渐没落，他们的地产也不断转手。正如马克思所说："地产买卖，地产转化为商品，意味着旧贵族的彻底没落和金钱贵族

---

① 谢天冰：《英国封建土地所有制的变革》，《福建师大学报》1986 年第 1 期。
② 张天：《也谈英国"圈地运动"的性质》，《史学月刊》1983 年第 1 期。

的最后形成。"① 据统计，从 1561 年到 1640 年，王室地产减少了 75%，封建贵族领地也减少了 50%，这些土地大都转到了新兴的中产阶级手中。第三，由于英国和欧洲大陆毛纺织业和粮食市场的扩大，土地成为竞相投资的对象。尤其是 16、17 世纪之交因地租上涨 9~12 倍，商人、企业主等更是蜂拥到农村抢购土地，把"购买土地或抵押土地作为自己投资的通常方式"。② 最初的圈地运动就是这些商人、企业主和富农主导的。值得注意的是，这些人在获得大片地产的同时，也得到了贵族的称号。因为王室出于财政的需要，不仅允许而且有时还强迫新土地所有者接受封号。查理一世统治时期，就对那些为了逃避封建义务而不愿接受封号的地主课以罚金。在革命前的 100 年时间里，英国的大小贵族大约增加了 13000 人。③ 我们通常所说的新贵族就是指这些新兴的大土地所有者。更重要的是，他们经营土地的方式与传统的经营方式不同，而与商品经济有着密切的联系。他们或者是雇佣工人放牧羊群、种植农作物，或者将土地出租给农业资本家经营。因此，"这个阶级的地产事实上不是封建性的财产，而是资产阶级性的财产"。④

在日本德川幕府时代，地产虽然不像英国那样能够大量流动，但也在悄悄地转移和集中。从 18 世纪初开始，随着农业生产力的提高和商品经济的发展，特别是棉花、蚕桑、茶叶等经济作物的普遍栽种，农户在很大程度上变成小商品生产者，从而不可避免地被卷入市场经济。由于这些商品生产者各自的生产条件不同，必然引起两极分化。一些条件较好的生产者不断积累财富、购买破产农民的土地，逐渐上升为地主。因为幕藩领主禁止土地买卖，所以土地兼并主要采取抵押的方式，而通过这种方式发展起来的地主一般被称作"村方地主"。另外还有一种开发型的"新田地主"，也就是一些商人、高利贷者、借贷资本家和手工工场主利用逐渐积累的资

---

① 马克思：《1844 年经济学哲学手稿》，人民出版社 1985 年版，第 41 页。
② G. M. 特里维廉：《英国社会史》，朗曼出版社 1942 年版，第 221 页。
③ 顾晓鸣：《略论十七世纪英国革命中的新贵族》，《复旦学报》1982 年第 1 期。
④ 《马克思恩格斯全集》第 7 卷，人民出版社 1959 年版，第 251 页。

金，通过向领主承包垦荒，成为大量土地的所有者。① 这是因为在"闭关锁国"的体制下，不可能扩大对外贸易；再加上幕藩领主采取限制工商业进一步发展的政策，就使得这些富裕市民阶层的目光转向了土地。日本的耕地面积从 1600 年的 150 万公顷增加到 1814 年的 300 万公顷，这些新增加的土地在很大程度上就是幕藩领主依靠富商等进行大规模的河川治理和冲积地区的垦殖形成的。日本的新兴地主通过以上两条途径集中了大量土地，到明治维新前夕，这个阶级占有的土地约占日本全国土地总面积的 1/3。② 其中，除了较大的地主将土地出租给农民耕种外，一般中小地主主要是采取雇工自营的方式。但无论是出租地主还是自营地主，他们与直接生产者的关系完全是一种经济关系，没有人身依附关系。而且他们是随着商品经济的发展起家的，因此通常与手工业生产、商品交易有着密切的联系。他们或者是经营手工工场，或者是经营农村商品，换句话说，也就是"豪农"往往兼营工商业，"豪商"也往往经营地产，形成一身二任的"豪农豪商"。

尽管英国和日本的这些新兴地主拥有大量土地，但他们并没有真正掌握这些土地的所有权，仍然受到封建制度的束缚。在英国，那些新贵族必须履行骑士领有制的义务，也就是要缴纳"骑士捐"。因为在封建制度下，全部土地为国王所有，拥有土地的人应对国王尽义务，除缴纳兵役税外，在长子接受骑士头衔、长女出嫁以及子嗣继承采邑时也要纳税，这些税金统称"骑士捐"。国王还以最高土地所有者的身份干涉地主的圈地，并对圈地者处以罚金。对此，新兴地主深为不满，他们迫切要求废除这种封建领有制，以获得真正的土地所有权。这些新兴的土地所有者同时又获得了贵族的称号，所以能够选入国会，因而国会就成为他们同以国王为代表的封建专制制度斗争的据点。

在日本，由于德川幕府禁止土地买卖和实行严格的"士农工商"身份制度，新兴地主既没有获得法律上的土地所有权，也没有上升为统治阶

---

① 王金林：《简明日本古代史》，天津人民出版社 1984 年版，第 372 页。
② 堀江英一：《幕末·维新的农业结构》，岩波书店 1962 年版，第 28 页。

级，因此，他们同领主阶级存在双重矛盾。其一是在如何瓜分农民剩余产品上存在利害冲突。幕藩统治阶级经常以增加贡租的方式挽救财政危机，而地主则希望能够增加自己的份额，这样就使领主的愿望往往落空。从18世纪上半叶开始，领主一直抱怨农村中的地主阻碍了贡租的征收，并责成后者完成欠额。① 尤其在土地所属上，新兴地主和领主阶级更是存在不可调和的矛盾。因为土地所有权掌握在封建领主手里，所以新兴地主的土地占有是极不稳定的，随时都有可能丧失。在明治初年，弘前藩的领主甚至强购（实际上是无偿征收）地主的土地将其分给士族，涉及土地面积2900多公顷。② 可以看出，新兴地主虽然作为大量土地的所有者，但他们并没有取得保护自己财产的权力，因此，他们既要求废除封建土地所有制，确立土地私有制，也要求打破身份制，企图跻身于统治阶级之列。

二

事实上，无论是1640年的英国资产阶级革命，还是1868年的日本明治维新，都是在新兴地主的领导或积极参与下进行的。英国革命的头面人物几乎都是新贵族，长期国会中的527名议员，大约有半数是新贵族。其中著名的反对派领袖约翰·汉普顿就是一个新贵族，他曾因抗缴非法的船税而被投入王家监狱。英国革命的主要领导人克伦威尔也出身于一个新贵族家庭，其祖先是在宗教改革时期购买教会地产发家的。在日本，虽然明治维新运动是由下级武士改革派领导的，但其基础是出身于"豪农豪商"的"草莽志士"。例如，在武装倒幕中起重要作用的"农兵""商兵"其骨干多是"草莽"。幕末武士浪人起义也多有"豪农豪商"支持。戊辰战争中越后有金革队、北辰队，丹波有山国队，远州有报国队，长州藩"诸队"中有农兵队、商兵队、田丁兵、乡侠，东征军中有"赤报队"等。③

---

① 津田秀夫：《地主制形成期的佃农斗争》，载历史学研究会编《明治维新与地主制》，岩波书店1956年版，第202页。
② 丹羽邦男：《明治维新中的土地变革》，御茶水书房1978年版，第31页。
③ 吕万和：《简明日本近代史》，天津人民出版社1984年版，第5页。

这种历史现象是与当时的社会发展水平密切相关的。在革命前后，资本主义工商业还不发达，产业资本家刚刚出现，还没有形成一个阶级，力量十分薄弱，难以领导反封建的革命。因此，新兴地主阶级——以他们雄厚的阶级力量以及他们与封建制度的矛盾——是作为革命的领导力量出现在政治舞台上的，并且在革命后很长的一段时间里，仍然掌握着国家政权。在英国，到18世纪初，国会中大约2/3的议员本人就是地主，1/5的议员是贵族后裔，另外上百名议员虽然从事金融贸易或从军，但也都与地主有着千丝万缕的联系。这种状况是因为地主阶级几乎垄断了国会下院的选举权和被选举权。到1711年，下院又通过了一个国会议员财产资格法案，规定当选为议员的，乡村居民必须拥有年收入600镑以上的地产，城市居民必须拥有年收入500镑以上的地产，"个人如果没有地产，在法律上就不能当选为下院议员"。① 这个法案的通过，造成有金融业、工商业背景的议员比例进一步下降到下院议员总数的1/8，从而使政权牢牢掌握在地主手中。

在日本，地主阶级虽然没有直接掌握国家的最高权力，但他们强大的经济、政治势力构成了明治政权的社会基础。例如，在第一次国会选举中，按照宪法规定，只有缴纳直接国税15日元以上、超过25岁的男子才能享有选举权；具有同样财产资格的30岁以上的男子才有被选举权。由于当时日本的赋税主要课自土地，所以地主阶级占据了选民的多数。在选出的300名众议院议员中，过半数的议员是地主；在贵族院议员中，占多额纳税者议员半数以上的是拥有50公顷以上土地的大地主。②

地主阶级掌握早期资本主义国家政权的状况也可以从政府所实行的政策中得到证实。自资产阶级革命开始，新政权实行的政策一般体现了新兴地主的利益，也就是首先满足了地主阶级的要求。在英国，1646年长期国会通过了废除骑士领有制的法案，取消了土地所有者对国王的从属关系，使地主获得了土地私有权。另外，国会还通过了拍卖王室、保王党人和国

---

① 陈仲丹：《论十八世纪前期英国的地主和资产阶级》，《南京大学学报》1986年第2期。
② 远山茂树：《日本近现代史》第1卷，邹有恒译，商务印书馆1983年版，第100页。

教教会土地的法令，这些地产大多落到新贵族手里。为了保护大土地所有者的利益，1660 年国会颁布《谷物条例》，规定国内小麦价格一夸脱不超过 44 先令时，征收 2 先令的入口税；超过 44 先令时，课以 4 便士的入口税。到 1670 年进一步规定：国内小麦价格一夸脱不超过 53 先令 4 便士时，征收入口税 16 先令；在 53 先令 4 便士到 80 先令之间时，征收 8 先令；超过 80 先令时，征收 4 先令。这样就使大土地所有者有可能更多地剥削国内广大粮食消费者。1815 年，国会还颁布了照顾地主利益的《谷物法》，规定国内市场小麦价格在每夸脱 82 先令以下时，禁止外国小麦进口。

英国的新贵族控制早期资本主义国家政权的突出表现，则是他们利用国会制定圈地法令来为本阶级谋求利益。革命前，地主把农民赶出庄园，将土地圈为牧场或农场，还只是一种"个人的暴力行为"；而革命后，他们凭借国会立法进行圈地，从而把法律变成掠夺农民的工具。自从 1709 年国会通过第一个圈地法令后，圈地法令与日俱增。在 1801 年以前，国会共颁布了 200 多个圈地法令，1801 年又颁布了一个全面的圈地法令，使地主能够肆意掠夺农民的土地。据统计，1701—1760 年，被圈占的土地有 31 万多英亩；1761—1801 年，又圈占了 318 万多英亩土地；1801—1831 年，复有 351 万多英亩的土地被圈占。① 到这时，绝大部分的土地已被圈占，自耕农阶层在英国消失了。虽然原则上圈地申请人必须经过本区 4/5 的当事人同意方可进行圈地，但由于不以农户为单位，而是按所占田亩面积或地价计算，这就为地主自行其是打开方便之门。马克思指出：圈地法案的实质是"地主借以把人民的土地当作私有财产赠送给自己的法令，是剥夺人民的法令"。② 圈地运动进一步增强了新贵族的经济、政治势力。

在日本明治维新过程中，新政府在废除封建领主土地所有制的同时，按照幕末土地占有的实际状况决定所有者并给予所有权，这就从法律上原封不动地确认了新兴地主的土地私有权。政府不但袒护地主趁地税改革之机提高地租的做法，而且用国家权力保护地主的土地收入。1882 年，大审院

---

① 许永璋：《世界近代工业革命》，辽宁人民出版社 1985 年版，第 13 页。
② 马克思：《资本论》第 1 卷，人民出版社 1975 年版，第 793 页。

判决地主有权单方面决定提高地租。[①] 1876 年鸟取县租佃条例规定，"地租乃地税的源泉，佃农必须按期缴纳之"，"如不缴纳，当以盗窃、侵犯所有权罪论处"。[②] 甚至在 1898 年制定的民法中，仍然保障了土地所有权的绝对优势地位，相对而言，租佃农的耕种权是极其微弱的。另外，政府在 1873 年颁布的《土地抵押规则》和《动产不动产抵押及钱粮借贷规则》，更是刺激了地主的土地兼并活动。因为这两个规则规定：即使抵押物品的价值降低也不影响债权，也就是抵押的动产或不动产因灾祸消失或因市场价格降低而不能抵偿债务或不够抵偿债务时，其债务的全部或其余部分仍由借贷人担负。

由此可见，资产阶级革命对经济基础的变革在很大程度上是为了实现地主的经济利益，即确立一种完全的土地私有制度。而资产阶级革命在上层建筑的结果，则是确立了地主阶级的统治地位。所以，从某种意义上说，地主土地所有制并没有因为革命而被废除，恰恰相反，其由于革命才开始了真正的发展。无论在英国还是在日本，资产阶级革命以后，地主所有土地面积迅速增加。英国在 19 世纪初期，地主阶级几乎控制了所有的土地；即使在日本，到 20 世纪初，地主拥有的土地差不多达到全国土地总面积的一半。

需要说明的是，在资产阶级革命中取得胜利的地主阶级，却担负起沉重的赋税，这似乎有些讽刺意义。实际上，这从另一个侧面反映了地主阶级能够掌握早期资本主义国家政权的经济基础。我们知道，封建财政制度与近代财政制度的不同之处在于：前者是包括国王或将军在内的，领主基本上以领地的收入支付自己的财政开支，而后者则是以从全体国民征收的赋税支付国家财政开支。在资本主义发展初期，工业不发达，当时英国最主要的工业部门——毛纺织业的利润不超过国民收入的 6%，日本 1878 年的工业产值也只占国民生产总额的 8.5%，而消费税及关税尚未健全，所以国家财政的绝大部分课自地税。因此，在资产阶级革命后的一段时间

---

① 福岛正夫：《地税改革研究》，有斐阁 1963 年版，第 434 页。
② 田村贞雄：《地税改革和资本主义论争》，吉川弘文馆 1980 年版，第 8 页；古岛敏雄：《日本地主制史研究》，岩波书店 1958 年版，第 232 页。

里，就形成了这样一种状况：一方面是地主阶级负担沉重的赋税；另一方面国家实行农业补贴政策，保护土地所有者，特别是大土地所有者的利益。例如，1689 年英国国会通过谷物输出奖励法案，每夸脱出口小麦价格在 48 先令时，奖励 5 先令。从 1697 年到 1765 年，政府总共支出 600 多万英镑的谷物出口奖励金。而在日本，由于佃农向地主缴纳实物地租，而地主向国家缴纳货币地税，这样，随着生产力的提高和粮价上涨带来的利益均为出租地主所得。地主在全部收获量中的收入比例从 1873 年的 34%增长到 1883 年的 58%。[①] 一般说来，在从封建社会向资本主义社会过渡的历史时期，各个国家普遍继续采用能够保护大地主利益的重商主义政策。

三

新兴地主阶级作为商品经济发展的产物，在一定程度上代表了新兴的资本主义生产方式，而且他们的活动推动了早期资本主义的发展。然而，当资本主义发展到一定水平，特别是到工业革命以后，随着社会工业化的开展，地主阶级完成了它的历史使命，被工业资产阶级赶下了政治舞台。这正是过渡时期的历史事实。

如前所述，无论是在英国资产阶级革命时期，抑或在日本明治维新时期，产业资本在国民经济中所占的比重是极小的，而且这时的产业资本是处在商业资本的控制之下的。所以，在这一段时期内，还没有一个真正的资本家阶层，作为工业资产阶级的前身——手工工场主不仅需要地主政权的保护，而且他们同地主阶级的利益并不矛盾，因为重商主义政策对于弱小的工场手工业资本来说也是必需的。正如马克思所指出的："新土地贵族又是新银行巨头这一刚刚孵化出来的金融显贵和当时靠保护关税支持的大手工工场主的自然盟友。"[②] 从另一方面讲，当时工场生产经费的大部分是工资，因此，如何确保大量的低廉劳动力特别是那些可以随时解雇的劳

---

① 楫西光速等：《日本资本主义的发展》，阎静先译，商务印书馆 1963 年版，第 27 页。
② 马克思：《资本论》第 1 卷，第 792 页。

动者，是工场主最关心的事情。而地主对土地的掠夺，无疑是为工场手工业制造了众多的劳动力后备军。所以，在资产阶级革命时期以及革命后的最初一段时间里，企业主是一支支持地主阶级的力量。而且地主阶级由于本身的经济需要，也要充分照顾到工商业资产阶级的利益。这是因为地主阶级所进行的经济活动与商品市场有着密切的联系。在英国，革命前地主进行圈地的目的是养羊，以赚取更多的利润，而这种经营方式直接同工商业联系起来。后来由于工业的发展和城市的增加，原料和粮食价格扶摇直上，于是地主又转向生产商品粮。新贵族大都是由工商业者投资土地形成的，但他们在成为大土地所有者后，并没有脱离工商业界，特别是在对外贸易的特权公司中，创办人大多是新贵族，也有不少的新贵族兼任中小工商业者。还有一些新贵族在自己的领地上经营玻璃、冶金和采煤业等。①

日本新兴地主在幕末时期就与工商业有着密切的联系，明治维新以后更是积极地投资金融业和工商业，成为银行家、商人和工业资本家。②

正因如此，地主阶级领导的资产阶级革命以及革命后地主掌握的国家政权所颁布的法令，也代表了工商业资产阶级的利益。例如从革命开始，新政权陆续采取了一系列有利于资本主义工商业发展的措施：废除了行会制度，取消了国内关卡和专卖制度，允许农民自由迁移和选择职业等。不仅如此，地主阶级本身的活动直接或间接地起到推动早期资本主义发展的作用。一方面是他们迅速兼并农民的土地，或者大规模地圈占小农的地产，使生产资料与生产者相分离，既为资本主义工业提供了大量的廉价劳动力，又扩大了国内商品市场，为资本主义工业的发展创造了条件。另一方面，地主向工商业的投资，直接推动了工商业资本主义的发展。实际上，资本原始积累过程正是在地主掌握国家政权时期完成的。不消说，地主阶级并没有预料到，在他们进行这些经济活动时，也为自己的消亡铺平了道路。

① M. A. 巴尔格等：《论十七世纪上半期英国新贵族和自耕农的社会本质》，载中山大学历史系世界史教研室编译：《世界近代史参考资料选集》，1964年版。
② 详见王新生：《试论日本的地主制与早期资本主义的发展》，《世界历史》1986年第8期。

我们知道，从封建社会向资本主义社会的过渡就是从农业社会向工业社会的过渡，这个质变的标志是工业革命。也就是说，随着资本主义工业的发展，特别是工业革命的爆发，国民经济构成和阶级构成必然发生根本的变化。工业生产在国民经济中的比重逐渐占据优势——这时的商业资本已成为产业资本的附庸，相反，农业生产的比重却在不断下降。1841年英国农业生产在国民经济中的比重仅为21%，而农业人口在总人口中的比例也从18世纪初的70%下降到22%。[①] 即使在后进的资本主义国家日本，明治维新后40年，农业经济的比重也从67.5%下降到38.7%。[②] 课自土地的赋税也从赋税总额的80%下降到16.5%。[③] 随着产业工人的增加，粮食需求量也不断增加，本国的谷物生产供不应求，遂变为粮食进口国。1750年英国出口谷物约为167万夸脱，到1800年却需要进口394万夸脱。日本的谷物入超也在1904年达到高峰，为600万石，而且这时的工商业已经不需要高额关税的保护，相反，工商业资产阶级为了追求更多的利润，极力要求实行自由贸易政策。所以，农业保护政策就成为新兴工业资产阶级同地主斗争的第一个重要内容。

作为经济基础变化的反映，阶级关系也发生了根本的变化。工业资产阶级的力量不断壮大，地主势力却逐渐减弱。地主阶级的人数不仅从相对意义上也从绝对意义上减少了。这一方面是因为随着机器大工业的不断发展，工业资产阶级的人数越来越多，日益成为资产阶级内部的主导力量。另一方面，则是不少地主投资于工商业的资本超过了投资于土地的资本，因而来自工商业的收入超过来自土地的收入，这样他们在很大程度上已经资产阶级化了。例如，日本在1920年，在拥有50公顷以上土地的3179名大地主中，有1/3的人从事工矿业、商业、金融业和酿造业，以至于这时国会中的地主议员比例从第一届国会的半数以上下降到1/3。[④]

英国与日本不同，在1832年以前工业资产阶级并没有随着经济实力的

---

① 朱庭光主编《外国历史大事集》近代部分第3分册，重庆出版社1985年版，第66页。
② 楫西光速等：《日本资本主义的发展》，东京大学出版会1935年版，第81、186页。
③ 中村政则：《近代日本地主制史研究》，东京大学出版会1979年版，第185页。
④ 岩波讲座：《日本历史·15》，岩波书店1976年版，第323页。

增长而取得政治权力，甚至连选举权也没有。所以从 18 世纪中后期开始，工业资产阶级掀起了争取政治权力和社会改革的民主运动。他们要求国会改革，公开向贵族地主夺权；他们反对国家对经济生活的干预，要求抛弃重商主义政策；他们谴责地主利用权力推行《谷物法》，"增加制造业主的开支，阻碍了我们工业品的出口"。工业资产阶级同地主阶级的斗争在理论上的表现是围绕亚当·斯密《国富论》的论争，在政治上的表现则是围绕北美殖民地独立的论争。实际上，国王乔治三世恢复君主权力、实行个人统治正是工业资产阶级同贵族地主相互斗争的产物，而乔治三世个人统治的失败也正式标志着工业资产阶级对贵族地主斗争的初步胜利。恩格斯曾经指出："从采用大工业以来，……在英国，谁都知道，土地贵族（landed aristocracy）和资产阶级（middle class）这两个阶级争夺统治的要求，是英国全部政治斗争的中心。"① 而在"大工业代替了手工工场的地方，产业革命都使资产阶级最大限度地增加了自己的财富和扩充了自己的势力，使它成为国内的第一个阶级。结果，凡是完成了这种过程的地方，资产阶级便夺取了政治权力，并挤掉了以前的统治阶级"②。在英国正是如此，工业资产阶级依仗自己强大的经济力量，并利用工人和手工业者要求政治权利的情绪，对国会施加压力，终于迫使国会在 1832 年进行了改革：增加工业资产阶级的议员数量，降低选民的财产资格要求。这个法案的通过打破了地主阶级在政治上的长期垄断局面，为新兴工业资产阶级和其他中产阶级打开了通往政权的大门，取得了对国家的统治权。1846 年政府废除了《谷物法》，1849 年又废除了《航海法令》。这些政策的实行，一方面反映了自由贸易学说战胜了重商主义原则；另一方面，又反映了工业资产阶级战胜了土地贵族。后来的一系列改革，逐渐确立了工业资产阶级在国家政治和经济生活中的统治地位，结束了过渡时期。

　　通过以上对英国、日本资本主义发展初期历史的考察，我们可以把过渡时期的阶级结构概述如下。

---

① 《马克思恩格斯选集》第 4 卷，人民出版社 1972 年版，第 245 页。
② 《马克思恩格斯选集》第 1 卷，第 214—215 页。

从封建社会末期开始,原来的统治阶级——领主的地位不断下降,而地主阶级的势力逐渐壮大,到资产阶级革命时达到顶峰,垄断了国家政权。但到工业革命后,地主阶级被工业资产阶级甚至金融商业资产阶级超过,工业资产阶级成为统治阶级中的主导力量。另外,农民阶级处在不断地消亡过程中。工业革命以前,工人多半是贫苦农民的兼职身份,所以真正的无产阶级只有到工业革命后才出现,并逐渐成为社会被统治阶级的主要成员。我们所说的早期资本主义国家中的地主政治就是指这一时期的历史现象。如果深入研究法国、德国、俄国和美国早期资本主义的发展,也会发现类似的过程。认识到这一点,对于我们正确地阐明资产阶级革命的任务和范畴,正确地理解过渡时期的其他历史现象有着重要的启示作用。

(原载《世界历史》1988 年第 5 期,收录于本书时有修改)

日本明治时期近代化的得与失

到目前为止，日本仍然是少数实现现代化的非西方国家之一，学界通常将其成功的根源追溯到明治维新。尽管近代后期因对外人规模侵略扩张遭到严重失败，但日本在第二次世界大战后迅速发展成为世界经济大国，这显然与其二战前奠定的基础密切相关。为何近代日本从成功转向失败，从中可以总结出值得借鉴的经验教训。

一　政治革命与全面近代化政权

从结论上看，作为后发型近代化国家，日本迅速通过政治革命建立了有志于全面近代化的中央集权式政府，在国家的主导下进行了一场急行军式的赶超型近代化，经过不到半个世纪的努力，接连打败此前一直主导东亚地区国际秩序的清王朝及欧亚大陆强国俄罗斯帝国，成为世界性强国。日本之所以能够在"黑船来航"后迅速实现政治革命与其前近代社会的政治结构、思想文化演变具有密切的关系。

学界通常将江户时代的政治结构称为"双重二元政治体制"，它是指同时具有两个最高统治者及其特有的"幕藩体制"。两个最高统治者一个是权威型政治人物朝廷的天皇，一个是权力型政治人物幕府的将军。尽管将军掌握日本的最高统治大权，而且通过《公家诸法度》等法律约束天皇及朝廷的行为，但其职位由天皇任命。也就是说，将军的权力基础来自天皇的委托。这种带有双向性的关系既是各藩大名臣服于将军的一个原因，也是将军在特定时刻失去其权力的基础。因为天皇的存在不仅限制了将军权力的无限扩大，而且朝廷赐予的官位意味着各藩大名同时也是天皇的家臣，从而成为批判幕府的动因。① 需要补充的是，正是由于天皇具有这种权威性影响力，而且在历史转折时期也会发挥关键性作用，因而"幕藩体制"一词难以全面概括江户时代的政治结构，应该将其称为"朝（廷）幕藩体制"。

此外，双重二元政治体制还包括规定将军与大名关系的"幕藩体制"。大名是臣服于幕府将军、领地收获量在一万石以上的武士，德川时代有260家左右。大名的主要义务是如有战事，则按照收获量一万石出200名军人的规格，带兵跟随将军作战。大名的领地称为"藩"，因而大名也被称为"藩主"。在领地内以大名为最高统治者组成行政机构——"藩厅"，由大名的家臣担任各种职务。

尽管幕府将军名义上是日本最高的统治者，但其经济基础仍然是直辖领地的收入，只不过其领地要大得多，约占全日本土地的1/4，另外还掌握了大城市的工商业税收与对外贸易的利润。

江户时代的大名分为三种类型。德川家族的大名称为"亲藩"大名，虽然可以继承将军职位，但不能参与幕政。"亲藩"大名数量不多，最初为"御三家"，即拥有领地的德川直系尾张家、水户家、纪伊家，后来又增加没有领地、居住在江户、具有推荐将军继承人资格、以居住地为名称的"御三卿"，即一桥家、田安家、清水家。另外，还有松平姓氏的德川一族大名，以福井藩的松平家为首，共有17家。这些家族成员不能担任幕府决策核心的首席老中（常设最高职务），只有发生紧急状况时，"御三家"才有资格直接向将军提出建议。"谱代"大名是1600年关原之战以前跟随德川家康的大名，是将军的亲信，大"谱代"大名通常被排挤在幕政之外，中小规模"谱代"大名是幕政的参与者。"谱代"大名在关原之战时大约有37家，幕末时增加到145家。② 关原之战后臣服德川家康的大名为"外样"大名，领地较大，但离江户较远，而且也不能参与幕政，其领地周边大多为"谱代"大名的领地，受到后者的监视。幕府末期，"外样"

① 田中優子「直き天皇：江戸時代にとって天皇とは何であったか」、法政大学国際日本学研究所編『国際日本学』第6巻、2009年、39-61頁。

② 佐藤信ほか『詳説日本史研究』、山川出版社、2008年、242頁。

大名，特别是西南地区的"外样"大名已经拥有单独发起军事行动的能力（如长州藩、萨摩藩等），同时对国际关系表现出强烈的关心，并熟知外国事务，却被排除在有关日本整体的决策过程之外，因而逐渐产生强烈的不满情绪。[①]

尽管大名在领地上具有高度自治权，即相对独立的行政权、司法权、财政权，也不用向幕府缴税，但将军有权决定大名的领地及其规模。同时，幕府颁布"一国一城令"，即一个藩只能保留一座供大名使用的城堡，同时正式实施"参觐交代"制度。"参觐"是大名到江户拜见将军，"交代"是大名回领地传达幕府指令。

重要的是，尽管这种双重二元政治体制在锁国的状态下维持着微妙的平衡，但一旦有外来压力或冲击则很容易解体，正如福井藩主松平庆永在1862年提出辞去政事总裁职务时所强调的那样，"国初以来，幕府之政令虽难言无私，然天下无疑念之时，则安堵遵奉，无敢犯侮者。外国之事件既出于制外，便难凭公私之分、旧套定格逆转，故天下悉责幕府之私而极议论，人心大生乖戾"。[②] 1853年"黑船来航"后的历史形象地说明了这一点。

另外，思想文化的演变也适应了幕末的变化。近世初期，德川幕府重视儒学特别是朱子学，将其作为强化其统治的思想基础。因为朱子学强调作为"理"的规范与名分，以君臣关系（忠义）和家族关系（孝行）维持社会秩序，正因如此，将之作为官方的意识形态十分合适。但同时也出现了批判朱子学的儒学者，其先驱为中江藤树。相对于学问、知识先行的朱子学，中江推崇知行合一乃至行先于知、批判现实并加以改革的阳明学。

断言朱子学是异端、主张直接回到孔孟古典并加以施教的是"古学"，其代表人物是荻生徂徕，他认为带来稳定政治秩序的理想型古代中国制度

---

① 三谷博：《黑船来航》，张宪生、谢跃译，社会科学文献出版社，2017年，第11页。

② 「松平春嶽政事惣裁職辞任嘆願書草案」、伊故海貴則「近世後期—幕末期における〈議論〉と〈意思決定〉の構造」、『立命館大学人文科学研究所紀要』第115号、2018年、7–41頁。

是真正的"道"，作为日本独特政治制度的幕藩体制，其思想基础不是朱子学的道德，而是为政者出自天下安宁的政治意图，这种政治意图是儒教"仁"的本质。即将军以其政治能力负有统治国家的责任，天皇按照"祭政一体"的传统，通过宗教性的仪式教化人民、稳定民心。在阐明天皇的政治意义方面，荻生徂徕的学说对其后的"国学"及"后期水户学"影响甚大。

"古学"重视实证性研究，受其影响，兴起了寻求日本古代精神的"国学"。作为国学的奠基人，本居宣长从美学的角度赞扬日本历史与文化的独特性和优越性，自然也含有排斥儒学、佛教等外来思想的内容，同时，他认为作为日本人的神圣性也突出了天皇的角色。但平田笃胤不仅消除了国学中的美学思想，更将天皇神圣化为神道宗教，进一步强化了批判体制的政治性。①

从某种意义上讲，"后期水户学"是在上述诸多学说和思想的影响下形成的。其代表人物藤田幽谷撰写《正名论》，强调大义名分、尊王攘夷、富国强兵等；会泽正志斋撰写将"尊王攘夷思想"理论体系化的《新论》，对幕末的"攘夷运动"甚至明治时代以天皇为国家核心的"国体论"造成巨大影响；② 藤田东湖在《弘道馆记述义》中提出的尊皇思想是"后期水户学"的核心，并且在外来压力的冲击下与"攘夷论"相结合，成为"尊王攘夷思想"，即形成了利用天皇权威批判、抵抗幕府的运动。

正如幕末历史所显示的那样，在短短的 15 年内，日本在经历了试图巩固幕府专制统治的"安政大狱"、幕府和强藩主导的"公武合体"后，下级武士改变了策略，从"尊王攘夷"演变成"尊王倒幕"。1868 年 1 月，"王政复古大号令"发布，宣布成立新政府，天皇亲政，幕府将军被迫"辞官纳地"。1869 年，新政府实施"奉还版籍"，即大名们将领地及其人民交还天皇，藩主们成为新的藩知事，受天皇委托管理藩的事务。两年后实施"废藩置县"，由政府派遣的县知事管理地方，幕藩体制最终

---

① 加藤聖文『国民国家と戦争—挫折の日本近代史』、角川選書、2017 年、28 頁。
② 常木淳「近代日本のナショナリズム」、『大阪大学経済学』第 68 巻第 1 号、2018 年、1–115 頁。

消失，中央集权政府得以建立起来，各种推动资本主义发展的改革措施随之而来。

具体说来，明治初年，政府提出三大口号，即"富国强兵、殖产兴业、文明开化"。实际上，"富国强兵"是目的，"殖产兴业、文明开化"是手段。所谓"殖产兴业"是指政府花费巨资，引进国外先进工业设备，聘用国外技术人员，建立带有示范性质的近代工厂。十年之后陆续将兵工厂之外的企业以极低的价格出售给与政府关系密切的商人，在推动商业资本转化为产业资本的同时，采取切实措施推动市场经济基础上的工业化。所谓"文明开化"则是在日常生活、思想文化、法律体系、国际条约等领域全面向西方先进国家学习，在适应工业化迅速发展的同时，融入国际体系。客观地讲，正是在国家的主导下，明治时代（1868—1912 年）的日本国力得到迅速增强，该时代结束前夕，日本在很大程度上实现了"富国强兵"的目标。

二　学习西方与完善近代法治

尽管明治政府成立以后随即颁布了施政纲领《五条誓文》，但对于如何构建近代国家的问题尚需等到"岩仓使节团"出访欧美之后再行讨论，因为他们清楚地认识到在很多方面需要"求知识于世界"。因此，1871 年 12 月 23 日，明治新政府向幕末时期与日本签订不平等条约的欧美各国派遣大型外交使节团，因其团长特命全权大使为右大臣岩仓具视，所以称为"岩仓使节团"。该使节团的使命共有三项：第一是新政府成立后礼节性访问条约签订国；第二是为修改不平等条约进行预备性交涉；第三是考察欧美先进国家的制度文物等。

岩仓使节团花费将近两年时间，访问、考察欧美 12 个国家，其学习所获在各个方面影响到日本现代化的方向与进程，在国家内部构建方面表现为宪政体制。权力精英之所以也主张宪政体制，其原因一方面是修改不平等条约的需要。因为岩仓使节团抵达欧美后，修改不平等条约的提议在美国遭到拒绝；英国甚至提出了比现行条约更为苛刻的修约方案；法国、比利时、德国等国在修约问题上也是寸步不让，其理由是日本尚未达到文明（法治）的程度。例如，在英国谈判时，英方成员强调"日本法律与欧洲有很大不同，存在不开化的法律，就日本现状来说，不能废除治外法权，英国政府的政策是日本明显提高文明开化水平后将对英国人的审判权交给日本"。[①]

宪政体制不仅是一部宪法，还有其他法律的制定与完备。本来与明治宪法同时颁布的还有民法、商法、刑法、刑事诉讼法、民事诉讼法，统称"六法齐全"。但民法与商法存在争论，十年后才得以颁布、实施。在此基础上，西方列强陆续解除了幕末与日本签订的不平等条约。1894年，新签订的《日英航海条例》率先废除了其中不平等成分，到1911年，日本全部废除了与外国签订的不平等条约。

另一方面，岩仓使节团也看到了欧美政治制度的先进性，"欧罗巴洲列国感触于佛郎西革命，民伸自由之理，国变立法之体，尔来星霜仅经八十年。中虽奥国继续帝威，二十年来亦已改为立宪之体；俄国之独裁，十年来略图与民自由。欧洲之文明源于此改革之深浅，其精华发而为工艺产物，利源滚滚而出"。[②]

因此，明治新政府领导人纷纷主张宪政体制，但在具体细节和实施时间上有所不同。例如，在1873年10月公开的建议书中，木户孝允指出"当务之急是在《五条誓文》中增加制定政规（宪法）的条款"。[③] 在木户看来，日本仍处在文明不发达的阶段，只能依靠天皇和官僚实施宪政，将国民引进文明社会。尽管这样的宪法是"独裁"性的宪法，但天下并非天皇独自之物，因而该宪法是尊重民意、强化国民凝聚力的宪法。因此，木户提倡的"独裁"宪法要实现的仍然是君民共治的君主立宪制，"虽说今日是独裁宪法，但他日由人民协议而成，为同治宪法之基础，必然成为人民幸福之根基"。[④]

---

① 奥田和彦「岩倉使節団の文化的帰結」、フェリス女学院大学国際交流学部紀要委員会編『国際交流研究：国際交流学部紀要』第19号、2017年、117-143頁。
② 久米邦武編『特命全権大使米欧回覧実記』第5巻、宗高書房、1975年、1頁。
③ 『木戸孝允文書』第8巻、東京大学出版会、2014年、123頁。
④ 『木戸孝允文書』第8巻、128頁。

尽管大久保利通也意识到当务之急是"定律国法（宪法）"，但他明确提出君民共治。"定律国法即君民共治之制。上定君权，下限民权，至公至正，君民不得其私"；"不可轻易模仿欧洲各国君民共治之制。我国自有皇统一系之法典，亦有人民开明之程度，须斟酌其得失利弊，制定法宪典章"。[1] 由此可见，无论是木户，还是大久保，都意识到在民智未开的状况下，应建立以天皇为核心的宪政制度，最终目标仍然是君民共治。

政府中也有较为激进的观点，例如，大隈重信建议在 1883 年召开议会，他认为"立宪政治为政党政治"，主张建立英国式的议会内阁制。与此同时，北海道开拓使将国有资产廉价处理给与政府有关的民间企业的丑闻被曝光，政府借机解除了大隈及大隈派官员的政府职务。为对抗大隈重信的主张，岩仓具视也提出自己的建议书，其构想是以普鲁士君主主义为范本制定宪法，具体起草者为井上毅。

伊藤博文考察欧洲宪法之行的最大收获是"宪法的相对化"，即宪法大体上规定议会的组织形式、国民的权利与义务的界定、君主的权力等，最重要的是议会开设时能够保障其运转的行政机构。[2] 因此，伊藤博文从欧洲归来后首先引进内阁制度发挥行政机构的核心职能、组建东京帝国大学培养行政官僚、建立华族制度巩固天皇制基础等。

在天皇的政治权力问题上，伊藤也持有相同的观念。明治政府成立后，天皇亲政，参加相关会议并做出决定，因而宫中集团主张的"专制君主"与政府主张的"立宪君主"产生对立。1884 年，因任命信奉基督教的森有礼为宫中事务官引起天皇的不满，天皇长达两个月称病拒绝会见内阁成员。经过伊藤的不断陈述与说明，明治天皇接受君主立宪制，双方在1886 年达成"机务六条"，其内容包括在内阁总理大臣的邀请下天皇出席内阁会议、有关国政事务天皇可咨询主管大臣及其次官、无论喜欢与否天皇均不得缺席各种仪式、天皇尽量履行其职能以便国务顺利进行等。[3] 即

① 日本史籍協会編『大久保利通文書』第 5 巻、日本史籍協会、1928 年、186 頁。
② 瀧井一博「立憲革命としての明治維新」、山内昌之・細谷雄一編著『日本近現代史講義—成功と失敗の歴史に学ぶ』、中央公論新社、2019 年、43-44 頁。
③ 宮内庁編『明治天皇紀』第 6 巻、吉川弘文館、1971 年、631-632 頁。

使在明治宪法实施之后，明治天皇仍然坚持"机务六条"的原则，但这种政治生态缺乏调解者和调解机制，容易使特定政治势力过于强大而无法加以限制。

与权力精英相对应，非权力精英要求制定宪法、开设国会带有分享政治权力的目的，即通过立法机关（议会）影响政府决策，以扩大或保护自己的利益。如果使用绝对数字表示这一部分精英数量的话，可以用第一次帝国议会选举时的纳税人资格衡量，即缴纳直接国税 15 日元以上者拥有选举权和被选举权，当时达到此要求的有 45 万人，约占全部人口的 1.1%。①他们之所以争取参政权，是因为意识到作为国民的义务和权利，即纳税和选举权的关系。正是从这一理论出发，他们发起了要求制定宪法、开设国会的自由民权运动。

1874 年 4 月，板垣退助与片冈健吉等人在其故乡高知县组成"立志社"，大力提倡"天赋人权"，主张"人民尽皆平等，无贵贱尊卑之别"。同时呼吁为伸张人民的权利，必须建立民选议会、制定宪法。在"立志社"的呼吁和影响下，各地出现了许多类似的政治团体。1875 年 2 月，以"立志社"为中心，各地政治团体的代表在大阪举行集会，组成统一的政治团体——"爱国社"。该政治团体主张"各伸张其自主之权利，尽人类本分之义务，小则保全一身一家，大则维持天下国家"，以"增进天皇陛下之尊荣福利，使我帝国和欧美各国对峙屹立"。②

从英国革命开始一直到美国独立战争、法国大革命，其动因主要来源于"无承诺、不纳税"或"无代表、不纳税"的公正、公平观念，明治政府成立后不久出现的自由民权运动的思想背景不仅包括幕末时期出现的"公议制"，也包括纳税与选举权的关系之观念。1873 年地税改革以后，土地所有者直接向国家纳税，因而在自由民权运动者的眼中，国家赋予了土地所有者参政权。例如，"国会期成同盟"提出的《开设国会请愿书》明确写道："随着颁布地税改革令、发行地券，必须给予国民参政的权利。"

---

① 総務省『みなさんと総務省を結ぶ情報誌』第 179 号、2015 年 11 月、3 頁。
② 「愛国社合議書」、歴史学研究会編『日本史料・4・近代』、岩波書店、1997 年、130 頁。

正如家永三郎指出的那样："自由民权运动出自这样的动机，即地税负担者主动要求开设国会，让自己选出的代表能够参会决定从自己这里征收的赋税及其用途。"①

实际上，作为自由民权运动的开端，早在1874年1月17日板垣退助等八人就在向左院提出的《设立民选议员建议书》中，批判萨长藩阀的"有司专制"，同时指出国家稳定"唯有强化天下公议"，其理由是"人民是向政府缴纳租税者，因而具有知晓政府事务的权利，此乃天下通论，无需我等赘言"，② 阐明纳税者具有参与政治的权利。该建议书在《日新真事志》刊登后广为人知，引起社会广泛讨论并将自由民权运动推向全日本。1877年6月12日立志社提出的《立志社建议书》，再次强调"既然对人民课以重税，那么，专制之政治就不适合被专制统治的人民，需要实施宪政体制"。③

重要的是，在明治宪法的制定者看来，日本臣民的纳税义务既不是古罗马时代的"征服与被征服关系"，也不是中世纪英国式的"承诺与被承诺的关系"，而是来自日本本身万世一系的"君民一体"。针对《大日本帝国宪法》第2章第21条明确规定的"日本臣民依法律规定有纳税之义务"，伊藤博文解释为"培育中兴之果实且永久保存之"。④ 同时，为避免出现议会利用征税权对政府施加压力的局面，特意在宪法中规定"现行租税，未经法律重新改定者，仍依旧征收"（第63条）、"在帝国议会未议定预算或未能通过预算时，政府应施行前一年度之预算"（第71条）。由此可以看出，即使在征税及预算问题上，明治宪法仍然贯穿了从统治者立场出发的"无偿性""强制性"式的德意志帝国宪法风格。⑤

尽管如此，帝国议会的开幕为非权力精英阶层提供了参与政策决定的舞台。从1890年第一届议会开幕，一直到1894年甲午战争爆发之前，前

---

① 家永三郎『歴史の中の憲法』上巻、東京大学出版会、1977年、33頁。
② 「民選議院設立建白」、歴史学研究会編『日本史料・4・近代』、128頁。
③ 「立志社の国会開設建白書」、歴史学研究会編『日本史料・4・近代』、133頁。
④ 伊藤博文『憲法義解』、宮沢俊義校注、岩波書店、1940年、46頁。
⑤ 片上孝洋「大日本帝国憲法と租税—課税承認権の封じ込め」、『社会研論集』第15号、2010年、91-106頁。

后开过六次议会，代表纳税阶层的"民党"反对专权政治，要求休养民力、减轻税收、节约经费、大幅削减政府提出的预算方案，与政府形成激烈的对立，甚至迫使内阁总辞职或解散议会。也正因如此，甲午战争爆发后，所有"民党"议员立刻转向，不仅在议会里完全赞成政府的战争预算，而且在社会上积极支持对外战争，从而体现了近代国民国家的本质。正如"国民国家论"所明确指出的那样，近代国民国家既有国民主权也有国家主权，民权和国权是对立的统一，自然会出现"对内立宪主义，对外帝国主义"的现象，即对内争取民权，对外争取国权，两者相辅相成。国家给予国民应有的政治地位和权利，国民就有义务去维护国家的利益或权力。

需要特别指出的是，明治宪法体制有两个致命的制度缺陷。一是没有规定首相的产生方式。在近代之初是明治维新元勋（元老）轮流担任，其后元老年事已高时推荐政党或军人首领，元老谢世后是由首相经历者、枢密院院长、内大臣等组成的"重臣会议"推荐，这难免做出错误判断。例如，太平洋战争爆发前，内大臣木户幸一力推坚决对美开战的东条英机担任首相，结果可想而知。二是天皇拥有军队统帅权，但天皇几乎不参与政治决策，独立于政府之外，而主要由参谋本部与海军军令部组成的军部缺少制度约束。1900 年又规定"军部大臣现役武官制"，即陆海军大臣必须由现役中将或大将担任，更是成为军人迫使内阁集体辞职的法宝。尽管在明治时代具有权威性和协调性的元老尚能控制与协调各种政治势力，在赢得两场对外战争的基础上实现了成为世界性强国的梦想，但在元老几乎全部离世的昭和时代（1926—1989 年）初期，军部的"暴走"成为现实，不顾一切的对外战争使日本奔向灭亡之路。

三　忠君爱国意识与民粹主义

明治初年，权力精英的国家设计构想是追求"国民"与"国家"力量均衡的"国民国家"形态，即地方政治权力集中到中央政府，同时激发国民的归属意识与自主权利意识，也就是所谓的"君民共治"，但作为后发型的近代化国家，当时的日本社会尚未成熟到如此程度。换句话说，如何使明治初期的普通日本人具备"国家"及"国民"的意识仍然是一个较为艰难的课题，因为当时的发展水平与民众的知识储备尚未具备"国民"与"国家"的观念。

虽然普通民众与非权力精英群体都有反对政府的诉求，但两者追求的目标截然不同，非权力精英要求分享国家权力，普通民众则要求提高自己的生活水平，因而目前日本学术界将自由民权运动分为"民权运动"和"民众运动"。

1882 年，明治政府开始采取财政紧缩政策，结果造成大米价格暴跌，农民贫困、分化现象日益突出。在此背景下，自由党基层成员领导农民进行了多次反政府的暴力斗争。1882 年 11 月，为抗议福岛县知事因修筑公路而征收沉重的赋税，以河野广中为首的自由党成员率领数千农民发动暴乱。暴乱遭到政府的镇压，包括河野广中在内，多名自由党成员被捕并被判刑。1883 年 3 月，新潟县高田警察署以暗杀政府高官为由逮捕数十名自由党成员，其中一人以预备阴谋内乱罪被判处九年徒刑。1884 年 5 月，群马县自由党成员计划利用铁路高崎站开通典礼之机袭击政府官员，但计划泄露，开通典礼延期。随后，自由党成员率领数千名农民捣毁高利贷者住宅，袭击警察分署，失败后领导者被判有期徒刑。1884 年 9 月，自由党成员准备在栃木县厅落成之际袭击政府高官，计划泄露后 16 名自由党成员以加波山为根据地，袭击警察、高利贷者。1884 年 10 月，埼玉县秩父地区的农民因生丝价格暴跌而负债累累，在自由党成员鼓动下，成立"困民党""借金党"等组织，袭击地方政府、警察署、高利贷者。政府出动军队将暴乱镇压下去，并逮捕数百人。

尽管民众运动消失，但为使普通民众具有"国家"与"国民"的意识，明治政府一方面将天皇塑造为国家的象征（某种意义上的"造神运动"），另一方面利用国家暴力机器等强制性手段（强制性的义务教育和征兵）将普通民众纳入国家体系，并通过天皇直接与特定民众对话（主要是《教育敕语》与《军人敕谕》）的权威性向其灌输"忠君爱国"的观念。

明治政府塑造"天皇为国家象征"的主要手段，除政府各种告示、通知等充满了皇祖"开国神话"及"王土王民"的话语外，最重要的是天皇对地方的"巡幸"。1872—1885 年，明治天皇进行了"六大巡幸"，每次通常为一个半月到二个月，走遍了日本的各个地方。其最大的意图是从历史的、民族的立场出发，向民众显示天皇取代将军成为天下最高统治者的正统性、合法性。同时将民众的神道信仰与天皇崇拜结合起来，而且还可以提高巡幸所至的地方行政机构及名门望族的统治权威，随行的军队演习又将军队与天皇直接联系在一起，对天皇作为国家的象征起到较大的作用。当时采访巡幸的英国记者写道：天皇坐过的地方被神圣化，在大多数日本人看来，天皇是超越最优秀之人的现人神。[①]

与此同时，明治政府对那些在自由民权运动中出现的对天皇不敬的言行给予严厉的控制与取缔。例如，曾担任"侍讲"的启蒙思想家加藤弘之在 1873 年出版《国体新书》，宣扬立宪政体、天赋人权等思想，他甚至提出"君主是人，人民也是人，虽贵为君主，也不过是国家第一等高官而已"的观点。结果他被海江田信义等保守派批判为"不共戴天的逆贼"。加藤主动将包括《国体新书》在内的三本启蒙思想书绝版，而且立场也转向社会达尔文主义。1880 年《东京曙新闻》发表《立宪政体为最佳政体》的文章，提出"帝王也是保护人民的臣仆"，"神武天皇不过是日向地方的豪族"，结果政府根据《新闻纸条例》，将其视为"诽谤罪"，判决报社主编两年徒刑、罚款 100 日元。[②]

需要强调的是，包括岩仓具视、伊藤博文在内，明治政府最高官员只是借助天皇的权威强化政权基础，并不赋予天皇任何决策的权力，正如"机务六条"所体现的那样。也正因如此，天皇无须承担任何政治责任，可以在国民面前保持较高的神秘性和权威性，其影响力反而得以增强。

例如，在义务教育方面，明治政府在 1872 年颁布《学制》，预期实现"邑无不学之户，家无不学之人"的目标。由于该制度难以实现，1879 年政府颁布《教育令》，允许地方政府根据自己的实际情况实施义务教育。

---

① 高橋小百合「近代における〈天皇神話〉―その変化と〈皇軍〉のかかわり」、『女子大國文』第 142 号、2008 年 1 月、71-100 頁。

② 『公文録』、明治 13 年 8 月局部、内閣書記官局、国立国会図書館蔵。

但因自由民权运动的高涨，第二年修改《教育令》，学科中以"修身"课为第一，强化地方长官的教育行政权限，转向国家主义教育。1886 年颁布《小学校令》，明确"义务教育制"，规定父母、监护人具有让学龄儿童接受教育的义务。

1889 年颁布宪法、召开国会后，政府意识到应加强"忠君爱国"的道德教育，于是由天皇颁布《教育敕语》，其中要求"尔臣民应孝父母、友兄弟，夫妇相和、朋友相信，恭俭持己、博爱及众，修学习业以启发智能，成就德器"，其目的是"一旦有缓急，则应义勇奉公，以辅佐天壤无穷之皇运"。[①]

除《教育敕语》抄写本外，称为"御真影"的天皇、皇后照片也下发到各个学校。1891 年 6 月，文部省颁布训令，要求学校在节日或其他集会活动时必须符合下述程序，向"御真影"敬最大礼并高呼两陛下万岁、奉读《教育敕语》、校长训示、齐唱歌曲，明确要求各校以最大的尊重安置"御真影"和《教育敕语》抄写本，否则将处以严厉的惩罚。[②] 如此义务教育下来，日本民众不仅被灌输了为天皇献身的观念，也具备了"国家"与"国民"的意识。

再如服兵役方面，明治维新后，士农工商四民平等，征兵制应运而生。1872 年以天皇名义颁布《征兵告谕》，1873 年颁布《征兵令》，规定年满 20 岁的男子进行体检，身体合格者抽签服兵役三年，复员后仍有四年预备役。由于户主、官立学校学生等可以免除服兵役，结果有 80% 以上的适龄者得以逃避。1889 年大幅度修改《征兵令》，户主也不能免服兵役，适龄人员均服兵役。与此同时，明治政府在军队中灌输"忠君爱国"思想。1878 年，陆军卿山县有朋发表《军人训诫》，强调军人精神的"三德"是忠实、勇敢、服从。[③]

1882 年，天皇颁布《军人敕谕》，以第一人称"朕"与第二人称"汝

---

① 「教育に関する勅語」、歴史学研究会編『日本史料・4・近代』、200 頁。
② 仲嶺政光「小学校祝日大祭日儀式規程とその式次第」、『富山大学地域連携推進機構生涯学習部門年報』第 17 巻第 1 号、2016 年、69-80 頁。
③ 谷口眞子「西周の軍事思想—服従と忠誠をめぐって」、『WASEDA RILAS JOURNAL』第 5 巻、2017 年、177-192 頁。

等（军人）"展开对话，将作为日本国象征的天皇制与作为"臣民"的军人结合为一体，形象地体现了"国家"与"国民"的关系。通过对"皇祖""皇考"的阐述，不仅否定了七百年的武家政治，证实"朕即汝等军人的大元帅"的正确性，而且具有作为国家象征的主体性。然而，"朕之能否保卫国家，上应天心，以报祖宗之殊恩，全视汝等军人之能否克尽其职"。① 也就是说，"汝等"只有与"朕"结成"一心""保护""国家"，"我国之苍生"才能享受"太平之福"。以天皇的名义下赐敕谕本身就带有很强的意识形态色彩，而且要求士兵全部背诵，因而在日复一日的朗诵过程中，国家认同意识逐渐形成。

在 1894 年爆发的中日甲午战争中，明治天皇颁布"宣战诏书"，并亲自坐镇设在广岛的战时大本营。日本动员 24 万人的军队投入战争，大获全胜，再次证实了全民皆兵式的近代军队，特别是近代国家形成后的实力之强。更为重要的是，"同仇敌忾"的社会舆论、不断获胜的消息、士兵的出征式及凯旋式无不极大地煽动了日本普通民众的"国家"及"国民"意识，使其自发地认识到自己是"日本"这个国家的"国民"，是天皇陛下忠实的"臣民"。②

即使如此，正如明治宪法不称"国民"而称"臣民"那样，明治政府将天皇塑造为国家的象征，同时对军人和学生灌输"忠君爱国"的意识，如此创造出的"国民"不是国家的对峙者，而是国家的奉献者。尽管在明治时代这一社会形态发挥了积极作用，日本迅速发展为世界强国，但如果国家出现方向性决策失误，国民也很容易盲目地随从，疯狂地为天皇献身，最终结局只能是国破家亡，正如后来的历史发展所体现的那样。因此，从某种意义上说，日本的近代化是一种"拟似近代化"，即表面上看似乎近代化了，实际上含有许多前近代因素。③

（原载《史学理论研究》2022 年第 6 期，收录于本书时有修改）

---

① 「軍人勅諭」、歴史学研究会編『日本史料・4・近代』、200 頁。
② 加藤聖文『国民国家と戦争—挫折の日本近代史』、86 頁。
③ 木村崇「日本の近代化が必要とした「国民」鋳造の型枠」、『境界研究』第 9 号、2019 年、59–90 頁。

传统在日本现代化中的作用

从某种意义上讲，传统可以在现代化过程中发挥支持作用，但这种传统必须已经发生某些变化，并不断改变自己的形式和内容，否则，将会扭曲现代化的进程。日本近代历史典型地反映了这一点。譬如古老的天皇制度被塑造成国家统一、纪律和献身精神的有力象征和手段，国家神道教、武士道精神以及传统的分等级的社会组织形式在充满困境的现代化初期起到维持秩序、服从纪律的作用；在经济领域，在建立现代工厂的同时，保留和发展那些小规模的传统生产组织（例如在农业和手工业部门）也有助于实现国家经济迅速现代化的计划。但传统因素的不断发展及其过分强大却在现代经济部门取得巨大成就的同时，使日本及其亚洲邻国乃至世界付出了极其惨重的代价。本文试图从传统政治结构、现代性政权、意识形态以及经济发展四个方面简要分析传统在日本早期现代化中的作用。

一 双重二元政治结构

在中国和日本这类"防御型现代化"国家中，传统社会尚未受到来自内部的严重挑战，仍具有较强的包容能力，只是在外来压力的适当刺激下，传统意识很强的社会精英为保障国家安全、达到民族独立，被迫利用传统的政治、经济、社会意识等资源来进行现代化建设，因而其政治现代化是十分重要的。也就是说，在现代化事业开始之前，首先应组织一个高效率的、能够进行广泛社会动员并能协调和控制人力资源和自然资源的中央集权制政府，并在这个政府的领导下，进行强行军，赶超西方国家，才能实现民族独立下的现代化。

从表面上看，19 世纪中叶的中国似乎比当时的日本更容易进行现代化转型。因为在现代化之前，中国是一个中央集权制的官僚国家，而日本却是一个分权制的封建国家。尽管如此，无论是中国抑或日本，其传统国家政权均不能进行广泛社会动员，并具备协调和控制社会资源的能力。即使在中国这种素有独裁和集权传统的国家，中央政府的权威只能通过各种中间媒介（主要是官僚的后备军——士绅）才能抵达每一位臣民。因而在传统社会中，民众对家族及地方集团的忠诚超过了对国家的忠诚，遂使体现国家整体利益的政策往往难以得到实现，这是近代中国在外来压力下步步后退的一个重要因素。

比起中国来，日本则幸运得多，在开港不到 15 年的时间里，它就实现了政治上的变革，解决了政治现代化的核心问题，即将国家权力从固执于维护传统的政治领导手里转移到热心于彻底现代化的政治领导手中，而中国却拖到鸦片战争近 60 年后才出现类似意向的行动。之所以出现这种差异，是因为表面上要比中国落后一个历史阶段的日本传统政治结构却有利于其社会政治精英在特定时期进行政治变革，即传统的双重二元政治结构在外来压力下容易发生有利于现代化的变革。

德川幕府时期（1603—1867 年）的统治体制被称作"幕藩体制"，即国家政治权力的分配是在中央（幕府）和地方（藩国）两级进行的。幕府既是中央政府，又是 250 多个藩国中最大的一个，全国 1/4 的土地属于幕府直接管辖的范围，这种优势成为幕府控制其他藩国的基础。尽管每个藩国都要为幕府承担各种劳务，但在管理自己的领地方面却拥有非常广泛的自治权，例如税收全部由藩国掌握，行政、司法也是独立的。作为中央政府——德川幕府对各个藩国的控制手段除要求藩主（大名）宣誓效忠幕府和限制他们的防御工事外，最主要的是要求藩主每隔一年到幕府将军的所在地——江户（今东京）居住一年，其妻子则要长期住在江户作为人质，这就是所谓的"参觐交代制"。由此可见，德川时代的政治结构是由高度发达的藩国政治机构和比较松散的中央政治机构组成的。

各个藩主由于同德川家族的亲疏关系不同，其政治地位也有显著的差别。亲藩大名属于德川家族，他们有权继承将军职务或其他幕府要职，谱代大名是指 1600 年关原战役（此战役确立了德川家族在日本的统治地位）之前归顺德川家族的藩主，他们受到将军的信任和重视，能够担任幕府的重要官职。尽管此类藩国数目较多，但领地规模均不大。外样大名是关原战役之后归顺德川家族的藩主，他们多被置于九州、四国、北陆、东北等边远地区，既无权过问幕政，更不能在幕府中担任要职，但其领地规模一般都比较大，力量也较强，在动荡年代容易成为反对幕府的重要基地。

除幕府与藩国这种纵向二元政治结构外，还有天皇（朝廷）与将军（幕府）相对立的横向二元政治结构。德川时代的天皇被剥夺了政治权力，并受到幕府的严密监视，其领地也只相当于一个小藩国。但由于在名义上历任将军都是由天皇任命的，因而天皇仍作为最高权威存在，只是实际的治理与君主的名义是完全分开的。这样一来，即使人们不把天皇看作受神命来行使政治权力的，它起到的作用也是使别人行使权力具有合法性，因而在社会生活中是一支潜在的政治活跃力量。

从某种意义上说，德川时代的这种双重二元政治结构是一种松散的统治联盟，相互对立的各派政治力量在锁国体制下保持着微妙的平衡，处于平安无事的状态。然而，一旦出现外来的压力，不仅统治集团内部的力量对比被打破，而且各派政治力量之间的矛盾也使它们难以联合起来，这就为潜在的政治力量登上历史舞台创造了条件，1853 年以后的历史充分说明了这一点。

1853 年，美国海军准将培理率领涂成黑色的舰队闯进东京湾，要求日本开港通商，西方各国接踵而至。面对这些突如其来的外来冲击，垄断包括贸易在内的所有对外关系的幕府感到只靠自己的实力难以应付，于是打破惯例，采取了两项应急措施：一是向朝廷奏明"黑船"的来航，企图利用天皇"神"的权威来摆脱困境；二是征求各个大名的意见，商讨今后对外政策的方针。

缺乏强有力的领导能力的幕府，在打算集结"日本举国之力"的时候，却为天皇和大名参与幕政开辟了道路。有实力的强藩（尤其是西南诸强藩）趁机提出了"雄藩合议、改革幕政"的方案，以期增加强藩在中央的政治权力，组成封建领主举国一致的体制。这尽管遭到了"安政大狱"

（幕府未得到天皇的敕准就与西方各国签订了不平等条约，并为此大举镇压反对派）的打击，但在"公（朝廷）武（幕府）合体"的口号下，大名们依然希望通过利用天皇的权威来实现幕政改革，使自己能够分享中央权力，并使幕藩领主阶级联合起来，共同克服危机，以维护传统的统治体制。甚至连最具离心力的长州藩主和萨摩藩主也持这种观点，并为此杀死了本藩激进的尊王攘夷派下级武士。尽管如此，由于幕府不可能做出更多的让步以及强藩之间矛盾重重，这种由统治阶级上层进行的政治改革最终归于失败。

如同前述，传统的双重二元政治结构在受到外来挑战时容易为潜在政治力量创造夺取政权的机会和条件，而这支潜在的政治力量是由下级武士构成的。德川幕府时期，作为统治阶级一员的下级武士被排除在幕政与藩政之外，他们没有领地，居住在领主的城堡里，依靠俸禄——禄米生活。两个半世纪的和平环境在很大程度上将他们从仅负有随领主出征作战的军人变成能够最早接触亦能够接受新观念的知识者阶层，但这并不意味着推动明治维新的西南诸藩下级武士已经具备了新的阶级意识和新思想。一开始，他们并没有一个切实而明晰的行动计划，只不过他们所处的政治地位以及他们所在藩的政治地位与地理位置容易使他们成为尊王攘夷、尊王倒幕的领导者，而且幕藩领主在西方压力下步步退缩的现状也使他们变成政治舞台的主角。明治维新开始于同西方接触机会最多的西南外样诸藩，结束于同西方接触机会最少的东北亲幕府各藩，并由西南诸藩下级武士领导的这一史实充分反映了这一点。

从另一角度讲，不仅传统的二元政治结构使旧有的权力阶层无力解决因外来压力而引起的内外矛盾，而且更重要的是，这种状况使下级武士可以充分利用传统政治力量之间的矛盾来增强自己的号召力，达到自己的目的。换句话说，不仅"尊王"是下级武士一切行动的最有力的合法依据，即下级武士越过藩国直接同朝廷政治力量相结合，而且除那些外样大名是他们可以借用的政治力量外，各地具有共同理想的下级武士可以打破藩国界限而联合行动。这样一来，传统的历史条件和特殊的历史环境就为下级武士掌握国家政权铺平了道路。

当然，事情并非如此简单明了。最初，面对咄咄逼人的西方势力以及幕府为抑内媚外而采取的高压政策，下级武士在"尊王攘夷"的旗帜下，以武力反对幕府和西方侵略势力。但"萨英战争"和"下关战争"使主张"尊王攘夷"的下级武士意识到，在与外国武力悬殊的情况下进行攘夷是轻率之谋，保障国家安全、抵御西方入侵只能打倒幕府，建立一个强有力的、统一的近代民族国家。自此以后，下级武士革新派的观念不仅从攘夷转向开国——为攘夷而开国，而且其"尊王"的口号也不过是使自己的行动具有合法性而已。

年仅 15 岁的明治大皇在 1867 年的继位为下级武士提供了一个绝好的机会，在他们的操纵下，1868 年初成立的明治政权宣布剥夺幕府将军的职务和领地。一场规模不大的战争解决了权力归属问题，下级武士革新派掌控了明治新政府。

为了用更有效的中央集权来代替古老的封建制度，新政权在 1869 年使各大名"奉还版籍"，即将土地及户口册交还天皇，并接受任命为本藩的知事。两年后，新政权干脆废除旧领地，重新划分行政区域，设置府县，由中央任命的官吏管理。这样，从 1853 年以来就一直摸索救国之路的下级武士革新派终于将日本引向一条通往成功的道路，即通过王政复古、戊辰战争、"奉还版籍"、废藩置县等过程，建立了真正统一的近代国家，从而为现代化事业奠定了基础。

二　非统一化的精英政治

政治现代化是一个发展过程，从权力形态上讲，它要经过权力的集中（少数人的寡头政治）、权力的扩张（政治系统不断纳入新兴利益集团，即越来越多的人进入权力范围）和权力的分散（权力为不同的社会部门或利益集团所掌握，相互制约平衡）三个时期。其中至关重要的是，实行权力集中的政治精英必须是非统一化的（在观念上有所差异，即存在自然的合法反对派），使其寡头政治是开放性的，这样才能既保证其创新政策具有高度的弹性、合理性和可操作性，又可以吸收具有参与能力的利益集团加入政治系统，促使寡头政治向民主政治转化。

在这些方面，日本是幸运的。其一，在明治维新以后，日本并没有"伟人"式的领导人物，即高于同事之上的领导者，在法西斯主义期间也没有产生这样的领导人。其政治领导是社团性的，决策模式建立在一致意见的基础上而不是取决于个人，这样就避免了下属追随者们更加强调个人的领导以及与高度个人化和等级模式相联系的决策。产生这种状况的原因，一方面是日本具有集团主义的传统，另一方面则是天皇最高权威的存在。

其二，在淡化革命领导人的作用上日本也是幸运的。尽管从某种意义上说，明治维新的第一代政治领导人是属于全能型的，但在很大程度上他们仅具有军事技能，并不拥有足够的控制能力和专业知识来处理不断扩大的国家需求和活动。换句话说，革命及建设的技能很难统一在早期一代领导人身上，这样，在补充、扩大经济的、财政的专业型领导人的同时，淡化革命领导人的作用是非常必要的。19 世纪 70 年代下半期，领导尊王倒幕运动的"维新三杰"（木户孝允、西乡隆盛、大久保利通）相继去世，继之而起的政治领导人大多属于建设型的，而且一直到第一次世界大战以后，并没有受到严重的挑战，这就使这些领导人拥有足够的政治稳定时间，集中精力去解决并不太吸引人却十分重要的建设性的问题。

毋庸置疑，明治政权是一种寡头政治，但其领导人的观念并非一致。在推翻幕府的统治上大家的目标没有太大差异，但对于用何种方式建设民族国家却存在相当大的分歧。1873 年，围绕"征韩"问题，明治政府领导人产生严重的分裂。在岩仓使节团出访欧美期间主持留守政府工作的西乡隆盛、副岛种臣、后藤象二郎、板垣退助、江藤新平主张对朝鲜兴师问罪，并得到了天皇的批准。但通过出访欧美大开眼界的岩仓使节团成员大久保利通、本户孝允、岩仓具视等人深知日本国力不足，不能贸然对外扩张，因而主张"整顿国政，富国文明之进步，乃燃眉之课题"。两派相持不下，最后在"内治派"的操纵下，天皇下达"整理国政，培养民力，以期成功于永远"的圣旨，从而决定了"征韩派"的失败。西乡隆盛、副岛种臣、后藤象二郎、板垣退助和江藤新平被迫下野。

然而在明治6年10月政变中下台的领导人却走上截然不同的道路。江藤新平、西乡隆盛先后在1874年、1877年率领旧士族进行反对政府的武装暴动，但均失败身亡，而板垣退助、后藤象二郎、副岛种臣等人在下野的第二年便组织了"爱国公党"，主张"天赋人权""主权在民"，要求设立民选议院。即使在政府中，大隈重信也主张尽早设立国会，实行君主立宪制，结果引起以伊藤博文为首的"时机尚早论"者的反对。尽管在明治14年的政变中大隈重信被赶出政府，但鉴于自由民权运动的高涨，不得不由天皇颁布诏书，约定1889年颁布宪法、召开国会，并警告道："如仍有故意逞躁急，煽动事变，为害国安者，将以国法论处。"这既满足了新兴社会利益集团参与政治的要求，又瓦解了自由民权运动。

由此可见，非统一化的精英政治有助于加强政治系统的开放性及其政府决策的弹性，但这些容易造成暂时的政局动乱，例如明治6年10月政变、明治14年政变以及1890年以后的国会政府围绕预算之争（从1890年到1894年召开过六届国会，其中三届被解散，内阁也变换了三次）。不过值得注意的是，一旦出现这种状况，天皇权威稳定政治系统的政治功能便显示出来，上述政治危机都是在天皇的干预下得到解决的。

但必须强调的是，天皇最高权威的政治功能亦存在局限性。即使天皇有主体性的意识，但在"神圣不可侵犯"的前提下，亦必须装出政治的超然性，而采取由群臣发起的形式。即在两派政治势力旗鼓相当、僵持不下时，天皇的态度是左右局势的重要因素，然而，如果整个政府乃至社会都倾向于一个意念时，天皇也只能任其自然。这充分反映了明治宪法体制的致命缺陷。

也就是说，尽管明治宪法规定"天皇乃国家元首，总揽政治权"，"批准法律并以其命令公布执行"，"天皇召集帝国议会，并可命令其开会、闭会、休会及众议院之解散"，"在帝国议会闭会期间，可发敕令代替法律"，"天皇统率陆海军"等，表面上看起来，天皇集行政、立法、司法和军事统率权于一身，是国家的最高统治者，但作为一个现世神，天皇必须放弃自己的政治观点，在政治上保持中立，即"法律不具有责问君主（天皇）之力"，天皇对臣属的汇报只听不答，后果与责任由臣属承担，因而实际权力掌握在一批政治寡头手里。

不仅如此，由于明治宪法并未赋予帝国议会提名总理大臣的权利，所以在宪法颁布以后，逐渐形成了由"元老"（敕命享受元勋待遇的人，有伊藤博文、黑田清隆、山县有朋、松方正义、井上馨、西乡从道、大山岩、桂太郎、西园寺公望等9人）提名、天皇任命总理大臣的惯例。这是宪法制定者为防止政党内阁的出现、保障那些自明治政府成立以来就掌权的藩阀有可能继续控制国家权力而采取的措施，而且明治宪法规定内阁只对天皇负责，而不对议会负责，这样就赋予这些政治寡头极大的权限。但当这些开国元勋老迈年高、逐渐谢世时，不受明治宪法体制束缚的另一种势力——军部——迅速强大起来。

早在西南战争的第二年（1878）军事改革时，按照近代军队创始人山县有朋的建议，在军队中设置参谋本部，将军队领导机构分成负责军队具体事务的陆军省、负责制定军令和作战方案的参谋本部和负责检查执行军令状况的监军本部（1886改为教育总监，专门负责军队教育和培养军事干部人才）三部分，并明文规定参谋本部是直属天皇、不受任何权力机构控制的独立军令机关，并拥有直接向陆军下达命令的权力。明治宪法进一步规定了军队统率权的独立，甚至在1898年规定内阁中的军部大臣必须由现役军人的大将或中将担任，这就为以后军部以秉承天皇旨意的形式独断专行奠定了基础。在民族主义思潮的推动下，军部逐渐成为凌驾于其他权力部门之上的领导机构，最终将日本拖入全面对外战争的泥潭，这不能不说是日本现代化初期政权建设方面的一个惨痛历史教训。

三　民族主义与权威主义

上面一节我们谈到了政治领导人的作用问题，但如果没有大多数普通民众的支持，仍然不能建立一个高效率的、能够进行广泛社会动员并能协调和控制社会资源的中央集权制政府。换句话说，若没有民众的理解并在相当程度上接受自己的角色，国家就不可能完成有关税收、对外政策、国民教育、社会安全以及其他难以计数的各种目标。

从另一方面讲，尽管民族建设对现代化是至关重要的，因为它是动员人民为之奋斗的最有效的方式，但如果没有有计划地灌输其意识也难以达到目的。在历史上从未受过外来势力压迫的日本，幕末时期的民族意识尚不足以支持建设一个现代性国家，这从下关战争中可以看得出来。尽管在幕府末年，等级制度已经开始解体，各地方的文化交流亦频繁进行，但等级及地方意识依然普遍存在。长州藩的大多数农民和城市居民把下关战争看作长州藩武士与外国舰队之间的一场地方性战斗，下关海峡对岸的丰前藩人民也把它看作长州藩和外国人之间的战争。由此可见，如何将普通民众对家族、地方的认同和效忠转化为对国家的认同和效忠是摆在明治新政府面前的一个重要课题。

整个 19 世纪 70 年代，明治政府并没有提出系统解决这一课题的措施。这一部分是因为新政权刚刚建立，百废待举，整顿及完善政治机构、废除旧的不适应的法规以及建立相应的社会发展所需的法规、健全政府财政制度、承诺旧的对外条约及缔结新的条约等事项使明治领导人无暇他顾。更重要的是，在如何建设日本问题上，新政府成员之间存在严重的分歧。如同前述，以大久保利通为首的岩仓使节团成员通过出访欧美，深感日本国力之不足，主张内治优先；而以西乡隆盛为首的留守政府保守派则主张在对外扩张中保留士族的特权地位；同样为留守政府成员的板垣退助等人在下野后则提倡建立民选议院。因而这一时期日本的意识形态非常混乱。

从社会上讲，尽管在文明开化的口号下，日本人积极地模仿西方的风俗习惯、生活方式，对于吸收西洋文明、消除封建习俗、批判封建道德规范、促进日本社会的发展起到一定的积极作用，但也产生了一些消极影响。即轻视日本的固有传统文化，崇洋媚外思想泛滥，民族尊严受到损害。

在思想方面，大量有关西方国家政治、社会思想、制度等方面的图书被介绍到日本，欧美的资产阶级自由主义、功利主义、天赋人权思想广为流传，集会结社、演说之风也开始盛行。从某种意义上说，这是 19 世纪 70 年代自由民权运动兴起的一个思想基础，但我们不应对这一运动的性质评价过高。实际上，自由民权运动在很大程度上是以失去特权地位的旧武士阶层与不满高额地税、反对征兵制和强制性教育的农民为主体进行的，即使那些明确提出颁布宪法、开设民选议院斗争目标的运动领导人也不过是以此为后盾，达到分享国家权力的私人目的，板垣退助、后藤象二郎的行为充分说明了这一点。

保守地说，一直到帝国宪法颁布，大部分日本人仍不希望在政治过程中起很大作用，投票、公民权利、责任内阁对他们来讲是陌生的"舶来品"，事实上也没有人把政府看作社会安全、机会均等和保障繁荣的理所当然的源泉。对于那些认为政府比自己做得更好的人来讲，要求他们进行训练、做出牺牲是比较容易的。因此，明治初期的政治领导人在当时仍拥有很大的行动自由。当然，他们也十分清楚地意识到，提高民众对国家的忠诚度和认同感是现代化事业必不可少的因素，也是亟待解决的问题。

明治 14 年政变将主张迅速民选议院的大隈重信逐出政府后，明治领导人一面镇压、分化瓦解自由民权运动，一面放弃明治初年放任自由的文明开化政策，在有选择地吸收外国文物制度的同时，开始有计划地在民众中培养忠君思想和民族意识，试图将近代爱国主义精神与传统价值观念结合起来。

早在 1878 年，陆军卿山县有朋在颁布《军人训诫》时，就把效忠天皇作为军人的天职，竭力向士兵灌输"忠义""勇敢""服从"的武士道精神。1882 年又以天皇的名义颁布了《军人敕谕》，进一步规定，军人应遵守尽忠孝、正礼仪、尚武勇、重信义和崇俭朴这五项武士道的规范，必须忠君爱国，绝对服从天皇。

1880 年，明治天皇到东山道、东海道和北海道等地视察，对学校中的自由化教育忧心忡忡。为统一教育方针，政府在该年年底修改教育令，强调修身课的重要性，规定从小学起就要实行"尊皇爱国"的思想教育。

此后，政府进一步加强了对学校教育的控制。1890 年又以天皇的名义颁布《教育敕语》，将其作为帝国统一的教育方针。此语立足于家族国家观，以忠孝为核心的儒教德育为基础，把忠君爱国思想作为国民的最高道德。《教育敕语》发到全国所有学校，强令师生敬拜、奉读，作为一种绝对的教导在小学校的修身教育等科中彻底贯彻，使其宗旨渗透到国民之中。从这一点上讲，我们不能过高地评价明治年间政府普及初等教育的社会意义。大多数日本人在不到六年的义务教育中，与其说接受了获取社会财富能力等所需的技能以及参与国家管理的政治意识，毋宁说只是被灌输了一些忠君爱国的思想而已。

类似这些以征兵制为社会基础的军事教育和强制性义务教育有助于传统的、在很大程度上是武士阶层独有的忠孝观念在全体民众中的传播。同时也应看到，对民众灌输忠孝观念是同树立天皇权威相结合的，也就是以忠君爱国的形式进行。对于崇拜权威、强调群体而又缺乏政治主体意识的民众来说，全国性的权威中心是绝对不可缺少的。

但在这里必须明确的是，"权威"和"权力"是两个不同的概念，尽管它们都是一种影响力，但权力是能够给拒绝服从的人带来严重损失的影响力，而权威只是利用个人的威望或门第使人服从的影响力，并不带有强制性的力量。两者之间的关系是成反比的，正如亚里士多德所说的，"君主的权限愈小，他的权威将愈无损地持续得更长久"。日本天皇正是这样一种权威性君主，他的政治功能是赋予行使权力的人的行为合法性，从而稳定政治系统，加强国家对政治共同体成员的控制，而其社会功能则是起到国家象征和民族主义凝聚点的作用，能够在人民中间促成爱国主义、纪律和自我牺牲的精神，以及将国家的需求和利益置于地方的需求和利益之上的观念。

传统社会向现代社会的过渡本质上是农业社会向工业社会的过渡，现代性的创新政策能够得到多数民众的支持，是实现现代化的重要条件。明治政权不仅透过天皇名义使自己合法化，而且其创新政策也通过天皇得到社会各阶层大多数人的支持。正是在天皇这个权威中心的影响下，地主和农民阶层并没有因地税同幕末时期一样沉重而反抗国家，尽管他们提出过减轻地税的要求，200多万武士及其家属的大部分顺从地从过去的特权阶层转化为现代工厂的第一批雇佣劳动者，虽然他们中的一些人曾用武力反抗过明治政府。商人阶层同政府密切合作，不仅使商业资本迅速地转化为产业资本，而且继续对政府保持着忠诚并与之合作。这在19世纪80年代明治政府有意识地树立天皇精神权威、利用传统价值观念统一意识形态以后更为明显。尤其到明治末年，人们的民族意识已经达到明治初年无法比拟的高度，这在很大程度上是明治领导人为了生产资料的迅速发展而准备让人民做出最大牺牲的政策能获得大多数日本人支持的重要因素。

但从另一方面讲，尽管这种传统价值观念与近代爱国主义精神的结合能够使大多数日本人在牺牲自我利益的基础上支持政府的政策，但也容易产生民族沙文主义思想。正如著名的近代启蒙思想家福泽谕吉在1885年的《脱亚论》中所表现的民族扩张主义那样，从19世纪80年代开始，日本人的民族主义情绪高涨，这在政府的对外扩张中起到推波助澜的作用。实际上，接受强制性教育以及坚持传统的道德观念和天皇观念的结果，使大多数日本人均要求有一种极端的民族主义和军国主义的政策，因而在全面发动战争的年代里，他们对战争的支持以及在生产活动中表现出的惊人的合作态度是很自然的。

因此，我们在肯定民族主义及权威主义是动员公众支持变革、在条件不具备以及恶劣的外部环境下进行现代化的极好手段的同时，也要充分意识到其后果将会加剧因急剧变革而带来的紧张情绪，由此产生的暴力行动既会出现在国内，也会转移到国外。有充分理由可以说，近代日本社会生活中的暴力行动大多通过与外国的战争和殖民剥削转移到国外，特别是在吞并朝鲜和侵入中国东北以后，在心理和社会方面影响日本国内生活的紧张状态在很大程度上得到了缓和。在这一点上可以说，日本早期现代化成功的基础在很大程度上受益于侵略邻国的行动。

四　加强型二元经济结构

尽管在后发展国家的现代化中，经济发展在很大程度上依赖于现代化过程的理智方面和政治方面，依赖于知识的增长和政治领导动员资源的能力，但经济的增长尤其是现代性经济的增长是实现现代化的必要条件和天然指标。也就是说，经济现代化与政治现代化是同等重要的，这正如19世纪中叶以后的日本历史所呈现的那样。明治维新的动力本身主要是政治方面的，但不久之后，明治领导人在重要经济部门的现代化方面开始了坚持不懈的努力，并将国家收入的大部分用在这里。结果，在至关重要的现代化早期阶段，政治与经济的变革顺序基本上是一前一后但又没有很大脱离，这对现代化事业的进展是极为有利的。

明治政治领导人之所以在建立明治政府后不久就以国家的力量推动现代经济的发展，是出于两方面的考虑。

一方面，他们意识到，为了维护日本的独立和安全，以现代经济为基础使国力有相当大的增强是绝对必要的。这在出访欧美的岩仓使节团成员岩仓具视、大久保利通、木户孝允、伊藤博文等人那里表现得最为突出，以至于他们回国后坚决地将以西乡隆盛为首的"征韩派"排挤出政府，致力于内治，即首先发展经济、增强国力，然后再图"失之东隅、收之桑榆"的对外扩张。

另一方面，明治领导人也意识到，只有迅速实行新的经济发展计划，才能稳定建立不久的国家政权。因为经济的发展不仅可以使政府权力和控制范围扩大，以便获得更多的人对国家安全及民族独立的认同，而且经济领域中不断的发展成就可以为民众认同现代化奠定基础，也就是使他们意识到新的运行方式以及现代化中那些看起来是毁灭性的打击是值得的。

尽管如此，在现代化初期，经济发展水平低，缺乏自然资源，同时又不具备海外市场和原料来源的问题一直困扰着明治领导人，为此政府不得不扮演双重角色——既是推动资本原始积累的主体，又是现代实业家。

从某种意义上讲，后发展国家的早期现代化最重要的途径是如何"合理地"将农业资源引导到现代工业部门，日本也不例外。明治年间农业部门对日本现代经济的迅速增长起到的支持作用一方面表现在以地税为主的农业资源通过政府渠道被动地流入现代工业部门，另一方面则表现在以农产品与劳动力为主的农业资源自动地流入现代工业部门。

明治政权建立伊始就面临着巨大的财政压力，1871 年，仅支付旧士族俸禄就占政府财政支出的 31.8%，还有因废藩置县而承担下来的各藩债务7800 多万日元，财政岁入仅为 5000 万日元左右的明治政府实在无力创办新的事业。为此，明治领导人在逐步废除士族俸禄的同时，着手土地税制方面的改革。1873 年，政府在全国丈量土地，确定所有者，颁发土地执照，由土地所有者每年向政府缴纳土地法定价格 3% 的货币地税——这一税率与幕末时期的租税相差无几。

地税改革的直接后果就是稳定增加了政府的财政收入。实行地税改革的第一年，来自土地的税收比上一年增加了 2 倍之多，从 2005 万日元骤然增加到 6060 万日元，在整个 19 世纪 70 年代，地税收入一直占政府税收总额的 80% 以上。明治政府用这些资金建设现代工厂，从 1868 年新政府成立到 1881 年开始处理国营企业，政府对企业的投资额约为 3465 万日元，共建造了 3 所造船厂、5 所兵工厂、10 处矿山和 52 所不同种类的工厂。

尽管有高额地税的存在，但农业部门在 19 世纪最后 30 年的发展仍是惊人的。耕地面积从 1874 年的 413 万公顷增加到 1890 年后的 502 万公顷，主要农产品稻米的产量从 1878 年的 2328 万石增加到 1890 年的 4304 万石，单位面积产量也从每亩 1.03 石增加到 1.42 石。1878—1917 年，农产品的销售量占收成的 58%～68%。

农业经济的急剧发展一方面是因为明治政府为稳定地税收入而采取的确认私人土地所有权的政策刺激了农民的生产兴趣，从而增加了传统的投入。另一方面，土地所有者在收获量中的所得比例增大也加强了这一趋势。从绝对意义上讲，由于地税的固定化，单位面积产量的提高会增加土地所有者的收入；从相对意义上讲，米价的逐年提高也增加了土地所有者的收入。除去明治初年的通货膨胀时期不算，大米价格在 1888 年为 4.91 日元每石，到 1898 年增加到 14.68 日元每石，这种状况使地税在土地收获量中的比重越来越小。即使在租种地主土地的佃农那里，传统的实物分成制也刺激了劳动力的投入和新生产技术的运用。

值得注意的是，尽管农业部门取得惊人的发展并支持了日本现代工业经济的最初建立及其发展，但其传统的性质仍然没有改变。这一方面是因为传统的租佃关系保留了下来。如同前述，明治初年政府进行的许多改革在很大程度上是为了国家财政，因而在地税改革中，只是原封不动地承认了幕末时期实际土地所有者的所有权，无地农民的土地要求并没有得到满足。换句话说，地税改革仅仅调整了国家与土地所有者之间的关系，但对农村中地主与农民之间的传统租佃关系却毫无触动。

不仅如此，政府为了保障地税的正常缴纳，乃用法律保护地主的地租收入。1876 年，鸟取县的租佃条例规定，"地租乃地税之源泉，佃农必须按期缴纳之"，"如不缴纳，当以盗窃、侵犯所有权罪论处"。甚至在 1898 年的民法中仍然规定土地所有权优于土地耕种权。这样就使传统的租佃关系（即无地农民是为求生存而租佃土地——糊口租佃，而不是为出卖农产品以获取利润而租佃土地——经营租佃）在明治年间迅速发展起来。1872 年的佃耕率为 29%，到 1907 年达到 44.9%，而且大多是零细佃耕地，佃农每户租种的土地面积平均不到一公顷。虽然无地农民的增加为现代工业部门提供了大批廉价的劳动力，但零细佃耕制的发达却阻碍了农业先进生产方式的采用。

另一方面，无论是租佃土地还是自耕土地，其农业生产量的提高不是靠西方先进技术的应用，而是靠更加密集地广泛使用最好的传统耕作方法。尽管在明治初年政府曾大力推行过"劝农政策"，试图通过引进西方资本主义国家的农业技术、农具、农牧业品种和经营管理制度，将日本的小农经营变成大农经营，并为此创办了一些利用机器生产的农业试验场，但这些政策与措施均因地主土地所有制下的零细佃耕地的广泛存在而告失败。到 19 世纪 80 年代，政府放弃了上述努力，改为推广本国最好的传统技术，将老农派往全国各地，提高施肥量，选育适合本国环境的优良农产品，普及适合本国实际生产条件的农机具等。

但到 20 世纪初，农业部门已经不可能用传统的技术取得重大进步了，传统的投入已达到最高的水平，而传统的租佃关系又阻碍着资本密集度更高的耕作制度的采用，因为这种耕作制度需要使用更多的机器、投入更多的资金。这样一来，农业衰退、停滞的趋势是必然的，从 1902 年到 1931 年，日本工业经济的年均增长率为 6.1%，而农业经济的年均增长率只有 0.6%。在世纪之交以后，日本已不能生产足够的粮食养活本国的人口，所以不得不求助于进口。到这时，对现代工业经济来讲，传统农业经济不再起支持作用，反而成为日本经济的"病夫"。

即使在工业部门内部也存在二元经济结构，即采用先进生产技术的大型现代工业部门和依然采用旧生产技术的中小型传统工业部门。尽管传统工业部门的就业者占整个工业部门就业人数的 85%（1920 年），但其生产率和工资收入比现代工业部门低得多。更为重要的是，这些中小型传统工业起到减缓繁荣和萧条时期不同需求所造成的冲击的作用，因而支持了现代工业部门的迅速发展。但也应看到，现代经济部门与传统经济部门之间越来越大的差距会加剧社会的对立情绪，特别是农业衰退带来的社会和经济苦难造成了严重的紧张局势，以农村为主要社会基础、权势日益膨胀的军部势力，为避免付出破坏传统农业社会的代价而采取的法西斯主义政策，最终使日本走上了大规模对外侵略扩张之路。

（原载《世界历史》1991 年第 4 期，收录于本书时有修改）

广东与长野器械缫丝业比较研究

——兼论两地的原始工业化

所谓原始工业化，是指传统观念上的以机器大工业为主要特征的产业革命以前，立足于农村，并为区域外市场提供产品，以手工业为主的工业化（国外一些学者称之为"工业化前的工业化"或"农村工业化"）。原始工业化出现的内部条件是人口对土地的压力，即过剩人口必须从农业部门以外寻求生活来源，其外部条件则是产品市场和商业性农业的存在。从这一内涵意义上说，19世纪下半期中国广东（以珠江三角洲地区的顺德县和南海县为主）以及日本长野（以诹访湖沿岸的冈谷市和诹访市——原诹访郡为主）的器械缫丝业具有典型意义，但笔者更为重视的是其结果，即原始工业化向现代工业化的转化。正如原始工业化理论创造者门德尔斯所指出的，"从阶段一到阶段二的过程中不存在不可避免的或自动转化的因素"，"第一阶段农村工业的类似的发展可能导致第二阶段工业化在程度上与步伐上的广泛不同"。[1] 与中国广东的局部逆工业化（重新田园化）现象相比，日本长野缫丝业的发展更为迅速，并成为现代工业化的基础。本文试图就开港前后两地缫丝业的发展和经营形态作一比较研究，并探寻造成两地缫丝业发展差异的原因。

一 开港前两地缫丝业的发展

中国的广东和日本的长野在开港之前，经济发展都居于各自国家的前

---

① Franklin F. Mendels, "Proto-industrialization: Theory and Reality General Report," *The Journal of Economic History*, Vol. 32, No. 1, 1972, pp. 241-261.

列，农业和家庭手工业比较发达，经济发展和生活的改善及其他因素，使两地人口迅速增加。

据全汉昇先生统计，乾隆二十六年（1761）到道光三十年（1850），中国人口从 19812 万增加到 42993 万，增长了 117%；而广东人口从 680 万增加到 2818 万，增长了 314%，仅次于有内地人口迁移之故的四川和东北地区。[①] 缫丝业发达的南海县，康熙元年（1662）人口仅 10 余万，道光年间达到 112 万余，增加了 10 倍多；顺德县的人口康熙年间为 3.7 万人，咸丰年间达到 103 万，增加了近 27 倍。[②]

据速水融教授的考证，距东京 200 公里的长野县中部的诹访郡，由于结婚率、出生率的上升以及死亡率特别是幼儿死亡率的下降，该地区的人口在 1630 年后的 100 年间增加了 3 倍，年均增长率为 1%，远高于全国的人口年均增长率。[③]

人口的迅速增长加剧了土地的压力，迫使许多农民向农业部门以外的行业寻求生计，而非农业收入的增加可以使他们不再受土地面积和粮食产量的限制，能够养活更多的人口。珠江三角洲地区农业一直比较发达，沙田不断开发，[④] 单位面积产量不断提高。据记载，早在 16 世纪，南海县高产田亩产已达 10 石，居全国之冠。[⑤] 尽管如此，所生产的粮食仍无法满足当地的需求，广东"粮糗势不暇给，不能不仰给邻封"。[⑥] 雍正八年（1730）"岁即丰收，而乞籴于西省者不下一二百万石"，[⑦] 据嘉庆年间广西税关统计，"每年粤西米谷贩运粤东者，查历届册报数均在一百数十万石以上"。[⑧] 广东每年输入粮食 300 万~400 万石，占全省年粮食消费总额的 37%。[⑨] 日本

① 全汉昇：《中国经济史论丛》第 2 册，新亚研究所 1972 年版，第 600 页。
② 叶显恩、谭棣华：《明清珠江三角洲农业商业化与墟市的发展》，《广东社会科学》1984 年第 2 期。
③ 〔日〕新保博等：《数量经济史入门》，评论社 1975 年版，第 47 页。
④ 程明：《清代珠江三角洲沙田述略》，《华南师范大学学报》1986 年第 3 期。
⑤ 霍韬：《霍渭涯家训·田圃第一》。
⑥ 陈徽言：《南越游记·卷三·足食善政》。
⑦ 《朱批谕旨》，雍正八年四月二十日闽广总督鄂尔泰奏。
⑧ 《清实录·仁宗实录》卷二四五，第 19 页。
⑨ 徐晓望：《清代前期广东、福建两省的粮布消费问题——鸦片战争前传统自然经济的局部瓦解》，《中国社会经济史研究》1989 年第 2 期。

长野县的状况也类似。以缫丝业中心地平野村（今冈谷市）为首的诹访湖下游地区，"土地少而人口多，生产谷物不能自给，每年须从其它地区购入大米"。①

尽管耕地面积扩大和集约化的耕作方式提高了粮食产量，但因受到自然条件和生产技术的制约，并不能解决日益沉重的人口压力问题。因此，许多人开始向商品性农业及非农业部门寻找出路。早在明初，南海、顺德等地就流行"桑基鱼塘"的经营方式。珠江三角洲地区气候条件适于桑蚕生长，"广蚕岁七熟，闰则八熟"，"计一妇之力，岁可得丝四十余斤"，"家有十亩之地，以桑养蚕，亦可充八口之食矣"。② 养蚕的经济效益远远超过经营传统农业，因此清顺治年间开始盛行"桑基鱼塘"的经营方式。广州成为通商口岸后，进一步刺激了养蚕缫丝业的发展，甚至出现了"弃田筑塘、废稻树桑"乃至"境内无稻田"的情况。③ 日本的诹访地方是一个群山环绕的狭窄盆地，诹访湖占去大半面积，耕地面积少，所以很早就出现了商品性农业以及非农业经济。该地在 14 世纪时就有植桑养蚕的记载。德川幕府建立后，人口的压力进一步刺激了养蚕缫丝业的发展。文政年间，该地方"人人用心养蚕，年获生丝八九千金"。④ 按当时米价计算，生丝收入达 1 万多石大米，这对粮食年产量仅 4 万石的诹访藩来说，养蚕缫丝业具有重要的经济地位。

在当时的历史条件下，缫丝业是最主要的手工业部门。开港前，两地缫丝业的经营方式虽稍有差异，但生产技术、生产水平和规模基本类似。广东的珠江三角洲地区，除"蚕种多取给附近墟市"外，养蚕与缫丝均在同一农户中进行，很少有分工作业的状况。日本诹访地方缫丝虽在农户家中进行，但实际上其经营形态为"出釜制"，即由生丝商人收购蚕茧分发给农民，农民在家中加工后按产量领取工钱。"出釜制"反映了养蚕与缫丝的分工及具有资本主义性质的雇佣关系的出现（宽政年间曾有商人自设

---

① 〔日〕平野村编《平野村志》下卷，1932 年版，第 11 页。
② 屈大均：《广东新语》卷二四《虫语》。
③ 张晓辉：《广东近代蚕丝业的兴衰及其原因》，《暨南学报》1989 年第 3 期。
④ 〔日〕北岛正元：《缫丝业的发展与结构》，塙书房 1970 年版，第 40 页。

工场，募女工缫丝，但被藩政权以妨碍农业生产、有伤风化为由禁止[①]）。这是两地缫丝业发展初期存在的显著差别。

两地使用的缫丝器械比较简单，均为木制（或竹制）的手摇丝车，在木架上装有一可转动的木轮（或滚轴），一手转轮，一手寻丝，将七八条蚕丝合成一绪上轮旋转。这种工具成本低、体积小、分量轻，工艺也简单易学。但是效率较低，每人每天仅能缫粗丝4~5两，质量也欠佳。[②] 开港前后，诹访地方出现了利用齿轮传动装置的可缫两绪丝的手摇机，单机日产量提高到7两左右。[③]

一般说来，农家所生产的生丝自织者甚少，生丝"售于各地，不自织也"。[④] 珠江三角洲地区有很多蚕、丝专业墟市，南海县在道光十五年（1835）以前就有12个。[⑤] 早在乾隆年间，就曾有首竹枝词写道："呼郎早趁大冈墟，妾理蚕缫已满车，记问洋船曾到几，近来丝价竟何如？"[⑥] 反映了农户生产的蚕丝不仅通过墟市流入各地丝织机房，也出口到了国外。根据东印度公司报告，乾隆四十年（1775）经广州出口的生丝为3724石[⑦]（此时大部分为质量高于粤丝的江浙丝）。

诹访地方没有丝织业，所产生丝大多运往以京都为中心的丝织业集中地区。据记载，最早向京都提供生丝是在宽政六年（1794），[⑧] 但开港前出口生丝量则微乎其微，远远低于广东。

通过以上的比较，我们可以看出中国的广东与日本的长野两个地区原始工业化的内部条件和外部条件渐趋成熟。但是，开港后，由于两国对资本主义冲击的反应不同和政府政策导向截然相反，使得起点大致相同的两个地区的原始工业化发展出现了差异。

---

① 〔日〕矢木明夫：《日本近代制丝业的成立》，御茶水书房1978年版，第36页。

② 施敏雄：《清代丝织工业的发展》，中国学术著作奖助委员会1963年版，第33页。

③ 〔日〕矢木明夫：《日本近代制丝业的成立》，第46页。

④ 《香山县志》。

⑤ 《南海县志·建置略·城市》。

⑥ 《龙山乡志》卷一二。

⑦ 孙建：《中国第一家民族资本近代工业的出现》，《学术研究》1979年第3期。

⑧ 〔日〕新保博等：《日本经济史》第2卷，岩波书店1989年版，第16页。

二 开港后器械缲丝业的发展

器械缲丝与上述的手工缲丝有所不同。手工缲丝是利用土灶煮茧和手摇丝车进行生产，器械缲丝是采用锅炉蒸汽煮茧及利用动力机械带动丝䋐（索绪、抄绪及添绪等工序仍为手工）进行生产。这种生产方式在很大程度上属于集中手工工场的范畴，尚未达到以机械缲丝为特征的近代工厂水平。

从广东和长野器械缲丝工场的创办及发展过程来看，两个地区具有一定的共同特点。随着西方国家向东方的扩张，欧洲先进的缲丝技术也先后传入中国和日本，生产工具和生产技术的进步，特别是器械缲丝使用锅炉同时为许多丝釜提供蒸汽沸水煮茧，代替了手工缲丝的单个丝釜的灶下炭火加热煮茧，使集中生产成为可能和必要。19 世纪 70 年代，广东和长野都出现了采用新技术进行生产的缲丝工场。1872 年，华侨商人陈启沅回乡筹办继昌隆缲丝工场（1874 年建成投产），同年日本成立了富冈制丝所和深山田制丝场（前者是明治政府创办的模范工场，后者是政商小野组在上诹访设立的）。富冈制丝所拥有釜位 300 个，深山田制丝场拥有釜位 100 个，均多于继昌隆缲丝工场初期的"数十釜位"。[①] 继昌隆缲丝工场和富冈制丝所均采用法国式缲丝法，深山田制丝场采用意大利缲丝法。由于日本采用金属器械，所以成本较高，加上日本蚕茧质量不高，结果富冈制丝所一直处于赤字经营状态，深山田制丝场不久宣告倒闭。缲丝工场最初的发展并非十分顺利，与创办者的期望存在差距。尽管如此，由于市场需求的不断增加，在攫取利润的动机驱使下，一些人仍陆续开办缲丝工场。在这些工场中，1875 年由武居代次郎等 9 名缲丝业者组成的中山社具有重要的影响力。该社不仅规模较大，更为重要的是，他们参考法国和意大利缲丝法，结合日本的实际状况，创造了中山式缲丝法，即利用水力或人力统一转动丝䋐，用锅炉蒸汽煮茧缲丝。同时千方百计降低生产成本，如以陶釜代替金属釜，木制抱合装置代替铜制装置等，设备费用成本每釜仅为 15 日

---

① 彭泽益：《中国近代手工业史资料》第 2 卷，三联书店 1957 年版，第 44 页。

元左右，远远低于富冈制丝所的 200~250 日元，① 因而获利颇丰。中山式
缫丝法为其他缫丝业者纷纷仿效。

广东的继昌隆缫丝工场与中山社所采用的缫丝器械大致相同，主要为
陶釜与木制工具，因而成本亦较低。但是继昌隆缫丝工场是靠工人用足踏
来转动丝绸，与手摇丝车相比"手工成本轻，起丝亦少，足机起丝多，而
沽价亦贱"，② 有了很大进步，增强了竞争力。但逊色于日本的中山式缫丝
法。19 世纪 80 年代后广东才逐渐推广使用统一的功力装置转动丝绸。在
煮茧缫丝技术方面，两地存在差别。继昌隆缫丝工场煮茧与缫丝同在一釜，
故水温较高（200 华氏度左右），工人只好用竹筷抄绪、添绪，效率较低。而
中山式缫丝法则将煮茧与缫丝用釜分开，前者为圆形釜，水温较高，后者为
半月形釜，水温较低，所以工人可以直接用双手抄绪、添绪，效率较高。尽
管继昌隆缫丝工场在技术上稍为落后，但与长野一样，都采用蒸汽煮茧缫
丝，因此水温均一，易于索绪解绪，采用共撚装置统一撚条，所生产的丝已
是"身动而滑，质匀而白"，③ "惟汽机费用虽繁，然丝条柔而价值高，其
法优良，其利尤巨"。④ 价格比土丝（手工丝）约高 1/3，遂使继昌隆缫丝
工场开工后"期年而获重利"。⑤ 于是一些人也开始投资建厂。

随着中山式缫丝法的推广，日本的缫丝业得到了迅速发展，到 1883
年，诹访地方的器械缫丝工场（10 釜以上者）为 119 家，10 年后增加到
219 家，釜位近万个，⑥ 该地成为日本最大的缫丝业区。为了增强在国际市
场上的竞争能力，19 世纪八九十年代日本诹访地方采取共同结社的形式，
按照同一规格将社内每家工场生产之丝进行再缫，然后集束成包出口国
外。例如，拥有 18 家缫丝工场的开明社就在天龙河畔设立了利用水利为动

---

① 〔日〕矢木明夫：《冈谷的制丝业》，经济评论社 1980 年版，第 52 页。
② 《续修南海县志》卷二六，第 56 页。
③ 陈天杰等：《广东第一间蒸汽缫丝厂继昌隆及其创办人陈启沅》，中国人民政治协商会议
广东省广州市委员会文史资料研究委员会编《广州文史资料》第 8 辑，1963 年版。
④ 《续修南海县志》卷二六，第 56 页。
⑤ 《续修南海县志》卷二六，第 56 页。
⑥ 〔日〕地方史研究协议会编《日本产业大系·中部地方篇》，东京大学出版会 1960 年版，
第 198 页。

力转动大丝緺的共同再缫场。在共同结社时代，除中山社、开明社外，还有皇运社、协力社、金山社、明进社、信英社、龙上馆等。随着市场需求的扩大和技术的进步，缫丝工场的生产规模越来越大，共同结社的必要性随之降低，从19世纪90年代末开始，各社逐渐解体。而大的缫丝工场不断涌现。1902年，平野村拥有500釜位以上的缫丝工场占村内缫丝工场（10釜以上）总数的16%，1917年增加到36%，甚至出现了像片仓制丝这样的占日本缫丝业总釜数7%，生产总额13%，出口总额16%的大型缫丝会社。[①]

珠江三角洲地区的缫丝工场从继昌隆开办以后，到1881年共有缫丝工场10家，釜位2400个，生丝产量近1000石。[②] 但是，广东缫丝业的发展与诹访地区不同。不存在共同结社的形式，甚至在某些县曾一度受到压制和破坏，出现了曲折。缫丝工场的出现和发展，引发了蚕茧和土丝价格的上涨，使以土丝为原料的丝织业者受到威胁。1881年湖州土丝减产，欧美商人涌到广东大量收购，而该年广东蚕茧亦歉收，市上无丝，机工不得不歇业。丝织业界将咎责归于缫丝工场，当时缫丝业最为发达的南海县的机工们趁祭祀聚会之机，结众袭击了学堂村的厚裕昌缫丝工场，"捣毁汽机，掠走蚕茧"，并准备袭击简村的继昌隆等工场。南海知县徐赓陛一面派兵镇压，一面查封各处缫丝工场，结果该县境内的工场纷纷迁往澳门，继昌隆亦在其列。1882年，洋务派官僚对棉纺、丝织以外的产业部门民间设厂的态度有所变化，[③] 加之国际市场的需求日益增加，外国商人投资上海缫丝业失败，于是粤丝为外国商人所瞩目，纷纷与缫丝工场签订长期优惠合同，较为稳定的和较高的利润推动了这一地区缫丝业的迅速发展。到1894年，广东各地缫丝工场发展到75家，釜位26356个，1906年达到176家，其中取代了南海县缫丝业地位的顺德县有124家。缫丝工人总数达6万人。[④] 广东的器械丝比重也由1881年的30.3%上升到93.3%，而土丝却从69.7%下

① 〔日〕矢木明夫：《冈谷的制丝业》，第88页。
② 汪敬虞：《关于继昌隆缫丝厂的若干史料及值得研究的几个问题》，《学术研究》1962年第6期。
③ 薛福成：《庸盦文别集》卷五，《代李相伯复邵观察》。
④ 陈慈玉：《近代中国的机械缫丝业（1860—1945）》，台湾中研院近代史研究所1989年版，第167页。

降到 6.7%。^① 粤丝占全国出口生丝总额的比重也不断提高，1881—1885 年为 14.5%，1896—1900 年达到 27.7%。^② 从工场数量、工场规模和生丝产量等方面来看，广东和长野缫丝业的发展趋势是相同的。但是，在缫丝技术和生丝质量方面，两地存在明显的差异。

从 19 世纪 70 年代中期开始，半个世纪中，广东的缫丝业发展只是总产量的增加，缫丝工场规模的扩大、生丝质量的提高微乎其微。其主要原因在于经营者只顾追求眼前利益，不注重也不肯投资改进生产技术和更新设备，一直使用旧式的木制器械，因此，每个缫丝女工的日产量始终徘徊在 4~5 两，在世界缫丝业技术不断进步的情况下，这种旧式木制器械日益落后，缫出的生丝断头、丝屑较多。据一些人的实地考察，进入 20 世纪后，其煮茧与缫丝仍在同一陶釜内进行，并未分离，一直使用竹筷抄绪、添绪。多数工场甚至并无选茧工序。刘伯渊在 1922 年考察时，发现这种状况仍无多大改进。^③ 由于生产技术和生产设备的相对落后，新生产的生丝规格不统一，也没有像日本那样进行再缫，统一规格集束成包出口。因而粤丝在世界蚕丝市场的竞争中处于不利的地位。例如，1896 年在法国里昂市场上，每公斤生丝价格，法国和意大利丝为 38 法郎，日本丝为 35 法郎，广东丝为 28 法郎。^④ 当时有人写道："广东出口生丝，向来失信于外洋机织家，美政府致书我国，促筹改良之策，不下数次，只因国家多故，政府不暇及此，而丝业中人，又置若罔闻，奸商只知有利可图，遂不顾及害群之事，是以出口生丝，仍不能得优胜之地位。"^⑤ 在外部市场尚有余地的状况下，珠江三角洲地区的缫丝业发展在 1926 年达到最高点，此后便在欧洲丝、日本丝、人造丝和世界经济危机的冲击下一蹶不振，迅速衰落下去，这一地区的原始工业化也随之遭受挫折。

① 彭雨新：《辛亥革命前后珠江三角洲乡镇缫丝工业的发展及其典型意义》，《中国社会经济史研究》1989 年第 1 期。
② 彭雨新：《辛亥革命前后珠江三角洲乡镇缫丝工业的发展及其典型意义》，《中国社会经济史研究》1989 年第 1 期。
③ 刘伯渊：《广东省蚕业调查报告书》，广东省地方农办试验场 1922 年版。
④ 〔日〕石井宽治：《日本蚕丝业史分析》，东京大学出版会 1972 年版，第 35 页。
⑤ 刘伯渊：《广东省蚕业调查报告书》，第 89 页。

诹访地方的生丝产量不断提高，仅冈谷市生产的生丝出口额就占日本出口总额的 1/3。而且诹访的缫丝业界也非常注意改进生产技术，努力提高产品质量，以加强在国际市场上的竞争力。19 世纪末，诹访缫丝业界逐渐开始采用蒸汽和电力为动力，并对生产工具进行改良，如发明了机械索绪器等。因此缫丝女工的日产量也有很大提高，1911 年片仓制丝会社平均每釜年产生丝 120 公斤，远远高于全国平均 47 公斤的水平。[1] 进入 20 世纪后，诹访地方开始使用多绪立缫机，20 年代又采用了 20 绪缫丝法，器械缫丝逐渐向机械缫丝过渡。生产工具的改良和生产技术的进步，大大提高了该地区生丝的产量与质量。

以诹访为代表的日本近代缫丝业的发展还具有更为重要的意义。缫丝业作为日本近代的主要产业部门，它的迅速发展为资本主义经济发展提供了大量资金，而且缫丝业巨额资本的出现也有助于该产业逐渐从商业资本的控制下挣脱出来，成为具有自律性的产业资本。如缫丝业者在日本蚕丝业垄断组织帝国蚕丝株式会社中的持股率，从 1905 年的 18% 上升到 1920 年的 66.8%。在生产过程中积累了大量资本的缫丝业资本家逐渐向多元化经营发展。如片仓制丝会社除兼营谷物、肥料、丝织业等与缫丝业相关的产业外，还涉足建筑材料、机械制造、石油化工等部门。正是这种带有普遍性的多元化经营使诹访地方在缫丝业逐渐衰落的情况下，又作为以精密机械制造为主的工业区域成长起来，较为顺利地从原始工业化转向现化工业化。

三 两地器械缫丝工场经营形态

器械缫丝业的经营，是与原料供给、资金积累和聚集以及劳动力等生产要素密切相关的。下面从这三个方面作一比较。

（一）蚕茧供给

20 世纪初，珠江三角洲地区的器械缫丝工场 96% 集中在顺德和南海两

---

[1] 〔日〕矢木明夫：《冈谷的制丝业》，第 170 页。

县，除个别较大的村镇有 3~5 家缫丝工场外，大多每村 1~2 家。① 而且这些地区盛行植桑养蚕，因而除顺德县个别缫丝工场特别集中的地区有时从东莞县或广西梧州等地购入部分蚕茧外，缫丝工场主要在当地购茧。

植桑养蚕集中地区通常设有大茧市，20 世纪初珠江三角洲地区年交易量在百万元以上的茧市有 10 个，百万元以下的有 19 个。② 每当一造蚕收获时期，茧农或茧贩（俗称水斗）前往茧市，将蚕茧售于茧市商人或缫丝工场设在茧市的收购点——茧栈。茧商和茧栈经过检查后，商定等级和价格，进行收购。茧栈收购的大多为鲜茧，必须尽快运回工场干茧，而且从第四造茧起需大量收购，以备冬季使用。③ 珠江三角洲地区蚕茧种类不多，据陈启沅《广东蚕桑谱》介绍，"广东之蚕，亦有两种，一名大造，又曰大茧，一名轮月，又曰连蚕"。④ 前者为两造蚕，后者为多造蚕，器械丝原料 99% 均出自后者。⑤ 尽管如此，由于农家养蚕因循守旧，病蚕较多，再加上缫丝工场均未建立严格的选蚕工序，因而使广东蚕茧出丝量以及生丝质量的提高受到限制。

从缫丝工场的分布来看，诹访地方更为集中。例如 1893 年时，诹访地方共有缫丝工场 219 家，其中平野村 86 家、下诹访村 29 家、川岸村 19 家、长地村 16 家、上诹访村 14 家等。⑥ 实际上，诹访的缫丝业从德川幕府时期就需从外地购入蚕茧，随着该地缫丝业的发展，其规模也越来越大。1876 年平野村产茧 200 石，仅能满足所需原料的 11.11%；1890 年增加到 1064 石，但自给率反而下降到 2.8%，⑦ 这也反映出该地缫丝业的迅速发展状况。另外，诹访缫丝业者的购茧范围也不断扩大，从关东地区的山梨县一直扩展到东北地区，从 1892 年开始，甚至来中国购茧，两年后因

① 农商部编《中华民国元年第一次农商统计表·纺织业特别调查》，中华书局 1914 年版，第 162—175 页。
② 〔日〕小山久左卫门：《南清制丝业视察复命书》，1906 年版，第 31 页。
③ 〔日〕紫藤章：《清国蚕丝业一斑》，农商务省生丝检查所 1911 年版，第 224 页。
④ 引自黄慰农《广东近代蚕业畸形发展的技术考察》，《中国农史》1989 年第 4 期。
⑤ 〔日〕松下宪三郎：《中国制丝业调查复命书》，农商务省农务局 1921 年版，第 55 页。
⑥ 〔日〕矢木明夫：《日本近代制丝业的成立》，第 20 页。
⑦ 〔日〕石井宽治：《日本蚕丝业史分析》，第 132 页。

甲午战争爆发而中止。

19 世纪后半期日本的蚕茧种类较多，共有 300 多种，由于农家养蚕规模较小，每户年均收茧量只有 10 公斤左右。[①] 一些缫丝业者以低于市场的价格直接从农户收购，虽然降低了生产成本，但生丝质量难以保证。为适应世界市场特别是美国市场的需求，诹访缫丝业者在优良蚕茧产地设立工场的同时，利用契约制来提高蚕茧质量。即缫丝业者与养蚕农户签订契约，由工场无偿向农户提供优良蚕种，贷款给农户改善养蚕设备，并指导农户采用先进技术管理，从而使蚕茧及生丝的质量得到大幅度提高，增强了日本蚕丝在国际市场上的竞争力。

（二）资金来源

广东与长野的缫丝工场基本都是由私人创办的。创办者或是独自投资，或是合股筹集。但是一般来说，前者比重甚少。例如，珠江三角洲地区的器械缫丝工场所需固定资本（土地、场房、机器设备等）及流动资本（原料茧、功力燃料、劳动力工资等）完全属于工场所有者的不足总数的 1/10。[②] 陈氏兄弟建立继昌隆缫丝工场共投资 7000 两白银，其中 4000 两用于购买工场用地、机器设备及建造厂房，3000 两用于购买蚕茧、支付劳动力工资等。陈启沅甚至自己在广州开设丝庄，经营生丝出口业务。[③] 众多的缫丝业经营者并无这样的资本，因此除少数独资经营者外，大多数缫丝业经营者采用合股方式进行固定资本投资。珠江三角洲地区缫丝工场均为平房建筑，内置八排至十排缫丝台，器械设备多为木制及陶制，因而费用较低，每釜平均仅相当于上海的 1/5。[④] 20 世纪初，该地区还出现了租赁经营方式，即拥有一定资金的商人或地主设场出租，300 釜位的缫丝工场每年支付 700~800 两的租赁费。[⑤]

---

① 〔日〕石井宽治：《日本蚕丝业史分析》，第 375 页。
② 〔日〕紫藤章：《清国蚕丝业一斑》，第 227 页。
③ 曹腾騑：《陈启源和继昌隆缫丝厂》，《文物天地》1983 年第 5 期。
④ 〔日〕峰村喜藏：《清国蚕丝业视察复命书》，农商务省农务局 1903 年版，第 198—200 页。
⑤ 东亚研究所：《广东地方蚕业事情》，1917 年版，第 9 页。

无论是合股设场经营抑或租赁丝场经营，习惯上将全部生产利润分给投资者，因而其流动资金均来自借贷。告贷对象主要是银业与丝庄。银业是珠江三角洲地区主要的旧式金融机构，20世纪初约有540家，名义资本2000万元，营业资本有1亿元左右，长期放款利息通常为12%。实际上，每家银业的资本金规模较小，其贷出资金多来自票号的拆款。19世纪末，山西人在广州经营的票号有9家，平均资本为30万~50万两，与地方工商业者无来往，仅借款与加入忠信堂行会组织的银业，利息较低，年息为4~5厘。①

缫丝业者从丝庄（设在广州经营生丝出口的商业机构，1929年时有27家）借款有两种方式，一种是借款时缫丝工场与丝庄订立契约，将产品全部委托该丝庄贩卖出口，另外一种是缫丝工场接受丝庄的订单，同时得到后者的贷款，所产生丝交与丝庄。两种方式的借贷期限依信用程度而异，长则半年，短则两周，年息8厘到1分。② 丝庄对缫丝工场的贷款多来自外国银业的拆款。③

诹访地方缫丝工场固定资本的增加与更新通常来自生产收益，但流动资金也多依靠借贷，其数额较大。这不仅因为诹访的缫丝业者要到各地收购蚕茧，须用现金支付，而且在19世纪后半期，春茧的比例占70%以上，因而缫丝业者需要在每年5月几乎一次性购进全年生产所需的原料茧。

19世纪下半期，诹访地方缫丝业者的告贷对象主要是横滨生丝批发商。这是因为当时缫丝工场规模较小，而且经营风险大，银行一般不愿提供贷款。横滨生丝批发商因与缫丝业者具有共同利益，所以按照1%~1.5%的比例提取手续费。19世纪80年代以后，生丝出口急剧增长，批发商人为获得更多的生丝，往往通过前贷资金来控制缫丝业者。1882年时贷款年息为18.2%，其后逐渐下降。④

值得注意的是，即使那些资金雄厚的大批发商也难以单独支付巨额前

---

① 区季鸾:《广州之银业》,台湾学生书局1971年影印版,第5、189页。

② 陈慈玉:《抗战前夕广东省的机械制丝业》,《抗战前十年国家建设史研讨会论文集》,台湾中研院近代史研究所1984年版,第765—797页。

③ 〔日〕神户高等商业学校编《海外旅行调查报告书》,1925年版,第94页。

④ 〔日〕矢木明夫:《冈谷的制丝业》,第96页。

贷资金，这些批发商一般从横滨的国立、私立银行借入资金后再贷给缫丝业者。1903 年时，生丝批发商从银行的借贷额达 740 万日元。[①]

随着缫丝业的迅速发展，个别资本规模越来越大，其稳定性也相对提高，因此从 19 世纪末起，银行对缫丝业的资金信贷逐年增加，利息也相对下降。如与诹访缫丝业关系最密切的长野县地方银行——第十九银行 1900 年时贷款年息为 13.9%（大型缫丝工场为 11.0%），到 1906 年降为 10.2%（大型缫丝工场为 7.7%）。[②] 实际上，第十九银行也是通过借贷和票据贴现的方式来筹措信贷资金的。例如，1900 年在贷给缫丝业者的 251 万日元资金中，有 150 万日元来自日本银行、横滨正金银行、三菱银行、第十五银行等金融机构的融资，其中日本银行、横滨正金银行这两个政府代表银行的融资达到 58%。[③]

（三）劳动力募集

珠江三角洲地区人口稠密，而且当地妇女身体强壮，无缠足陋习，且不忌讳抛头露面，因此女工的招募并不困难，甚至"只出一幅广告便可募足所需女工"。[④] 女工多来自本村或邻村，在器械缫丝工场初兴时，为防止对手的攻击，尤其注意此点。当时香港《循环日报》载，"女工之来，非姐妹即婶嫂，其或异姓异乡来学习者，非亲即故，倘有别情，该乡绅耆必有所闻，定当禁止"。[⑤]

由于劳动力资源丰富，很少有缫丝工场之间争夺女工的现象，经常改换工作场所的女工也不多。绝大多数女工为十七八岁的少女，也有少数幼童和中年妇女，平均年龄为 20 岁左右。由于当地习惯早婚，所以结婚者与未婚者各半，甚至还有携子上班者。[⑥] 工场一般没有培训制度，大多是女

---

① 〔日〕山口和雄：《日本产业金融史研究——制丝金融篇》，东京大学出版会 1966 年版，第 57 页。
② 〔日〕石井宽治：《日本银行的产业金融》，《社会经济史学》第 38 卷第 2 号，1972 年。
③ 〔日〕山口和雄：《日本产业金融史研究——制丝金融篇》，第 132 页。
④ 〔日〕鸿巢久：《中国蚕丝业之研究》，丸山舍书籍部 1919 年版，第 325 页。
⑤ 转引自〔日〕铃木智夫：《草创期广东缫丝业的经营特点》，《近邻：近现代史中国讨论广场》第 6 号，1984 年 11 月。
⑥ 〔日〕松下宪三郎：《中国制丝业调查复命书》，第 52 页。

工介绍自己的熟人或亲戚，由本人传授缫丝技术，开始做无报酬的帮工，几个月后上釜缫丝，领取少额工资。[①]

珠江三角洲地区缫丝工场大多是粗放经营，大约每 5 个釜位只有一名辅助女工，帮助运茧，清扫屑物并兼学缫丝，平均每个釜位的正式职工为 1.04 人（日本长野为 1.68 人）。因而从表面上看，女工每人平均缫丝量不低于日本，但单位丝釜产量仅相当于日本的 53%~66%。[②] 更重要的是，这种粗放经营限制了生丝质量的提高，直接影响了所产生丝在国际生丝市场上的竞争力。

缫丝工场平均每年开工 300 余天，除春节等节日外，没有固定的休息日，女工每天工作 11~12 个小时，工资视缫丝量而定，高者每天缫 3.5 两细丝的上等女工日工资 0.35 元，低者每天缫 1.5 两细丝的学徒工日工资 0.06 元。[③]

与珠江三角洲地区相比，诹访地方缫丝业劳动力募集则较为困难。因本地区劳动力远不能满足缫丝业的需求，须从外地招募大量女工。据统计，诹访郡内的缫丝女工数 1883 年时约为 2600 人，1890 年时增加到 7400 人，1900 年上升到 11000 人，1910 年达到 21000 人。[④] 就女工的出生地区来看，1903 年时本地出生者仅占总数的 12.6%，长野县内出生者占 65.2%，其他地区出生的女工占 34.8%。[⑤]

随着招收外地女工的增加，诹访地方缫丝业者之间、诹访地方缫丝业者与应招女工地区缫丝业者之间争夺女工的现象越来越突出，缫丝业者为招募到大量熟练女工，从 19 世纪 90 年代开始采用定金制度。尽管定金逐年提高，但到年初工场开工时原有职工残留率仅 50% 左右。为解决这一问题，诹访缫丝业者在 1902 年结成缫丝同盟，达成了防止相互之间争夺女工而进行职工登记的协议。另外，缫丝业者注意提高生产技术，以期减少对

---

① 〔日〕神户高等商业学校编《海外旅行调查报告书》，第 88 页。
② 陈慈玉：《抗战前夕广东省的机械制丝业》，《抗战前十年国家建设史研讨会论文集》，第 190 页。
③ 〔日〕小山久左卫门：《南清制丝业视察复命书》，第 28 页。
④ 〔日〕石井宽治：《日本蚕丝业史分析》，第 261 页。
⑤ 〔日〕中村政则：《日本历史·29·工人与农民》，小学馆 1976 年版，第 92 页。

劳动力的过分依赖。

由于原料茧的限制，诹访地方缫丝工场的开工时间较短。1886 年时平野村 50 家工场平均开工 181 天，1900 年增加到 225 天，并分春秋两季。缫丝女工几乎全部未婚，每天工作 13 个小时；19 世纪末日工资平均 0.14 日元，到 1903 年增加到 0.22 日元。为了鼓励女工提高缫丝技术，工场实行经常变动的等级工资制，如 1902 年时，一家工场的 128 名缫丝女工中，日工资最高的为 0.50 日元以上（1 名），最低的为 0.10 日元以下（3 名），多数人为 0.20 日元以上（53 名）。[①]

四　政府在缫丝业发展中的作用

从理论上讲，原始工业化从以下几个方面为现代工业化奠定了基础。第一，原始工业化使包买主、中间商人以及手工工场主积累了资本，并具备了企业经营管理及市场销售的知识；第二，原始工业化使农民成为不受土地束缚的自由劳动力，并接受了近代工业的初步训练；第三，原始工业化促进了农业地区的发展乃至农业革命的出现；第四，随着原始工业化的发展，一个由地方、国内和国际组成的市场网络逐渐形成；等等。

但是，原始工业化与现代工业化又有着质的不同，其中最根本的差异在于资本构成的不同。原始工业化时期，包买主、手工工场经营者追求的是能够不断回流及再投资的流动资本，而现代工业化强调的是特定形态化的固定资本。换言之，尽管原始工业化已经出现了生产的集中化，但尚未实现机械化，而集中化与机械化相结合创造的产业革命才使原始工业化转化为现代工业化。并不是所有的原始工业化都能完成这一转化，其关键因素则是原始工业化的主导者们能否在尚未充分稳定的社会环境中将巨额资金不断投资于固定资本。

以往的原始工业化理论认为，促使投资行动发生变化的主要因素是劳动力供应不足及包买主或手工工场主收益递减。也就是繁荣时期劳动供应

---

① 〔日〕石井宽治：《日本蚕丝业史分析》，第 304 页。

曲线的逆向弯曲，无法由追加的劳动得到补充；原始工业化本质上只促进生产在量上的扩张，而不是引起生产方式质的变革，生产力的进步有限，产品的边际成本以及平均资本或早或晚都要上升等。尽管在珠江三角洲和诹访地区的原始工业化过程中也存在上述因素，但两地之所以出现不同的发展结果，其各自政府的作用是至关重要的。这是因为，在工业化起步较晚的国家，工业化的推动力量往往不是来自原始工业化的内部危机，而是来自原始工业化以外的刺激或示范效应。然而这种刺激或示范效应只有在必要的社会经济条件具备的情况下，才能使原始工业化转化为现代工业化。也就是说，外部刺激或示范效应以及必要的社会经济条件共同组成了通过其他途径来聚集转化条件的"补偿系统"，缺一不可。19 世纪中期以后的世界生丝市场旺盛的要求以及欧洲缫丝技术的传入，刺激了珠江三角洲和诹访地区器械缫丝业的发展，正是由于社会经济条件的差异，其发展结果也不同。而这种社会经济条件的差异又与当时两国政府实施的社会经济政策有着直接的关系。

众所周知，19 世纪中期以后，由于外来的冲击，中日两国政府本能地采取了一些富国强兵的措施，以期抵御西方国家的压力，并解决国际贸易不平衡问题，这正是洋务运动与殖产兴业出现的历史背景。然而，由于两国政府实施的社会经济政策不同，工业化的进程也大相径庭。那么，这种不同体现在何处呢？

第一，体现在对私人经营缫丝业的认可与保障上。有清一代，推动洋务运动的"开明"官僚们始终没有放弃对近代产业的控制，"商为承办，官为维持"被解释为"并非一缴公帑，官即不复过问，听其漫无限制"，"虽为商办，官仍督察"，"非谓局务不归官也"。① 1881 年查封南海县缫丝工场的理由是"各省制办机器，均系由官设局，平民不得私擅购置"。② 尽管 19 世纪 80 年代初洋务派官僚对棉纺、丝织部门以外的民间设厂采取认可的态度，1886 年两广总督张之洞发文"资行粤省，劝导商民，广为兴办

---

① 中国史学会主编《洋务运动》第 6 册，上海人民出版社 1961 年版，第 53、55、61 页。
② 徐赓陞：《不自谦斋漫存》卷六，光绪八年版，第 17—28 页。

（缫丝业）"的同时，准备筹银 4 万两设官营机器缫丝局，其目的仍然是在"官为商倡"的幌子下侵吞私人资本。因而直到 19 世纪 90 年代，当有人在南海禀请开设丝场时，两广总督仍以"商民设立机器缫丝，专利病民"为辞，不许"擅制"。[1]

珠江三角洲的民间资本缫丝业就是在这种半合法半违法的夹缝中成长的。其结果无论是缫丝业者，还是生丝出口商，追求的均是短期效益，根本不考虑追加固定资本，改良缫丝技术。本来缫丝业就是一个加工度低、投机色彩较浓的产业，在生丝的生产成本中，原料茧费用占 70%~80%，工资比例仅占 10%左右，原料茧的购入与生丝的贩卖等流通领域比生产过程更为重要，因此，器械缫丝业资本在很大程度上是商业资本，其经营者也更多地带有商人色彩，不稳定的生产环境进一步加剧了他们的投机心理。

尽管明治初年日本政府也采取了创办国营企业的方针，但仅仅是为"示以实利，以诱民众"，"依靠政府官吏诱导奖励之力"，"鼓励民众之工业"，一旦时机成熟，"渐次改为民营"。[2] 当时大多数政府官僚主张通过私人企业的自由竞争来发展经济，从殖产兴业的全过程来看也是如此。从明治政权成立到内务省成立前，由工部省主持的"殖产兴业"政策以创办铁路、矿山等官营企业为主，到内务省主持时期（1873—1880 年），"殖产兴业"的重点转移到扶植民间企业特别是以缫丝业为主的传统民间产业上，其手段也是以政府贷款、银行融资为主。1881 年农商务省成立以后，"殖产兴业"政策从直接扶植改为间接扶植，即从财政主导型转移到金融主导型，在将大部分官营企业处理给民间的同时，通过成立中央银行完善金融货币体系，从资金市场上为民间企业的勃兴创造条件。从某种意义上说，诹访地方的缫丝业正是在这种背景下迅速发展起来的。

第二，中日两国政府社会经济政策的不同体现在对缫丝业生产过程的保护上。缫丝业不仅是维系 19 世纪后半期中国与日本的对外贸易的重要产业部门（各占出口额的 1/3 左右），又是维持国内千百万人生计的重要产

[1] 汪敬虞：《关于继昌隆缫丝厂的若干史料及值得研究的几个问题》，《学术研究》1962 年第 6 期。
[2] 〔日〕安藤良雄编《近代日本经济史要览》，东京大学出版会 1980 年版，第 54 页。

业部门。据统计，1894 年时，缲丝工场约占日本工场总数的 40%，其拥有的职工数约占职工总数的 31%，1905 年日本农户的 28% 均从事养蚕活动，植桑面积达到土地总面积的 19%。① 在珠江三角洲地区缲丝业全盛时期，与蚕丝业有关者占广东农户的 80%~90%，高达 100 多万人。②

明治政府的领导人充分意识到蚕丝业的重要性，在引进欧洲技术设立官营缲丝工场以带动民间产业发展的同时，还对民间缲丝业进行指导与保护。1884 年政府在东京设专局，考察蚕病并施行各种蚕业政策。1896 年政府在横滨设立生丝检验所，致力提高生丝质量。1900 年政府为鼓励生丝出口，取消了生丝出口税。1911 年政府颁布蚕丝业法，并成立由国家提供经费的蚕种制造所。在诹访地区，政府根据缲丝业者的要求，在 1905 年将铁路铺到平野村。诹访地方的生丝产量由 1894 年的 53 万公斤急剧增加到 1906 年的 91 万公斤，这与铁路开通后原料、燃料及产品的运转效率提高有着直接的关联。③

与明治政府的促进作用相对照，清政府无任何积极辅导蚕丝业的政策，甚至为了维持传统的生产方式及社会秩序，往往采取压制器械缲丝业的态度。即使在外来影响增大的清末时期，政府大多数官员仍希望维持一个循环活动的经济社会，而不愿推动经济体制出现动态的发展。更有甚者，将民间资本兴办的器械缲丝业作为绝好的财源不断进行搜刮。据《顺德县志》卷六"经政杂税土丝捐"一项记载，"每年共纳银一百五十四万八千余元，以上均咸丰后至宣统年间增加者"，"谨按杂税并非正供，取民自宜有利，顺邑土丝一项税饷甲于全粤，实为岁入大宗"。实际上，缲丝工场从购买蚕茧到出卖生丝，每石合计缴纳各种税捐达 97 元左右，占生产成本的 8%。④ 到光绪末年，更有借举办新政、赔偿战费等名目多方敲诈勒索者，以致在缲丝业界，政府税率日增，成本渐高，获利自少，终不敌日

① 〔日〕矢木明夫：《冈谷的制丝业》，第 7 页。
② 陈慈玉：《抗战前夕广东省的机械制丝业》，《抗战前十年国家建设史研讨会论文集》，第 159 页。
③ 〔日〕野田正穗等编《日本铁道的出现及发展》，日本经济评论社 1986 年版，第 55 页。
④ 张国辉：《甲午战后四十年间中国现代缲丝工业的发展和不发展》，《中国经济史研究》1989 年第 1 期。

本及意大利之竞争，损失惨重，根本无力对缫丝技术加以改进。①

第三，中日两国政府社会经济政策的不同体现在金融政策上。无论在广东珠江三角洲地区，还是在长野诹访地方，其器械缫丝业面临的最大问题是资金短缺，尤其是流动资金短缺。

中国第一家新式银行——中国通商银行出现于1897年，七年后才出现第二家政府银行，即户部银行，但直到1910年，中国各大城市放款利息率最低为6%，最高达20%。② 这一巨大差异不仅反映了统一的资金市场尚未形成，而且成本低、供给弹力较强的纸币制度也未出现，因而19世纪末，缫丝业资金告贷不得不求之于带有商业高利贷色彩的地方银业或钱庄，但这些旧式金融机构资金短绌，彼此间联系又不密切，一遇政治或金融危机，往往倒闭或停业，因而决定了这些旧式金融机构贷款利息高且不稳定的特点。有资料记载，广州银业放款年利为18～36厘，高于全国12.5～14.8厘的平均水平，居各城市之冠。③ 这无疑也是缫丝业停滞不前的一个重要原因。

与上述状况相反，明治政府领导者从一开始就意识到健全的货币金融制度对工业化的重要性，致力于建立促使社会资金资本化的银行制度。政府在1872年和1875年两次颁布《国立银行条例》，允许民间银行将政府公债作抵押发行同等数额的银行券。这一条例促进了银行业的兴盛，到1879年已有151家国立（实际上是私立）银行，缴纳资本金为4000多万日元。④

银行券的大量发行虽然造成了通货膨胀，但它使纸币制度在日本得以建立，同时又刺激了产业的勃兴。因为条例规定，银行须将银行券以10%以下的利息贷与企业，这样企业就得到了急需的资金。另外，银行经营的票据贴现业务以及押汇业务对远离贸易和金融中心的缫丝业发展也起到推动作用。譬如，19世纪末期诹访缫丝业者大多就是以横滨生丝批发商的汇

---

① 《顺德县志》卷一。

② 严中平：《中国棉纺织史稿》，科学出版社1955年版，第144页。

③ 汪敬虞编《中国近代工业史资料》第2卷下册，科学出版社1957年版，第1016页。

④ 〔日〕正田健一郎：《日本资本主义与现代化》，日本评论社1973年版，第71页。

票在当地银行加以贴现而筹集流动资金的。

在资金市场的形成中，中央银行即日本银行的作用是重要的。1882年成立的日本银行对纸币发行权的垄断，不仅可以通过高贴现率、存款储备率以及公开市场运用等手段，调整市场的货币供应量，以适应工商业的需要，而且通过总行与各支行的经济活动，使日本全国的贷款利率逐渐降低并趋于一致，从而促进了统一资金市场的形成。除此以外，日本银行还直接贷款给地方银行和制造业，以推动产业及对外贸易的发展。如第十九银行80%的押汇资金与诹访缫丝业有关，该行1900年从日本银行得到的融资达融资总数的29.4%，为50万日元，到1907年增加到118万日元。[①] 由此可见，在诹访缫丝业迅速发展的背后，以中央银行为首的近代货币金融体制所起到的作用是不容忽视的。

（本文写作过程中曾得到日本学术振兴会的支持和东京大学经济学部石井宽治教授的指导，在此一并致谢）

（原载《历史研究》1993年第3期，收录于本书时有修改）

---

① 〔日〕石井宽治：《日本银行的产业金融》，《社会经济史学》第38卷第2号，1972年。

"日本模式"的终结

当今世界变化如此之快，以至于"三十年河东，三十年河西"的老话显得周期过长。十年前，人们关心的是"日本为什么会成功"，而今天谈论更多的话题却是"日本为什么会失败"。似乎沃格尔大声疾呼美国向日本学习、石原慎太郎发誓日本可以说"不"的声音尚未消失时，日本就已经开始接受其他国家提供的医治其疾病的药方了。为什么会出现这种结果？追根求源，是"日本模式"走到了它的尽头。

一 "日本模式"与行政指导

需要说明的是，本文所探讨的"日本模式"是一种发展模式，其最大特征是政府主导下的经济发展。换句话说，也就是政府在经济发展过程中起到至关重要的作用。大多数日本学者并不完全同意这种观点。例如，当美国学者约翰逊的《通产省与日本奇迹》一书被介绍到日本时，学术界反应较为平淡；而另一位美国学者卡德尔的著作《战略资本主义：日本产业金融中的民间企业和公共目的》出版后，却在日本引起极大反响。因为在日本经济发展动因问题上，前者主张"官主导说"，而后者坚持"民主导说"。当然，日本学术界的态度与当时日美贸易摩擦加剧的国际形势不无关系。但无论如何，正如以"收入倍增计划"闻名的池田内阁因其作为政府在促进经济增长方面未采取特别措施而被称作"无所作为的内阁"所表明的那样，日本政府与经济发展的关系似乎是争论不清的问题。

确实如此，人们可以举出许多事例反驳"官主导说"。例如，尽管1955年通产省将数家汽车厂合并以便达到规模经营的计划因遭到汽车制造商的激烈反对而搁浅，但日本汽车业的发展并未因此受到影响，反而成为日本最具国际竞争力的产业之一；1952 年索尼公司向政府申请引进国外半导体技术时，被通产省拖延了两年之久才予以批准，后来该产品却使日本名扬天下；60 年代初，面对经济自由化的压力，通产省希望通过一项能够使产业、金融业、政府三者相互协调的立法，以便提高某些产业的竞争力，但这一努力未能得到成功，除工商业界持反对意见外，大藏省也不赞同这种设想，这一事件表明日本的行政机构也并非铁板一块。①

日本较小规模的政府雇员和财政，也在某种程度上支持了民间企业主导经济发展的观点。例如一直到 80 年代，日本政府雇员人数的比例要低于大多数工业化国家，美国、法国、德国和英国的政府雇员占总就业人口的 15%~20%，而日本只有 7.9%；政府经常性支出在国民生产总值中的比重在工业化国家中也是最低的，不到瑞典的一半。② 即使在有关规定行政机构权限的法律中，也没有提供全面的强制性权力，例如某个省厅被授予进行干预和监督的权力，但它不能发布有约束力的合法命令来制裁违纪行为。

即使如此，我们还是可以在经济活动以及与经济活动有关的社会生活中看到日本政府的影子。虽然在采用市场经济的资本主义国家中，政府干预经济活动是必需的，以防止"市场的失败"，并在道路、港口、教育、卫生等基础设施的建设方面弥补社会资本的不足，但有别于其他资本主义国家的是，日本政府还在制定具体的经济增长政策、通过奖掖胜者的方式刺激特定的部门或企业、改变市场奖励机制的间接鼓励等方面起到推动经济发展的作用。引起学者们在这种作用究竟有多大的问题上争论不休的原因，就在于这种政策并非由法律明文规定，而是"一个负责任的政府机构或者官员在不具有明确的合法权力情况下，能够而且确实可以指导或诱导

---

① 金滢基等编《日本的公务员制度与经济发展》，中国对外翻译出版公司 1997 年版，第 180 页。

② 金滢基等编《日本的公务员制度与经济发展》，中国对外翻译出版公司 1997 年版，第 59 页。

私营企业或个人采取或不采取某些行动",① 也就是政府对经济活动的干预大多是被伦敦《经济学人》杂志界定为"没有写成条文的命令"的行政指导。

行政指导是通过"劝告"、"期望"、"指示"、"希望"以及"建议"等非强制性语言表述的，所以很难将其简单地看作政府直接干预经济的行为，这也是造成有关政府作用问题争论的根源。即使如此，行政指导仍具有较强的约束力和可行性。其原因首先来自制度上的保证，这种制度上的保证体现在政府所拥有的公共资金的分配权限、审批权限、财政投融资权限以及政策性减税等权限。

虽然日本政府的财政规模比较小，但较少的政府雇员、较少的社会保障费用以及较少的军费开支仍然可以使其拥有较多的公共资金，只是为实现特定政策目标而交付第三者并无须偿还的补助金在 70 年代以前就占到政府一般会计预算的 1/3。其次，行政机构拥有被称作"限制"的、为数甚多的审批权限。这些通过规定某种行业的厂家数量、设备标准、产量与价格，以期达到公平竞争目的的"经济性限制"和保护消费者及劳动者安全、促进环境保护、维护社会稳定的"社会性限制"多达一万多项，一直到 90 年代，国民生产总值的 40%仍处在这些"限制"的控制之下，而美国只有 6.6%。② 另外，行政机构还可以将邮政储蓄、简易保险、国民养老金等国营金融机构筹集的资金贷给国营企业或民间企业，这是一种长期的低息贷款，而且企业获得该项贷款后容易再获得民间金融机构的贷款，因为政府贷款起到担保的作用。这种被称作财政投融资的贷款规模相当大，是重要产业的主要的资金提供者。除了这些可以引诱民间企业进入政府所设轨道的"胡萝卜"外，政府还拥有对那些不听从指导的企业加以惩罚的"大棒"，当然，这些"大棒"也是隐形的。

需要补充的是，仅仅用制度上的保证来说明行政指导的可行性是远远不够的。我们必须承认，"权威主义""集团主义""国家主义"等文化因

---

① 〔日〕都留重人：《日本的资本主义——以战败为契机的战后经济发展》，复旦大学日本研究中心译，复旦大学出版社 1995 年版，第 117 页。
② 〔日〕白川一郎：《规制缓和的经济学》，宝石社 1996 年版，第 5 页。

素在日本发展模式中的重要性。日本国民之所以承认政府的权威,除"官尊民卑"的传统观念外,还在于由社会精英构成的国家公务员队伍。姑且不论普通国民对东京大学出身者的由衷赞叹以及只有5%合格率乃至2%录用率的国家公务员一级考试,也许被大多数专业中文图书忽略的"有资格官僚"在日本行政机构的作用以及同辈者尽量避免形成上下级关系的不成文惯例对行政效率的影响正是这种"权威主义"的基础。① 那些为数不多的"有资格官僚"们所具有的"精英意识"与"拼命精神"以及以"国家利益"代表者自居的态度,使本来"集团主义"意识就十分浓厚的民间企业经营者很难拒绝来自政府的"指导",何况这种"指导"又符合当时社会经济发展的方向。

正是这种"外人"看不清楚、"内人"难以正视的"行政指导"将日本社会结成一个严密而有效的整体。在经济发展至上的国家目标下,政府每隔一段时期发表一个被称作"预测"的、"给国民增加信心"的经济发展计划,然后由政府决定优先发展哪些产业,并选择迅速发展该产业的最佳方案,给予诸如低息贷款、财政补助、设备减税等优惠政策,监督并指导部门内的竞争,以保证这些产业得到健康和有效的发展;对于那些正在衰退中的"夕阳产业"也给予足够的帮助,促使它们进行合并、减产或转产;为维持"有效竞争",行政机构利用审批权限限制某一领域的企业数目,并监督其产品质量及数量;在政府的指导下,工商业中的中小企业组成行业团体,内部相互协调,以求得资源的公平配置和防止过度竞争;除鼓励大型企业与其供应商和销售商之间建立起牢固的合作关系外,政府还通过强调终身雇佣鼓励劳资之间的合作,甚至出面说服工会组织将工资增长率控制在与经济增长率相适应的程度;等等。

正如日本政治学界主流学者所主张的那样,从原则上讲,行政机构的活动受到来自立法机构——国会特别是执政党的控制,而且种种现象表明,即使在经济高速增长时期,决策过程已呈现出多元主义的趋势。但是,行政机构在制定国家政策时,很少受到来自外界的干预,在整个60年

---

① 参见王新生《现代日本政治》,经济日报出版社1997年版,第96页。

代，执政的自民党给政府的官僚们提供了一个相对独立的活动空间。其原因一方面是当时自民党管理国家的个人能力和整体能力尚未成熟；另一方面官僚们也尽可能地照顾到执政党的利益，即在自民党国会议员的要求下将公共资金引导到他们的选区以保证其"票田"稳固。重要的是，在经济高速增长时期，这种分配体系起到了促进有效需求的作用。

二　政策空间与政策转换

即使在 20 世纪 70 年代初"石油危机"之后的一段时间里，日本政府的宏观经济政策也显示了其效用，使日本较早地从战后最严重的经济萧条中走出来，在整个 80 年代仍然保持了资本主义国家少有的稳定低速增长，成为令世人瞩目的"经济明星"。但这也给决策者们提供了一个错误的信息，似乎政府主导还是必要的，例如针对石油危机引起的通货膨胀而迅速制定的两个法律（1973 年制定的《国民生活安定紧急措施法》与《石油供需正常化法》）赋予了通产省广泛的权限。实际上，在 70 年代中期以后，以企业提高生产率为主的微观经济的成功在很大程度上掩盖了政府宏观经济政策的失误，而且强劲的商品出口势头也暂时弥补了国内市场的不足，而这是在"尼克松冲击"后日美贸易摩擦不断加剧的情况下发生的。换句话说，70 年代中期以后，政府主导型经济发展模式的积极效用逐渐丧失，而其弊端则不断显露出来。因此，从某种意义上说，90 年代的危机是那个时代以来政府政策失误的结果。

具体说来，以经济发展为至上目标的社会氛围以及行政机构如此密切地与经济发展联系在一起，致使省厅存在的价值和省厅之间的竞争主要体现在经济权限的范围和政策性预算的规模上。在经济高速增长时期，诸如汽车、电子、化工等新行业的不断涌现以及生产规模的不断扩大，就给作为经济政策直接制定者的官僚提供了广阔的政策空间，这一点从政府财政预算的规模上就可以看得出来。例如，在经济高速增长时期的 60 年代中期，政府预算的年增长率高达 50%，但从 70 年代中期开始降到了 15% 以下，80 年代一段时期甚至出现了负增长。这种情况意味着从 70 年代中期以后，行政机构的政策空间急剧缩小，因而面临着政策转换即转变政府职能的问题。

也就是说，在 20 世纪五六十年代日本经济发展水平不高、市场经济尚不成熟的时候，运用政府的力量协调经济是必要的，但当日本经济规模在 60 年代末已经超过联邦德国而成为资本主义世界第二大强国以后，继续保持政府在经济发展中的主导性使市场的调节机能受到较大限制，因而其弊是大于利的，应当还经济以市场。但是，尽管日本的行政机构具有较高的竞争性和创造性，但与其他国家的行政机构一样，由于各部门之间拥有明确而固定的职能，它们很容易固守现行规划和行为规范，抵制因社会问题的变化而提出的新方针，因此，改革的动力必须来自行政机构之外。不幸的是，执政的自民党却陷入高速增长时期形成的分配体系中不能自拔，而且开始主导决策过程的该党为维护自己的选举地盘反而加强了政府主导经济的模式。其结果是可想而知的，政府财政危机、行政官僚腐败、内需严重不足等问题自 70 年代中期以后就一直困扰着日本。

首先，经济成熟后的政府主导经济发展模式容易造成政府无效率、财政支出过大的弊端。本来，战后日本政府就一直采用积极性财政政策，即为复兴经济及促进经济高速增长而采取公共事业优先的政策，将大量政府财政预算投入道路、桥梁、港口、水利等基础设施的建设上。日本公共投资在国内生产总值中所占比例远远超过西方资本主义工业化国家，例如，其比例在 1994 年为 5.7%，大大高于德国的 2.5%、英国的 2.0% 以及美国的 1.8%。在经济危机时期，扩大政府投资以带动经济复苏及繁荣更是成为日本政府的经常性措施，自 1975 年三木内阁首次发行赤字国债后的仅仅 4 年，政府财政收入依靠国债的比例就从 1970 年的 4.1% 上升到 34.7%，政府每年用于偿还国债本息的费用在一般会计预算中的比例也从 5.3% 上升到 39.6%。[①]

更重要的是，一方面是行政官僚为维护自己的权限而扩大政府的可支配性资源，另一方面是用"地方利益诱导方式"（即执政的自民党国会议

---

① 〔日〕五十岚敬喜、小川周明：《议会——超越官僚支配》，岩波书店 1995 年版，第 42 页。

员利用参与编制政府预算方案的权力将公共事业费或其他政府资金分配到自己的选区）加固"票田"的自民党以及从中获益的社会团体、地方自治体均支持这种权宜之计，结果使政府债务迅速增长。到 1996 年底，中央及地方政府的债务合计为 440 万亿日元，大约占日本当年国内生产总值的89%，在发达国家中名列榜首。国家财政不仅面临崩溃的危险，而且 70 年代以后的许多公共投资既没有产生实质性的效益，也没有起到扩大内需刺激经济的作用。

其次，政府主导经济发展模式在经济高度发展后容易造成官僚的腐败。因为在经济高速增长时期，行政官僚的政策空间和民间企业的活动空间均有较大的回旋余地，因此，双方正常性的交往就可以满足各自不同的需求；但在经济高度发展而产业结构未发生变化时，上述政策空间和活动空间均呈现急剧缩小的趋势，竞争的激烈化迫使企业采取非正常的手段，即用拉拢或收买拥有权限的政府官员的方式以获得更多的资源和市场份额，这样一来势必造成政府官员的腐败。正如众多事例所表明的那样，虽然日本的行政官员贪污受贿等渎职丑闻并非现在才有，但近年来的发案频率越来越高，且性质十分恶劣。血液制品传播艾滋病病毒案件和原厚生省事务次官受贿案件就是典型的事例。早在 80 年代初，美国就发表了非加热血液制品有可能传播艾滋病病毒的研究报告，但在日本"绿十字"等制药公司的贿赂下，医药制品的主管部门厚生省下属的艾滋病研究班班长安部英、生物制剂课课长松村明仁等"权威人物"坚持允许继续使用非加热血液制品，结果在 5000 余名血友病患者中，有 1868 人感染艾滋病病毒，截至 1996 年 8 月，已经有 438 人死亡。另外，原厚生省事务次官冈光序治在近 10 年的时间内，接受"彩色福利集团"提供的现金、高尔夫球会员证、高级轿车等巨额贿赂，作为回报，冈光利用职权拨给"彩色福利集团"的政府补助金高达 104 亿日元。

最后，各省厅为维护自己的权限，往往成为负责监督的那些社会团体的保护人，而不管它们在经济上是否有存在的价值。例如，农林水产省长期坚持向农民提供大米价格补贴并抵制农产品进口自由化、通产省长期限制大型商店的数量以保护中小商店的利益、大藏省极力限制证券业自由化并私下允许证券交易所补贴大客户损失的违法行为等。最近几年的金融危机也与长期以来政治家、官僚、行业界领袖之间的暗中利益交换有着密切的关系。结果以金融证券业、流通业、不动产业为中心的第三产业在政府的保护下，丧失了它们的进取精神和竞争能力，只是热衷于暗中协商等不正当竞争行为。例如，几家大建筑公司协商瓜分市场，在争取国家大型基建项目乃至政府对外开发援助项目时也在暗中私自加以解决，使投标过程变得有名无实，这种情况在很大程度上是由限制投标者的"行政指导"造成的。

进入 90 年代以后，日本经济一直在谷底徘徊，甚至出现负增长的局面，尽管日本政府已采取七次总额高达 60 多万亿日元的刺激经济恢复的措施，但仍然看不到经济恢复的征兆。其原因虽然也有景气循环因素以及泡沫经济的影响，但最为主要的原因是日本政府主导下的出口型经济增长路线导致了贸易摩擦与日元升值的恶性循环以及内外价格差距的不断扩大。具体地说，长期以来日本经济是由双重产业组成的，也就是由具有世界先进水平的制造业（以汽车、电子、化工等产业为主）与受政府保护的低效产业（特别是农业与服务业）组成的。前一类产业在国际竞争的压力下不断提高生产率，越发增加了这些产业的出口能力；而以农业、金融业、建设业、流通业为中心的后一类产业却在政府的保护下，不思进取，生产效率较低，由此产生的内外价格差距不仅使国内市场带有很大的封闭性，而且容易造成国内有效需求不足的局面，遂成为日本经济发展的巨大障碍。

三 未来社会与政府职能

需要强调的是，尽管政府在日本经济发展中的作用是至关重要的，但不是唯一的因素。如果说，以产业政策为主的宏观经济政策是日本经济起飞的一个引擎，那么，企业的主观能动性与不断提高的劳动生产率、劳动者社会角色的认同及其勤奋工作态度就是另外一个引擎，而且也附带了一些运气，即在冷战格局这个大国际环境下，日本面对的是与美国结盟的小国际环境。日本充分利用了这个小国际环境，从美国进口技术，然后向美国出口产品，在战略利益的驱动下，美国容忍了日本商品充斥美国市场，结果使日本经济得到迅速发展。从这个意义上讲，尽管目前尚未实现工业化的国家可以学习日本的某些经验，但简单地复制是不可能的。当然，与美国结盟也对日本造成了负面影响，而且负面影响越来越大。也就是在战后的大部分时间里，美国包办了日本的对外活动，或者准确地讲，是决定了日本对外活动的方针，结果使日本成为经济上强大、政治上弱小的"跛足巨人"，使其不仅缺乏足够的国际意识，对人类社会进入新时代的严峻性认识不足，而且缺乏自我变革的能力，在必要的改革方面迟迟不能前进。

从人类历史的发展过程看，每一次大的科学技术革命均会引起人类社会的体制性变革，例如蒸汽机革命引发了自由资本主义时代，电力革命导致垄断资本主义时代的出现，原子能革命促使国家垄断资本主义成为二战后主要国家的统治形式，而以电脑与互联网为代表的信息革命将人类社会带入国际垄断资本主义时代。也就是国家背景模糊的跨国公司将成为经济活动的主体，目前这些在世界各地设立生产及销售据点的跨国公司掌握了33%的世界生产性资源和75%的世界贸易额。[①] 如何以及由谁控制它们正成为一个亟待解决的问题，因为逃脱传统民族国家的控制变得如此容易，在计算机网络的帮助下，巨额资本在几十秒内就会转移到遥远的地方，或者从一种币种转换成另一种币种或有价证券，等等。亚洲金融危机的爆发已经证明了国际资本流动的迅速化及其影响力。因此，对于全球经济一体化对人类社会的影响，无论如何夸大我们的想象力都不会过分。但至少有一点可以肯定，以民族国家为单位的传统政府的职能将受到较大限制。

另外一点可以肯定的是，将来的社会是以包括知识经济在内的服务业为主导的社会，因此具有国际竞争力的第三产业是十分重要的。在这一点上，日本显然存在先天性的不足。那些习惯于政府保护的金融、流通、不动产等服务性产业离开了日本本土似乎难以在国际性竞争中生存，例如80年代末日本金融资本大举进军美国市场最终惨遭失败的情景至今令人记忆

---

① 联合国社会发展研究所编著《全球化背景下的社会问题》，蔡庆年、沈浦娜译，北京大学出版社1997年版，第18页。

犹新。必须削弱中央政府的权限，增强地方政府及企业的主观能动性与竞争能力，才能使日本经济恢复景气并推动日本经济的进一步发展，为此进行行政改革、改革政府的职能是十分必要的。

实际上，在80年代初美国里根政权和英国撒切尔政权进行改革的同一时期，日本的中曾根内阁似乎也看到了在财政问题之外的改革的必要性，因而也在行政改革方面采取了一些措施，例如改组行政机构、减少国家公务员人数、处理国营企业等，并以战后日本政治家中少见的领导能力在这些方面取得了值得称赞的成果。但由于传统习惯势力以及错综复杂的利益影响，政府的权限不仅没有削弱，反而得到了加强。例如，1987年度政府一般会计预算中的公共事业费比1986年度增加了19.7%，政府所拥有的审批权限也从1985年的10054项增加到1989年的10278项。①

进入90年代以后，越来越多的日本政治家意识到通过行政改革改变政府职能的必要性，历届内阁也将其作为吸引舆论的招牌，1996年成立的桥本龙太郎内阁更是将"行政改革"作为自己的使命，并将行政改革的内容具体归纳为改组中央行政机构、放宽政府限制、推进地方分权、整顿特殊法人、提高行政机构透明度、削减国家公务员数量等。而且为配合并保障行政改革，桥本内阁还准备实施经济结构、金融体制、社会保障、财政结构、教育等领域的改革（与行政改革并称为六大改革），并提出了具体的改革措施。例如，经济结构的改革包括放宽在物资流通、信息通信、就业与雇佣等领域的限制，降低法人税等；金融体制改革主要是允许银行业、保险业、证券业相互之间业务的渗透并放宽有关限制；社会保障改革是通过制定护理保险法以及对医疗保险法及养老金制度的改革减轻政府负担并使之更加合理化；财政结构改革是指通过削减政府开支，以期达到消灭财政赤字的目的；教育改革的内容包括改编各级学校的政府主管部门及特殊法人组织、削减教育部门的国家公务员数量等。

如果上述目标均能实现，那么日本政府的职能将发生彻底的变化，即从一个主导经济发展者变成一个维护经济秩序者，日本的政治结构、经济

---

① 〔日〕阿部齐等：《概说现代日本政治》，东京大学出版会1992年版，第97页。

结构甚至社会结构也会随之发生彻底的变化。正因如此，也决定了其转变的长期性、困难性和复杂性，因为现实的、历史的、文化的因素制约着这一转变的方向与速度。

首先，泡沫经济崩溃后的日本正处在战后最严重的经济萧条期，因此，比起通过行政改革改变政府职能，恢复经济景气是最紧迫的课题。进入 90 年代以后，日本经济一直处在低迷状态，1992—1994 年连续三年"零增长"，虽然 1995—1996 年两年增长率有所回升，但依然是"体质虚弱""内需不足"。政府一方面对经济形势的估计过于乐观，另一方面也是急于进行行政和财政改革，因而采取了包括提高消费税、停止特别减税和减少公共投资的财政紧缩政策，结果在 1997 年初经济形势再次恶化。尽管政府在同年年底采取了包括减税、发行赤字国债等内容的一些刺激经济的措施，但仍然编制了一个紧缩型的政府年度预算方案。直到 1998 年 4 月，政府迫于严峻的经济形势，才推出了一个高达 16 万亿日元的"综合经济对策措施"。但市场对此反应冷淡，继 1997 年日本经济出现自 1974 年第一次石油危机以来的首次负增长以后，1998 年的负增长趋势更加严重。桥本内阁再次在永久减税问题上左右摇摆，结果选民忍无可忍，在参议院议员选举中抛弃了自民党。在此危急状态下成立的小渊内阁只好将改革问题放在一旁，全力以赴地处理经济问题，冻结财政结构改革法就是一例，而且其做法显然属于传统的政府主导型。

其次，目前日本缺乏改变政府职能的动力。尽管日本最大的政党自民党在 90 年代初经历了下野的痛苦，但仍然带着旧的面貌重新执政，并极力维护传统政府职能的存在，即使在 1998 年的参议院议员选举惨败后也没有对其传统的执掌政权方式及传统的政府职能显示出进行改革的决心。因此，从现有的政治结构中出现强有力的改革势力是困难的。从历史上看，日本社会形态的三次过渡均是通过改革完成的，而且这些改革均是在外来压力下实现的。例如大化革新在很大程度上是因日本在朝鲜半岛的失利引起的，明治维新的动力来自"黑船来航"，战后改革是在占领军的指令下进行的。面临新的转变，难道日本还需要外来压力吗？

最后，正如传统文化因素在维持政府的权威性时所起到的作用那样，这些文化因素也会成为行政改革的制约力量。也就是说,"集团主义""权威主义""国家主义"等传统文化特征支持了在政府主导下的经济成功,但是习惯于"上司给予保护、下属付出忠诚"社会结构的日本国民为适应需要个性与自由的未来时代,也须经历一个较长时期的转变过程。日本的服务业缺乏国际竞争能力既是被保护的结果,也是被保护的原因。姑且不论被改革者的反抗以及长期以来依赖中央政府的地方自治体能否独立地管理地方事务,许多既得利益的社会团体也极力反对废除对自己有利的限制,例如流通业团体反对废除保护中小店铺的《大店法》,电气通信业团体要求政府限制进入该行业的企业数目等。因此,日本能否走出目前的困境,并通过各种改革改变政府的职能以适应未来时代的发展,尚需要观察。

(原载《日本学刊》1998 年第 6 期,收录于本书时有修改)

利害相关各方妥协的产物

——《日本国宪法》的形成过程

　　修改宪法目前仍然是日本政界的热门话题，其中一个观点是《日本国宪法》为美国占领当局所强加。是否如此，应对当时的历史过程及日本的宪政文化进行充分的考察。本文以最受争议的新宪法核心精神——主权在民及象征天皇制、放弃战争及放弃军备为中心分析《日本国宪法》的形成过程。

一　国内民主宪法的出现

　　二战后，在日本国内，政府、政党、民间均出现修改明治宪法的动向，因为近代日本发动大规模的对外侵略扩张战争并惨遭失败，甚至处在外国占领之下的制度性因素成为各界有识之士反思的重要课题。多数人认为，上述结果是不受任何权力限制的军部蛮干所致，因而必须对形成这种体制基础的明治宪法进行修改。

　　1945 年 10 月初，东久迩稔彦内阁国务大臣，战时曾三任首相的近卫文麿，在会见盟军最高统帅麦克阿瑟时指出："使日本陷入今日的惨破局面的，是军阀与左翼结合起来的势力。……如果在清除军阀和国家主义势力的同时，也一举清除封建势力和财阀，则日本会极容易被赤化。"应"使封建势力和财阀存在下去，以一步一步的渐进方式走向民主主义的建设"。麦克阿瑟则强调，必须修改宪法，必须充分加进自由主义的要素，必须扩大选举权，承认妇女的参政权和工人的权利，并鼓励近卫提出修改宪法的草案。[①]

---

　　① 升味准之辅：《日本政治史》第 4 册，董果良、郭洪茂译，商务印书馆 1997 年版，第 865 页。

为进一步弄清占领当局对修改宪法的意见，近卫还拜访了盟军总部政治顾问艾奇逊以征求意见。艾奇逊提出扩大众议院权力、贵族院民主化、废除天皇否决权、司法独立、断绝军队影响政治等 12 条"个人的非正式解释"。[①]

东久迩内阁辞职后币原喜重郎内阁成立，麦克阿瑟对其发出五大指令，即赋予妇女参政权、鼓励建立工会组织、改革教育制度、废除秘密警察、实行经济民主化等，同时要求探讨修改宪法。币原首相仍任命近卫为内阁大臣顾问，让其进行修宪的调查研究。近卫在接受美联社记者采访时提到天皇退位和修改《皇室典范》问题，认为"在现行的《皇室典范》中没有关于天皇退位的规定……担当修改宪法的专家们，在近期修改《皇室典范》时将研究加入关于退位程序的条款的可能性"。[②] 该谈话经新闻报道后，引起轩然大波，不仅成为日本政府"没有料想到的政治问题"，甚至连盟军总部也感到为难，急忙发表声明否认近卫的宪法调查研究与占领当局有关。

实际上，盟军总部抛弃近卫是因为美国国内出现反对声音，质疑作为战犯嫌疑人的近卫是否有资格主导修改宪法。《华盛顿邮报》和《纽约时报》均刊登了批判的文章，内容甚至涉及麦克阿瑟。另外，负责战犯嫌疑人调查的加拿大外交官、盟军总部民间谍报局调查分析处处长诺曼提出报告书，认为近卫在中日战争爆发时未做出抑制军部的努力，在太平洋战争爆发问题上也负有责任。他指出："如果让近卫修改宪法的话，就不可能实现民主宪法。"[③] 这样一来，近卫起草的《帝国宪法修改要纲》未被公开。

尽管币原内阁设置了宪法问题调查委员会，但对修改宪法态度消极。例如，在第一次全体会议上，松本蒸治委员长强调说："虽名为宪法问题调查委员会，但任务不是修改或不修改明治宪法，而只是研究其问题的委员会。为充分进行调查，需要充足的时间。"[④] 其后，松本委员长在众议院预算委员会上发表了作为个人见解的修宪四原则，即不变更天皇统治大权、扩大议会权限、确立责任内阁、强化人民的自由与权利。[⑤]

---

① 雨宫昭一『シリーズ日本近現代史・7・占領と改革』、岩波書店、2008 年、64-65 頁。

② 『朝日新聞』1945 年 10 月 23 日。

③ 塩田純『日本国憲法誕生—知られざる舞台裏』、日本放送出版協会、2008 年、22-23 頁。

④ 半藤一利『昭和史・戦後編・1945-1989』、平凡社、2006 年、118 頁。

⑤ 雨宫昭一『シリーズ日本近現代史・7・占領と改革』、69 頁。

1946年2月，《每日新闻》发表了宪法问题调查委员会制定的宪法草案。在有关天皇的第一章中，规定"日本国为君主国""天皇作为君主依据该宪法行使统治权""皇位依据《皇室典范》规定由万世一系的皇子皇孙继承之"。正因如此，《每日新闻》的社论指出："在宪法核心的天皇统治权方面，草案与明治宪法完全相同。"①

战后组建的各个政党也提出了自己的宪法草案。日本共产党在1945年11月的第一次全国协议会上发表《新宪法框架》，其内容主要包括主权在民，18岁以上男女具有选举权及被选举权，人民具有政治、经济、社会、监督及批判政府的自由，具有生活、劳动、受教育等权利。1946年6月，日本共产党正式发表《日本人民共和国宪法草案》，明确主张废除天皇制、建立共和国。1945年1月21日，自由党发表其宪法草案，规定：在天皇制方面，声称天皇万世一系，作为国家元首总揽统治权，废除紧急敕令、独立命令制定大权、官员任免大权、统帅大权、编制大权等；在人权方面，国民享有法律范围内的思想、言论、信教、学术、艺术等自由。社会党在同年2月23日发表了宪法草案，主张：主权在国家——包括天皇在内的国民共同体；分割统治权，主要部分在议会，一部分归属天皇；限制天皇的统治权，将其非政治化。进步党也在同年3月14日发表了修改宪法方针，维护天皇制，"天皇在臣民的辅助下行使统治权，立法依靠帝国议会的协助，行政由内阁辅助，司法委托法院……废除统帅大权、编制大权、非常大权、独立命令制定大权，其他天皇大权由议会议之"。②

除政府和政党的宪法草案外，还有六个民间的宪法草案，分别为宪法研究会的《宪法草案要纲》、高野岩三郎的《日本共和国宪法私案要纲》、日本律师联合会的宪法修改草案、里见岸雄提出的宪法修改草案、宪法恳谈会的《日本国宪法草案》及布施辰治的《宪法修改私案》等。③ 下面主要介绍宪法研究会及其《宪法草案要纲》。

---

① 塩田純『日本国憲法誕生—知られざる舞台裏』、87頁。
② 雨宮昭一『シリーズ日本近現代史・7・占領と改革』、85-87頁。
③ 魏晓阳：《制度突破与文化变迁——透视日本宪政的百年历程》，北京大学出版社2006年版，第144页。

宪法研究会由铃木安藏、高野岩三郎、岩渊辰雄、森户辰男、杉森孝次郎、室伏高信及马场恒吾等七名成员组成，多数成员在战时因言论问题遭到政府的压制。例如，1904 年出生的铃木安藏在京都大学上学时，因参加社会科学联合会的活动被起诉，被判处两年有期徒刑。出狱后为阐明国家的本质，他独自从事宪法研究，是战前唯一从马克思主义的立场研究宪法史的学者。1933 年初，铃木拜访著名宪法学家、"大正民主运动"理论指导者吉野作造，并受其教诲，开始宪法制定史研究，不久出版《宪法的历史性研究》一书。其后，铃木到自由民权运动的发源地高知县调查著名宪法学家植木枝盛的有关史料，并发现了植木撰写的《日本宪法草案》，其中的"主权在民""革命权""生存权"等思想在铃木起草的战后宪法草案中均有反映。① 宪法研究会的另外一个重要成员高野岩三郎 1871 年出生在长崎，东京帝国大学毕业后创办社会政策学会，曾留学德国，后来成为大原社会问题研究所所长，战后初期积极主张教育制度改革及修改宪法。

1945 年 10 月初，铃木安藏撰写成《修改宪法诸问题》一书，并会见记者、开辟报纸专栏，通过广播宣传修改宪法的必要性，引起社会舆论的较大反响。同年 11 月 5 日宪法研究会成立，每周召开一次会议，就天皇地位、言论自由、基本人权、男女平等、和平主义等宪法草案的具体内容进行讨论。宪法研究会提出的最终宪法草案——58 条《宪法草案要纲》有关天皇的规定为："日本国的统治权归于国民，天皇不执行国政，所有国政的最高责任者为内阁，天皇经国民委托专司国家之礼仪。"② 12 月 26 日，该宪法草案同时提交内阁和盟军总部，民政局法规课课长拉威尔迅速将其翻译成英文，并做出"带有非常自由主义诸条款"的评价。之后，民政局能够在一周内制定出宪法草案，显然以其为基础。③ 也正因如此，民政局在将自己起草的宪法提交给日本政府时曾用强硬的口气说："最高统帅确信，宪法问题应在大选之前公布给国民，且就修改宪法问题充分给予国民自由表

① 塩田純『日本国憲法誕生—知られざる舞台裏』、53 頁。
② 井上光貞など編『日本歴史大系・18・復興から高度成長へ』、山川出版社、1997 年、32 頁。
③ 歴史教育者協議会編『日本の歴史・6・現代』、河出書房新社、2000 年、55 頁。

达其思想的机会。麦克阿瑟将军希望你们最好将此案作为受到盟军最高统帅完全支持的方案向国民公布，如果可以，必要时他自己准备这样做。"①

二 围绕宪法草案的互动

占领军进驻日本后，并没有直接插手修改宪法。1946 年初，美国政府提出的《日本统治体制的改革》强调，"日本的最终的政治形态，应由日本国民根据他们自由表示的意思去决定"。② 同年 1 月 9 日到 30 日，远东咨询委员会访问日本，与盟军总部及日本外交机构人员等座谈。当菲律宾的代表询问民政局是否正在研究修改宪法问题时，民政局副局长卡迪斯回答说："没有，民政局认为修改宪法属于远东咨询委员会的权限，而且是涉及日本宪法结构根本性变革的长期问题。"菲律宾代表再次以盟军总部发言人提到民政局正在研究宪法为由询问，卡迪斯也再次加以否认。与远东咨询委员会最后会见时，麦克阿瑟也提及，早在前一年年底在莫斯科召开苏联、美国、英国三国外长会议时，已将宪法修改问题置于他的职权之外。③

但是，远东咨询委员会的询问仍引起盟军总部的重视。盟国如此重视修改宪法，如果日本政府提出的宪法修正案过于保守，将引起对日本民主化改革不彻底的批判，也会影响到盟军总部的声誉。另外，苏联要求成立具有制定对日占领政策权限的远东委员会。1945 年 8 月，美国曾向苏联、中国、英国建议成立远东咨询委员会，但因其不是决策机构，苏联拒绝出席在华盛顿召开的远东咨询委员会第二次会议。因而 12 月在莫斯科召开苏联、美国、英国三国外长会议并达成协议，决定在 1946 年 2 月 26 日成立远东委员会。

远东委员会最初由美国、苏联、英国、中国、澳大利亚等 11 个国家组成，是具有决定和审查对日占领政策权限的决策机构，而且美、苏、英、中 4 个国家均具有否决权。尽管远东委员会决定的政策须通过美国政府转

---

① 高柳賢三など『日本国憲法制定の過程』、有斐閣、1972 年、323-329 頁。
② 升味准之辅：《日本政治史》第 4 册，董果良、郭洪茂译，第 874 页。
③ 田中英夫『憲法制定過程覚え書』、有斐閣、1980 年、53-60 頁。

达给盟军总部，但上述规定仍然给占领当局带来较大的压力。因为除苏联对美国主导占领政策不满外，澳大利亚对昭和天皇的战争责任问题态度严厉。1946 年初，澳大利亚向伦敦的联合国战争犯罪委员会提交了包括昭和天皇在内的战犯名单，并要求远东委员会做出最后决定。另外，澳大利亚也希望日本成为不再具有军事威胁的和平国家。① 在此背景下，盟军总部及麦克阿瑟开始积极关注修改宪法问题，不断催促日本政府提出宪法草案。

在《每日新闻》发表松本宪法草案后，民政局立即加以分析并提出报告，认为"该修改草案具有极其保守的性质，对天皇的地位没有实质性变更。天皇完全具有统治权。从这一点来看不会得到媒体或社会舆论的积极评价"，更不会为远东委员会所接受。因此，为防止远东委员会参与甚至起草宪法而使问题复杂化，必须在远东委员会正式成立之前完成明治宪法的修改工作。对日本政府感到失望的麦克阿瑟决定由盟军总部制定宪法草案，并亲自提出了"制宪三原则"。第一，天皇处于国家元首地位。皇位世袭。天皇的职能与权限基于宪法行使，顺应宪法体现的国民之基本意志。第二，废除以国权发动的战争。日本放弃作为解决纷争手段的战争，甚至放弃为保护自身安全而发动战争的权利。日本将其防卫与保护委托给目前推动世界的崇高理念。将来既不授予日本具有陆海空军的权力，也不授予日本军队交战权。第三，废除日本的封建制度。贵族的权利，除皇族外，只给予现在生存者这一代。华族的地位，今后不伴随任何国民的或市民的政治权利。预算的模式仿照英国制度。②

象征天皇制及放弃战争的创意最初来自何方，至今未有定论。1946 年 1 月 24 日，币原首相为感谢麦克阿瑟赠送治疗肺炎的盘尼西林（青霉素）而访问盟军总部并与其会谈，因而此次会谈也被称为"盘尼西林会谈"。根据麦克阿瑟的回忆录，"（币原）首相提议在草拟宪法时包含'放弃战争'条款，同时在其条款中规定日本不能设有任何军事机构。币原解释说，这样一来，就可以达到双重目的：事先取消旧军部想有朝一日再掌握

---

① 塩田純『日本国憲法誕生―知られざる舞台裏』、72 頁。
② 塩田純『日本国憲法誕生―知られざる舞台裏』、92-93 頁。

权力的手段，使全世界相信日本绝对没有再挑起战争的意向"。① 尽管回忆录是在 1964 年完成的，但在其他场合麦克阿瑟也说过意思相同的话。例如他在 1950 年的元旦致辞中明确指出："这部宪法的规定是日本人自己提出的，不仅基于崇高的道义理想，且如此高度完善、实施性高的宪法规定是任何其他国家所没有的。"1951 年 4 月，麦克阿瑟回国后，在参议院军事外交联合委员会做证时再次确认"将禁止战争的规定写入宪法是日本人自己的创意"。1955 年 1 月，在洛杉矶召开的美国在乡军人午餐会上，麦克阿瑟又一次谈到"盘尼西林会谈"，说"币原首相强烈主张应放弃作为解决国家纠纷手段的战争"。尽管如此，并不排除麦克阿瑟特意强调新宪法的本土意志以减弱外来色彩的意图。当然，早在战争末期，美国的决策部门已经倾向保留天皇及天皇制，特别是顺利实施占领，更使麦克阿瑟意识到保留天皇与天皇制的重要性，但为获得盟国及远东委员会的认可，仍须在其他方面尤其是铲除战争根源上做出努力。

日本方面的有关资料为"羽室笔记"，即币原的挚友、枢密顾问官大平驹槌将币原处所闻口述给女儿羽室美智子的记录。在该记录中，"盘尼西林会谈"首先谈论的是天皇制问题，币原首相表示"没有天皇制，日本无论如何不能和平治理"。在听到麦克阿瑟表示尽一切力量协助维护天皇制之后，币原才谈到放弃战争的想法。② 币原首相接着讲道："我从很早以前就考虑到，在世界上消灭战争，必须放弃战争……已失去世界信用的日本应向世界毫不含糊地声明放弃战争，只有这样，日本才能获得信任。"在币原的回忆录《外交 50 年》中也有这样的记录：在战争结束日，听到有人愤怒地指责当局欺骗国民卷入战争时，就有了"在宪法中规定永远不进行那样的战争"的念头。因此，在枢密院审议宪法草案时，币原首相正式表明放弃战争是自己首先提出的。③ 作为第一次世界大战后积极提倡"协调外交"并因此被军部攻击为软弱外交的外务大臣，"放弃战争"有可

---

① グダラス・マッカーサー『マッカーサー回想記』上巻、津島一夫訳、朝日新聞社、1964 年、164 頁。
② 田中英夫『憲法制定過程覚え書』、95 頁。
③ 塩田純『日本国憲法誕生—知られざる舞台裏』、184 頁。

能出自币原首相之口，但其真正目的是保留天皇及天皇制，同时也不想被后人批判为原封不动地接受外来宪法。① 因为在接到民政局的宪法草案后，币原首相仍支持松本大臣就象征天皇制、放弃战争等条款与盟军总部讨价还价。

1946 年 2 月 4 日，民政局成立制定宪法起草委员会。在起草过程中，内部也有修改和争议。首先，民政局副局长卡迪斯修改了麦克阿瑟"制宪三原则"中的第二原则，删除了"放弃为保护自身安全而发动战争的权利"，② 改为"废除以国权发动的战争。永久放弃作为与其他国家之间解决纷争手段的战争以及武力威吓或武力行使。将来既不授予日本具有陆海空军的权力，也不授予日本军队交战权"。卡迪斯认为，原文剥夺了日本受到攻击时的反击权利，主张任何国家均有保护本国的固有权利，因为国家受到攻击时，否定保护自己的权利是非现实的。惠特尼、麦克阿瑟对此均没有提出任何异议，默认了其修改。另外，考虑到"元首"意味着"权力"，因而将其改为"象征"。因此，有关天皇的规定为："天皇是日本国的象征，是日本国民整体的象征。其地位基于具有主权的国民全体意志，并不基于任何其他。"但在讨论天皇权限时发生了争论，最后将"天皇指名内阁总理大臣"改为"天皇在国会建议和同意下任命内阁总理大臣"。

1946 年 2 月 13 日，惠特尼、卡迪斯等人到达外务大臣官邸，将民政局起草的日本国宪法草案提交给日本政府，并强调盟军最高统帅为保护天皇面临越来越大的压力，希望采纳新宪法的各项规定，天皇平安无事，日本也可以早日恢复独立。③ 内阁会议讨论该宪法草案时，松本等人强烈反对，但芦田均指出："如果公布美国的方案，我国的新闻报道必定追随赞成，那时内阁将引咎辞职，支持美国方案的政治家肯定会出现，对即将到来的大选产生较大影响，这是十分令人担心的事情。"④ 虽然松本国务大臣以翻译时间不足、贵族院不会同意、外来宪法会引起混乱等为由反对接

---

① 雨宫昭一『シリーズ日本近現代史・7・占領と改革』、84 頁。
② 保阪正康：《昭和时代见证录》，冯玮、陆旭译，东方出版中心 2008 年版，第 336 页。
③ 塩田純『日本国憲法誕生—知られざる舞台裏』、134 頁。
④ 塩田純『日本国憲法誕生—知られざる舞台裏』、138 頁。

受，但其最后的结论是：在接受盟军总部草案基础上，尽可能加入日本方面的意见。内阁会议后，币原首相到宫中禀报，天皇表示赞成像英国那样的"象征"君主。①

在将民政局宪法草案翻译成日文时，松本大臣做了一些变动。例如，将民政局宪法草案的第一条修改为"天皇基于日本国民至高的全体意志，拥有日本国象征及日本国民整体标志的地位"，删除了"主权"，模糊了"国民主权"。民政局宪法草案第三条为"天皇的所有国事行为须得到内阁的建议及承认"，松本将"建议及承认"改为"辅弼"。但在与民政局官员讨论翻译稿的过程中，先是将"辅弼"改为"辅弼同意"，后来又改为"承认"，因而有关天皇的第三条为"天皇的所有国事行为须得到内阁的建议及承认，内阁负其责任"。在"放弃战争"条款中，松本删除民政局宪法草案中的"废除国权发动的战争"，改为"永久废除以国家主权发动的战争及以武力威胁或行使武力作为解决与他国之间纠纷的手段"。

1946 年 3 月 6 日，日本政府正式发表《宪法修正草案要纲》，社会各界表示赞成，媒体多给予积极评价。《朝日新闻》的社论《划时期的和平宪法》认为，国民大众也能理解修改宪法所具有民主革命的意义，反映了人民的意志；《每日新闻》连续四天发表社论，其中在《民主宪法与新道德》一文中指出，"新宪法将挽救因战败处在崩溃状态的日本，赋予国民巨大的勇气和希望"；《读卖报知》的社论《彻底的和平主义》高度评价新宪法是进步的、革命的宪法。在政党方面，自由党和进步党"原则上赞成"，特别是自由党认为"新宪法与我们自由党提出的宪法修正案原则完全一致"；社会党认为，新宪法忠实地履行了《波茨坦公告》和充分体现了民主主义政治，但天皇权力依然较多；日本共产党明确表示反对，认为应废除天皇制等。新宪法的基本理念得到日本国民的支持，《每日新闻》的舆论调查表明，85%的人支持象征天皇制，13%的人反对，2%的人不表态；70%的人认为有必要放弃战争，28%的人认为没有必要。②

---

① 松村謙三『三代回顧録』、東洋経済新報社、1964 年、290 頁。
② 樋口陽一・大須賀明編『日本国憲法資料集』、三省堂、1995 年、10 頁。

三 远东委员会的影响

《宪法修正草案要纲》公布后，远东委员会对发表完全赞成宪法草案声明的麦克阿瑟非常不满，认为这是越权行为。经过几次会议后，远东委员会做出三项决定，即要求占领当局随时向远东委员会报告国会审议宪法草案的进程、在宪法正式生效前必须给予远东委员会审议最终草案的机会、国会也可以自由讨论《宪法修正草案要纲》以外的宪法草案。其后，远东委员会再次通过《新宪法成立的诸原则》，即应给予充分讨论及审议新宪法诸条款的时间与机会，应保障1889年宪法与新宪法之间完全的法的继承性，应采取简明扼要的方式积极表明新宪法为日本国民的自由意志。①麦克阿瑟以声明的方式原封不动地将上述原则传达给了日本国民。

在帝国议会审议宪法草案时，"象征天皇制"与"放弃战争"依然是争论的焦点。许多议员对"天皇基于日本国民至高的全体意志"条款以及"放弃战争"提出质疑，特别是共产党议员野坂参三提出，将战争分为性质不同的"侵略战争"及"自卫战争"，应否定前者，肯定后者。对此，吉田茂首相回答道："有关宪法草案中放弃战争的条款，将国家正当防卫权发动的战争正当化，我认为这是有害的。显著的事实是，近年来的战争多以国家防卫权的名义进行，因此，承认正当防卫权是意外诱发战争的原因。"②

与此同时，远东委员会也就宪法的基本原则进行了讨论。苏联代表提出，应明确主权属于国民，天皇的功能限定在形式上的礼仪；英国代表则主张具体细节应由日本国民决定；澳大利亚代表表示新宪法具有暂时性，实施一年后应由国民投票决定。因此，远东委员会又制定了《新日本国宪法的基本原则》，认为"日本国宪法必须明确主权属于国民，日本国的最终统治形态应由自由表明的日本国民意志确立，但天皇制以现行宪法形态

① 塩田純『日本国憲法誕生—知られざる舞台裏』、189頁。
② 山内敏弘・古川純『憲法の現状と展望（新版）』、北樹出版、1997年、37頁。

存在并不符合前述一般目的。因此，应鼓励日本国民朝废除天皇制或更为民主化的方向改革天皇制"。① 尽管麦克阿瑟拒绝将上述基本原则公开发表，但仍要求日本政府在前言或第一条中加入"主权在民"。经过多次激烈争论后，将"至高"改为"主权"，宪法草案的第一条修改为："天皇是日本国的象征，是日本国民整体的象征，其地位基于主权所在的日本国民的意志。"

众议院审议完毕后，宪法草案被转到"帝国宪法修改案委员小委员会"，该小委员会所做的最大的修正是有关"放弃战争"的第九条。宪法草案的原文是"永久废除以国家主权发动的战争及以武力威胁或行使武力作为解决与他国之间纠纷的手段。不保持陆海空军及其他战争力量，不承认国家的交战权"。社会党议员提出在第九条前加入"日本国以热爱和平、重视国际信义为国是"条款，进步党议员对此表示赞成，并提议改为"宣言日本国民为永远热爱和平者"。

在上述提议的基础上，该委员会委员长芦田均提出修正案，即"日本国民真诚希求基于正义与秩序的国际和平，声明不保持陆海空军及其他战争力量，否认国家的交战权。为达前揭目的，永久放弃以国家主权发动的战争及以武力威胁或行使武力作为解决与他国之间纠纷的手段"。经过讨论，两款的顺序恢复原状，"前揭目的"也改为"前项目的"。即第二章第九条的内容改为："日本国民真诚希求基于正义与秩序的国际和平，永久放弃以国家主权发动的战争及以武力威胁或行使武力作为解决与他国之间纠纷的手段。为达前项目的，不保持陆海空军及其他战争力量，不承认国家的交战权。"这样一来，日本有重新军备的可能。正如芦田均所指出的那样，"我担心第九条第二款原封不动，就会出现剥夺我国防卫力的结果……由于加入'为达前项目的'这样的词句，原案中无条件地不保持战争力量就变成在一定条件下不保持战争力量"。② 尽管如此，芦田均在征求卡迪斯的

---

① 塩田純『日本国憲法誕生—知られざる舞台裏』、197頁。

② 室山義正『日米安保体制：冷戦後の安全保障戦略を構想する』上巻、有斐閣、1992年、91頁。

意见时，卡迪斯爽快地同意了，甚至表示不用与麦克阿瑟商量。①

"芦田修正"在远东委员会引起较大争议，对于"第九条修改成日本有可能保持陆海空军及其他战争力量"，负责宪法问题的第三委员会要求负责"废除日本军备"的第七委员会对此加以注意。中国代表指出："众议院对第九条进行的修正，可以解释为在第一项规定的目的之外日本能够保持陆海空军队……如果允许日本保持这里记述的目的之外的军队，就意味着日本有可能在某种借口之下，例如利用自卫的借口而拥有军队……过去这种自卫的语言多次被恶用。"② 苏联、英国、澳大利亚、荷兰、新西兰甚至美国的代表均对第九条的修正案表示质疑，要求盟军总部对此做出解释，苏联代表特意提出在宪法草案中加入"文官统治"原则。

在远东委员会的压力下，美国陆军部通知麦克阿瑟询问能否加入"文官统治"原则。民政局很快将其要求传达给吉田茂首相，帝国宪法修改案委员小委员会及日本政府同意加入相应条款。与此同时，担任远东委员会议长的美国代表访问中国大使馆，希望其对宪法修正案给予理解。最终，宪法草案增加第六十六条第二款，规定"内阁总理大臣及其他国务大臣须为文职人员"，远东委员会各国委员对此表示认可。至此，修改宪法过程画上了句号。

结　语

综上所述，《日本国宪法》是多方基于各自利害关系而相互妥协的产物。新宪法的形成过程也是颇为复杂的。从程序上看是修改宪法，从内容上看则是重新制定，从形式上看具有较多的强加成分，从背景上看却具有较强的日本本土意志。

首先，尽管远东委员会始终作为强有力的外在因素存在，但也是日本政府未能充分理解《波茨坦公告》精神所致。作为第二次世界大战的发动

---

① 保阪正康：《昭和时代见证录》，冯玮、陆旭译，第 336 页。
② 古关彰一『新憲法の誕生』、中央公論社、1995 年、310 頁。

者并对亚太地区造成巨大灾难的国家，日本必须对军国主义体制及其基础的明治宪法做出彻底的改革，否则难以得到反法西斯联盟成员国的认可。但"统治层深受国体观的制约，且其政权并不是建立在国民大众的基础上……这些都决定了战败后改革主体的狭隘性和改革的限度"，[①] 需要外来的压力。因此，尽管盟军总部及远东委员会在一定程度上参与了宪法的修改过程，但并不违背宪法的自律性原则。

其次，形成新宪法核心的"象征天皇制"与"放弃战争"条款在很大程度上是盟军总部与日本政府，准确地讲是麦克阿瑟总司令与币原喜重郎首相相互妥协的结果。币原首相最关心的事项是保留天皇制，麦克阿瑟则希望通过彻底的非军事化获得国际社会的认可。正因如此，在"盘尼西林会谈"的第二天，麦克阿瑟发送一份绝密电报给美国陆军总参谋长艾森豪威尔，力主保留天皇制并避免审判天皇，其理由是"天皇是日本国民统一的象征，破坏这个象征将瓦解日本国家"，如果审判天皇，"全体日本人将要进行消极的乃至半积极的抵抗，以停止行政活动、开展地下活动和游击战来制造混乱"，因而"至少要有上百万的军队和数十万人的行政官员，并且必须建立战时的后期体制"。[②] 即使如此，"象征天皇制""放弃战争"条款在修改过程中发生了大幅度的变动，特别是"放弃军备"一项变得有名无实。

最后，更为重要的是，新宪法为日本国民所接受。远东委员会在新宪法公布前的10月17日做出决定，即要求国会在新宪法实施后一年以上两年以内，可以要求采取国民投票的手段进行审查。[③] 因此，1948年6月，芦田均内阁的法务厅总裁向众议院议长提出"探讨是否需要修改宪法"的申请，并组成"宪法修改研究会"，但社会舆论较为消极。同年10月，芦田均内阁下台，其相关修宪动作随之消失。1949年4月20日，吉田茂首相在众议院外务委员会发表讲话时说："目前，政府没有修改宪法的意思。"1954年1月，135个团体组成了以社会党为中心的"拥护宪法国民

---

① 信夫清三郎『戦後政治史— 1945-1952』（1）、劲草书房、1965年、122-123頁。
② 竹前栄治『占領戦後史』、双柿舍、1980年、82-83頁。
③ 塩田純『日本国憲法誕生—知られざる舞台裏』、243頁。

联合会"。在 1955 年 2 月举行的大选中，护宪派获得了阻止修改宪法的 1/3 以上的议席。因此，成立宪法调查会并开展调查活动的鸠山一郎内阁以及岸信介内阁均未能在修改宪法问题上取得实质性进展，战后以《日本国宪法》为基础的宪政体制最终确立。

（原载《日本学刊》2009 年第 4 期，收录于本书时有修改）

有泽广巳经济思想及其对战后
日本经济体制的影响

——兼谈政府主导型经济发展模式对赶超型现代化国家的利与弊

有泽广巳（1896—1988）是日本著名的马克思主义经济学家、统计学家，在二战前就提出了"统制经济论"，战后初期又提出"倾斜生产方式"经济政策并得以实施，为日本经济复兴做出贡献。尽管该政策在执行过程中为美国主导的"道奇计划"所取代，但构成了战后日本经济体制的核心内容。本文试图通过对有泽广巳经济思想形成以及"倾斜生产方式"实施过程的具体分析，阐明其对战后日本经济体制的影响。

一 有泽广巳经济思想的形成

1922 年，有泽广巳自东京帝国大学经济学部毕业，担任该学部的教学助手。第二年，精通奥地利经济学派理论、研究马克思主义经济学的德国社会民主党成员、海登堡大学雷迪拉教授到经济学部任教，有泽作为其助手，受其影响，热衷于研究奥地利经济学和马克思主义经济学。与此同时，有泽在负责统计学讲座的同事系井靖之助副教授去世后，兼任其工作，系井严格的实证主义研究方法对有泽影响很大。

1926 年，有泽到德国柏林大学留学，在为期两年的时间里，有泽系统研究了战争经济到和平时期经济的过渡、赔偿、通货膨胀、稳定式恐慌、产业合理化、金本位复活等第一次世界大战后德国和世界经济面临的各种问题。同时，他广泛阅读世界政治经济研究所的《世界经济年报》和柏林景气研究所的《景气四季观》等由著名经济学家主编的杂志，从中学到利用团队统计分析现状的研究方法。他还旁听德国社会民主党大会，参加留学生读书会，由此逐渐接近社会主义学说。①

1928 年回国的有泽继续在东京帝国大学经济学部讲授统计学，但其授课内容发生较大变化，转为重点关注通过搜集、分析大量的数据，寻找贯穿于偶然性中的必然性。1929 年世界性经济危机爆发后，有泽不仅组织学生进行课堂讨论，分析从萧条走向世界性危机的现状，而且与年轻研究人员组成相关研究会，对经济危机进行深入分析，并以"世界经济批判会"的名义在《中央公论》《改造》等一流杂志上发表观点鲜明的学术论文，既包含丰富的事实与数据，也从马克思主义理论立场出发阐明其意义。在这一时期，有泽撰写、参与撰写并出版了《产业合理化》、《卡特尔·托拉斯·康采恩》（上卷）和《世界恐慌与国际政治危机》等著作。其后到1937 年，有泽又陆续撰写出版了《统计学讲义》（上卷）、《产业动员计划》、《战争与经济》、《日本工业统制论》等著作，其中《日本工业统制论》分析了当时日本大企业垄断集团实施的自主统制现状。②

需要指出的是，与经典马克思主义主张的国际主义相比，有泽广巳的观点带有强烈的民族主义倾向，强调在民族国家之间，尤其在西方国家与非西方国家之间的竞争中，增强日本的竞争力。相应地，这种观点强调基于技术的生产力的重要性，强调大企业在创新中的作用，而不是强调生产关系，也不将大企业作为垄断资本的代表来对待。而且，与有泽广巳持类似观点的马克思主义学者认为，要避免阶级冲突，就要提倡管理层与劳工的合作，当国家处在危机中时更要如此。③

实际上，从 1931 年的"九一八事变"到 1937 年的"卢沟桥事变"，日本经济逐渐向战时经济体制即统制经济体制过渡，这种体制也被称为"国防经济体制"乃至"准战时经济体制"，是在官民协调基础上以军需产

---

① 香西泰「経世家の思想と政策（7）　有沢広巳—戦後日本の復興のプランナー」、『経済セミナー』第 620 号、2006 年 10 月。

② 中村隆英：《追悼有泽广巳先生》，韩铁英译，《日本问题》1988 年第 4 期。

③ 高柏：《经济意识形态与日本产业政策——1931—1965 年的发展主义》，安佳译，上海：上海人民出版社，2008 年，第 64 页。

业及重要产业为中心的综合计划性扩大再生产和经济动员体制，即"总体战体制"。学术界也对此进行了比较性研究和探讨，甚至有人主张采用德国式的经济体制，例如发动"九一八事变"的主谋石原莞尔、"满铁"调查员宫崎正义主导的"日满财政经济研究会"（简称"宫崎机关"）。该研究会最初倡导以苏联模式为榜样构建日本的战时经济体制，但逐渐转向纳粹德国模式，因为在"公益优先的原则"下，德国模式在实施国家统制的同时，最大限度地承认民营企业的活动及其决策，企业的集团性组织化是国家统制与企业自主行动相结合的关键因素。

在这一过程中，作为德国经济研究第一人[①]的有泽广巳也发表了许多相同的见解。例如，有泽这样评论希特勒 1936 年的"四年计划"："借用最近的流行语，应该认为纳粹政权下的德国经济为准战时体制，实际上，现在的德国经济恰好是大战过程中的国家经济管理。纳粹确实在进行战争。因为'国家社会主义'，对内对外均是如此。"[②] 有泽进一步论述道："在我国谈到准战时体制，有人认为只是为武器战争的准备，特别是财政准备，这是简单化的理解。马场锳一大藏大臣发表为其大幅度增税的税制改革方案时指出，这一划时代的增税是某种意义上的准战时体制，结果各个领域都在使用这一说法，但该说法的真正含义不能仅仅局限于在财政方面准备战争，而是国民经济为准备战争的体制化，因为这时的战争是整体战，为此所做的准备仅局限于财政方面是回到战前的逆行。"有泽认为将来的战争显然是整体战、资源战，由于客观形势日益紧迫，所以各国在经济方面的战争准备被提上议事日程，"准战时经济体制"与"国防经济体制"成为问题正体现了这一点。因此，"准战时经济体制"与"国防经济体制"具有相同意义，是在客观形势日趋紧迫时在经济领域准备预期的整体战争、总体战的独特体制，这不仅仅出现在日本，而是列强各国共同的现象。[③]

---

① 柳澤治「日中戦争開始期日本におけるナチス経済政策思想の受容—国防・準戦経済体制の構想を中心に」、『政経論叢』第 72 巻第 2・3 号、2004 年、37-78 頁。

② 有沢広巳『戦争と経済』、日本評論社、1937 年、327 頁。

③ 有沢広巳『戦争と経済』、7 頁。

另外，有泽广巳明确指出，不能将"准战时经济体制""国防经济体制"简单理解为时代的流行语，它们是具有社会科学意义的客观概念。有泽分析了德国学者的国家社会主义论，将"准战时经济体制""国防经济"作为"战时经济体制化"，并进一步加以说明。虽然"整体战争"与"武器战"可以相提并论，但更带有经济战的性质。为进行经济战，与军队动员同等重要的是，必须进行国民经济的动员，这样一来就意味着战时经济的体制化。各国基于从第一次世界大战得到的经验而对此进行改进，即首先是制定军需工业动员法，然后制定国家总动员法。正因如此，平时经济不是在开战时才过渡到战时经济体制，而当时的动向是平时经济向战时经济的中间过渡阶段，为战时经济做基础工作，是准战时体制或者说国防经济化。在这种国防经济化阶段，国防式立场是第一位的，经济政策集中于此，进而国家直接指导经济，因此在性质上接近战时经济，虽然不是直接的战时状态，但"已是战争经济的前一个阶段，即准战时体制"。[①]

在军国主义化色彩日益浓厚的氛围下，有泽等人的马克思主义理论式研究方法和活动逐渐为政府所不容，因而发生了两次"人民阵线事件"。1937 年 12 月，为响应共产国际建立反法西斯统一战线的呼吁，日本左翼试图建立人民阵线，结果日本无产党委员长及国会议员加藤勘十、社会大众党国会议员黑田寿男、"劳农派"学者向坂逸郎及猪俣津南雄等 446 人遭到逮捕，史称"第一次人民阵线事件"。1938 年 2 月，政府又以与"劳农派"密切联系并提供理论为借口逮捕东京帝国大学教授大内兵卫及副教授有泽广巳、法政大学教授美浓部亮吉等 38 名学者，史称"第二次人民阵线事件"或"教授集团事件"。有泽遭到 14 个月的监禁，直到 1939 年 5 月被保释回家。他拒绝学校提出的辞职要求，而是以停职的名义继续进行研究。其后，政府将两批被逮捕者均以"改变国体""否定私有财产"等违犯《治安维持法》的罪名起诉，1941 年 7 月一审判决有罪，1944 年 9 月二审判决多数无罪，少数人两年徒刑缓期三年执行。

---

① 有沢広巳『戦争と経済』、7 頁。

在此期间，有泽广巳参加了近卫文麿的私人咨询机构——昭和研究会[1]
经济部门的研究活动，并作为主要执笔者在 1940 年 8 月提出研究报告《日
本经济重组方案——形成建设时期的经济体制》，主张企业经营的目的由
利润本位向生产本位转化，为缓和通货膨胀需要政府决定价格、统制利润
率、资本与经营分离、全面公开技术等，有必要实施需求自主统制，提倡
建立"促进全体利益"的统制经济体制。这些主张遭到大企业主们的反对。

1939 年 9 月，陆军省经理局秋丸次郎主持组建"陆军省战争经济研究
班"（简称"秋丸机关"），其宗旨是"详细综合分析假想敌国家的经济
战争能力，掌握其最弱之点，准确把握我方经济战争能力的持久程度，提
出攻防之策"。[2] 秋丸力邀有泽参加并负责英美班，实质上是整个秋丸机关
的研究领导者。[3] 其他成员还有著名的经济学家、国际关系学家、行政机
构年轻精英官僚、"满铁"调查部骨干等各行业优秀人才，分别组成德国
意大利班、苏联班、英美班、日本班、南方班、国际政治班等。有泽利用
投入产出分析方法进行研究，在 1941 年 7 月提出中期报告，并举行面向陆
军省、参谋本部首脑的说明会。该报告认为，一旦开战，日本的国民消费
将降低 50%，美国将降低 15%~20%，盟国筹措的战费将达 350 亿美元，
是日本的 7.5 倍。从经济力量上看，日本是英美的 1/20，开战后两年依靠
储存的物资还可以坚持，但其后日本战争能力将急速下降，难以进行持久
战。[4] 该报告与日本谈判代表从美国带回的调查报告高度相似，可见有
泽研究的准确性。但是，在 1941 年 9 月杉山元参谋总长主持的陆军首脑
会议上，秋丸机关最后提出的《英美合作经济抗战能力调查》《德意经
济抗战能力调查》等报告，结论是日本可以与美国进行战争。尽管"报
告及其研究方法大体上完美无缺，但其结论违反国策，因而报告的复写

[1] 昭和研究会于 1936 年 11 月正式成立，1938 年内部组成政治、经济、农业、金融、财政、外交、教育等各种研究会，1940 年 11 月终止活动。

[2] 牧野邦昭『経済学者たちの日米開戦：秋丸機関「幻の報告書」の謎を解く』、新潮社、2018 年、56 頁。

[3] 林千勝『日米開戦　陸軍の勝算—「秋丸機関」の最終報告』、祥伝社、2015 年、44 頁。

[4] 石井和夫「捨て去られた日本陸軍最後の理性—有沢広巳の『秋丸機関報告書：英米合作経済抗戦力調査　1941』」、『労働運動研究復刊』第 30 号、2011 年 12 月。

本立即被收回烧毁"。① 有泽听到该消息后非常失望，认为陆军的做法有百害而无一利。

尽管如此，有泽在秋丸机关和昭和研究会从事研究期间利用马克思主义经济学的再生产模式制定的产业相关结构图，成为提出对战后日本经济复兴发挥巨大作用的"倾斜生产方式"的学术基础。②

二 "倾斜生产方式"的提出与实施

二战结束后，有泽广巳恢复了东京帝国大学经济学部的教职，他充分利用自己对第一次世界大战后德国经济恢复历史的深厚研究，对日本经济的复兴提出了自己的主张，体现在战后最初的论文——《不可避免的事情》（《世界》1946 年 3 月号，后收录在有泽的《通货膨胀与社会化》一书中，日本评论社，1948 年）中。在这篇论文中，有泽认为当时的日本经济处于全面危机状态，例如粮食危机、通货膨胀、生产停滞、失业等，迫在眉睫的课题是如何将因战争而缩小再生产的日本经济转化为扩大再生产。有泽主张将过剩的劳动力投入战时扩大且没有遭到战争破坏的基础原料部门，以此作为扩大再生产的启动力。具体地说，首先通过增加粮食分配达到年增产 2000 万吨煤炭，将增产的煤炭分配到钢铁产业增加其产量，将增产的钢铁再分配给煤炭业，将增产的煤炭分配给其他产业，从而刺激全体产业的扩大再生产，以达到恢复日本经济的目标。

尽管如此，有泽并没有立即将上述方案作为复兴日本经济的最佳方案，因为通货膨胀才是当时日本经济面临的最大问题。尽管有泽认为为了防止投机倒把和囤积居奇行为必须根除通货膨胀，但紧缩财政金融会暂时性地降低生产率，因而主张先使用计划经济的手段将生产提高到战前水平

---

① 座談会「経済政策論の発展過程およびその周辺」、『中山伊知郎全集』別巻、講談社、1978 年、64-65 頁。
② 有沢広巳『有沢広巳戦後経済を語る―昭和史への証言』東京大学出版会、1989 年、13 頁。

的 60%，之后再推出强劲的抑制通货膨胀政策。[1] 同时，有泽认为能够解决通货膨胀问题的只有"外国经济"。也就是说，有泽确信如果能够进口外国原料，扩大再生产就可以得到实现。吉田内阁成立后向盟军总司令部提出紧急物资进口的请求，麦克阿瑟表示可以考虑，但鉴于日本要求进口的重油有可能影响到日本煤炭生产的恢复而遭到拒绝。有泽建议吉田首相再次向盟军总司令部提出要求，其理由是进口重油可以增加钢铁生产，将增产的钢铁分配给煤炭产业，可以迅速提高煤炭的产量。

实际上，早在战争结束的第二天，日本外务省就召集行政官僚、经济学家、企业界人士等组成"经济再建研究会"，探讨战后经济的长期发展方向。有泽广巳在 1945 年 10 月参加了该研究会。时为外务省官僚的大来佐武郎起草了题为"今后国内经济政策的相关考察"的文件作为讨论的基础。该文件包括三个基本观点：第一，世界经济有机结合将扩大且分工明确，全球分为苏联圈和英美圈，日本属于英美圈；第二，经济发展计划化、组织化，在其基础上科学地协调消费与生产；第三，经济社会化，即生产与消费的社会化、协调化。正如有泽所说，这种政策不是社会主义的"计划经济"，也不是"自由放任"优先的市场经济，而是重视政府主导的经济发展模式。这种介入型经济发展模式主导了战后初期日本经济政策的讨论过程，也是当时经济学家的基本共识。[2]

在盟军总司令部的指令下，吉田内阁在 1946 年 8 月设置了经济安定本部，负责经济稳定紧急对策的制定与实施，同时召集包括有泽广巳在内的经济学家在外务大臣办公室举行每周一次的午餐会，讨论如何复兴日本经济。正是在午餐会上，有泽首次提出作为迂回生产政策的"倾斜生产方式"。[3] 吉田首相根据其建议成立首相私人咨询机构"煤炭小委员会"，有泽任委员长，制定了年产 3000 万吨煤炭的倾斜生产计划。同年 12 月进口

---

① 达野健一：《从江户到平成——解密日本经济发展之路》，臧馨、臧新远译，北京：中信出版社，2006 年，第 135 页。

② 中野敏男「戦後日本の経済政策思想と植民地主義—有沢広巳の軌跡を手がかり」、九州国際大学社会文化研究所『社会文化研究所紀要』第 77 号、2016 年 2 月。

③ 池尾愛子編『日本の経済学と経済学者—戦後の研究環境と政策形成』、日本経済評論社、1999 年、189 頁。

重油的请求得到盟军总司令部的许可，其计划开始实施。① 1947 年，吉田内阁正式成立由政府出资的"复兴金融金库"，同年 2 月组建"经济同友会"等经营者团体以及各个工会组织均参加的"经济复兴会议"，3 月制定《产业资金贷放优先表》，以保证对煤炭、钢铁产业的贷款，例如 1947 年对煤炭业的贷款占该金融机构贷款总额的 35%。② 同时，对这些产业实施价格补贴、优先供应生产资料等措施，例如，1947 年煤炭业获得的价格补贴占政府价格补贴总额的 44%，居各产业之首。煤炭业所需生产资料及消费资料基本可以得到政府的保证，其他产业只能得到需求量的 1/3 以下。政府甚至"为优待煤矿工人，继续提高工资，特殊配给粮食和物资，促进煤矿工人的住宅建设"。③ 这种重视生产资料优先生产的经济政策尽管方向正确，但其效果显现缓慢，不仅在短时期内难以解决国民的生活困难问题，而且为向产业提供资金而大量发行债券进一步加剧了通货膨胀，例如 1947 年的批发物价比 1946 年提高了 3 倍。④ 因此，吉田政权遭到市民的强烈反对，很快失去了执政的地位。

接下来的社会党片山哲内阁继续实施吉田内阁时期的"倾斜生产方式"，"比起吉田内阁来，社会党政权（片山内阁）更具有亲近感"。⑤ 为强化这一经济政策，同时也显示社会党的社会主义色彩，片山内阁开始实施国家对煤炭产业的管理。片山内阁组成后不久，经济安定本部和商工省就着手制定《国家临时管理煤炭产业法案要纲》，其内容包括国家对煤炭产业生产现场的直接管理以及工人参与国家管理机构等。但在法案起草过程中，因执政伙伴民主党的反对，社会党被迫在该项法律的时间限制、煤矿的指定限制等方面做出让步，同时规定生产计划由企业总部制订、现场

---

① 香西泰「傾斜生産方式の再検討」、一橋大学経済研究所編『経済研究』第 58 巻第 1 号、2007 年 1 月。

② 孙执中：《荣衰论——战后日本经济史（1945—2004）》，北京：人民出版社，2006 年，第 23 页。

③ 通商产业省通商产业政策史编纂委员会编《日本通商产业政策史》第 3 卷，日本通商产业政策史编译委员会译，北京：中国青年出版社，1994 年，第 74 页。

④ 正村公宏『図説戦後史』、筑摩書房、1989 年、69 頁。

⑤ 浜野潔ほか『日本経済史　1600-2000—歴史に読む現代』、慶應義塾大学出版会、2009 年、239 頁。

管理者也由企业总部决定、工人不能参与管理等。

这一时期有泽专门发表了《拯救日本经济的破局——现实过程分析（1947 年）》，在分析了生产资料增长超过消费资料增长的各种因素后，再次强调了"倾斜生产方式"的必要性。"在我们唯一能够处置的基础物资煤炭生产领域，需要集中倾斜所有的经济政策，暂时以煤炭生产为中心构建经济结构，这是面向煤炭生产的倾斜经济。当然，这是不稳定的经济，不可能永远持续，而且也没有必要。如果水平性地全面提高生产水准难以解决目前的困难，就只能计划性地倾斜经济，尽快提高基础部门的生产力，以此为契机创造性地实现生产水准的上升。为此需要的计划与组织，不仅仅是设计经济倾斜的角度以及从倾斜到更高水平的复兴，而是需要在最短时间内达到从倾斜到全面的复兴。"[1]

从结果上看，"倾斜生产方式"的实施使以煤炭、钢铁为中心的日本经济在 1948 年出现复苏现象，当年的煤炭生产近 3500 万吨，完成生产计划的96.6%。工矿业生产指数如果以 1930—1934 年平均为 100 的话，1948 年达到了 64.4，其中矿业为 100.5，金属工业为 71.1，机械工业为 76.7，化学工业为 78.1。但与国民生活密切相关的轻工业即消费资料生产发展缓慢，例如纤维工业仅为 24.2。[2] 而且，为刺激生产提供的巨额贷款与价格补贴等做法导致本来已经非常严重的通货膨胀进一步加剧。从 1945 年 8 月到 1947 年底，日本银行发行债券从 303 亿日元增加到 2191 亿日元；全国批发价格1946 年上升 464%，1947 年上升 296%，1948 年上升 266%，1948 年的主要食品价格比战争结束时增长了 6 倍。[3]

一方面，尽管日本政府将月工资基准从 1948 年 2 月的 2920 日元提高到同年 6 月的 3700 日元，到同年 12 月进一步提高到 5300 日元，但仍然难以应付日趋严重的通货膨胀，导致市民的强烈不满以及工人斗争的再度高涨。另一方面，物价的急剧波动也影响到对外贸易。作为典型的加工贸易

① 西部忠編『リーディングス戦後日本の思想水脈　第 8 巻　経済からみた国家と社会』、岩波書店、2017 年、16—25 頁。

② 吴廷璆主编《日本史》，天津：南开大学出版社，1994 年，第 832 页。

③ 金子貞吉『戦後日本経済の総点検』、学文社、1996 年、19 頁。

国，日本必须进口必要的原材料，进行加工后再出口产品，以此维持正常的国际贸易。飞速提高的物价难以维持稳定的汇率，从而影响到对外贸易的正常进行。

1948 年，不仅冷战格局日趋明显，而且远东局势也发生重大变化，朝鲜半岛南北各自建立政权，中国共产党逐渐占据优势，远东两大阵营对立局面形成，同时，美国有意减轻占领负担，扶植日本经济自立。正因如此，1948 年 10 月美国国家安全保障会议通过新的对日政策，特别指出，"在首先保证美国安全保障利益的基础上，此后美国对日政策的主要目的是日本经济复兴"，"为实现经济复兴，通过辛勤劳动提供生产，维持较高的出口水平，因劳资争议造成的停工降到最低程度，采取严厉的国内政策治理通货膨胀，并尽快实现均衡预算"，[①] 还提出了包括制定收支平衡预算、稳定物价、推动出口等内容的"稳定经济九原则"。

1949 年 2 月，美国总统杜鲁门委派底特律银行总裁，自由主义经济信奉者，曾任驻德美军军政部、财政部部长的约瑟夫·道奇作为盟军总司令官财政与金融政策顾问以及美国总统特使赴日指导。道奇指出，美国的援助"是支撑日本经济的一条支柱，可算是高跷的一条腿。另一条腿则是日本国内补贴，补贴作为另一根支柱支撑着日本的经济运转。必须将高跷的腿砍断"。道奇同时警告日本人，"无条件投降的战败国是没有余地讨价还价的，国民受苦也是理所当然，无法避免的"，"日本经济的唯一出路就是清贫度日，减少开支"。[②] 1949 年 3 月，在道奇的亲自指导和监督下，盟军总部编制预算方案并提交日本政府。该方案以结束通货膨胀为基础，量入为出甚至出现结余，即所谓的"超平衡预算"，其中大幅度削减公共事业费和失业对策费，终结了"倾斜生产方式"政策的实施。

1950 年，有泽广巳以《日本工业统制论》一书获得经济学博士学位，1956 年从东京大学退休，其后担任法政大学经营学部教授、总长，同时兼

---

① 山田敬男『新版戦後日本史——時代をラデイカルにとらえる』、学習の友社、2009 年、101 頁。

② 御橱贵、中村隆英编《宫泽喜一回忆录》，姜春节译，北京：东方出版社，2009 年，第86—87 页。

任原子能委员会委员、煤炭矿业审议会委员、电气事业审议会委员、产业结构审议会委员、海外能源事情调查团团长等，1965 年任原子能委员会代理会长，1966 年设立日本能源经济研究所并担任其理事长，对政府经济政策特别是能源政策的策划与制定做出较大贡献。

其间，有泽的学术活动和业绩有以下几方面。在 1949—1953 年国际贸易论与国内市场论之争中，对于中山伊知郎通过国家贸易发展日本经济、维持生活水准的观点，有泽广巳等人认为通过技术革新提高生产力、工资上升进而带来消费增加是经济发展的重要途径。1958—1960 年，有泽编辑出版了七卷本的《现代资本主义讲座》（东洋经济新报社，1958—1959 年）、八卷本的《现代日本产业结构》（岩波书店，1959—1960 年）、七卷本的《经济主体性讲座》（中央公论社，1960 年）等，特别是对日本能否建立社会主义体制进行了探索。有泽广巳任干事长的费边研究所在 1958 年 1 月发行的月刊杂志《费边研究》上刊登了该研究所理事稻叶秀三的论文《如果社会党获得国家政权》，研究所举办的研究讨论会也在同年 2 月改名为"社会主义经济政策研究会"（翌年 1 月改为"社会主义政策研究会"，有泽任会长），计划出版《社会主义日本的设计》。有泽在其承担的第一章"现代日本资本主义的特质——日本社会主义政策的自然状态"中指出了美国等资本主义国家技术革新的局限性，同时阐明日本资本主义经济的一个固有特征是大企业与中小企业存在较大差距的"双重结构问题"，只有通过议会主义的方式获得政权并实现社会主义来解决。[1] 上述一系列学术活动也显示了有泽对统制性经济体制的执着与偏爱。

三　有泽广巳与战后日本经济体制

日本评论界对"倾斜生产方式"的评价褒贬不一。例如，1987 年 11 月 18 日的《日本经济新闻》认为，即使考虑到通货膨胀恶化以及昭和电工贿赂事件的负面影响，也应在至少将工矿业生产水准提高到最低需要程

---

[1]　社会主義政策研究会編『社会主義日本の設計』、至誠堂、1960 年、13 頁。

度这一点上给予"倾斜生产方式"积极评价，它是"后世应给予肯定评价的三项政策之一"，其他两项为池田勇人内阁时期的"国民收入倍增计划"和中曾根康弘内阁时期的"三大国营企业民营化"。永江雅和在《日本经济史 1600—2000》中指出："由日本政府主导的复兴计划得到美国的对日重油进口许可，在战后日本重工业复兴的起爆剂这一点上应该给予评价。"[1] 高桥洋一却指出："'倾斜生产方式'作为政治策略，在请求美国提供援助上较为成功，但在经济学意义上几乎没有任何效果。"[2] 三轮芳朗等人从没有实施"倾斜生产方式"政策的实体、现实中难以发挥"倾斜生产方式"这种统制经济的有效作用、从数十年的历史来看也不能期待统制经济取得较好效果三个方面否定了"倾斜生产方式"。[3]

毫无疑问，"倾斜生产方式"是一种统制经济，问题是如果没有重视市场作用的"道奇计划"，这种经济统制政策是否能够继续贯彻并取得成功？进一步说，如果没有朝鲜战争的爆发，"道奇计划"是否能够继续贯彻并取得成功？客观地讲，占领初期以美国为中心的盟军总司令部对日本进行了较为彻底的非军事化、民主化改革，从制度上看与战前有一个断层；但占领中后期美国对日政策发生较大变化，从扶植日本经济自立到允许日本重新扩充军备。与此同时，日本政府也大幅度修改了盟军总司令部下达的各种指令，实施了许多可称为"逆流"的保守性政策，因而在体制上连续性较强。换句话说，占领结束后日本在很大程度上恢复了统制经济体制，形成了政府主导经济社会发展的模式。正如中村隆英所强调的那样，"战前和战后不能跳过战争期间而联系起来。许多社会制度、经济制度、技术、生活方式和习俗都产生于战争期间，并在战后得以延续。尽管当初并不是以长远眼光建立了这一切，但它们最终确立了战后的企业、产业组织及生活方式的形态"。[4]

客观地讲，由精英官僚构成的战后日本政府在经济、社会发展过程中

① 浜野潔ほか『日本経済史 1600-2000—歴史に読む現代』、237-241 頁。
② 高橋洋一『戦後経済史は嘘ばかり』、PHP 研究所、2016 年、34 頁。
③ 三輪芳朗・J. Mark Ramseyer「経済規制の有効性—傾斜生産政策の神話（2・完）」、『経済学論集』第 70 巻第 3 号、2004 年 10 月。
④ 高柏：《经济意识形态与日本产业政策——1931—1965 年的发展主义》，安佳译，第 123 页。

起了较大的推动作用，但绝大多数的日本学者和评论家似乎并不赞成这种见解。主张"官主导说"的美国学者查默斯·约翰逊的《通产省与日本奇迹》（此书恰恰是引起"敲打日本"的修正主义理论的鼻祖）在日本翻译出版后，官员们很高兴，但学者没有什么反应，对其加以分析的书评数量较少。[①] 而主张"民主导说"的美国学者卡德尔的《战略资本主义：日本产业金融中的民间企业和公共目的》在日本翻译出版后引起极大反响。从中也可以看出，日本政府在经济、社会发展中究竟发挥了什么样的作用似乎是学者们争论不休的问题。

确实如此，人们可以举出许多事例反驳"官主导说"，例如，1955 年通产省将数家汽车厂合并以便达到规模经营的计划因遭到汽车制造商的激烈反对而搁浅；1952 年索尼公司向政府申请引进国外半导体技术时，被通产省拖延了两年之久才予以批准。60 年代初，面对经济自由化的压力，通产省提出的《特振法》遭受挫折，除工商业界持反对意见外，大藏省也不赞同这种设想，这一事件表明日本的行政机构也并非铁板一块。[②]

众所周知，即使在采用市场经济制度的国家，政府也会不断地干预经济活动，比如在道路、港口、机场、教育、医疗等基础设施的建设方面弥补社会资本的不足，克服市场在资源合理配置方面的局限性，以防止所谓的"市场失灵"。但与其他资本主义国家不同的是，日本政府所做的事情远远不止这些。例如，每届内阁都要制订具体的经济增长计划（最为著名的是池田勇人内阁的"国民收入倍增计划"），具体行政部门如通产省会制定更为具体的产业政策，甚至政府通过税收、贷款等方式刺激特定产业的发展，以便对经济、社会的发展发挥积极性作用。引起学者和评论家争论不休的原因在于，这种政策并非由法律明文规定，而是"一个负责任的政府机构或者官员在不具有明确的合法权力情况下，能够而且确实可以指

① 山口定：《战后日本的产业政策和 Ch·约翰逊》，载复旦大学日本研究中心编《日本政府在经济现代化过程中的作用》，上海：复旦大学出版社，1995 年，第 83 页。

② 金滢基等编《日本的公务员制度与经济发展》，北京：中国对外翻译出版公司，1997 年，第 180 页。

导或诱导私营企业或个人采取或不采取某些行动"。① 即政府对经济活动的干预大多是被伦敦《经济学人》杂志界定为"没有写成条文的命令"② 的行政指导。

之所以称为"行政指导",是因为来自政府的授意多用非强制性语言表示,例如"劝告"、"期望"、"指示"、"希望"和"建议"等,尽管这种指导可以服从,也可以不服从,但仍具有较强的约束力和可行性,因为行政指导也具有制度上的保障。首先是政府拥有公共资金的分配权限。尽管与西方发达国家相比,日本政府的财政规模比较小,但政府雇员比例较小,社会保障费用规模较小,军费开支也较少,因而政府拥有的公共资金较多。例如,只是为实现特定政策目标而交付第三者并无须偿还的补助金在 20 世纪 70 年代以前就占国家一般会计年度预算的 1/3。其次,行政机构拥有诸多审批权限,日本称为"审批"或"规制",大体上可分为"经济性规制"和"社会性规制",前者是通过规定特定行业的厂家数量、设备标准、产量与价格,达到公平竞争的目的,后者的目的是保护消费者及劳动者安全、促进环境保护、维护社会稳定。两者多达 1 万多项,甚至到 20 世纪 90 年代初,日本 40% 的国民生产总值仍处于这些"规制"的控制之下,而同一时期美国的该指标只有 6.6%。③

行政机构还可以利用间接的手段诱导企业做什么或不做什么,其中最主要的方式是将政府金融机构(邮政储蓄、简易保险、国民年金等)的资金贷给民间企业,因为是政府金融机构,因而利息较低,获得该项贷款后再申请民间金融机构贷款也比较容易,政府金融机构的贷款在某种程度上起到担保作用。政府金融机构的贷款(日本称为"财政投融资")规模相当大,其也是政府指定战略产业的主要资金提供者,有力地保障了政府产业政策的实施。除此之外,行政机构还可以利用各种手段惩罚或报复那些

① 都留重人:《日本的资本主义——以战败为契机的战后经济发展》,复旦大学日本研究中心译,上海:复旦大学出版社,1995 年,第 117 页。
② 查默斯·约翰逊:《通产省与日本奇迹》,戴汉笠等译,北京:中共中央党校出版社,1992 年,第 272 页。
③ 白川一郎『規制緩和の経済学』、ダイヤモンド社、1996 年、5 頁。

不听从行政指导者。例如，1965 年住友金属公司拒绝听从通产省有关减少产量以维持钢铁价格的劝告，尽管住友金属公司的出口状况良好，但还是收到通产省将援用《输入贸易管理令》限制其进口焦炭数量的警告，结果住友金属公司不得不表示服从通产省的行政指导。[①]

值得强调的是，除上述制度性保障外，文化因素在日本经济体制中也起至关重要的作用。日本文化具有较为突出的"权威主义""集团主义"色彩，"官尊民卑"的传统观念很强，这种观念与日本行政机构的精英官僚有关。日本国家公务员考试十分严格，一级国家公务员考试合格并被录用者为"有资格官僚"，即可升任课长以上职务的官僚；其他种类考试合格并被录用者为"非有资格官僚"，一般最高只能升任为课长。"有资格官僚"作为干部的候补者进入省厅后经常在各局流动，甚至到省厅所属外围机构、其他省厅、地方行政机构、日本国外机构任职，以培养其任高级职务的综合管理能力。他们精通法律知识，善于学习，具有较强的使命感、责任感和立法意识，高速增长时期制定的政策大多比较符合当时社会、经济发展的方向，自然受到企业的欢迎。

行政指导具有很强的隐蔽性，不仅仅表现为缺乏明显的法律依据，1993 年以前甚至有 90% 的行政指导来自口头。正是这种"行政指导"将整个日本组成一个严密而有效的整体，在"经济发展至上"的目标之下，每隔一段时间由政府发表一个短期经济发展计划，然后行政部门决定优先发展的产业，给予其诸多优惠政策，同时限制企业数目，监督产品质量及数量，甚至规定产品价格，保持行业内有效竞争，推动这些产业得到迅速发展；促使"夕阳产业"相互之间合并、减产或转产，推动中小企业组成行业团体，内部相互协调；鼓励制造业与供应商、销售商建立合作关系，强调终身雇佣，鼓励劳资之间合作；等等。

值得注意的是，这种"被组织的市场""被组织的社会"模式对日本的赶超型现代化进程发挥了巨大作用，但在日本成为第二大经济体后，应该尊重市场的功能，及时地加以改革，否则会对经济持续发展造成较大的

---

① 查默斯·约翰逊：《通产省与日本奇迹》，戴汉笠等译，第 277 页。

负面影响，正如泡沫经济的出现及其崩溃所体现的那样。具体说来，20世纪60年代末日本成为世界第二大经济体后，政府主导型经济社会发展模式的积极效用逐渐丧失，其消极因素不断显露出来。一方面，行政机构容易固守现行规划和行为规范，难以因社会变化而提出新方针，经济体制改革的动力必须来自行政机构之外。另一方面，捉襟见肘的政府财政使省厅间的争斗成为家常便饭，各省厅为维护并扩大自己的权限和利益，需要从官僚体制之外寻求支持力量，于是开始主导决策过程的执政党为巩固自己的选举基础与行政官僚相结合，反而加强了政府主导经济社会发展模式。尽管在开放市场、税制改革等方面能够实现某些政策目标，但在行政改革、地方分权、缓和规制等涉及行政机构权限的问题上，由于双方的共同反对而难以进行必要的改革。结果是，本应受到削弱的行政机构经济权限反而在20世纪80年代后半期得到强化，适应执政党国会议员要求的"利益诱导体制"也获得充分的体现，不仅政府的财政赤字迅速增长，而且破坏了支撑经济进一步发展的战略产业。

从普遍性上看，作为后发现代化国家，必须通过中央集权制的政府大力推动包括工业化在内的各项事业，实施一种赶超型的现代化；从特殊性上看，日本文化带有浓厚的集团主义色彩，是一种被组织的社会结构，因而以有泽广巳为代表的经济学者推崇统制经济体制并在现实中加以实施，也取得了良好的预期效果。当然，任何经济政策或体制均有其相对性，必须随着历史的发展而加以变革，以顺应新的世界潮流。

（原载《日本文论》第1辑，社会科学文献出版社，2019，收录于本书时有修改）

日本近代国民意识的形成

日本学者西川长夫认为在近代国民国家的形成过程中有"被国民化"的现象，即强制性地将区域内成员纳入国家体系中，而且后发型近代化国家更是如此。因此，作为国家意识形态的核心，在缺乏西欧式宗教的日本，以天皇制代替了宗教，这种"传统"的再创造克服了模仿性国民国家最大的难点。[①] 本文主要从制度史的角度探讨近代日本的国家认同问题，即天皇及天皇制在近代日本政治结构中的地位及其对近代日本国民意识形成的影响。

一 关于天皇的制度设计

"黑船来航"对日本的冲击可想而知，培理离开日本十天后，第十二代将军德川家庆去世。五个月后德川家定继任第十三代将军，但其身体病弱，难以承担国务。幕府常务最高长官首席老中阿部正弘将美国总统的国书翻译成日文，广泛征求天皇、大名、旗本甚至普通民众的意见。本来不能参加幕政的亲藩大名及外样大名很是活跃，但他们没有什么好的主意，且趁机与幕府唱反调。民众的建议更是五花八门，其中各种见解相互对立，根本形不成统一的对策。但该举动打破了德川幕府建立以来谱代大名垄断幕政的惯例，实际上大大降低了幕府的权威，同时这种在"合议制"基础上决定国策的"公议舆论"成为其后甚至明治政权成立后政府制定政

---

① 西川長夫「序 日本型国民国家の形成—比較史的観点から」、西川長夫・松宮秀治編『幕末・明治期の国民国家形成と文化変容』、新曜社、1995 年、3–42 頁。

策的惯例。

尽管从理论上讲，天皇持续存在了 2600 多年，但在明治维新之前，知道天皇的日本人比例并不是很大。江户时代的官学是推崇"知先于行"的朱子学，但强调"知行合一"甚至"行先于知"的阳明学更受工商业人士的欢迎，同时还存在强调日本特殊性的国学。作为国学的奠基人，本居宣长从美学的角度赞扬日本历史与文化的独特性和优越性，自然也含有排斥儒学、佛教等外来思想的内容，同时，他认为作为日本人的神圣性也突出了天皇的角色。但平田笃胤不仅消除了国学中的美学思想，更将天皇神圣化为神道宗教，进一步强化了批判体制的政治性。

另外，在德川幕府开创不久，水户藩的第二代藩主德川光国召集优秀学者编纂巨著《大日本史》，该项工程持续到近代。开始时带有实证性较强的学术性，但后来逐渐探讨国家的应有状态，在幕末时期成为舆论的主导者。因为在 1825 年，作为《大日本史》编者之一的会泽正志斋撰写了提供给藩主的建议书《新论》，将"尊王攘夷思想"理论体系化，主张在国际关系急速变化的状态下，应当通过开国达到国家富强，并提出超越身份制提拔人才，进而建立以天皇为中心的国家体制。这一思想不仅成为德川齐昭积极参加幕政的动机，也影响到幕末时期各藩主张改革的集团。尽管德川齐昭的初衷是利用天皇强化幕府的支配能力，但"尊皇思想"却成为反对幕府的政治意识形态，即在外来压力的冲击下，与"攘夷论"结合在一起，成为"尊王攘夷思想"。

正因如此，尽管打着"王政复古"的旗号推翻了德川幕府，但"万事决于公论"不仅成为明治领导人接受宪政体制的一个思想基础，也是将权威性天皇作为国家凝聚点而组建国民国家的前提。1868 年 3 月，新政府颁布了施政纲领——《五条誓文》，其内容包括"广兴会议、万事决于公论"等。1869 年 1 月，岩仓具视在政治改革的建议书中，提出设立审议政策的"议事院"，政策立案后再由天皇加以裁决，形成法律，由此建立稳定的国家体制。① 其后明治新政府颁布《政体书》，采取立法、行政、司法等三权

---

① 『岩倉公実記』中、原書房、1968 年、685 頁。

分立的形式。1869 年 1 月，设立相当于立法机构的公议所，由各藩派遣的公议人组成，"以制定法律为第一要务"。但因主张不同，讨论难以进行，第二年 6 月公议所停止活动，接着在 7 月成立相当于政府咨询机构的集议院，但也因"废藩置县"而在 1971 年 7 月终止活动。其咨询功能由新成立的左院继承，并增加了审议法案的权限，其成员由相当于行政机构的正院任命。

因"征韩论"引起政府内部的矛盾，岩仓使节团的木户孝允、大久保利通提前回国，分别提出建立立宪制度的建议。在 1873 年 10 月公开的建议书中，木户指出"当务之急是在《五条誓文》中增加制定政规（宪法）的条款"。① 在木户看来，日本仍处在文明不发达的阶段，需要依靠天皇和官僚实施宪政，将国民引进文明社会。尽管这样的宪法是"独裁"性的宪法，但天下并非天皇独自之物，因而该宪法是尊重民意、强化国民凝聚力的宪法。因此，木户提倡的"独裁"宪法要实现的仍然是君民共治的君主立宪制，"虽说今日是独裁宪法，但他日由人民协议而成，为同治宪法之基础，必然成为人民幸福之根基"。②

尽管大久保利通也意识到当务之急是"定律国法（宪法）"，但他明确提出君民共治。"定律国法即君民共治之制。上定君权，下限民权，至公至正，君民不得其私"；"不可轻易模仿欧洲各国君民共治之制。我国自有皇统一系之法典，亦有人民开明之程度，须斟酌其得失利弊，制定法宪典章"。③ 由此可见，无论是木户，还是大久保，都意识到在民智未开的状况下，应建立以天皇为核心的宪政制度，最终目标仍然是君民共治。

政府中也有较为激进的观点，例如大隈重信建议在 1883 年召开议会，他认为"立宪政治为政党政治"，主张建立英国式的议会内阁制。与此同时，北海道开拓使将国有资产廉价处理给与政府有关的民间企业的丑闻被曝光，政府借机解除了大隈派官员的职务。因此，尽管声势浩大的自由民权运动迫使政府在 1881 年宣布十年后制定宪法、召开国会，但制宪的主导

---

① 『木戸孝允文書』第 8 卷、東京大学出版会、2014 年、123 頁。
② 『木戸孝允文書』第 8 卷、東京大学出版会、2014 年、128 頁。
③ 日本史籍協会編『大久保利通文書』第 5 卷、日本史籍協会、1928 年、186 頁。

权掌握在行政官僚手中，而且宪法的内容以君权为核心。

为对抗大隈的主张，岩仓具视也提出自己的建议书，其构想是以普鲁士君主主义为范本制定宪法，具体起草者为井上毅。同时起草的还有《皇室典范》，这是一部与宪法同等重要的根本大法，因而明治时期的国家法体系也被称为"典宪体制"。另外，伊藤博文考察欧洲宪法之行的最大收获是"宪法的相对化"，即宪法大体上规定议会的组织形式、国民的权利与义务的界定、君主的权力等，最重要的是议会开设时能够保障其运转的行政机构。[①] 正因如此，伊藤从欧洲归来后首先引进内阁制度发挥行政机构的核心职能、组建东京帝国大学培养行政官僚、建立华族制度巩固天皇制基础等。

在天皇的政治权力问题上，伊藤也持有相同的观念。明治政府成立后，天皇亲政，参加相关会议并做出决定，因而宫中集团主张的"专制君主"与政府主张的"立宪君主"产生对立。1884 年因任命信奉基督教的森有礼为宫中事务官引起天皇的不满，天皇长达两个月称病拒绝会见内阁成员。经过伊藤的不断陈述与说明，明治天皇接受君主立宪制，双方在1886 年达成"机务六条"，其内容包括在内阁总理大臣的邀请下天皇出席内阁会议、有关国政事务天皇可咨询主管大臣及其次官、无论喜欢与否天皇均不得缺席各种仪式、天皇尽量履行其职能以便国务顺利进行等。[②] 即使在明治宪法实施之后，明治天皇仍然坚持"机务六条"的原则，但这种政治生态缺乏调解者和调解机制，容易使特定政治势力过于强大而无法加以限制。

二　精英阶层的国民意识

美国历史社会学家查尔斯·蒂利在考察欧洲国家的起源时明确指出，国家在集中社会资源的同时，不可避免地与社会发生结构性冲突。与国家

---

① 瀧井一博「立憲革命としての明治維新」、山内昌之・細谷雄一編著『日本近現代史講義―成功と失敗の歴史に学ぶ』、中央公論新社、2019 年、43-44 頁。
② 宮内庁編『明治天皇紀』第 6 巻、吉川弘文館、1971 年、631-632 頁。

的中央集权化相对应，内部社会各个阶层也通过抗议性的集体行动、与统治者的讨价还价，重新缔结社会契约，由此催生了普选权等现代公民权利。也就是"随着统治者直接和他们的国民们商议庞大的税收、军事服务和在国家计划中的合作，大多数国家采取了两个有着深远重要性的进一步的步骤：一个朝向减少地方或者地区支持者的统治、把民族国家的代表深入到每个社区的更直接的统治的运动，以及以选举、全民公决（Plebiscite）和立法形式的受欢迎的征求意见方式的扩大"。① 需要强调说明的是，在日本这种落后型近代化国家，抗争运动是由精英阶层进行的，至少是在社会精英阶层的领导下展开的。正如日本学者牧原宪夫所指出的那样，自由民权运动对于民众并没有影响，甚至连国民国家都是民权运动强行塞给民众的。②

精英阶层可分为两个部分，一部分是权力精英阶层，即掌握国家各种权力机关的政府官员，另外一部分是非权力精英，即在野的各个社会领域的上层人士。如上所述，权力精英主张渐进式立宪主义，在逐渐开放民权的基础上形成国民国家。与其对应，非权力精英要求制定宪法、开设国会，带有分享政治权力的目的，即通过立法机关（议会）影响政府决策，以扩大或保护自己的利益。如果使用绝对数字表示这一部分精英数量的话，可以用第一次帝国议会选举时的纳税人资格衡量，即缴纳直接国税15日元以上者拥有选举权和被选举权，当时这一人数有45万，约占全部人口的1.1%。他们之所以争取参政权，是因为意识到作为国民的义务和权利，即纳税和选举权的关系。

幕末和明治初年，特别是在明治新政府大力提倡"文明开化"以后，西方的各种制度及思想文化大量传入日本，以福泽谕吉为代表的众多启蒙思想家不仅组织了著名学者团体"明六社"，而且翻译出版了许多西方的图书，介绍英国的功利主义、法国的天赋人权等自由民主思想以及西方国家的政治制度、经济组织、法律知识，并亲自著书立说，加以阐述。例如

---

① 查尔斯·蒂利：《强制、资本和欧洲国家（公元990—1992年）》，魏洪钟译，上海：上海人民出版社，2007年，第69页。

② 牧原宪夫『客分と国民のあいだ　近代民衆の政治意識』、吉川弘文館、1988年。转引自真边将之、周晓霞：《日本近代史研究的动向与若干问题》，李卓主编《南开日本研究》，天津人民出版社，2016年，第185—197页。

福泽谕吉就撰写出版了《劝学篇》《文明论概略》等名著，其提出的"天不造人上人，也不造人下人"平等观，以及"知识进步是文明发展动力"的观点对社会特别是精英阶层产生了巨大影响。

从英国革命开始一直到美国独立战争、法国大革命，其动因主要来源于"无承诺、不纳税"或"无代表、不纳税"的公正、公平观念，明治政府成立后不久出现的自由民权运动的思想背景不仅包括幕末时期出现的"公议制"，也包括纳税与选举权的关系之观念。1873 年地税改革以后，土地所有者直接向国家纳税，因而在自由民权运动者的眼中，赋予了土地所有者参政权。例如"国会期成同盟"提出的《开设国会请愿书》明确写道："随着颁布地税改革令、发行地券，必须给予国民参政的权利。"正如家永三郎指出的那样："自由民权运动出自这样的动机，即地税负担者主动要求开设国会，让自己选出的代表参加能够决定从自己这里征收的赋税及其用途。"①

实际上，作为自由民权运动的开端，早在 1874 年 1 月 17 日，板垣退助等八人在向左院提出的《设立民选议员建议书》中批判萨长藩阀的"有司专制"，同时指出国家稳定"唯有强化天下公议"，其理由是"人民是向政府缴纳租税者，因而具有知晓政府事务的权利，此乃天下通论，无需我等赘言"，② 阐明纳税者具有参与政治的权利。该建议书在《日新真事志》刊登后广为人知，引起广泛讨论并将自由民权运动推向全日本。1877 年 6 月 12 日，立志社在提出的《立志社建议书》中，再次强调"既然对人民课以重税，那么，专制之政治就不适合被专制统治的人民，需要实施宪政体制"。③

尽管从表面上看，明治政府是在自由民权运动的压力下承诺十年后制定宪法、开设民选国会的，但从实际的操作来看，明治政府争取到在较为宽裕的时间内从政府立场制定宪法的环境，在一定范围内给予选举权的基

① 家永三郎『歴史の中の憲法』上巻、東京大学出版会、1977 年、33 頁。
② 「民選議院設立建白」、歴史学研究会編『日本史料・4・近代』、岩波書店、1997 年、128 頁。
③ 「立志社の国会開設建白書」、歴史学研究会編『日本史料・4・近代』、岩波書店、1997 年、133 頁。

础上将非权力精英阶层纳入体制之内，从而强化了体制的基础。

但在明治宪法的制定者看来，日本臣民的纳税义务既不是古罗马时代的"征服与被征服关系"，也不是中世纪英国式的"承诺与被承诺的关系"，而是来自日本本身万世一系的"君民一体"。针对《大日本帝国宪法》第2章第21条明确规定的"日本臣民依法律规定有纳税之义务"，伊藤博文解释为"培育中兴之果实且永久保存之"。① 同时，为避免出现议会利用征税权对政府施加压力的局面，特意在宪法中规定"现行租税，未经法律重新改定者，仍依旧征收"（第63条）、"在帝国议会未议定预算或未能通过预算时，政府应施行前一年度之预算"（第71条）。由此可以看出，即使在征税及预算问题上，明治宪法仍然贯穿了从统治者立场出发的"无偿性""强制性"式的德意志帝国宪法风格。②

尽管如此，帝国议会的开幕为非权力精英阶层提供了参与政策决定的舞台。从1890年第一届议会开幕，一直到1894年甲午战争爆发之前，前后开过六次议会，代表纳税阶层的"民党"反对专权政治，要求休养民力，减轻税收，节约经费，大幅削减政府提出的预算方案，与政府形成激烈的对立，甚至迫使内阁总辞职或解散议会。也正因如此，甲午战争爆发后，所有"民党"议员立刻转向，不仅在议会里完全赞成政府的战争预算，而且在社会上积极支持对外战争，从而体现了近代国民国家的本质。正如"国民国家论"所明确指出的那样，国民国家既有国民主权也有国家主权，民权和国权是对立的统一，自然会出现"对内立宪主义，对外帝国主义"的现象。即对内争取民权，对外争取国权，两者相辅相成。国家给予国民应有的政治地位和权利，国民就有义务去维护国家的利益或权力。

三　非精英阶层的国民意识

西川长夫在历史学研究会1994年编纂出版的《论国民国家》中撰写

① 伊藤博文『憲法義解』、宮沢俊義校注、岩波書店、1940年、46頁。
② 片上孝洋「大日本帝国憲法と租税—課税承認権の封じ込め」、『社会研論集』第15号、2010年3月、91-106頁。

了《十八世纪·法国》一文，其中提出了作为国民国家的一个特征，即"在国民国家中，为国家整合需要各种机构（包括从议会、政府、军队、警察等统治抑制机构到家族、学校、新闻主义、宗教等意识形态机构），同时为整合国民需要强有力的意识形态"。①

无论是权力精英，还是非权力精英，因为他们具有较高的知识水平和判断力，在幕末和明治初年的西方文明冲击下，很快形成了有关"国家"及"国民"的意识，正如前面论述的有关国家设计及政治参与那样。但如何使明治时代的普通日本人具备"国家"及"国民"的意识是一个较为艰难的课题，因为当时的发展水平与民众的知识储备尚未具备"国民"与"国家"的观念。为此，明治政府一方面将天皇塑造为国家的象征（某种意义上的"造神运动"），另一方面利用国家暴力机器等强制性手段（强制性的义务教育和征兵）将普通民众纳入国家体系，并通过天皇直接与特定民众对话（主要是《教育敕语》与《军人敕谕》）的权威性向其灌输"忠君爱国"的观念。

明治政府塑造"天皇为国家象征"的主要手段，除政府各种告示、通知等充满了皇祖"开国神话"及"王土王民"的话语外，最重要的是天皇对地方的"巡幸"。1872—1885 年，明治天皇进行了"六大巡幸"，每次通常为一个半月到二个月，走遍了日本的各个地方。其最大的意图是从历史的、民族的立场出发，向民众显示天皇取代将军成为天下最高统治者的正统性、合法性。同时将民众的神道信仰与天皇崇拜结合起来，而且还可以提高巡幸所至的地方行政机构及名门望族的统治权威，随行的军队演习又将军队与天皇直接联系在一起，对天皇作为国家的象征起到较大的作用。当时采访巡幸的英国记者写道：天皇坐过的地方被神圣化，在大多数日本人看来，天皇是超越最优秀之人的现人神。②

与此同时，明治政府对那些在自由民权运动中出现的对天皇不敬的言

---

① 西川長夫「十八世紀·フランス」、歴史学研究会編『国民国家を問う』、青木書店、1994 年、25-26 頁。

② 高橋小百合「近代における〈天皇神話〉—その変化と〈皇軍〉のかかわり」、『女子大國文』第 142 号、2008 年 1 月、71-100 頁。

行给予严厉的控制与取缔。例如，曾担任"侍讲"的启蒙思想家加藤弘之在 1873 年出版《国体新书》，宣扬立宪政体、天赋人权等思想，甚至提出"君主是人，人民也是人，虽贵为君主，也不过是国家第一等高官而已"的观点。结果他被海江田信义等保守派批判为"不共戴天的逆贼"。加藤主动将包括《国体新书》在内的三本启蒙思想书绝版，而且立场也转向社会达尔文主义。1880 年《东京曙新闻》发表《立宪政体为最佳政体》的文章，提出"帝王也是保护人民的臣仆"，"神武天皇不过是日向地方的豪族"，结果政府根据《新闻纸条例》，将其视为"诽谤罪"，判决报社土编两年徒刑、罚款 100 日元。①

需要强调的是，包括岩仓具视、伊藤博文在内，明治政府最高官员只是借助天皇的权威强化政权基础，并不赋予天皇任何决策的权力，正如"机务六条"所体现的那样。也正因如此，天皇无须承担任何政治责任，可以在国民面前保持较高的神秘性和权威性，其影响力反而得以增强。

例如，在义务教育方面，明治政府在 1872 年颁布《学制》，预期实现"邑无不学之户，家无不学之人"的目标。由于该制度难以实现，1879 年政府颁布《教育令》，允许地方政府根据自己的实际情况实施义务教育。但因自由民权运动的高涨，第二年修改《教育令》，学科中以"修身"课为第一，强化地方长官的教育行政权限，转向国家主义教育。1886 年颁布《小学校令》，明确"义务教育制"，规定父母、监护人具有让学龄儿童接受教育的义务。

1889 年颁布宪法、召开国会后，政府意识到应加强"忠君爱国"的道德教育，于是由天皇颁布《教育敕语》。其中要求"尔臣民应孝父母、友兄弟，夫妇相和、朋友相信，恭俭持己、博爱及众，修学习业以启发智能，成就德器"，其目的是"一旦有缓急，则应义勇奉公，以辅佐天壤无穷之皇运"。

除《教育敕语》抄写本外，称为"御真影"的天皇、皇后照片也下发到各个学校。1891 年 6 月，文部省颁布训令，要求学校在节日或其他集会活动时必须符合下述程序，向"御真影"敬最大礼并高呼两陛下万岁、奉

① 『公文録』、明治 13 年 8 月局部、内閣書記官局、国立国会図書館蔵。

读《教育敕语》、校长训示、齐唱歌曲，明确要求各校以最大的尊重安置"御真影"和《教育敕语》抄写本，否则将处以严厉的惩罚。如此义务教育下来，日本民众不仅被灌输了为天皇献身的观念，也具备了"国家"与"国民"的意识。

再如服兵役方面，明治维新后，士农工商四民平等，征兵制应运而生。1872 年以天皇名义颁布《征兵告谕》，1873 年颁布《征兵令》，规定年满 20 岁的男子进行体检，身体合格者抽签服兵役三年，复员后仍有四年预备役。由于户主、官立学校学生等可以免除服兵役，结果有 80% 以上的适龄者得以逃避。1889 年大幅度修改《征兵令》，户主也不能免服兵役，适龄人员均服兵役。与此同时，明治政府在军队中灌输"忠君爱国"思想。1878 年，陆军卿山县有朋发表《军人训诫》，强调军人精神的"三德"是忠实、勇敢、服从。

1882 年，天皇颁布《军人敕谕》，以第一人称"朕"与第二人称"汝等（军人）"展开对话，将作为日本国象征的天皇制与作为"臣民"的军人结合为一体，形象地体现了"国家"与"国民"的关系。通过对"皇祖""皇考"的阐述，不仅否定了七百年的武家政治，证实"朕即汝等军人的大元帅"的正确性，而且具有作为国家象征的主体性。然而，"朕之能否保卫国家，上应天心，以报祖宗之殊恩，全视汝等军人之能否克尽其职"。也就是说，"汝等"只有与"朕"结成"一心""保护""国家"，"我国之苍生"才能享受"太平之福"。以天皇的名义下赐敕谕本身就带有很强的意识形态色彩，而且要求士兵全部背诵，因而在日复一日的朗诵过程中，国家认同意识逐渐形成。

值得注意的是，明治政府在构建近代军队和灌输"忠君爱国"意识的同时，不断采取对外扩张式的政策，煽动民众的"国民"及"国家"意识。正如西川长夫指出的那样，国民国家的一个特征为"国民国家位于世界性的国民国家体系（国家之间体系）中，并非单独存在"。[1] 也就是说，

---

[1] 西川長夫「フランス型国民国家の特色」、歴史学研究会編『国民国家を問う』、青木書店、1994 年、25-26 頁。

近代国民国家是在不断与"他者"接触、摩擦、冲突甚至战争中形成的。1874 年明治政府借口琉球漂流民被台湾住民所杀而出兵台湾，趁机将琉球划入日本的版图，并在 1879 年将其改为冲绳县，典型地反映了近代国家是产生空间的主体，而主权则是领域相关空间及其与地区的关系。①

在 1894 年爆发的中日甲午战争中，明治天皇颁布"宣战诏书"，并亲自坐镇设在广岛的战时大本营。日本动员 24 万人的军队投入战争，大获全胜，再次证实了全民皆兵式的近代军队实力之强。更为重要的是，"同仇敌忾"的社会舆论、不断获胜的消息、士兵的出征式及凯旋式无不极大地煽动了日本普通民众的"国家"及"国民"意识，使其自发地认识到自己是"日本"这个国家的"国民"，是天皇陛下忠实的"臣民"。②

即使如此，正如明治宪法不称"国民"而称"臣民"那样，明治政府将天皇塑造为国家的象征，同时对军人和学生灌输"忠君爱国"意识，如此创造出的"国民"不是国家的对峙者，而是国家的奉献者。尽管在明治时代这一社会形态发挥了积极作用，日本迅速发展为世界强国，但如果国家出现方向性决策失误，国民也很容易盲目地随从，疯狂地为天皇献身，最终结局只能是国破家亡，正如后来的历史发展所体现的那样。

（原载《中央社会主义学院学报》2020 年第 2 期，收录于本书时有修改）

---

① 元濱涼一郎「日本における近代国民国家の形成と地域の拡大―琉球の統合についての覚書」、『総合研究所所報』第 13 号、2005 年、75‒81 頁。
② 加藤聖文『国民国家と戦争―挫折の日本近代史』、角川選書、2017 年、86 頁。

日本的利益集团

日本的利益集团是指那些为追求共同利益而采取一致行动的个人集合体，其行动绝大多数是通过各种方式影响政府决策过程以保全或扩大自己的利益，因而也被称作压力集团。在战后日本，利益集团逐渐成为影响决策过程的政治主体，尽管它并非正式的决策成员，但由利益集团、有关省厅及国会议员构成的"次级政府"却支配了个别政策领域的政策制定及其实施过程。因此，分析日本利益集团及其在决策过程中的作用，不仅有助于我们了解日本政治系统中的"黑匣子"，也可以明了其所谓的官民协调型政治，因为这种协调是在各种正式的或非正式的集团间进行的。

一 利益集团的类型

从利益特征上讲，影响力较大的日本利益集团主要有以下几类。

（1）工商业界利益集团。毋庸置疑，工商业界利益集团对决策过程的影响力最大，这不仅因为工商业界利益集团拥有雄厚的政治资金，更重要的是工商业在工业化国家中的地位，也就是其国民经济主要负担者的地位使政府的决策过程容易置于工商业界的特别影响之下，致使一些经济精英拥有协商和实际参与政策制定的特殊权力。日本工商业界利益集团大致可分成三个层次。三个层次的政治影响力以及施加政治影响力的渠道有所不同。

作为工商业界最高层次组织的财界四团体（即经团联、日经联、日商和同友会）表面上代表了整个工商业界的利益，某些现象也反映了财界拥有这种整合能力，例如经团联通常代表整个日本工商业界对内对外进行交涉，而且工商业界公开的政治捐款是通过经团联组织的"国民政治协会"进行的。但实际上，财界四团体更多的是代表大企业的利益。在所有的利益集团中，财界政治影响力是最大的，而且其对决策过程施加影响的渠道主要是通过自民党及政府的首脑。[1]

工商业界中间层次的组织是业界团体，诸如日本钢铁联盟、石油联盟、日本矿业协会、日本纺织协会、日本造船工业会、日本汽车工业会、日本化学工业会等同行业组织。这些团体在相关经济政策上具有较强的发言权。它们对决策过程施加影响的渠道主要是自民党政调会相关部会、国会中相关常任委员会及相关政府省厅。

工商业界的基层组织是中小企业团体，这些为数众多的团体大多是在政府的法令下由上而下组建的。例如，1957 年根据《中小企业团体法》建立的中小企业团体中央会、1957 年根据《环境卫生法》建立的环境卫生同行组合联合会、1962 年根据《商店街振兴组合法》建立的商店街组合联合会等。这种自上而下的组织方式一方面决定了中小企业团体与行政机构具有密切的联系，另一方面也使中小企业团体带有明显的政策受益性团体的色彩。

如同日美纺织品纠纷[2]、钢铁价格争议[3]、批发零售商对立[4]等事件所表明的那样，在财界、业界和中小企业界之间存在矛盾，但其矛盾并非对抗性的，多是由财界团体与业界团体所关心的事务范围不同引起的。财界主要从整个工商业界的立场提出利益要求，如缓和世界经济摩擦以及国际产业的协调、地域开发与税制改革、经济结构调整与企业生产环境的稳定、行财政改革与农业政策、进出口与能源问题、金融市场自由化与新技术开发等。而业界团体关心的大多是具体的生产领域及相关的金融政策等。

从理论上讲，尽管日本的大企业与中小企业之间存在结构上的对立，

① 详见王新生《日本的压力集团——财界》，《日本问题资料》1989 年第 8 期。
② 〔日〕大岳秀夫：《现代日本的政治权力和经济权力》，三一书房 1979 年版，第 69—198 页。
③ 〔日〕大岳秀夫：《日本政治的争论点》，三一书房 1984 年版，第 213 页。
④ 〔日〕村松岐夫：《战后日本压力集团》，东洋经济新报社 1986 年版，第 149—150 页。

但随着《延迟支付承包金防止法》（1956 年）、《中小企业事业机会确保法》（1977 年）等保护性竞争法规的制定，[①] 其对立已逐渐得到缓和。

（2）劳工利益集团。日本的工会组织有很多，20 世纪 80 年代以前，全国性的团体主要有 4 个，即日本劳动组合总评议会（以下简称"总评"）、全日本劳动总同盟（以下简称"同盟"）、中立劳动组合联络会议（以下简称"中立劳联"）和全国产业别劳动组合联合（以下简称"新产别"）。另外，还有日本教职员劳动组合、全日本自治团体劳动组合、全农林劳动组合以及各种各样的行业工会团体、以企业为单位的工会团体。

尽管日本的工会组织比较多，成员规模也比较大，但工会的政治影响力并不强。这是因为日本作为一个后发展的资本主义工业强国，其第三产业的发展速度始终比第二产业快，加上 70 年代高技术化、信息化工业的迅速发展，进一步加剧了这一状况，遂造成工会组织率呈现逐年下降的趋势。1949 年参加工会的工人有 666 万名，组织率为 55.8%，[②] 到 1987 年参加工会的工人虽然上升到 1227 万人，但组织率却下降到 28%，其中"总评"为 408 万人，"同盟"为 210 万人、"中立劳联"为 165 万人，"新产别"为 7 万人。[③]

另外，由于几大工会组织基本观点不同，如"总评"强调政治斗争而"同盟"主张在劳资协调体制下提高工人生活水平，使"总评"与"同盟"等这些全国性最大的工会组织处于对立状态。加上它们自己的整合能力也较差，致使不仅过半数的民间企业工会不属于任何中央组织，就连"总评"及"同盟"属下的基层工会组织也多各行其是，这样就限制了工会组织的政治影响力。虽然现在各主要工会组织逐渐联合起来（1989 年12 月成立的日本劳动组合总联合会成员占有组织工人的 63%），但克服实际分裂状态、达到真正的统一尚需时日。

尽管存在上述弱点，工会组织也没有被排除在决策过程之外，它们通过在野党（社会党、民社党等）甚至执政党和行政机构（主要是劳动省）

---

① 〔日〕迁中丰：《利益集团》，东京大学出版会 1988 年版，第 75 页。
② 〔日〕菊井礼次等：《日本政治》，法律文化社 1992 年版，第 148 页。
③ 〔日〕《社会新报》1989 年 11 月 18 日第 6 版。

等渠道施加政治影响，以保护自己的利益。例如，从 1984 年 10 月到 1985 年 9 月，全民劳协（全日本民间劳动组合协议会，1982 年成立，会员 500 万人）提出的利益要求涉及经济政策、产业政策、物价对策、税制改革、就业政策、退休金制度、医疗制度、土地及住宅政策等 13 个领域，并就这些问题与政府各省厅进行了 29 次会谈，与执政党和在野党进行了 50 次会谈。①

（3）农业利益集团。尽管在农业领域也存在各种各样的团体，如全国农民总同盟、中央酪农会议、中央畜产会、日本园艺农协联合会、全国农业会议所等，但与工会中央组织林立的状况相反，日本农业协同组合中央会具有较强的整合能力。它不仅能将 99% 以上的农户组织到农协中来，还对其他农业组织负有指导监督、提供信息、调解纠纷以及向政府提出建议的责任。因此，在国会议员选举中，数百万比较协调一致的选票使农协具有强大的政治影响力。

上述状况在国会中得到充分体现。支持农协的国会议员为数众多，仅自民党所属议员就超过了 370 名（1987 年）。国会中有许多农林议员集团，如振兴农林议员协议会（成员 354 名，1987 年）、日本农政刷新同志会（成员 208 名，1987 年），以及新农政研究会、农业再建研究会、保障农民健康协会、振兴畜产议员联盟、振兴蔬菜议员恳谈会等。像这些议员组成的"农林族"，在国会中势力很大，甚至被称作无敌的"农林族"。这种状况决定了农协对决策过程施加影响的主要渠道是通过国会议员特别是执政党的国会议员。

日本农业在很大程度上是依靠政府的巨额财政补贴维持的，因此，作为"衰退"产业部门的组织，农协的政治影响力在逐年下降。这种现象固然与农业利益的多样化有关（如兼业农户的迅速增加），更重要的是来自其他社会集团的对立。早在 20 世纪 60 年代初，财界就对政府的保护性农业政策持批评态度，1979 年"同盟"工会也公开反对农补政策，再加上消费者团体以及外国（特别是美国）的压力，使农协在决策过程中的活动从

---

① 〔日〕中野实编《日本型决策的变化》，东洋经济新报社 1986 年版，第 291 页。

进攻型被迫转向防守型，即从获取利益型转向保护利益型。①

（4）公众性利益集团。公众性利益集团是指那些为维护社会利益而兴起的团体。其特点是成员没有职业或行业的限制，所关心的问题对整个社会具有普遍影响，如社会福利、消费者利益、生态环境、能源政策及税收政策、妇女及老人社会地位等。这类集团在日本数不胜数，主要有全国社会福利协议会、国民健康保险中央会、日本残疾人团体联合会、日本消费者联盟、新日本妇女会、拥护宪法国民联合、禁止核武器日本国民会议等。

日本公众性利益集团，大多数是在政府政策的推动下形成的，如社会福利协议会、全国老人俱乐部联合会等。因此，这类集团的政治影响力不是很大，其社会地位也常随着经济发展状况上下波动。其他一些因公害、住宅、物价等社会问题自发形成的公众性利益集团，如公害对策全国联络会、禁止核武器日本国民会议、日本生活协同组合联合会等，虽然规模很大，但因缺乏政治资金和人力，聚集选票与提供政治资金的能力都很弱。例如，拥有 2181 万会员（1986 年）的消费者团体联络会，其活动经费每年只有 500 万日元，专职工作人员仅有 3 名，所以很难协调会员参与选举的行动。公众性利益集团影响决策过程的方式大多是动员群众和制造社会舆论等。

除上述工商业界、劳工、农业、公众性利益集团外，在日本还有以医师会为代表的专家利益集团、② 以地方六团体为代表的行政关系利益集团、以私立大学联盟为代表的教育利益集团等，由于篇幅关系，在这里就不一一介绍了。

二 利益集团的运动形态

运动形态是指利益集团影响决策过程的方式。简单说来，主要有提供

---

① 详见王新生《日本的压力集团——农协》，《日本问题资料》1989 年第 6 期。

② 详见王新生《日本的压力集团——医师会》，《日本问题资料》1989 年第 5 期。

政治资金、聚集选票、个人联系、直接参与、大众宣传与大众动员（集会游行、静坐示威）等方式。

几乎所有的日本利益集团都采取提供政治资金影响决策过程的方式，即向政党或国会议员提供政治资金，以使这些决策者在制定政策时能够照顾到自己的利益。如 1989 年 8 月《文艺春秋》周刊报道的"弹子房"业政治捐款事便是如此，在此前的 5 年间，"弹子房"业团体——全国娱乐业组合联合会至少向 83 名国会议员提供了 1.5 亿日元的政治资金，结果成功地删除了在《风俗业法修正案》中附有允许警察进入"弹子房"检查的条款。

从另一方面讲，日本的政党带有浓厚的议会党团色彩，其基层组织薄弱，例如 1975 年时，自民党号称有党员 115 万，但缴纳党费的正式党员不过 11 万。因此，这些政党尤其是保守政党的收入主要来自个人、企业、团体的捐款。1985 年，自民党总收入为 1897 亿日元，其中 69.5% 来自捐款，党费收入仅占 19.2%；新自由俱乐部总收入为 44583 万日元，其中 54.1% 来自捐款，4.7% 来自党费；民社党总收入为 182964 万日元，其中 39.7% 来自捐款，15.4% 来自党费。①

在提供政治资金方面，没有一个团体能与财界团体相匹敌。换句话说，财界可动用的政治资金使工会或其他团体拥有的政治资金相形见绌。而且财界团体的政治资金并不像其他团体那样来自个人的收入，而是来自企业的收入。例如，工会组织的政治资金来源是工会会员交纳的会费及特别会费（选举资金），规模很小。据统计，1978—1987 年，作为日本最大工会组织的"总评"和"同盟"，分别向社会党和民社党捐献资金 9 亿日元和 10 亿日元；② 而负责财界政治捐款的国民政治协会，从 1976 年到 1979 年支出的政治资金，分别是 73 亿、81 亿、86 亿和 106 亿日元。③

实际上，国民政治协会提供的上述政治资金不过是财界捐款的一小部分，即公开捐献给自民党等保守党派的资金，其他部分是通过私人渠道秘

---

① 〔日〕间场寿一：《日本政治分析》，有斐阁 1987 年版，第 76 页。
② 〔日〕牧野富夫：《劳动组合与政治捐款问题》，《前卫》通号 579，1989 年 9 月，第 82 页。
③ 〔日〕福冈政行：《现代政治过程》，学阳书房 1982 年版，第 198 页。

密地捐献给自民党及其派系的。例如，不同的企业集团（三菱的“金曜会”、三井的“日曜会”、富士的“芙蓉会”等）为确保自己对执政者的影响，不惜提供大量资金支持自民党有关派系竞选自民党总裁。据粗略估计，财界每年提供的政治资金都在数百亿甚至千亿日元以上。这是工商业精英能够对决策过程持有强大影响力的一个重要因素。

需要注意的是，根据 1976 年修正的《政治资金规正法》，团体向某个政党或议员提供的捐款不得超过 150 万日元，超过 100 万日元的须向政府有关机构（自治省）申报，但对政治团体则没有数额的限制。[①] 因此，许多利益集团纷纷以“政治联盟”的名义进行捐款。例如，日本医师会的“日本医师联盟”、全国酒类零售商组合中央会的“全国酒类零售商政治联盟”、石油联盟的“全国石油政治联盟”等。根据自治省的统计，1986 年活动范围超过两个县的政治团体有 4601 个，其中 577 个为国会议员的专有团体，314 个为利益集团的化身。

聚集选票，是指利益集团利用选举将自己的候选人或支持自己利益的候选人选入国会等决策机构，以实现自己利益要求的方式。这是那些组织规模较大、凝聚力较高的利益集团影响决策过程的主要战略。根据村松岐夫等人对 252 个全国性团体的调查，有国会议员的团体为 73 个，占被调查团体总数的 29%。其中最高的是专家团体（55.6%），其次是农业团体（43.5%）、福利团体（36.7%）和工会团体（34.6%）。拥有 30 名以上友好国会议员的团体有 84 个，占被调查团体总数的 33.3%，其中比例最高的是农业团体（60.9%），其次是专家团体（55.6%）和教育团体（50%）。[②] 这些友好议员大多是在个别团体的支持下当选的。例如 1983 年 6 月的参议院选举，在医师联盟推荐的 58 名候选人中有 48 名当选；在同年 11 月的众议院大选中，医师联盟推荐的 358 名候选人有 271 名当选（其中 245 名为自民党议员）。[③] 由这些团体推荐当选的议员在国会中形成专门的议员集团，他们在个别政策领域具有很大的发言权，从而能够维护支持

---

① 〔日〕迁中丰：《利益集团》，东京大学出版会 1988 年版，第 128 页。

② 〔日〕依田博：《政治》，有斐阁 1988 年版，第 72 页。

③ 〔日〕中野实编《日本型决策的变化》，东洋经济新报社 1986 年版，第 261 页。

团体的利益。

个人联系，是指利用私人关系接触政治家、高级官僚，从而影响决策过程的方式，利用这种方式的多是工商业团体、行政关系团体、教育团体、专家团体等，其中财界尤为突出。在日本，权力精英（政治家、高级官僚、财界头面人物及部分利益集团领袖）的主要社会基础是学历，即相同学校的经历是构成同质集团的重要条件。因此，同校毕业生之间的联系和友谊便是用于表达个人和集团利益要求的一个重要渠道。据统计，在1980 年国家公务员考试录取的 1059 名人员中，东京大学出身者为 519 名，接近总数的 50%；在 359 名国会议员中，出身东京大学的有 206 名，占被调查议员总数的 57.4%；而在银行、商社、钢铁公司、汽车制造厂、电力机械等大企业任职的 251 名总经理、社长中，有 109 名毕业于东京大学，占被调查人员总数的 43.4%。同届毕业生定期聚会，相互之间保持着一种密切的联系，这无形之中对决策过程施加着影响。

财界与政治家的个人联系是显而易见的，日本历届首相都有财界头面人物参加的"私人团体"，如佐藤荣作的"长荣会"、池田勇人的"末广会"、田中角荣的"维新会"、福田赳夫的"一火会"和"清谈会"、三木武夫的"庸山会"和"三睦会"、大平正芳的"十二日会"和"贺屋会"，以及铃木善幸的"春幸会"和"十一日会"等。这些名目不一的"首相外围会"定期或不定期地同首相会晤，磋商重大事宜，无疑会对决策过程产生巨大影响。

从某种意义上说，这种个人联系方式是形成"料亭政治"（幕后政治）的重要因素，也就是利益表达、协调冲突、利益实现大多是在酒馆这种非正式场合以非公开方式进行的。报统计，80% 以上的团体间冲突是依靠直接交涉解决的，行政解决的只有 9%，政党解决的只有 4%。尽管这种"料亭政治"减少了日本决策过程中的对立与冲突，但也限制了决策过程的透明度。

派代表参加政府的咨询机构也是日本利益集团对决策过程施加影响的重要途径。审议会是日本政府省厅的重要咨询机构，政策课题通常是由这些审议会提出的。1985 年时，根据法律和内阁令组建的审议会有 214 个，

其中总理府 50 个、通产省 31 个、农林省 22 个、厚生省 22 个、文部省 17
个、大藏省 17 个、劳动省 14 个等。重要的审议会有决定政府经济政策最
高方针的"经济审议会",决定产业政策的"产业结构审议会",讨论政府
财政、决定预算方针的"财政制度审议会",讨论资本自由化的"外资审
议会",决定税收政策的"税制调查会",以及"中小企业安定审议会"
"米价审议会"等。大多数利益集团一般都派代表参加这些由有关省厅主
持的咨询机构,表达自己的利益要求,因而各省厅均与有关团体保持着密
切关系。其中通产省联系团体 758 个、运输省 226 个、建设省 73 个、邮政
省 82 个、劳动省 51 个。从这一点讲,审议会为利益集团对决策过程施加
影响开辟了一条渠道。

另外,每个审议会里都有不同团体的代表参加。例如,在 1981 年为进
行行政改革而组建的第二次临时行政调查会 9 名正式委员中,政府官员 2
名、财界代表 3 名、劳工代表 2 名、新闻界代表 1 名、学者代表 1 名。[1] 从
调查会正式会议收到的 402 项要求来看,工会团体提出的要求最多,为
132 项（占总数的 32.8%）,其次是公众性利益团体 73 项（18.2%）,工商
业团体 73 项（18.2%）,地方自治团体 58 项（14.4%）,教育团体 19 项
（4.7%）,农业团体 17 项（4.2%）,专家团体 13 项（3.2%）。由此可以
看出,审议会基本上能够反映各界的利益要求,从而使决策过程带有多元
化的色彩。

不可否认,尽管在这些审议会中各界代表比例逐渐趋于平衡,如在产
业结构审议会中,1973—1983 年大企业代表从 36 名降到 12 名,中小企业
代表从 1 名增到 4 名,工会代表从 0 名增到 6 名,消费者团体代表从 2 名
增到 4 名,但大企业仍占优势地位。有大企业参加的审议会占审议会总数
的 2/3（124 个,1983 年）;在 47 个有关工商问题的审议会中,大企业代
表有 232 名,占审议会委员总数的 19.5%（1980 年）,而且审议会的会长
大多由财界代表担任。

除审议会这种政府咨询机构外,还有 300 多个（1985 年）首相、大臣

---

① 〔日〕依田博：《政治》,有斐阁 1988 年版,第 185 页。

等的私人咨询机构。如前首相中曾根的"和平问题审议会""文化教育恳谈会",厚生大臣的"社会保障长期展望恳谈会",劳动大臣的"劳资关系法研究会",农林大臣的"农业生产对策中央会议",等等。这种私人咨询机构不是根据法律而是根据首相或大臣个人的意图设立的。在形式上,它们受首相或大臣个人的委托,就特定问题提出系统的意见,供其决策时参考。实际上,这种私人咨询机构也是利益集团表达利益要求、影响决策过程的一个渠道。

大众宣传是利益集团通过现代社会所能提供的一切传播媒介(报刊、电视和广播等)来影响社会舆论;而组织示威游行、大型集会甚至进行静坐罢工,则是利益集团为了引起公众注意而采取的更为直接的行动。这些都是利益集团间接影响决策过程的方式。在日本,采用这些方式的主要是公众性利益集团,由于它们缺乏政治资源和施加影响的渠道,不得不经常使用直接行动来表达和实现自己的利益要求。有时工会组织和农业团体也采取直接行动的方式,例如农协在争取提高政府收购大米价格和反对农产品进口自由化时,常采用大型集会、游行示威的方式。

三 利益集团在决策过程中的作用

归纳起来,日本利益集团的积极作用主要有以下几点。

第一,日本利益集团具有促进决策民主化的作用。在日本,存在各种各样的利益,从某种意义上说,这些利益有时是互相对立的,即一种利益的实现会妨碍另一种利益的实现,或损害其他利益。例如,1974 年在蚕农的要求下通过的限制生丝进口、保护国内市场的《一元化法案》,虽然保护了蚕农的利益,但损害了由生丝进口商以及和服制造厂组成的工商业界中小企业集团的利益。其他如农业集团与工业集团围绕农产品价格的对立、大企业集团与中小企业集团围绕国内市场的对立、公众性利益集团与企业集团围绕环境问题的对立、劳工组织与企业主组织围绕工资及劳动保护等问题的对立等,都带有利益冲突的色彩。

如果冲突的双方都动员自己的政治资源对决策过程施加影响,作为

"价值的权威性分配"的政治系统就不得不对双方进行调解，使冲突的双方达成某种程度上的妥协，尽可能地在实现一方利益的同时又不损害另一方的利益。这样就产生了多元民主的基础，即利用公共机构的"正常渠道"来达到各集团一致同意的目的。例如 70 年代初受石油危机影响，随着结构危机的加深，大企业采取了经营多元化的战略，侵犯中小企业经营领域的现象骤然增加，引起了大企业与中小企业围绕国内市场的纠纷。在中小企业集团的运动下，政府于 1977 年制定了保护中小企业经营的《中小企业事业机会确保法》，平息了这场纠纷。[1] 即使是普遍认为政治影响力不强的工会组织，不仅没有被排除在决策过程之外，而且有时也能成功地促成或阻止某项法案的成立。

第二，日本利益集团具有利益聚合和利益表达的作用。尽管在日本这个发达的资本主义国家里，公民参与政治是资产阶级民主政治的基础，但公民的众多利益要求不可能都直接向决策系统表达，而且决策系统也不可能同时受理那么多的利益要求，因此，其利益要求更多的是通过一定的中间媒介加以聚合，然后再输入决策系统。作为公民参与政治的组织形式，利益集团更是充当了这一角色。例如，日本的个体农户有千差万别的利益要求，但经过农协中央会的聚合，最终形成能够反映农户基本愿望的三大利益要求——提高政府收购农产品（特别是大米）的价格、争取更多的政府农业补助金和限制农产品进口；再如医药界经过日本医师会聚合的利益要求主要是提高医疗费、维持医师售药权及医师优惠税制等。[2] 这些经过聚合的利益要求既使决策者容易受理，也使利益集团可以集中政治资源实现自己的目标。

第三，日本利益集团具有扩大决策系统信息输入的作用。随着社会的高技术化，政治决策也复杂化了，因而要求决策者必须掌握高度的专门知识。但实际的决策者——政府官员和国会议员难以做到这一点，为弥补这一缺陷，他们必须取得掌握这些专门知识和信息的利益集团的支持。同

---

① 〔日〕村上泰亮：《新中间大众时代》，中央公论社 1986 年版，第 72 页。
② 〔日〕北西允、山田浩：《现代日本政治》，法律文化社 1983 年版，第 220 页。

时，利益集团为了实现自己的利益要求，也希望通过向行政官员和国会议员提供信息资料的方式来影响决策过程，这样就起到了扩大政府决策机构信息输入的效果。

更重要的是，利益集团所反映的意见比正常的代议制政府机构了解和妥善处理的意见更为广泛、深刻，更为多样化。因为相互对立的利益集团会把不同倾向的信息资料送到行政官员和国会议员手中，这样就使决策者们可以对此比较选择，从而减少政策的失误。日本各省厅的审议会典型地反映了这一点。例如，经济审议会和产业结构审议会成员大多是业界代表，这些代表掌握最新的信息资料和熟练的专门知识，因而这两个审议会提出并在国会通过的法案就具有较强的合理性和可操作性。使日本经济能够持续高速增长的产业政策大多是由这种审议会拟定的。

第四，日本利益集团具有补充政党功能的作用。本来政党与利益集团具有不同的政治功能，它们在组织基础、活动目标及方式上都存在差异。一般来讲，政党是政治上志同道合者组成的社会组织，其成员没有地区、职业、社会阶层的限制，因而拥有雄厚的社会基础，其规模也比利益集团大。但日本的政党大多带有议会党团的色彩，基础组织薄弱，其发展成员、聚集选票、征募资金等功能常常不得不依赖有关利益集团去完成。长此以往，某些利益集团慢慢演变成政党的基层组织，如自民党与农协、社会党与"总评"、民社党与"同盟"、公明党与创价学会等。同时，这些集团也需要通过相关的政党来表达、实现自己的利益要求。

第五，日本利益集团具有完善代议制的作用。日本的代议制是一种地域型代议制（参议院全国选区除外），也就是按地域划分选区，实行大多数选区选举3~5名国会议员的中选区制。在农业经济占统治地位时期，这种地域型代议制尚能满足社会的需要，但随着工业化社会的发展，社会职业和社会利益也多元化了，具有相同利益的人们需要自己的政治代表，以便更好地表达、实现自己的利益要求。因而在职能型代议制尚未形成之前，大多数利益集团便成为职能利益的代表组织，而国会中的"族议员"就是这种职能利益的政治代表，在一定程度上弥补了地域型代议制的不足。

不消说，日本利益集团对决策过程施加影响构成的压力政治也具有其局限性。

首先，这种压力政治是造成政治不平等的根源。压力政治容易使那些有组织的少数人的利益得到实现，而无视无组织的社会弱者的利益。如同前述，财界团体与其他社会团体相比较，具有组织更完善、资金更充足、施加政治影响力的渠道更畅通等优势。即使"总评"与"经团联"行使着同样的政治影响，但由于人数的天壤之别，"总评"的每一位成员行使的政治影响就要比"经团联"的成员小得多。再如，医师会是一个规模比较小的利益集团，但它能够利用其完善的组织机构、优越的政治资金开展活动，而且权力角逐的准则也允许它在医疗保健等福利领域的政策制定上具有强大的影响力。反过来讲，消费者团体成员很多，但缺乏政治资源，结果是成员越多成员之间的行动越难协调，从而经常处于政治不利地位。

其次，压力政治容易使政策成为少数人密室交易的产物。如同前述，大多数日本利益集团是在政府的推动下形成的，其成员的政治主体意识和政治参与意识较差，他们对集团的追求目标不甚关心，甚至连本集团的具体利益要求也常委托给集团领导人去交涉，而这些领导人又大多是利用私人关系去影响决策过程，因而造成"料亭政治"的盛行。这与民主主义理念相去甚远。从这一点上讲，日本政治虽然带有多元主义的色彩，但其实质仍然是精英政治，充其量是一种精英民主制。

再次，压力政治容易造成金权政治的泛滥。如同前述，提供政治资金是日本利益集团影响决策过程的主要方式，也就是利益集团将巨额资金捐献给政党和政治家，而后两者在制定政策时为这些集团争取更多的利益。这样就形成了金钱、权力相互交换的恶性循环，即提供的政治资金越多，得到的利益越大。尽管有《政治资金规正法》的存在，但其透明度很低，且漏洞百出，这是造成日本政治腐败的重要原因。二战后屡见不鲜的政治家贪污受贿案充分证明了这一点。

最后，压力政治容易造成共同利益服从局部利益。研究成果表明，类似财界—通产省—"工商族"议员、农协—农林省—"农林族"议员、运输业团体—运输省—"运输族"议员、建筑业团体—建设省—"建设族"

议员、教育团体—文部省—"文教族"议员、国防产业—防卫厅—"国防族"议员组成的"次级政府"使政策领域割据对立化，它们对局部利益的过分追求阻碍了具有共同利益性质的政策的形成。从某种意义上说，超过国民生产总值40%的赤字国债就是由这些"次级政府"间的"预算战争"带来的。因此，如何打破"次级政府"割据性也是目前日本政治改革的一个重要课题。

（原载《日本学刊》1993 年第 1 期，收录于本书时有修改）

吉田茂执政时期对华政策的政治过程

——以第一次"吉田书简"为中心[*]

所谓政治过程是指政治系统从利益表达、利益聚合、利益决定到利益实现的一个完整的循环过程。本文拟对吉田茂执政时期的对华政策，特别是第一次"吉田书简"所体现的具体外交政策的政治过程进行探讨，着重分析各种政治行为主体（国际的或国内的）在决定同中华人民共和国政府（以下简称"中国政府"）媾和，还是同台湾当局媾和问题上的立场及相互作用。简单地说，就是这一政策是如何制定出来的。

一

众所周知，《旧金山和约》生效以前，日本处在联合国军的占领之下，准确地讲是处于美国军队的占领之下，因此，这一时期的日本对华政策不得不受到国际关系特别是远东国际关系中诸因素的制约和影响。

1947年巴黎会议缔结欧洲和平条约后，在远东也出现了对日媾和的动向，占领军总司令麦克阿瑟声称"与日本商讨媾和的时期已经临近"。尽管如此，美国国务卿布坎南认为对日媾和时机尚未成熟，当务之急是使日本经济自立化，并具备能够抑制共产主义势力的社会体制。实际上，美国国务院之所以对与日媾和态度冷淡，是因为当时美国的注意力主要放在欧洲，即执行马歇尔复兴欧洲计划，对远东兴趣不大。但到1949年，美国国务院态度发生变化，其原因是英联邦国家的动向。英国为尽快结束美国对

---

* 为真实反映美国、日本当时在台湾问题上的错误立场，本文对相关引文保持原样，未做处理。

日占领，恢复自己在远东地区的主导权和影响力，主张尽快对日媾和，并且联合英联邦其他国家在澳大利亚召开了有关对日媾和问题的堪培拉会议以对抗美国。该会议的主要内容是"限制日本经济和战争赔偿问题"。英联邦国家准备在 1950 年初再次召开有关对日媾和的科伦坡会议。

为抵制英联邦国家的影响、将主导权掌握在自己手里，美国国务院在 1949 年 5 月向国防部提出制定对日媾和方案问题，但国防部以时间尚早为由加以拒绝。9 月，美国新任国务卿艾奇逊与英国外交大臣贝文达成协议，商定即使没有苏联参加亦进行对日媾和。10 月，美国国务院再次向国防部提出对日媾和问题，并单独制定了对日媾和草案，国防部仍不同意，同时主张对日媾和必须是苏联、中国也参加的全面媾和（国防部的真实目的是实现占领日本长期化）。在中日贸易问题上，美国国务院与国防部之间也存在矛盾，国务院认为对于日本的经济自立化来讲，对华贸易是必需的，应允许两国在非军事物资领域进行贸易往来。但国防部以及占领军总部却从"防止共产主义渗透"的角度出发，严格禁止日本与中国大陆的贸易，例如麦克阿瑟在同年 9 月 2 日的声明中就明确表示，日本同共产主义统治下的中国进行贸易是不可能的。[①] 作为替代性对策，日本应利用美国对远东地区的援助，积极发展与东南亚地区的贸易，为此，占领军总部专门成立了一个作业委员会探讨其可能性。

朝鲜战争爆发后，美国国务院与国防部之间的矛盾随着"特需"解决了日本对外贸易市场问题和出现了美国军队滞留日本的必要性等而得以和解。1950 年 9 月，双方起草了对日媾和共同文书，其主要内容为基本放弃战争赔偿、对日本安全保障及经济体制不加限制等，即所谓"宽大媾和"。

当时，英国与美国在远东地区还存在一些矛盾。作为旧金山对日媾和会议的共同发起者，这两个国家的主要矛盾表现在是邀请中国政府的代表还是邀请台湾当局的代表参加媾和会议。1949 年中华人民共和国成立，国民党残余势力败退台湾，尽管美国政府最初也曾探讨过承认中国政府的可能性，杜鲁门总统亦在 1950 年 1 月 5 日发表了不干涉中国内政的声明，但

---

① 〔日〕渡边昭夫、宫里政玄编《旧金山媾和》，东京大学出版会 1986 年版，第 103 页。

由于同年 2 月 14 日中国与苏联签订友好同盟互助条约，特别是朝鲜战争爆发以及中国人民志愿军参战以后，美国彻底转变立场，拒绝邀请中国政府参加旧金山对日媾和会议。而英国早在 1950 年 1 月 6 日就正式承认了中国政府，并主张中国政府具有参加对日媾和会议的代表权，即使在朝鲜战争爆发、英国派遣军队参加以美国为首的联合国军一方作战后，英国仍然没有放弃其主张。虽然 1950 年访问华盛顿的英国首相艾德礼从美国总统杜鲁门那里得到美国不会与中华人民共和国发生全面战争的诺言，但就媾和会议的代表权问题双方仍未达成一致。①

在此之后，美国国务院特使杜勒斯（后任国务卿）数度访问伦敦，与英国外交大臣莫里松会谈，双方终于在 1951 年 6 月 19 日达成妥协：第一，媾和会议既不邀请中国政府也不邀请台湾当局参加；第二，日本与中国政府还是与台湾当局建立外交关系，待日本独立且行使国家主权之后由其自行决定。② 实际上，第二条内容只是一种暂时的妥协，英美两国仍为实现自己的目的而暗中活动，即英国希望日本与中国政府建立外交关系，美国则坚持日本同台湾当局媾和。

英国之所以希望日本同中国政府接近，是出于其政治和经济利益的考虑。从战略上讲，尽可能地使日本与中国成为抵抗苏联的前线国家，是英国传统远东政策的延续；在经济方面，日本与中国接近可避免日本过于注重东南亚地区市场，从而保障英国在东南亚地区的经济利益。因此，英国按照杜勒斯-莫里松协议的规定，要求日本在《旧金山和约》生效之前，在中国问题上不得采取任何行动，否则英国议会将延期批准《旧金山和约》。即使在《旧金山和约》生效之后，英国仍将采取积极行动促使日本与中国政府接近，至少也要使日本保持一种等距离外交，既不与中国政府缔结和约也不与台湾当局缔结"和约"，只是进行相互贸易。但英国的设想不过是一厢情愿，不仅美国政府我行我素，背着英国制造"吉田书简"，而且英联邦内部也存在矛盾。例如，在英联邦国家召开的有关对日媾和的

---

① 〔日〕石井明：《台湾，还是北京》，载渡边昭夫编《战后日本的对外政策》，有斐阁 1985 年版，第 64 页。
② 〔日〕田中明彦：《中日关系 1945—1990》，东京大学出版会 1991 年版，第 34 页。

科伦坡会议上，主张"严厉媾和"的澳大利亚与主张"宽大媾和"的英国发生对立，充分显示了战后英国国际地位和国际影响力的下降。

美国方面则对杜勒斯–莫里松协议加以弹性理解，即认为日本在《旧金山和约》生效之前也可以在中国问题上采取行动。杜勒斯是一个坚定的反共分子，而且，由于院外集团的压力，美国参议院中共和党议员亲台湾当局的倾向十分明显，麦卡锡旋风愈刮愈烈。因此，杜勒斯认为在《旧金山和约》提交参议院审议之前，日本方面必须有所表示，即保证将与台湾当局缔结"和约"。为此，杜勒斯数度要求吉田茂提交书面保证，甚至不惜自己起草这一书面保证。

二

随着国际上对日媾和步伐的加快，日本国内舆论也开始活跃起来，而且从日本经济自立化的角度出发，包括中国大陆在内的全面媾和论日趋高涨。持该观点者认为，对于日本经济自立化来讲，与中国进行贸易是不可缺少的。最早明确提出这一观点的是由知识界人士组成的民间团体"和平问题谈话会"。该会在1950年1月发表了一个关于媾和问题的声明，主张在反对日本重新武装以及军事基地化的同时，迅速实现经济自立化，以便从对特定国家的依赖与隶属下摆脱出来。为达此目的，必须同亚洲各国特别是同中国大陆进行广泛、紧密、自由的贸易。如果进行将中国排除在外的"片面媾和"，就会恶化与中国的关系，从而影响到日中贸易，妨碍日本经济的自立。

在"和平问题谈话会"的声明上签名者有6名经济学家，其中大内兵卫对日本经济自立与发展的看法十分具有代表性。他认为，"一个国家的经济自立取决于足够的物质生产能力和平衡的国际贸易"，现在由于丧失了中国大陆这个市场（例如在1930—1939年，对中国大陆的进出口比例分别为12.4%和21.6%，而1949年仅为2.2%和0.6%），结果造成从美国进口过多（占全部进口的64%）、美元不足的局面。为解决这一难题，与亚洲邻国的贸易往来是必要的，因此，"日本无论如何也要避免阻碍与亚洲各国贸易的媾和条约"。而且在对华贸易上，大内兵卫认为其前景是十分乐观的，"经历多年战争的广阔的亚洲大陆，特别是充满重建国家理想的日本邻国，比战前更需要日本的商品。日本具有健全的资本，只要能生产出商品，就可以成为东亚的工厂，而且日本的邻国能够提供足够且廉价的盐、大豆、煤炭和铁矿石等"。①

另外，尽管美国为弥补中断与中国贸易对日本带来的损失而主张日本从东南亚地区进口资源，但日本舆论对此不甚乐观。其理由是：1952年，从美国、加拿大进口铁矿石价格最高，每吨为22美元左右；菲律宾、马来西亚每吨为20美元左右；经由香港从中国内地进口最便宜，每吨为18美元左右。当时的经济安定本部调查课课长大来佐武郎指出："钢铁原料即使能够依赖东南亚地区，也有其局限性。如果不能从中国进口原料，那么，制造在世界市场上能够销售的金属制品是很困难的。"②

实际上，民间要求与中国大陆进行贸易的运动早在1949年春天就开始了。同年2月，以中国研究会（会长平野义太郎）和留日华侨总会为主成立了中日友好协会筹备会。在该筹备会的组织下，5月在东京工业俱乐部召开了中日贸易恳谈会，参加会议的有中小企业团体、学者及学者团体、工会组织、留日华侨、留日朝侨工商业者等，会议决定成立"中国贸易促进会"（该组织于同年8月正式活动）。刚刚成立的东京中小企业协议会也决定参加中日贸易促进运动。另外，进口中国大豆的36家相关企业也于同年6月成立了中日贸易协会。7月20日，"全金属""大化学""八幡制铁""全公团"等工会组织联合召开促进自主贸易劳动者大会，做出与共产主义国家贸易的决议，并将其提交给占领军总部、盟国对日理事会以及日本政府。

受上述社会舆论以及民间运动的影响，1949年5月24日国会参众两院议员组成促进中日贸易议员联盟，委员长为民主党的苫米地义三。该议员联盟在第七届国会（1949年12月4日至1950年5月2日）上提出《促

① 〔日〕渡边昭夫、宫里政玄编《旧金山媾和》，东京大学出版会1986年版，第93页。
② 〔日〕渡边昭夫、宫里政玄编《旧金山媾和》，东京大学出版会1986年版，第90页。

进中日贸易决议案》，这一决议案在参议院以多数赞成获得通过，在众议院却"审议未了"。另外，除共产党以外的在野各党派在国会中组成"在野党外交对策协议会"，主张"和平、永久中立、全面媾和"，其全面媾和论的基础仍然是中国贸易不可缺论。

尽管在野各党的步调未必一致，但对急于媾和的吉田内阁来讲，形势还是十分严峻的。虽然执政的自由党在众议院拥有 288 个席位（占总议席的 62%），但在参议院只有 61 个席位（只占总议席的 26%，1950 年 5 月），因此，媾和问题就成为各党在 1950 年 6 月参议院选举中的争论焦点。吉出的自由党积极主张"早期媾和"，日本社会党、国民民主党、日本共产党的竞选纲领中有中国贸易论的条款，其中明确提出"全面媾和"主张的是日本社会党和日本共产党。

吉田内阁面临的另外一个难题是道奇超平衡财政预算所引发的经济危机。1949 年初，占领军总司令部最高经济财政顾问道奇指示日本政府采取以通货紧缩为主要内容的经济政策，该政策实施的结果虽然抑制了通货膨胀，但引起了生产停滞、出口不振、中小企业倒闭、工人大量失业的严重现象，致使吉田内阁的支持率下降。特别是吉田内阁的大藏大臣池田勇人在第七届国会上声称"为了控制通货膨胀，即使有五六家中小企业破产也是不得已的"，更加引起国民对吉田内阁的不满。朝日新闻社所作的舆论调查表明，1949 年秋到 1950 年 4 月，吉田内阁的支持率从 43% 下降到 31.7%，自由党的支持率也从 40% 下降到 32.3%，尤其是中小企业对自由党的支持率从 54% 下降到 41%。尽管吉田内阁利用日本国民要求早日结束占领、恢复自主贸易、促使经济好转的迫切心情，使执政的自由党在 1950 年 6 月的参议院选举中增加了 16 席，但议席占有率仍然只有 31%，而社会党在这次选举中却从 42 席增加到 62 席，议席占有率为 25%。因此，吉田的外交政策将有可能在参议院受阻。①

朝鲜战争爆发后，一方面，日本经济出现"特需繁荣"，降低了中国

---

① 〔日〕酒田正敏：《中国贸易不可缺论的意义》，载渡边昭夫编《围绕〈旧金山和约〉的政策决定过程》，研究成果报告书 1983 年版，第 57 页。

贸易论的影响；另一方面，由于中国军队的参战，中国与美国、日本的关系趋于恶化，吉田内阁为早日实现媾和而提倡的"超党派外交"得到国民民主党的大部分成员以及社会党右翼的支持。即使如此，相当一部分国民民主党和社会党的成员一直坚持全面媾和，反对《日美安保条约》，主张中国贸易不可缺论。例如社会党的冈田宗司认为，"70%的原料、25%的食物、80%的船运必须依赖外国的日本，如果忽视与中国政府及其他亚洲国家的贸易，只是依赖以特定国家为中心的特定阵营的经济，是难以实现日本经济的自立的"，而且由于印度、缅甸、印度尼西亚等国也反对《旧金山和约》，因而对东南亚地区的贸易也是困难的。[①] 国民民主党的北村德太郎在《追究独裁性秘密外交的责任》一文中写道："对亚洲邻国采取拒绝的态度不能不使我们对日本经济的自立产生一种悲观的心情。无论从任何观点来看，亚洲才是日本经济自立的基础。"[②] 正如国会讨论表决《旧金山和约》和《日美安保条约》时有相当部分反对票所表明的那样，吉田内阁推行其外交政策并非十分顺利。

三

从 1948 年 10 月到 1954 年 12 月是吉田茂长期执政时期，因而在对外政策上自然有其连续性，在中国问题上，吉田茂也有自己的一定方针。从表面上看，似乎吉田茂从日本和西方国家的利益考虑再三坚持不能割断日本与中国大陆的联系。吉田所著《十年回忆》和其他文献也披露了这一点："在我来说，同台湾友好，促进彼此经济关系，本来是我的宿愿。但是，我也想避免更进一步加深这种关系而否认北京政府。这是由于我认为：中共政权到现在为止虽然看来似乎和苏联保持着亲密的关系，但是中国民族在本质上却存在着和苏联人不能相容之处，文化不同、国民性不

---

① 〔日〕酒田正敏：《中国贸易不可缺论的意义》，载渡边昭夫编《围绕〈旧金山和约〉的政策决定过程》，研究成果报告书 1983 年版，第 58 页。

② 〔日〕酒田正敏：《中国贸易不可缺论的意义》，载渡边昭夫编《围绕〈旧金山和约〉的政策决定过程》，研究成果报告书 1983 年版，第 58 页。

同、政治情况也不相同的中苏两国，终必形成互不相容的状态。因此，我不希望彻底使日本同中共政权的关系恶化。"① 1951 年初为同麦克阿瑟和日本政府首脑商谈媾和问题，杜勒斯以大使身份两次访问日本。在此期间，吉田茂曾写过一封给杜勒斯但后者未收到的信，其中提到"考虑到目前包括中国在内席卷亚洲大陆的共产主义势力的进展，不但我们三个国家②，所有有关各国之间增进对中国问题的了解和合作已成为这些国家本身最紧迫的事。我们最初的工作应当从俄国人手里把中国拉出来，使其成为自由国家阵营的伙伴"。"有许多方法可以把中国拉回。关于这一点，日本能够有所作为的一项就是渗透。""由于地理上相邻、人种、语言和文化、贸易悠久的联系，日本人发挥突破竹幕的作用是最适当不过了。"③

尽管在旧金山和会之前，吉田茂已经向杜勒斯口头保证不同中国政府接近，但在旧金山和会上，考虑到英国方面的干预——和会期间英国外交大臣一再向吉田茂强调日本必须在媾和条约生效后才能决定同中国政府或台湾当局建立外交关系，吉田茂在与艾奇逊、杜勒斯等人会谈时曾问道，关于中国问题的"第二十六条的规定，可否认为现在不要求立即选择国民党政府还是中华人民共和国政府"，美国国务卿艾奇逊回答说："是的，会议中日本绝对不要表明选择哪一个政府。如果表示选择国民政府，将给许多承认北京的国家以不好的影响；相反，如果选择北京，将给承认台北的国家造成坏影响。"杜勒斯插话说："那样的话，美国参议院就不批准条约了。"④ 但美国方面仍然十分担心日本的行动，所以在和会结束后的第四天即 9 月 12 日，56 名国会上院议员联名上书总统，声称"如果日本承认北京政权，并与其进行两国间接触，是违背美日两国国民最佳利益的"。⑤

---

① 〔日〕吉田茂：《十年回忆》第 3 卷，韩润棠等译，世界知识出版社 1965 年版，第 43 页。
② 美英日。
③ 〔日〕猪木正道：《吉田茂的执政生涯》，江培柱、郑国仕译，中国对外翻译出版社 1986 年版，第 351 页。
④ 〔日〕猪木正道：《吉田茂的执政生涯》，江培柱、郑国仕译，中国对外翻译出版社 1986 年版，第 358 页。
⑤ 〔日〕细谷千博：《有关吉田书简诸问题》，载渡边昭夫编《围绕〈旧金山和约〉的政策决定过程》，研究成果报告书 1983 年版，第 33 页。

旧金山和会之后，吉田在国会中的答辩进一步增加了美国方面的担忧。1951 年 10 月 28 日，吉田首相在参议院条约特别委员会回答社会党议员曾弥益有关对华外交方针的提问时说："对中共政权关系问题，尽管有意识形态的差别，但从现实外交的角度考虑，进行自主决定是很自然的。现在对中共关系主要着眼于通商贸易，如果中共方面也有此意，日本可以在上海设立事务所。"30 日，吉田首相在回答羽仁五郎议员的提问时说："日本现在具有选择媾和对象的权利，行使该权利时，要考虑到客观的需要和中国的形势，不能轻易决定甲国与日本之间的关系。"①

结果，吉田茂的这些发言引起了美国政府和台湾当局的强烈不满。美国一方面向台湾当局保证，坚决反对日本与中国政府接近，同时派杜勒斯特使于同年 12 月 10 日飞往东京，说服吉田首相与台湾当局缔结媾和"条约"。在会谈中，杜勒斯强调："台湾政权作为中国的合法政府得到了美国及其他国家的承认，而且台湾又处在远东军事战略要冲上，另外，北京政权被联合国指责为侵略国家，因此，日本为同台湾政权缔结和约而进行谈判是符合日本最大利益的。"吉田茂表示原则上并不反对杜勒斯的主张，但希望能在中国问题上发挥日本的作用，"用武力是不能解决中国问题的，应当给予中国同自由国家接触，使共产党控制下的民众得到接触自由阵营空气的机会。同文同种的日本在这一点上比英美较为有利，应信任日本，让日本作为自由国家的先锋，扩大同中国的接触"，"将中国从苏共政治局的控制下解脱出来，日本将扮演一个重要的角色"。② 杜勒斯对吉田茂的申诉不屑一顾，而是将一封写好的信交给吉田茂，让其签字后交还自己，这就是有名的"吉田书简"。其关键内容如下。

"我国政府现准备，如中国国民政府也有此愿望，即尽速在法律上可能时，依照多边和平条约所表示之原则，与该政府缔结一项重建两国政府间正常关系的条约。该项双边条约之条款，关于中国国民政府一方，应适

---

① 〔日〕石井明：《台湾，还是北京》，载渡边昭夫编《战后日本的对外政策》，有斐阁 1985 年版，第 69 页。

② 〔日〕细谷千博：《有关吉田书简诸问题》，载渡边昭夫编《围绕〈旧金山和约〉的政策决定过程》，研究成果报告书 1983 年版，第 36 页。

用于现在在中华民国政府控制下或将来在其控制下之全部领土。""关于中国的共产党政权，联合国已经谴责它是侵略者"，"本人可向阁下保证，日本政府无意与中共政权缔结双边和约"。① 对吉田来讲，感到最棘手的是"将来在其控制下"这一条文（因为该条文意味着日本支持台湾当局反攻大陆），他再三要求甚至派人追到羽田机场要求杜勒斯删去该字眼，但没有得到应允。

实际上，正如第一届吉田内阁成立前吉田茂利用粮食危机迫使麦克阿瑟答应确保日本粮食供应那样，中国问题不过是吉田茂向美国讨价还价的一个重要砝码。吉田茂的如意算盘是，既然日本已经为自由阵营的利益放弃了中国市场，那么美国应向日本提供更多的经济援助并开放市场。因为吉田茂很清楚，"日本是一个海洋国，显然必须通过海外贸易来养活9000万国民。既然这样，那么日本在通商上的关系，当然不能不把重点放在经济最富裕、技术最先进而且历史关系也很深的英美两国之上了，这并不一定是主义或思想的问题，也不是所谓隶属关系，因为这样做最简便而有成效。总之，这不外是增加日本国民利益的捷径"。② 正是基于这一指导思想，早在1950年4月吉田茂就派池田勇人前往美国，名义上是协商解决道奇计划实施后产生的各种问题，实际上却是为尽量早期媾和，不惜由日本方面提出美军驻留日本的要求。也正是在这一思想的指导下，吉田茂在1951年12月24日寄出"吉田书简"的同时，又向杜勒斯寄出另一封信，声称"日美间的经济合作同政治一样重要"，希望美国援助日本的发电站建设等。

1952年1月16日，"吉田书简"在东京和华盛顿同时发表，3月20日，美国参议院以66票对10票的压倒性优势通过了旧金山对日媾和条约。另外，根据"吉田书简"的精神，同年2月17日日本代表团抵达台北，同台湾当局进行谈判，经过长时间的交涉，终于在4月28日签订了"日华和平条约"（以下简称"和平条约"）。1952年5月14日和16日，日本国会众、参两院分别开始审议"和平条约"，经过不太激烈的辩论后，6月7日众

---

① 〔日〕田中明彦：《中日关系 1945—1990》，东京大学出版会1991年版，第37页。
② 〔日〕吉田茂：《十年回忆》第1卷，韩润棠等译，世界知识出版社1965年版，第10页。

议院以多数赞成通过该"条约",7月5日参议院以104票赞成、38票反对也通过了该"条约"。

四

从"吉田书简"的整个产生过程以及最终日本与台湾当局签订媾和"条约"来看,吉田茂执政时期的对华政策带有很大的"独断专行、秘密外交"的色彩,不仅日本国内朝野各方事前均被蒙在鼓里,而且旧金山和会的主要发起国之一的英国也不知此事,因而选择台湾当局作为媾和对象就成为首相决断外交政策的典型事例。当然,参与其过程的各个政治势力的实力不强以及美国方面的强大压力也是造成这一现象的重要原因。

首先,宪法赋予内阁处理外交关系的权力,而且在吉田茂执政时期首相大多兼任外相的局面使吉田茂拥有很大的回旋余地。另外,当时的外务省只是起到收集情报的作用,甚至终战联络事务局的工作更多的是通过吉田茂与麦克阿瑟的直接交涉完成的。对于吉田首相来说,外务省的价值就在于编写了"数十册、数十万言"的说明资料,因为"想要使美国替日本作代言人申诉日本的主张,就必须向美方提供充分的说明资料,并且这种资料必须适合不甚了解日本实际情况的美国政府的需要,而不是适合实际了解日本情况的盟军总部的需要","华盛顿方面对此颇有好评,认为这些资料很有参考价值","美国政府在1950年着手起草和约草案时,就已经充分掌握了我方提出的资料"。[①] 本来外务省制定了以全面媾和为前提的A方案,但受到了吉田首相的严厉批评,指责"外务省历来只以观察客观形势为主,而不能针对上述形势考虑对策",因而"缺乏管理国家的理论","口气象在野党,空话连篇,不值一顾,作为治世的研究需要进一步加工"。[②] 随后,外务省根据吉田的指示又制定了以驻日美军承担安全保障的

---

① 〔日〕猪木正道:《吉田茂的执政生涯》,江培柱、郑国仕译,中国对外翻译出版社1986年版,第302—303页。

② 〔日〕猪木正道:《吉田茂的执政生涯》,江培柱、郑国仕译,中国对外翻译出版社1986年版,第339页。

B 方案、强化北太平洋地区和平与安全的 C 方案和以单独媾和为主要内容的 D 方案，后来的媾和进程基本上是按 D 方案实施的。这不仅显示了外务省在对外政策制定中没有起到实质性的作用，而且反映了吉田茂在媾和问题上早有己见。

其次，由于各种原因，在野党方面不仅没有坚决反对选择台湾当局为媾和对象，甚至也没有追究吉田首相先斩后奏式的外交决策的责任。在国会两院审议"和平条约"时，众议院外务委员会改进党议员并木芳雄甚至为吉田茂首相打抱不平："联合国都不能解决的难题①却让日本自己作决定，这有些勉为其难吧。"即使在反对"和平条约"的社会党、劳农党、共产党之间，反对的也只是"和平条约"本身的内容，而不是日本外交政策的决定方式。例如，社会党议员批评"和平条约"阻碍了同中国大陆进行全面、和平贸易的可能性，共产党议员林百郎抨击"和平条约"是日本追随美国在亚洲进行以中苏为敌的新的侵略战争等。② 在野党反击无力，一方面是中国参加朝鲜战争的现状使中国贸易不可缺论的影响大大降低；另一方面，冷战的加剧使日本的选择范围急剧缩小，难以提出能与吉田媾和方案相匹敌的设想。

最后，刚从战后经济混乱和解散财阀的打击中恢复过来的财界在政治过程中还没有多少影响力，1946 年成立的"经济团体联合会"只能追随吉田外交路线，期待日美经济合作为日本经济寻找一条生路。1952 年 3 月，经济团体联合会会长石川一郎在演讲中谈道："由于不能同中国大陆进行贸易，日本经济逐渐恶化，近来美国的最高领导者亦认识到这一点，希望美国进一步积极支持日本的经济。" 1955 年 4 月，石川一郎在给美国总统的信中写道，"由于美国的高关税乃至提高关税运动使日本的中小企业丧失了对美出口的信心，转而寻求与中国大陆及苏联进行贸易"，"一部分中小企业对中国贸易往往抱有过高的期望，因此，如果美国能降低关税，将

---

① 指选择中国政府还是选择台湾当局作为媾和对象的问题。

② 〔日〕石井明：《台湾，还是北京》，载渡边昭夫编《战后日本的对外政策》，有斐阁 1985 年版，第 78 页。

增加日本中小企业对美贸易的信心"。① 由此可以看出，日本财界对美贸易的估计直到 20 世纪 50 年代中期仍不乐观，换句话说，当时的日本各界对放弃与中国大陆贸易的日美同盟及经济合作持有疑问，但他们亦没有对政府追随美国、选择台湾当局作为媾和对象显示出更多的不满。更重要的是，在只能向美国一边倒的局面下，吉田茂充分利用了英国与美国的矛盾以及国内要求与中国大陆进行贸易的压力，诱导美国做出对日本更有利的让步，不仅使《旧金山和约》部分地接受了日本的要求，从"严厉媾和"变成"宽大媾和"，而且从战后日本的发展过程来看，与美国结盟、优先发展经济的"吉田路线"不失为一个较好的选择。当然，该路线也有其消极影响，一方面，它使日本在长时期内处于无独立外交的局面；另一方面，又使中日邦交正常化推迟了 20 年之久。

（原载《日本学刊》1996 年第 1 期，收录于本书时有修改）

---

① 〔日〕酒田正敏：《中国贸易不可缺论的意义》，载渡边昭夫编《围绕〈旧金山和约〉的政策决定过程》，研究成果报告书 1983 年版，第 62 页。

首相官邸主导型决策过程的
形成及挫折

日本政府的决策过程从"55 年体制"下的官僚主导型变为 20 世纪 90 年代的政党主导型，在 21 世纪初逐渐转向首相官邸主导型。本文主要分析产生首相官邸主导型决策过程的背景性因素。需要加以说明的是，所谓首相官邸主导型，是指首相在决策过程中起到主导性作用，其舞台以首相官邸为中心。这种决策过程在小泉纯一郎政权时期表现得尤为突出，但在安倍晋三政权后期和福田康夫政权初期遭受挫折。

一　选举制度的变化

首先，自民党内派系弱化、党总裁权限增大是形成首相官邸主导型决策过程的重要背景之一。其制度性因素是国会议员候选人的公认权和政治资金的分配权。在中选区制度下，自民党的候选人在同一个选区内竞选，党组织难以发挥作用，候选人需要组建个人后援会，主要依靠党内派系组织进行选举活动，因而党内派系应运而生。总裁是各派系协调的产物，没有多少权限。众议员选举制度改为小选区比例代表并立制后，由党领导机构决定每个小选区的候选人，即使在比例代表区，也需要得到党的"公认"才能进入候选人名单。换句话说，以总裁为中心的党领导机构掌握着每位议员的生杀大权，其权威势必得到加强，权限扩大。2000 年底的"加藤之乱"之所以失败正是因为这一点。

2000 年 4 月成立的森喜朗内阁是密室交易的产物，而且首相本人政治能力也不强，再加上失言不断，因而执政两个月后，内阁支持率就降到 30% 以下，甚至在自民党内部也出现了要求其下台的声音。同年 11 月，面对在野党提出的内阁不信任案，自民党内加藤派和山崎派决定采取赞成态度，以迫使森喜朗首相辞职。但自民党领导机构一方面准备在不信任案通过后立即解散众议院举行大选，另一方面威胁称在表决不信任案时投赞成票或缺席的自民党议员将得不到党的公认，结果使加藤派和山崎派的多数议员改变态度，加藤派首脑加藤纮一也被迫放弃原计划。

除公认权外，1994 年通过的《政治资金规正法修正案》和《政党助成法案》又赋予以总裁为中心的党领导机构拥有政治资金分配的权限。此前，自民党国会议员的政治资金主要由本人以及派系筹措，但《政治资金规正法修正案》规定政治资金的筹措将以政党为中心。1999 年，国会再次修改《政治资金规正法》，禁止向政治家个人捐献政治资金，因而派系筹措政治资金也逐渐困难。例如，20 世纪 80 年代时，自民党每个派系筹措的政治资金年均为 20 亿日元，进入 21 世纪后，减少到年均仅数亿日元。最大派系竹下派最多时近 30 亿日元，2004 年减少到 4 亿日元。

另外，《政党助成法案》规定向政党提供国库补助金，其总额按照最近一次国情调查统计的人口总数以每人 250 日元计算。每个政党应得的补助金则按照该党所属议员数以及选举中获得的票数算定，各政党应得的补助金数额以不超过前一年底该党总收入的 2/3 为上限。1995 年底修改此法，撤销了该条款，但规定在支出方面如果超过 5 万日元的款项则负有公开的义务。2001 年，在总额为 313 亿日元的政党助成金中，自民党获得 145 亿日元，加上其他收入，自民党该年度的政治资金为 244 亿日元。① 由此可见，至少在公开的政治资金方面，自民党的主要收入是政党助成金。

因此，自 1996 年 10 月首次实施新选举制度下的大选开始，党领导机构的权限逐渐提升，而派系的凝聚力则逐渐下降。例如，在 1995 年 9 月举行的自民党总裁选举中，最大派系小渊派的桥本龙太郎参与竞选，遭到派系首脑小渊惠三的强烈反对。而派系内实力人物野中广务、梶山静六则拥

---

① 竹中治堅『首相支配—日本政治の変貌』、中央公論新社、2006 年、155 頁。

护能力较强、名望较高的桥本，结果小渊只好同意。另一个派系三冢派参加竞选的小泉纯一郎也不是派系首脑，而且未得到该派系成员龟井静香等人的支持。再如，在 1998 年 7 月的自民党总裁选举中，尽管最大派系小渊派首脑小渊惠三当选为新总裁，但派系内部分成员支持经济政策专家梶山静六，出现前所未闻的同派系政治家之间竞选总裁的局面，反映了派系凝聚力的下降。

派系弱化、总裁权限扩大还体现在人事安排和决策过程方面。早在小渊内阁时期，虽然总裁（首相）在组阁时尚不能拒绝派系的要求，但小渊惠三首相仍然为自己保留数名阁僚的任命权。到小泉政权时期，则完全由总裁按照自己的意见安排党内人事和内阁人事。例如，2001 年小泉初次当选为自民党总裁，最大派系桥本派没有得到党内干事长、政务调查会会长、总务会会长中的任何一个职务，沿袭 20 年的惯例由此被打破。[①] 同时，小泉任命庆应大学教授竹中平藏为经济财政大臣，推行激进的金融改革措施。尽管这些政策遭到党内不少议员的反对，但竹中一直受到小泉的重用，并在后来当选为自民党参议院议员。

按照惯例，内阁议案须得到执政党决策机构政务调查会和总务会的审议、认可后才能提交国会审议。但在小泉政权时期，这一惯例也受到严重挑战，其中特别体现在邮政民营化问题上。为推行邮政民营化，总务省起草了《邮政公社法》等法案，规定在设立邮政公社的同时，民间企业可经营邮政事业。2002 年 4 月 19 日，自民党政务调查会部会不赞成将邮政公社等法案提交国会，但在小泉首相的压力下，自民党在 4 月 23 日再次召开总务会，以保留意见的方式同意将法案提交国会审议。4 月 26 日，内阁会议决定将《邮政公社法》等法案提交国会，并在同年 7 月 24 日通过国会审议。

2003 年 11 月大选后，小泉首相决心彻底解决邮政民营化问题。为此，他在内阁官房中专门设置"邮政民营化准备室"，任命三名次官级的官僚起草具体法案。该机构在 2004 年 9 月提出"邮政民营化基本方针"，其内

---

① 竹中治堅『首相支配—日本政治の変貌』、156 頁。

容主要包括：2007 年邮政公社实现民营化时，由政府出资设立不进行经营活动的纯粹控股公司，在其下再设立四个公司（窗口网络、邮政事业、邮政储蓄、邮政保险）；2017 年出卖储蓄及保险公司的股份和其他公司部分股份；等等。与此同时，小泉首相还改造自民党和内阁人事，任命实力不强但唯命是从的武部勤为党干事长，以便在国会否决邮政民营化法案时解散众议院举行大选，并任命坚持改革的经济财政大臣竹中平藏兼任邮政民营化改革大臣。

在党内部分议员的反对下，自民党总务会最终以保留意见的形式批准将邮政民营化相关法案提交国会审议。结果在众议院全体会议表决有关法案时，不少自民党国会议员投了反对票，法案仅以五票之差获得通过。值得注意的是，尽管堀内派首脑堀内光雄、龟井派首脑龟井静香投反对票，高村派首脑高村正彦投弃权票，但其派系半数成员没有随其一道行动。参议院否决相关法案后，小泉首相立即解散众议院举行大选，并派遣"刺客"（自民党领导机构指定的候选人）到特定选区对抗反对派议员，极大地吸引了选民的关注，结果大获全胜，自民、公明执政两党共获得超过众议院 2/3 的议席。在此背景下，反对派议员纷纷转向，国会两院顺利通过了邮政民营化有关法案。

二　行政改革的影响

形成首相官邸主导型决策过程的第二个背景是行政官僚的势力减弱、首相权限增大。战后日本政府的决策过程基本上是官僚主导型。其主要原因有近代以来行政权力较大、战后初期改革行政机构基本没有受到触动、优秀人才集中在行政机构、高级官僚转化为执政党国会议员、议会内阁制等。为削弱行政机构的巨大权限，日本曾在 20 世纪 60 年代和 80 年代实施过行政改革，但出于各种原因，行政机构的权限反而有增无减。90 年代泡沫经济崩溃后，变革过去的发展模式势在必行，同时为适应全球化浪潮，行政改革再次成为重点。

1993 年，细川护熙内阁设立了"行政改革推进本部"，其后的羽田孜内阁决定了"行政改革推进方针"。自民党重新执政后,行政改革更是成为其重要施政方针之一。例如,村山富市内阁成立了"行政改革委员会",并为实施1995年生效的《地方分权法》设立了"推进地方分权委员会"。1996年桥本龙太郎内阁成立后,设立了"行政改革会议",并将行政改革的内容设定为改组中央行政机构、放宽政府限制、推进地方分权、整顿特殊法人、制定旨在提高行政机构透明度的《信息公开法》、削减国家公务员数量等。

除削弱行政机构的权限外,行政改革的另一重点目标是通过行政机构的重组,提高首相官邸在决策过程中的地位。日本行政机构省厅割据严重,各自独立性较强,通常是单独提出法案并加以实施,内阁的调整作用不强,因而难以形成综合性政策乃至战略性政策。因此,"行政改革会议"提出修改《内阁法》第4条,赋予首相政策立案权限,同时强化内阁官房的作用。具体内容是将总理府与经济企划厅等机构合并为直属于首相的内阁府,并设置决定宏观经济政策和预算方案基本方针、首相担任其长官的"经济财政咨询会议",另外在内阁府中设置"综合科学技术会议""中央防灾会议""男女共同参与会议"等机构。

与此同时,还重新组合了其他行政机构。这遭到党内反对派和行政官僚的抵抗,但社会舆论支持行政改革,同时也有新进党的支撑,因而桥本首相力排众议,不仅将原来的1府22省厅改编为1府12省厅,而且对拥有强大权限的省厅进行分割,特别是邮政省和大藏省。在桥本首相的主导下,日本将原邮政省管辖的信息通信产业政策划归经济产业省,其通信广播行政业务划归总务省,将简易保险民营化,从而大大削弱了邮政省的权限。大藏省过去被称为省厅中的省厅,其权限远远超过其他行政部门,因而成为行政机构改革的重点。桥本首相不仅将大藏省财政政策权限的大部分转移到内阁府经济财政咨询会议,还将其金融行政全部转移到新设置的金融厅。并且,大藏省对中央银行——日本银行的监督权限也受到较大限制,甚至其名称也改为财务省。重组行政机构的《中央省厅改革相关法案》于1999年7月通过国会的审议。

2001年1月1日,新行政机构正式启动。在行政机构权限遭到较大削减的同时，首相官邸决策权限得到扩大，不仅首相的动议权得到法律承认，而且内阁官房的地位也大为提高，其中最具代表性的是经济财政咨询会议。该机构的主要职能是调查审议经济财政的实际状态、预算编制的基本方针以及重大经济财政政策等。尽管该机构在森喜朗内阁时就开始运转，但正式将其作为决策中心是在小泉纯一郎政权时期。当时成员包括首相在内共有 6 名阁僚、4 名民间人士及日本银行总裁，其中民间人士为牛尾电机公司会长牛尾治朗、丰田汽车公司会长奥田硕、大阪大学教授本间正明、东京大学教授吉川洋。①

经济财政咨询会议在召集过四次会议之后，于 2001 年 6 月发表了"基本方针"，即《关于今后经济财政运营及经济社会结构改革的基本方针》，全面阐明了小泉内阁的经济政策，并在年底按此方针编制了 2002 年度的政府预算方案。尽管日本经济仍然处在低迷状态，但预算方案仍属紧缩型，政府一般财政支出比 2001 年度减少 2.3%，减少额超过 1 万亿日元。减少幅度甚至超过桥本内阁编制的 1998 年度预算，是 1955 年以来减少的最大数值。政务调查会会长麻生太郎以恢复经济景气为由要求增加发行国债，但遭到小泉首相的拒绝。另外，公共事业费减少 10%，同时增加老龄化对策、科学振兴等方面的预算。

在特殊法人的改革上也体现了首相权限的扩大。特殊法人是为实施公益事业设置的，其资金多半来自政府预算，2001 年度的金额达 5 万亿日元以上。为克服财政困难、消除政治腐败，日本必须对特殊法人进行改革。但因反对势力较强，该项改革迟迟未取得进展。为改变这种状况，小泉首相指示以废除或民营化为前提进行改革，同时削减对特殊法人的财政投入。结果住宅金融公库等 17 个特殊法人被废除，日本道路公团等 45 个特殊法人实现民营化，特别是日本道路公团、首都高速道路公团、阪神高速道路公团、本州四国联络桥公团在 2005 年实现民营化。

在小泉政权时期，首相官邸成为决策中心。特别是在确定年度预算基

① 内山融『小泉政権—「パトスの首相」は何を変えたのか』、中央公論新社、2007 年、36 頁。

本方针时，经济财政咨询会议事务局与各行政省厅、自民党决策机构不断进行交涉，有时会接受来自行政机构或执政党的要求。例如，在确定 2002 年度基本方针时，根据农林水产省的要求增加了农业结构改革的内容；根据国土交通省的要求，在压缩财政开支的情况下，改为有重点地实施公共投资；在自民党综合经济调查会的影响下，基本方针的 40 多处内容得到修改；等等。在对外政策、安全保障政策方面更是体现了首相官邸主导决策过程的特征，如 2001 年的《恐怖对策特别措施法》以及 2003 年的《支援伊拉克重建特别措施法》均在首相官邸主导下迅速形成法律。①

为确立小泉政权延续下来的首相官邸主导决策过程，2006 年 9 月安倍晋三上台时立即提出几项方针，即设立负责分析情报和讨论综合外交战略的日本版"国家安全会议"、设立由有识之士组成的首相直属教育改革推进会议、首相辅佐官从 2 人增加到 5 人、招募高级公务员充当官邸行政人员等。同年 11 月 22 日，首相官邸首次召开"强化官邸有关国家安全保障机能"会议，其主要议题是成立"国家安全会议"，以便强化首相在外交和安全保障领域的领导地位，并在此基础上提高政府应对各种危机和紧急状态的能力。2007 年 1 月 15 日，有关部门再次召开会议，并公布了"国家安全会议"成立草案。

另外，在任命重要官员方面，首相的权限也得到扩大。例如，安倍就任日本首相之初，为进行税制改革，专门设立了"政府税制调查会"，并拒绝采纳财务省的提议，没有让前会长石弘光继续担任该职。他宣称，为确立日本经济发展路线，决定采用官邸主导体制，起用因提出降低法人税而与财务省对立的大阪大学教授本间正明为会长。即使在国会审议方面，首相官邸也发挥了主导作用。例如，2007 年上半年，安倍内阁在众参两院强行通过了提倡爱国主义的《教育基本法修正案》和为修宪做准备的《国民投票法案》，同时将防卫厅升格为防卫省，这意味着日本突破了海外派兵的限制，自卫队可以名正言顺地出兵海外参加维和行动。

---

① 信田智人『冷戦後の日本外交—安全保障政策の國内政治過程』、ミネルヴァ書房、2006 年、33-43 頁。

三　在野党的弱化

形成首相官邸主导型决策过程的第三个背景是在野党的弱化。为适应冷战结束后国际形势的变化以及全球化的发展趋势，特别是解决政府主导经济社会发展模式带来的诸多弊端，以小泽一郎为首的原自民党改革派另组政党，并在 1993 年 8 月组成以细川护熙为首相的八党派联合政权，不仅结束了自民党连续执政长达 38 年的历史，而且于 1994 年初在国会上通过了政治改革相关四法案，即《公职选举法修正案》、《政治资金规正法修正案》、《政党助成法案》以及《众议院选区划定审议会设置法案》。

其中，《公职选举法修正案》对公职选举法中有关众议院议员的选举部分进行了修改，其主要内容为：在众议院议员选举（通称"大选"）中，将过去的中选区制改为小选区比例代表并立制；众议院议员的定额从过去的 511 名改为 500 名，其中 300 名来自小选区，200 名来自 11 个比例代表区。2000 年 2 月，国会决定减少 20 个比例代表区名额，众议院议员的定额变为 480 名。

小选区制对中小政党绝对不利。因为一个选区只能选出一名候选人，所以大政党候选人获胜的可能性极大，而中小政党很容易被排斥在议会之外，从而出现大量不能获得议席的选票——死票，少数人的利益要求也得不到表达和实现的机会。比例代表制是按照各党得票数量分配议席的制度，虽然能够较为准确地反映选民对各政党的支持程度，而且死票数量较少，但容易造成小党林立、政局不稳的局面。鉴于小选区制对中小政党不利、比例代表制又容易造成政局不稳的状况，日本选择了小选区制与比例代表制相结合的选举制度，但在其结合方式上也有许多差异。除选出议员的比例不同外，还有小选区比例代表并立制与并用制之分。并立制倾向于小选区制，并用制倾向于比例代表制。换句话说，并立制对大政党绝对有利，并用制对中小政党相对有利。由于新选举制度实施的是并立制，而且又将全国划为 11 个比例代表区，因而对中小政党不利，新选举制度实施后的四次大选结果充分说明了这一点。

日本于 1996 年 10 月举行了新选举制度下的首次大选，在 500 个总议席中，自民党从 221 个增加到 239 个，新进党从 160 个减少到 156 个，新成立的民主党 52 个席位不变，共产党从 15 个增加到 26 个，社民党从 30 个减少到 15 个，先驱新党从 9 个减少到 2 个。在 2000 年 6 月举行的大选中，众议院总议席减少为 480 个，其中自民党从 271 个减少到 233 个，民主党从 95 个增加到 127 个，重建的公明党从 42 个减少到 31 个，新成立的自由党从 18 个增加到 22 个，共产党从 26 个减少到 20 个，社民党从 14 个增加到 19 个，新成立的保守党从 18 个减少到 7 个。在 2003 年 11 月举行的大选中，自民党从 247 个减少到 237 个，民主党从 137 个增加到 177 个，公明党从 31 个增加到 34 个，共产党从 20 个减少到 9 个，社民党从 18 个减少到 6 个，保守新党从 9 个减少到 4 个。在 2005 年 9 月举行的大选中，自民党从 212 个增加到 296 个，民主党从 177 个减少到 113 个，公明党从 34 个减少到 31 个，共产党仍为 9 个，社民党从 5 个增加到 7 个。

从四次大选的过程和结果可以看出，新选举制度对自民党等大政党较为有利。日本选举学会于 2006 年 5 月 21 日在东京召开研讨会，对 2005 年 9 月的大选进行探讨。除了对小泉"剧场型政治"效应以及电视等媒体的报道状况做出批评外，对于现行的小选区制也进行了分析。从该次大选执政党获得压倒性胜利的结果来看，仅得票 47.8% 的执政党却拥有 73% 的席位，获得了超过得票比例的席位，而在野党席位却与得票比例完全不相称。因此，这样的选举并没有充分表现民意，也凸显出小选区制的严重弊端，甚至扭曲了民主制度。对于媒体在选战中仅强调"刺客"或"堀江参选"等现象，是否能让选民有冷静的判断也成为讨论的焦点。加之研究中也发现，看电视时间越长的民众，投票给自民党的比例越高，更显示出媒体可能影响到选战的公平性。媒体以"报道娱乐化"来吸引民众注意力，成为需要反省的重点。

尽管民主党在 2007 年 7 月的参议院选举中大幅度增加了议席，但该党的内外整合能力较弱，仍然难以与自民党抗衡。该党由复数小政党合并而成，因而内部派系复杂，相互之间政策主张差距较大，所以在大选中不能提出鲜明的对抗性政策吸引选民。例如，在 1996 年的大选中，自民党桥本内阁打出行政改革的竞选纲领，吸引了选民的注意力，新进党被迫在减税问题上做文章，但因该党首脑小泽一郎曾主张大幅度提高消费税，因而受到社会舆论的质疑，结果大选以自民党获胜、新进党失败告终；在 2003 年的大选中，民主党提出比较新颖的政权公约，议席也获得大幅增加，但在选举过程中政权公约并没有得到多少重视，其获胜在很大程度上是大选前夕自由、民主两党合并带来的气势所致；在 2005 年大选中，自民党因邮政事业民营化问题发生分裂，为民主党获胜提供了最佳时机，但民主党没有提出有力的对策吸引选民，政策性竞争在自民党内部进行，结果使小泉政权大获全胜。

民主党还缺乏外部整合能力，即难以与其他在野政党协调行动。从 2000 年大选的投票结果可以看出，如果共产党和社民党获得的选票均投给民主党，那么民主党的总议席将从 127 个上升为 232 个，自民党的总议席将从 233 个下降到 174 个，公明党将从 31 个下降为 27 个；如果共产党和社民党投弃权票，那么自民党的总议席为 246 个，民主党的总议席为 141 个，公明党为 36 个。① 小选区比例代表并立制实施后，共产党几乎在 300 个小选区均推荐候选人竞选，但因获得选票大多不到法定数量即有效选票的 1/10，所以其大部分保证金被没收。例如，2005 年大选时，共产党在 275 个小选区推荐候选人竞选，结果有 223 个选区被没收保证金，总额为 6.69 亿日元，而小选区没有一个当选者。② 共产党表示将有选择性地在小选区推荐候选人，但民主党能否吸引其支持者的选票尚存在疑问。

四　小泉首相下台后遭受挫折

尽管日本自 20 世纪 90 年代以来的诸多改革在很大程度上形成了首相官邸主导型决策过程，小泉执政时将其发挥得淋漓尽致，③ 但谦虚有余、自信不足、讲演平淡、缺乏幽默的安倍首相显然缺乏驾驭这种制度的能

---

① 平野浩・河野勝編『日本政治論』、日本経済評論社、2003 年、60 頁。
② 筆坂秀世『日本共産党』、新潮新社、2006 年、59 頁。
③ 御厨貴『ニヒリズムの宰相小泉純一郎論』、PHP 研究所、2006 年。

力，不仅其"模糊政策"引起国民的不满，而且与媒体拉开距离的做法也难以发挥"剧场型政治"的效应。例如，在道路特定财源问题上，小泉内阁时期就决定将汽油税等用于道路建设的税收用途扩大到政府的一般开支，但因自民党内"道路族"的反对，有关法律迟迟未能通过。安倍在就任首相后的第一次施政演说中，信誓旦旦地表示将致力于打破"道路特定财源"只能用于道路建设的"禁区"，直到2006年11月28日召开内阁会议时他还坚持这一立场，但12月6日推出的调整方案还是延续自1954年以来的做法，将汽油税等与道路有关的收入主要用于道路建设。另外，在核武装问题上，尽管安倍首相　再表明坚持"无核三原则"，并表示不准备讨论该问题，但外务大臣麻生太郎、自民党政调会会长中川昭一等政治家却置若罔闻，再三大谈特谈日本是否应考虑核武装问题，这不能不使选民对政府是否继续坚持一贯的核政策以及安倍首相的领导能力产生疑虑。

另外，内阁成员丑闻不断。例如，行政改革大臣佐田玄一郎因其政治支持团体涉嫌违反《政治资金规范法》被迫辞职，厚生劳动大臣柳泽伯夫将妇女称为"生育机器"引起民众（特别是女性）的强烈批判，农林水产大臣松风利胜因涉嫌政治资金丑闻自杀，防卫大臣久间章生因替美国对日使用原子弹辩解而下台，新任农林水产大臣赤城德彦又被曝虚报办公费用，日本税制调查会会长本间正明则因在供政府官员使用的高级住宅内"包二奶"被迫悄然离任，等等。

特别是日本社会保险厅丢失养老金缴纳记录事件被曝光，更引起国民的不满。2007年5月，日本社会保险厅丢失的5000多万份养老金缴纳记录事件浮出水面，使本来就因老龄化、少子化而处在危机状态的养老金制度更陷困境，许多已经缴纳保险费的日本国民担心无法按期领取养老金。2006年9月上任的安倍首相已经掌握了养老保险金系列问题的实际状况，却压而不发。2007年2月，在众议院预算委员会的质询中，有议员建议政府"颁布紧急状态宣言，向全体国民邮送缴纳保险金的记录"，以此来确认社会保险厅的缴纳记录是否有误，但安倍首相仍未采纳其建议，失去了主动解决问题、避免其变为丑闻的大好机会。在问题曝光后，为消除民众对养老金制度的不安，联合执政的自民党和公明党才在国会众议院全体会议上仓促通过了《取消养老金时效特例法案》和《社会保险厅改革相关法案》，同时将国会会期延长 12 天，使参议院在 6 月 30 日也通过了上述两个法案以及《国家公务员法修正案》。即使如此，7 月初的舆论调查仍显示安倍内阁的支持率迅速降到 30% 以下。

在此形势下，2007 年 7 月 29 日举行的参议院选举严重地打击了自民党。在需要改选的 121 个席位中，民主党当选 60 席（改选 32 席），自民党 37 席（改选 64 席），公明党 9 席（改选 12 席）。加上未改选席位，民主党共有 109 席，超过自民、公明执政党合计的 103 席。

尽管安倍首相不得不暂时搁置"建设美丽国家""脱离战后体制"等政治理念，在推动修宪等敏感议题上顾虑主流民意，并通过改造内阁提高支持率，但终究无望在国会通过即将到期的《反恐特别措施法》，因而在临时国会召开后的第三天（9 月 12 日）便以健康原因为由辞去首相职务。出于对过激改革引发不满的反省，自民党选择了性格温和、政策稳健、擅长协调的福田康夫为该党总裁和政府首相。当时的民意调查也反映了这一点。在"谁更适合出任新首相"的提问中，福田的支持率为 53%，其竞争对手麻生太郎仅为 21%；在"哪种类型的新首相更好"的提问中，选择"协调型"的占 62%，选择"决断型"的为 31%；在倾向福田出任首相的调查者中，高达 71% 的人看重其"协调能力"。

新首相福田康夫在临时国会发表施政演说，首先对自民党总裁选举使临时国会停止运行三个星期表示歉意，强调当前的紧迫课题是实现海上自卫队继续在印度洋开展支援活动，表示执政党今后将与在野党进行充分讨论。自民、公明两党于 2007 年 10 月 17 日召开联席会议，决定向临时国会提交《反恐对策特别措施法案》以替代即将到期的《反恐特别措施法》。为获得在野党的赞成或支持，新法案删除了原法案中"救援灾民"和"搜索救助"等内容，将自卫队在印度洋的支援活动限定为供应燃料和供水两项，实施期限也改为一年。同年 10 月 23 日，众议院举行全体会议进行新法案的主旨说明及其质询，福田首相再次要求在野党方面给予理解。民主党则表示如果能传唤日前曝出违规与军火商打高尔夫球丑闻的前防卫省事务次官守屋武昌出庭做证，该党将灵活对待委员会的审议工作。守屋武昌不久前被查出涉嫌受贿，即其在任期间触犯自卫队的有关法规，与一名军火供应商甚为亲密，经常接受对方招待去打高尔夫球。

由于国会迟迟不能通过有关法案，《反恐特别措施法》11 月 1 日到期，防卫大臣石破茂被迫下令撤回在印度洋为美国等有关国家军舰供油的海上自卫队舰船，结果引起美国等国家的不满。同年 11 月 9 日，在自民、公明两党的多数赞成下，日本决定将临时国会会期延长 35 天到 12 月 15 日。13 日，众议院全体会议表决通过了《反恐对策特别措施法案》，然后送交参议院进行审议，民主党再次强调将在参议院否决该法案。12 月 14 日，执政的自民党和公明党在众议院全体会议上决定将 15 日到期的临时国会会期再次延长到 2008 年 1 月 15 日，以便通过有关法案。因为《日本国宪法》第 59 条规定，参议院接到众议院通过的法案后，如在 60 天内不作决议，众议院可以认为此项法案已被参议院否决，便可以 2/3 的多数再次通过该法案并使其成为法律。也就是说，即使参议院不就该法案进行表决，执政党也可以利用这一项规定，强行在众议院再次表决通过该法案。

在临时国会结束之前的 1 月 11 日，众议院以 2/3 的多数再次表决通过了《反恐对策特别措施法案》，日本海上自卫队恢复在印度洋上为美国等国家的舰队提供燃料等活动。长达四个月的临时国会终于通过该法案，典型地体现了福田政权带有浓厚的传统政治文化色彩，即在决策过程中长时间地等待舆论一致。另外，福田首相在 12 月 24 日宣布放弃安倍内阁于 2007 年 4 月向国会提交的建立国家安全保障会议的法案，并要求内阁官房长官、外务大臣和防卫大臣之间加强协商，实际履行国家安全保障会议的职能，从中反映出首相官邸主导型决策过程受到挫折。

由此可以看出，首相官邸主导型决策过程既有政治制度的背景，也有政治家个人的因素，尽管仍可以说其是日本政治的发展趋势，但能否制度化尚有疑问。

（原载《日本学刊》2008 年第 3 期，收录于本书时有修改）

日本政治的未来发展趋势

——从各政治主体相互关系的视角

对日本政治未来的发展趋势做出判断是件极其困难的事情，因为日本目前正处在历史性的变革时期，尽管有近代以来"第三次改革""第三次开国"之说，但如果说明治维新、占领时期是制度性、技术性的变革，那么此次则是文化性、国民性的变革。具体地说，日本拥有较为适应追赶型现代化的集团主义式社会组织结构，但在全球化浪潮面前却显得进退维谷，这正是泡沫经济崩溃后实施改革近20年仍未形成新型政治、经济、社会乃至外交体制（即从官僚主导决策模式向政党主导决策模式、政府主导发展模式向民间主导发展模式、国家组织型社会向市民组织型社会、依附性外交向独立性外交等过渡）的深层次原因。随之而来的是政局进一步动荡，尤其是小泉纯一郎政权之后的历届内阁的执政时间均不到一年。针对这种政治现象，本文将在分析各个政治主体相关关系的基础上，尽可能地预测未来日本政治的发展趋势及其体制的基本架构。

一 选民与政党：流动化的选票

在现代社会中，每个选民通过以投票为中心的政治参与提出自己的利益要求，但因其政治资源有限，难以对政治过程特别是决策过程施加有效影响，因而具有相同利益的选民集中起来组成相关利益集团，同时将集团成员的利益要求聚合为最大公约数——例如，日本几乎所有农户均参加了"农业协同组合"（以下简称"农协"），其利益要求主要集中在提高政府

239

农产品收购价格、增加政府农业补助金、反对农产品进口自由化等三个方面——然后集中自己的政治资源（选票、政治资金、人际关系等）对决策过程施加压力，并通过自己支持的特定政党参与制定以相关法律为中心的政府政策，维护或扩大自己的利益要求。正如在 1955—1993 年 "55 年体制"（以自民党、社会党为中心的竞争性政治体制）的大部分时间里，最具影响力的利益集团与特定政党结成较为稳定的合作关系，例如 "农协" 与自民党、以国营企业工会为主的 "日本劳动组合总评议会"（以下简称 "总评"）与社会党、以民间大企业工会组织为主的 "全日本劳动总同盟"（以下简称 "同盟"）与民社党、信奉日莲正宗的宗教组织 "创价学会" 与公明党等。

实际上，上述利益集团与政党之间的关系在 "55 年体制" 后半期已经出现变化，即不固定支持特定政党的选民急速增加。据统计，20 世纪 70 年代以前，有 40% 的选票为不固定支持特定政党的浮动票，固定支持保守政党或革新政党的选票各为 30%；进入 80 年代后浮动票上升到 60%，保守政党或革新政党的固定支持票各占 20%；到 90 年代浮动票进一步上升到 80%，而保守政党或革新政党的固定支持票分别为 10%。[①] 其后，这一现象更为突出，背景是泡沫经济崩溃引发的政治、经济、社会等各个领域的改革及其带来的各种利益集团组织率及动员能力的降低。

泡沫经济崩溃以来，日本历届政权均提出了 "结构改革" 的口号及目标，其中以小泉纯一郎内阁最为突出。具体地说，公共部门领域的 "结构改革" 主要内容之一是建立市场原理作用下的公共部门管理体系，大幅度减弱政府在经济发展中的功能和作用，即实施所谓的 "新自由主义经济政策"。换句话说，传统的战后日本发展模式是国家集中各种资源并将其加以分配。这既带来了经济的高速增长，也形成了日本经济社会的标识，即终身雇佣制、全民医疗服务、公司福利和员工对公司保持忠诚等，但这种模式无法适应全球化、信息化、经济成熟等环境变化，泡沫经济的形成及其崩溃并造成 "失去的 20 年" 就说明了这一点。

---

① 福冈政行『海図なき政党政治のゆくえ』、『中央公論』第 106 巻第 9 号、1991 年 9 月。

1986 年通过的《劳动者派遣法》在当时被普遍看作一项临时性措施，因为该法允许高技术工人做派遣劳动者（非正式员工）。小渊惠三执政时将其扩展到专业要求较高的行业，2004 年小泉纯一郎首相进一步将这一制度推广到制造业和建筑业，结果在 2006 年共有 662 万人成为派遣劳动者，包括这种派遣劳动者、钟点工、合同工、临时工等在内的非正式雇佣者，在全部就业者中的比例也从 1995 年的 21% 上升到 33%。这些非正式雇佣者工作不稳定，享受不到医疗保障或企业福利，工资也只有正式工人的一半，成为所谓的"劳动贫困"一族，他们无论如何努力工作也改变不了生活的窘境。由此，贫富分化现象逐渐凸显。据统计，两三百万家庭没有或即将失去财富与储蓄，每五个家庭中就有一个家庭没有储蓄，超过 100 万的家庭依靠福利救济维持生存。① 尽管这种改革有利于提高大企业的国际竞争能力，但以集团主义为突出特征的传统文化及其价值观、传统社会组织原理及其体系遭到破坏，"一亿中流"（中产阶层）开始向"下流"（社会底层）转化。

与上述变化直接相关的是工会的组织率逐年下降。2009 年，日本雇佣劳动者总数为 5455 万人，比 1994 年增加 176 万人，其中工会会员为 1008 万人，比 1994 年减少 262 万人，2009 年的工会组织率仅为 18.5%，不到战后最高峰的 1/3。支持民主党的日本劳动组合总联合会（以下简称"联合"）工会拥有 669 万成员，占全部工会会员的 66.4%，但在全部雇佣者中的组织率也仅为 12.5%。另外，由于工作不稳定、流动性较强，在非正式雇佣者中组织率只有 5.3%。②

在农业领域也是如此。由于公共投资的减少、公共设施投标改革带来的利润率下降、大米消费量逐年降低、减少农作物种植面积政策的实施、农产品进口自由化程度的加深、少子化老龄化等因素的影响，在整个 20 世纪 90 年代，农村地区的农业和建筑业领域就业者减少了 77 万人。在此背景下，"农协"正式成员不仅从 1975 年的 577 万人减少到 494 万人，而且

---

① 『朝日新聞』2006 年 10 月 7 日。

② 高橋均「鳩山政権と労働組合」、『マスコミ市民』第 497 号、2010 年 6 月；「2009 年労働組合基礎調査」、『賃金・労務通信』、2010 年 1 月。

内部凝聚力也在急速下降。例如，参加自民党国会议员个人后援会的农村地区选民从 1992 年的 18.2% 下降到 2006 年的 10.2%，交纳会费的个人后援会成员更是从最高时期 1986 年的 5.2% 急速下降到 2005 年的 1.7%。在个人后援会中，同一时期交纳会费成员的比例也从 29% 下降到 16%，反映了个人政治参与热情的下降。[1]

从整体上看，进入 21 世纪后，普通选民参加以市町村为活动范围的自治会（区域利益集团）、以国家为活动范围的社会团体（广域利益集团）、以国内外舞台为活动范围的非政府组织（全球性利益集团）均呈现出急速衰退的态势。例如，带有压力集团性质的自治会与社会团体在第二次世界大战结束时出现井喷式发展，其后持续走低，即使在冷战体制崩溃后也没有出现其他国家所谓的"社团革命"，即社会团体激增现象，即使因 1998 年开始实施《特定非营利活动促进法》而出现井喷现象的非政府组织也在不到十年后减少了近 80%，自治会与社会团体也大幅度减少，从而影响到政治参与的程度。因为推荐或支持市町村议会议员选举的自治会为 56.4%，动员成员在地方议会或首长选举中投票的社会团体为 33.7%，动员成员在国会议员选举中投票的社会团体为 34.6%。尽管非政府组织不能参加选举活动，但在沟通与政治家及官僚的关系、游说行政机构、监督政府施政方面不亚于自治会及社会团体。[2] 在 2009 年的大选中，电机联合工会成员的投票率为 86.9%，大大高于该次大选整体的 69.3% 的投票率。[3]

各种利益团体特别是对决策过程施加影响的压力团体的组织率降低，带来两方面的影响。一是导致投票率降低。因为那些非利益集团成员具有政治无力感，即难以通过分散的选票实现自己的利益要求，甚至将利益要求输入决策过程的可能性也较小，所以降低了普通选民以选举为中心的政治参与热情。正因如此，尽管泡沫经济崩溃以后进入激烈的改革时期，但

---

[1] 御厨貴編『変貌する日本政治：90 年代以後「変革の時代」を読みとく』、勁草書房 2009 年、23-24 頁。

[2] 辻中豊など「日本の市民社会構造と政治参加—自治会、社会団体、NPO の全体像とその政治関与」、『レヴァイアサン』通号 41、木鐸社 2007 年秋。

[3] 露口貴史「衆院選アンケートから見る組合員の政治意識と今後の課題」、『電機連合 NAVI』第 29 号、2010 年 1・2 月。

其后的历次大选投票率均不尽如人意，即使投票率最高的 2009 年 8 月大选也低于"55 年体制"时期的多数大选。二是导致利益集团的内部凝聚力减弱。其政治动员能力及约束能力急速下降，其成员很容易被特定政党的临时性政策吸引而擅自改变立场（实际上，数年前最大的工会组织"联合"曾通告下属组织在选举中可自行选择）。具体地说，选民具有的政治无力感与产生于经济长期低迷、政府财政危机下的社会保障体制破绽、邻国急速发展压力等的焦虑感交织在一起，不仅容易对特定政党或特定政权产生过高期望，使政府政策的实施缺少必要的时间与空间，而且这种过高期望在媒体的推波助澜下也会迅速转化为对特定政党和特定政权的彻底失望，并形成一种奇特的政治现象。也就是说，在大多数情况下不是通过选举更迭首相，而是频繁的民意调查结果体现了民众对政权的不满，最后首相不得不因跌入危险水域内的抄底支持率而引咎辞职，近些年来日本政府频繁地更换首相就典型地体现了这一点。

小泉纯一郎政权结束后，连续更换了安倍晋三内阁、福田康夫内阁、麻生太郎内阁等三届未能坚持一年的以自民党为中心的政权。特别是在麻生内阁时期，刚成立时的内阁支持率只有 47.2%，大大低于福田内阁成立时的 55.6% 和安倍内阁成立时的 67.0%，而且三个月后内阁支持率急速降到 22.6%。尽管其后因民主党代表小泽一郎的政治资金问题，内阁支持率恢复到 30% 左右，但鸠山由纪夫取代小泽成为民主党代表后再次回到 20% 左右。[①] 在此背景下举行的 2009 年大选，民主党大获全胜，新增加 193 个席位，总席位达到 308 个，议席占有率为 64.2%，是现行宪法下获得席位及议席占有率最高的选举。与其相反，自民党惨遭失败，议席骤减 181 个。

民主党之所以获胜是因为在选举前提出许多投选民所好的政策，例如，初中毕业以前的儿童一律提供每人每月 2.6 万日元的津贴（2010 年提供一半）、在公立高中免费和私立高中学生每人每年 12 万日元（低收入家庭 24 万日元）补贴的基础上实施高中教育免费、废除包括汽油税在内的暂定税率、高速公路免费、补贴农户收入、将官僚主导变为政治家主导决

---

① 井田正道『変革期における政権と世論』、北樹出版 2010 年、88-89 頁。

策过程、将冲绳县的美军基地转移到县外乃至国外等，尤其农户收入补贴制度是民主党获胜的主要原因。从社会性质上看，自民党在农村地区占优势，民主党在城市地区占优势。例如，在 2003 年大选时的 300 个小选区中，自民党与民主党在农村地区分别获得 79 个议席和 10 个议席，在中小城市分别获得 58 个和 35 个，在大城市分别获得 31 个和 60 个，体现出自民党农村优势型政党和民主党城市优势型政党的特色；在 2005 年大选时的 300 个小选区中，自民党与民主党在农村地区分别获得 74 个议席和 10 个议席，在中小城市分别获得 71 个和 26 个，在大城市分别获得 74 个和 16 个，民主党在城市的"地盘"遭到侵蚀；在 2009 年大选时的 300 个小选区中，自民党与民主党在农村地区分别获得 42 个议席和 49 个议席，在中小城市分别获得 12 个和 86 个，在大城市分别获得 10 个和 86 个，民主党不仅在城市地区的议席大大超过自民党，而且在农村地区的议席也超过自民党。[1]

但是，民主党上台编制新年度政府预算时才发觉亏空太大，政府财政收入远远不能满足通常的支出。焦头烂额的鸠山由纪夫首相不得不修改竞选公约，即暂缓废除汽油税暂定税率及高速公路免费等要求，农户补贴也从 1.4 万亿日元减少到 5618 亿日元。[2] 即使如此，一般会计支出达到历史最高规模的 92.3 万亿日元，但税收因经济萧条仅为 37 万亿日元，只好发行破纪录的 44.3 万亿日元国债。选民对民主党未能实现选举公约的不满，通过政治资金问题和驻日美军搬迁问题体现出来，鸠山担任首相仅半年时间，其内阁支持率很快从 75% 下降到 20%，不久被迫挂冠而去。尽管菅直人政权成立时内阁支持率高达 60%，但选民还是在 2010 年 7 月的参议院选举中抛弃了民主党。改选 51 议席，民主党仅获得 44 议席，包括执政伙伴国民新党在内的总议席只有 110 议席，离过半数席位还差 12 席。10 个月前在大选中惨遭失败的自民党却在此次选举中大获全胜，议席增加 38 个，尤其在农村地区获得绝对性胜利。另外，根据《朝日新闻》的调查，野田

---

① 菅原琢『世論の曲解：なぜ自民党は大敗したのか』、光文社 2009 年、242 頁。
② 「民主党政権で変わる農協経営」、『金融ビジネス』通号 261、2010 年。

佳彦新内阁的支持率只有53%，倒是民主党的支持率有大幅上升。[①]

二 政府与社会：组织化的松动

尽管过去大多数日本学者较少承认政府在经济、社会发展中的积极作用，但泡沫经济崩溃后，越来越多的研究成果表明，过强的政府经济权限是造成"失去的20年"的罪魁祸首。虽然在采用市场经济的资本主义国家中，政府时常干预经济活动是必需的，但有别于其他资本主义国家的是，日本政府还在制定具体的经济增长政策、通过优惠胜者的方式刺激特定的部门或企业、改变市场奖励机制的间接鼓励等方面起到推动经济社会发展的作用。引起争论的原因在于这种政策并非由法律明文规定，而是"一个负责任的政府机构或者官员在不具有明确的合法权力情况下，能够而且确实可以指导或诱导私营企业或个人采取或不采取某些行动"，[②] 也就是政府干预大多是被伦敦《经济学人》杂志界定为"没有写成条文的命令"的行政指导。

尽管行政指导是通过"劝告"、"期望"、"指示"、"希望"以及"建议"等非强制性语言加以表述的，但它仍具有较强的约束力和可行性。其原因首先来自制度上的保证，即政府所拥有的公共资金的分配权限、许认可权限、财政投融资权限及政策性减税等权限。具体地说，虽然日本政府的财政规模比较小，但较小规模的政府雇员、较小规模的社会保障费，以及较小规模的军费开支可以使行政机构拥有较多的公共资金，在20世纪70年代以前，只是为实现特定政策目标而交付第三者并无须偿还的补助金占到政府一般会计预算的1/3。其次，行政机构拥有称作"规制"、为数甚多的许认可审批权限。这些通过规定某种行业的厂家数量、设备标准、产量与价格，以期达到公平竞争目的等的"经济性规制"和保护消费者以及劳动者安全、促进环境保护、维护社会稳定等的"社会性规制"高达一万

---

① 『朝日新聞』2011年9月4日。

② 〔日〕都留重人：《日本的资本主义——以战败为契机的战后经济发展》，复旦大学日本研究中心译，复旦大学出版社1995年版，第117页。

多项。直到 20 世纪 90 年代，国民生产总值的 40% 是处在这些"规制"的控制之下，而同一时期的美国只有 6.6%。[①] 另外，行政机构还可以利用邮政储蓄、简易保险、国民年金等国营金融机构筹集的资金贷给国营企业或民间企业，这是一种长期低息贷款，而且企业获得该项贷款后容易再获得民间金融机构的贷款，因为政府贷款起到担保作用。这种被称作财政投融资的贷款，其规模相当大，是重要产业的主要资金来源。

正是这种行政指导将日本社会组成一个严密而有效的整体。在经济发展至上的国家目标下，政府经常发表称作"预测"并"给国民增加信心"的经济发展计划，然后决定优先发展哪些产业，并给予诸如低息贷款、财政补助、设备减税等优惠政策，以保证这些产业得到健康和有效的发展；对于那些正在衰退中的"夕阳产业"也给予足够的帮助，促使它们进行合并、减产或转产；为维持"有效竞争"，行政机构利用许认可权限限制某一领域的企业数目，并监督其产品质量及数量；在政府的指导下，工商业中的中小企业组成行业团体，内部相互协调，以求得资源的公平配置和防止过度竞争；除鼓励大型企业与其供应商和销售商之间建立起稳定的合作关系外，政府还通过强调终身雇佣鼓励劳资之间的合作，甚至出面说服工会组织将工资增长率纳入与经济增长率相适应的程度；另外，为更好地实施行政指导，政府直接组织各种经济社会团体、建设福利设施等。因此，从本质上讲，日本是一个被组织的社会或被组织的市场，其主角就是由精英官僚组成的行政机构。

尽管这种经济社会发展模式在使日本发展为经济大国方面起到较大的推动作用，但在赶超型现代化完成之后受到严重挑战。首先，泡沫经济的形成与崩溃显示了这种模式不适应全球化的世界发展潮流，因为那些习惯于政府保护的金融、流通、不动产等服务性产业离开日本本土似乎难以在国际竞争中生存，20 世纪 80 年代末，日本金融资本大举进军美国市场最终惨遭失败的情景，以及 90 年代大型金融机构乃至包括"八佰伴"在内的大型流通机构不断倒闭的状况至今令人记忆犹新。更为严重的是，美国

---

① 白川一郎『規制緩和の経済学』、ダイヤモンド社 1996 年、5 頁。

金融机构趁机大举进入日本。在 90 年代中期以后，美国的证券公司、不动产投资公司相继宣布在日本成立新公司，接受倒闭的日本证券公司的会员资格和分散在日本各地的营业网点，或者低价收购日本金融机构拥有的股权及不良债权。因此，必须削弱中央政府的权限，增强地方自治体、民间企业或市民团体的主观能动性与竞争能力，才能使日本经济恢复景气并推动日本经济社会的进一步发展。

另外，政府所拥有的巨额补助金也成为行政官僚渎职的根源。例如，原厚生省事务次官冈光序治在近十年的时间内，曾接受"彩色福利集团"提供的现金、高尔夫球会员证、高级轿车等巨额贿赂。作为回报，冈光利用职权，拨给"彩色福利集团"的政府补助金高达 104 亿日元。[①] 厚生省每年发放 8.7 万亿日元的政府补助金，约占日本政府全部补助金数额的 45％，但大多数并未取得预期的效果。据统计，1995 年厚生省浪费的即不起任何作用的政府预算资金高达 200 多亿日元。一方面是严重的政府财政危机，另一方面却是政府官员的贪污与浪费，这不能不引起社会舆论的强烈不满。

因此，泡沫经济崩溃后，逐渐形成了"万恶之源是官僚""敲打官僚""脱官僚化"的社会舆论。在此背景下，进行了一系列旨在削弱政府经济社会职能及官僚权限的行政改革。特别是在桥本龙太郎内阁时期进行了大规模的改革措施，其主要内容包括：通过中央行政机构的重新组合，在减少省厅数目的同时削弱行政机构权限；通过放宽限制和整理特殊法人减少政府的权限与经济职能；通过地方分权发挥地方自治体与民间企业的主观能动性和活力；通过制定《信息公开法》增加行政机构的工作透明度；为适应削弱政府权限而减少国家公务员数量、改革政府咨询机构审议会、完善政府人事管理制度、改革行政程序、行政信息化等。1997 年，内阁提出并在国会通过《行政改革法》，将中央行政机构的 1 府 22 个省厅改组为 1 府 12 个省厅，同时大幅度削减行政机构的权限，而且对拥有强大权限的省厅进行分割，特别是邮政省和大藏省。在首相官邸的主导下，原邮政省管

① 『SAPIO』1997 年 5 月 14 日、103 页。

辖的信息通信产业政策划归经济产业省，其通信广播行政业务划归总务省，简易保险民营化，从而大大削弱了邮政省的权限。大藏省过去被称为省厅中的省厅，其权限远远超过其他行政部门，因而成为行政机构改革的重点。不仅其财政政策权限的大部分被转移到内阁府经济财政咨询会议，而且其金融行政全部转移到新设置的金融厅，它对中央银行——日本银行的监督权限也受到较大限制等，其名称也改为财务省。2001 年 1 月 1 日，新的行政机构正式启动，其后包括放宽限制、整顿特殊法人、地方分权、削弱官僚权限在内的行政改革持续进行。

尽管行政改革远远没有结束，但对官僚阶层已形成较大的冲击。机构重组及其权限缩小使各个行政部门的关系需要时间加以协调，因而精英官僚积极干预经济社会的主观能动性大为降低，而是消极地等待来自社会的反映和政治家的压力。[1] 另外，政府财政危机也使官僚控制社会的能力大为减弱，即公共开支的减少削弱了民间社会对公共政策的依赖，遂造成政府与社会之间的关系处在重新构成过程中，这正如 2011 年 1 月 29 日菅直人首相出席世界经济论坛年会"达沃斯会议"演讲时所说的"创造新的纽带关系"那样。具体地说，尽管"必须修正官掌权、民被权管，官办公共事务的治理结构，使官与民在平等前提下携手合作，切磋探讨，共同运营公共事务，这是时代的要求"，[2] 但替代"官治"体制的治理机构及体制尚未出现。换句话说，虽然在完成赶超型现代化的同时，日本也出现了市民社会的雏形，即市民通过自己的组织与政治机构相联系，提出自己的利益要求，并积极地监督政治权力的行使过程，强调政权组成的正统性和合法性，但 1973 年"石油危机"引起的经济危机，以及由此而来的政府财政困难使这一进程遭到严重挫折，再次回到中央集权型的体制。在这种状况下，"官治"突然退出市场或社会将导致无秩序的混乱，这不仅成为政局不稳的社会根源，也是新政治体制迟迟不能形成的深层次原因，其中较为典型的事例是养老金缴纳记录丢失问题。

---

① 『読売新聞』2010 年 1 月 18 日。

② 〔日〕小岛明：《日本的选择》，孙晓燕译，东方出版社 2010 年版，第 156 页。

1997 年 1 月，日本开始实施基础养老金账号制度，将过去数种养老金统一姓名、出生年月日、性别和住所，实行一人一账号，再交由厚生省社会保险厅统一管理。截至 2006 年 5 月，总共合并 1.426 亿件，但由于政府主管部门的工作失误，有 5000 多万件的旧养老金记录找不到"原主"，使本来就因老龄化、少子化而处在危机状态的养老金制度进一步陷入困境，许多已经缴纳保险费的日本国民担心无法按期领取养老金。2006 年 9 月上任的安倍首相已经掌握了养老保险金系列问题的实际状况却压而不发，问题曝光后为消除民众对养老金制度的不安，联合执政的自民党和公明党在国会两院仓促通过了《取消养老金时效特例法案》和《社会保险厅改革相关法案》，在全额补发养老金基础上健全社会养老金体制。尽管如此，国民依然非常愤怒，并将其不满转移到自民党政权。① 舆论调查显示，安倍晋三内阁的支持率迅速降到 30% 以下。在此形势下，2007 年 7 月 29 日举行的参议院选举严重地打击了自民党。在需要改选的 121 个席位中，民主党当选 60 席（改选 32 席），自民党 37 席（改选 64 席），公明党 9 席（改选 12 席）。加上未改选席位，民主党共有 109 席，超过自民、公明执政党合计的 103 席。

三 议员与官僚：紧张化的两者

从理论上讲，选举产生的国会议员为政治家，负责法律的制定工作，考试录用的国家公务员为行政官僚，负责法律的实施工作。但在第二次世界大战后相当一段时期，官僚主导了包括制定法律在内的决策过程。截止到 1993 年 1 月 1 日，日本在战后制定的新法律及修改的法律共有 7531 项，其中由行政官僚起草、内阁提交国会审议的法案大约占 70%，国会两院议员提出的法案只占 30%，而且内阁提出法案的通过率高达 87%。例如，众议院议员提出法案的通过率为 36%，参议院议员提出法案的通过率只有

---

① 屋山太郎『天下りシステム崩壊：「官僚内閣制」の終焉』、海竜社 2008 年、101 頁。

17%。① 即使在国会审议过程中，局长级的官僚作为政府委员出席国会委员会会议，并代替有关大臣回答其他国会议员提出的问题。

官僚主导决策过程的第一个原因是历史传统。近代以来，日本在国家主导下迅速实现现代化，而政府官僚作为拥有较大权限的"天皇侍从"，在政治、经济、社会秩序等方面，均起到重要作用。占领时期，由于占领军实施利用日本原有行政机构的间接统治方式，其直接后果就是几乎原封不动地保留了日本原有的官僚体制及由其管理国家的模式。官僚主导决策过程的第二个原因是行政机构通过严格的考试制度选拔优秀人才，从而拥有高素质的官僚队伍。从 1949 年 1 月 16 日开始考试录用公务员以来，到 1990 年共举行过 688 次考试，报考人数为 996 万余人，其中合格者为 90 万余人，被录用者仅 48 万余人。② 通过国家公务员考试特别是高级考试并被录用、可以不断升迁职务的行政官僚精通法律知识，善于学习，具有较强的使命感、责任感和立法意识，对决策过程的最初阶段即起草法律草案一般持积极态度。这是因为所属省厅管辖的法律越多，该省厅的事务权限就越大，而且起草法案并在国会得到通过，对起草者的职位升迁也有微妙的影响。另外，通过起草法案可以与有关国会议员、利益集团建立良好的人际关系，对官僚今后向政界发展或退职后到民间企业再次就职均有利，因而这些事务官员大多热衷于起草法案，并为此常常加班到深夜。除上述原因外，议会内阁制的政治制度、自民党的长期执政、国会议员须联名提案的制度性规定，以及议员缺乏协助立法的助手等也是造成官僚主导决策过程的重要因素。

20 世纪 70 年代以后，尽管执政的自民党在决策过程中的作用逐渐增大，但"官僚主导"的基本框架依然存在。究其原因，首先是行政机构本身具有较强的自律性及其高度参与决策过程的制度化。一方面，内阁成员对已经程序化、官僚主导下的政策课题选定、立案、起草过程，难以行使作为行政部门首长的权力，在绝大多数场合只能加以承认；另一方面，虽

---

① 五十岚敬喜・小川明雄『議会：官僚支配を超えて』、岩波書店 1995 年、100 頁。
② 中国社会科学院编《简明日本百科全书》，中国社会科学出版社 1994 年版，第 165 页。

然执政党国会议员作为行政部门首长对官僚的人事变动拥有决定权，但任期只有 1~2 年的大臣们很少对此发表个人见解。也就是说，政治家一般不干预行政机构按照科层制的原则和惯例进行的人事安排。因为稍有不慎便会引起不良后果，影响到政治家本人的威信，战后仅有的几次干预行动均引起了舆论界的轩然大波。[①]

其次，由于自民党的长期执政，其国会议员与行政官僚建立起密切的关系，不仅执政党的政策课题交给行政官僚起草有关法案，而且自民党政治家的利益要求也由有关省厅在制定法案时给予满足。因此，内阁成员既没有必要积极介入行政机构的决策过程，也没有必要通过行使否决权来拒绝官僚提出的政策草案。另外，行政机构内部存在割据性。虽然日本行政官僚是一个影响力较强的政治主体，但其内部并非铁板一块，各省厅之间经常就权限和利益问题产生摩擦、对立和冲突。特别是在经济低速增长以后，捉襟见肘的政府财政更使省厅间的争斗成为家常便饭，各省厅为维护并扩大自己的权限和利益，需要从官僚体制之外寻求支持力量，执政党所属政治家就成为首选目标，自民党国会议员不由自主地牵扯进去。因为无论自民党的国会议员是否担任特定省厅的大臣或长官，均站在该省厅的立场上对决策过程施加影响，这种状况无疑加强了执政党国会议员对行政省厅的从属性。

自民党政治家与行政官僚的密切合作也产生了不少弊端，特别是在经济低速增长、政府职能需要加以变革之时，其主要体现在以下几点。

第一，内阁会议形式化。内阁会议是由内阁总理大臣主持、全体内阁成员参加的政府最高会议。按照有关法律，内阁向国会提出的所有法律草案均须经过内阁会议的讨论并通过，然后才能向国会提出。但作为由执政党国会议员组成的政府最高决策会议，在政策制定过程中的作用非常微弱。因为内阁会议所讨论的法律草案都是事先经过事务次官会议协商同意的，内阁成员在内阁会议上很少对其提出意见，最多只是表明一下自己所代表的立场。这样一来，减弱了内阁作为行政机构最高部门所拥有的统率

---

① 日本経済新聞社『官僚：軋む巨大権力』、日本経済新聞社 1994 年、42 頁。

能力，在重大事件或突发性事件的处理上难以迅速做出决断。

第二，是政治腐败的根源。特定领域的自民党政策专家"族议员"通过行政官僚影响决策过程乃至政策执行过程，容易造成政治腐败现象。因为在"族议员"的干预下，政府补助金分配和许认可的批准通常按照执政党国会议员的意向加以实施，得到利益的社会团体将向有关政治家提供巨额政治资金，20世纪70年代以来许多政治资金丑闻正是由这种没有分隔规范的政治与行政的密切配合造成的。

第三，行政机构的权限得到维护。在"族议员"与行政官僚密切配合的前提下，尽管在开放市场、税制改革等方面能够实现某些政策目标，但在行政改革、地方分权、放宽限制等涉及行政机构权限问题上却在双方的共同反对下难以进行必要的改革。结果本应受到削弱的行政权限反而在80年代后半期得到加强，适应执政党国会议员要求的"利益诱导体制"也得到充分体现。不仅政府的财政赤字迅速增长，而且支撑经济进一步发展的战略产业也被毫无远见的政治家葬送了。

客观地讲，战后日本在精英官僚群体的有效治理下，忠实地执行"轻军备、重经济、在美国保护下发展"的"吉田路线"，取得了经济大国的惊人业绩，但同时也带来了严重的不平衡，正如五百旗头真所指出的那样："在美国的庇护下，日本失去了独立判断并付诸行动的能力。"[①] 因此，泡沫经济崩溃后，在实施行政改革、削弱官僚决策权限的同时，为提高国会议员制定政策的能力，在1994年为国会议员增加了一名政策秘书。同时，为减少对官僚的依赖，经过数年讨论后，在1999年废除了政府委员制度，即代替有关大臣在国会就有关法案涉及的问题进行答辩的有关省厅局长级官僚。1999年，国会决定废除政务次官制，同时建立副大臣和大臣政务官制度。2001年1月1日，减少近半数省厅的新行政机构正式启动，除执政党国会议员出任各省厅的大臣外，还有22名的副大臣及由民间人士、官僚出身者、执政党国会议员担任的26名大臣政务官。副大臣可以代理大

---

① 〔日〕五百旗头真编《新版战后日本外交史（1945—2005）》，吴万虹译，世界知识出版社2007年版，第108页。

臣的职务，地位高于事务次官，通过副大臣会议协调各省厅的政策决定，必要时可直接向首相提出建议，参加国会辩论等。

与此同时，为加强首相官邸对各省厅的统率地位，由过去的总理府、经济企划厅、冲绳开发厅组成内阁府。在首相的直接领导下，内阁府就对外政策、安全保障政策、宏观经济政策、编制政府预算等重要问题起草计划或方案，另外还负有协调各省厅的责任。同时，为加强首相的权力，除赋予首相在内阁会议上的"发议权"即首相可单独提议某项法案外，增设3名相当于事务次官职务的首相辅佐官，1名内阁宣传官，1名内阁情报官，并在内阁府下设置"经济财政咨询会议"、"综合科学技术会议"、"中央防灾会议"与"男女共同策划会议"四个首相咨询机构。

在各个省厅权限遭到较大削减的同时，首相官邸的决策权限得到加强，不仅首相的动议权得到法律承认，而且内阁官房的地位也大为提高，其中最具代表性的是"经济财政咨询会议"。该机构的主要职能是调查审议经济财政的实际状态、预算编制的基本方针，以及重大经济财政政策等。尽管该机构在森喜朗内阁时已经启动，但正式将其作为决策中心运转是在小泉纯一郎政权时期。在确定年度预算基本方针时，经济财政咨询会议事务局与各行政省厅、自民党决策机构不断进行交涉，有时会接受来自行政机构或执政党的要求。尽管这种首相官邸主导决策过程趋势在小泉执政时期十分明显，但在安倍晋三政权、福田康夫政权时期遭受挫折，例如，安倍内阁主张在首相官邸设立"国家安全保障会议"，以便主导外交安全决策过程的法案在福田政权时期成为废案。

民主党执政以后，为"从官僚手中夺回权力"并形成"政治家主导"，除向各省厅派遣100名国会议员以统率官僚机构，终止具有123年历史的行政官僚最高首脑组成的事务次官会议，甚至禁止事务次官定期会见记者活动外，还专门成立直属首相、决定内政外交基本方针的"国家战略局"，以实现首相官邸主导决策过程体制。但民主党执政一年多，并没有显示出在削弱官僚决策权与利用官僚专业知识、能力之间掌握平衡并具有判断日本未来发展方向且将其转化为实际行动的能力，在遭到行政机构的消极抵抗后反而呈现回归官僚政治的迹象。以"反官僚"著称的菅直人当选首相后表示"绝不是排除诸位官僚、只靠政治家思考和决定问题。诸位官僚才是多年来搞政策和各种课题的专家",要建立"利用官僚力量推进政策"的内阁,[①] 甚至在国会上照本宣科地利用官僚提供的稿件进行答辩。因此,民主党政权实施的"脱官僚化"改革依然带有浓厚的试探性色彩,立法机构与行政机构、政治家与官僚之间的关系进入需要相当时间的磨合时期,这一过程同时也是政局难以稳定、新政治体制尚未形成的重要背景。

四　外交与内政：国际化的内卷

在民主党执政的一年多时间内,中日关系及日美关系出现了戏剧性的变化,并影响到日本政局乃至政治体制的变化。民主党政权初期,中日关系顺利发展的一个重要背景是其"脱美入亚"的意识,即追求对等的日美关系及重视亚洲的外交特色,在民主党竞选纲领中较为令人瞩目的是强调"以构建东亚共同体为目标,确立亚太地区区域内的合作"。鸠山由纪夫于大选前三天即 2009 年 8 月 27 日,在《纽约时报》上发表题为《日本的新道路》的文章,指出:"我们是个位于亚洲的国家,正在日益显现活力的东亚地区必须被确认为日本的基本生存范围。……很多人从金融危机中认识到,美国单边主义的时代也许会终结。金融危机也使人们对于美元作为关键全球性货币的永久性地位产生了怀疑。……当前的事态明确表明中国将成为世界上主要的经济体之一,在不太遥远的未来,中国经济的规模将超过日本。……希望美国的军事力量有效地发挥作用,以维护该地区的稳定,但是也希望约束美国在政治和经济方面的过分行为。……东亚地区的经济实力和该地区内部相互依赖的关系不断扩大和深化。因此,成立区域性经济集团所需要的架构已经存在。"[②]

鸠山由纪夫当选首相后积极提倡"东亚共同体"。首先,2009 年 9 月 24 日,他在出席联大一般性辩论时发表演说,主张"开放的地域主义",

① 中野雅至『政治主導はなぜ失敗するのか』、光文社 2010 年、8 頁。
② Yukio Hatoyama, "A New Path for Japan," *New York Times*, August 27, 2009.

构建"东亚共同体",将推动"自由贸易协定(FTA)、金融、货币、环境、灾害援助等领域"的合作,"希望东亚各国经过不断的协作,最终形成东亚共同体"。① 2009 年 10 月 10 日,鸠山首相又在中、日、韩领导人峰会上表示:"日本一直以来对美国有点儿过于依存。日本在重视日美同盟的基础上,作为亚洲的一员,应该制定更多重视亚洲的政策。""我想(东亚共同体)的关键在于中日韩三国首先从强化经济合作开始。"② 在该次峰会后发表的声明中,首次写入"东亚共同体"概念,并将其作为中、日、韩三国共同努力事项的长期目标。2009 年 11 月 15 日,鸠山首相在新加坡国际关系研究院发表了"走向亚洲的新相互关系:实现东亚共同体构想"的亚洲政策演说,强调"日本新政府宣言重视亚洲外交,其支柱是东亚共同体构想"。③

尽管在美国的压力下,包括鸠山首相在内的民主党领导人均否认将美国排除在"东亚共同体"之外,但民主党政权采取这种"脱美入亚"政策的最大原因是世界经济发动机的转移,即美国经济相对衰弱、以中国为中心的东亚地区成为经济发展最活跃的地区。具体地说,包括日本在内,"东亚四小龙"首先在 20 世纪 60 年代转向出口导向工业化,其后东盟四国即"东亚四虎"、中国及越南也陆续采取政策,并出现了"东亚奇迹",其出口对象是以美国为首的发达国家。另外,战后美国凭借美元的世界货币地位,采用发行美元等方式向全世界借债,维持其"低储蓄、高消费"的经济运行模式。在这一过程中,东亚国家、中东石油出口国的巨额贸易顺差及庞大外汇储备重返美国,支撑了美国人的消费。这套运行机制支撑了世界经济的增长,直到 2007 年"次贷危机"爆发才陷入困境。

金融危机爆发后,美国的危机对策导致内需市场萎缩,无法维系其"最大的出口市场地位"。在宏观经济政策上,尽管美国政府通过美联储拨付巨资,以扩大市场流动性,但其政策着力点放在拯救大型金融企业和产

① 『日本経済新聞』2009 年 9 月 25 日。

② 白如纯:《东亚区域合作新进展与民主党政权"重视亚洲"政策》,载李薇主编《日本发展报告(2010)》,社会科学文献出版社 2010 年版,第 194 页。

③ 张建立:《鸠山内阁东亚共同体构想及其实现的可能性:从集团缔结原则的视角》,载李薇主编《日本发展报告(2010)》,社会科学文献出版社 2010 年版,第 201 页。

业资本的不良资产上，并未形成有效的产业关联效应。其结果是政府债台高筑，央行资产膨胀，美元信用下滑，但内需并未得到扩大。此外，贸易保护主义路线对美国的世界市场地位也造成消极影响，在全球市场结构和运行机制未发生根本改变的情况下，政策扩张下的美元流动性再次充斥资源市场和新兴市场，不仅未能支撑美国的国内消费，反而导致世界经济出现新的"冷暖不均型失衡"。

面对国际金融危机的冲击，中国政府及时推出了"一揽子计划"。与美国不同的是，中国直接对应市场，正面启动基础设施建设，采取住宅贷款减息、汽车销售减税、家电以旧换新以及"家电下乡"等措施，有效刺激了内需扩张。中美政策着力点和效果的不同使日本企业在拓展海外市场方面发现了新的机会，中国政府实施的经济刺激政策在很大程度上成为日本扩大对华出口的"东风"，日本企业不仅在钢铁、包装和加工产业等领域扩大了对华原材料出口，还在汽车、家电等消费市场上扩大了对华零部件和专用料出口。尤其是在公共建设领域，日本的建筑机械出口快速增加。值得注意的是，日本对华出口呈现出"投资带动型出口"特征，即与日本企业对华投资紧密结合的出口。实际上，自中国加入世贸组织以来，日本企业在中国的投资开始向生产以外的研发、国内消费、售后服务等全方位方向发展，即"市场获得型投资"。[①] 特别是在国际金融危机的背景下，日美欧等发达国家市场萎缩，中国等新兴市场快速复苏，进一步促使日本企业扩大对华投资，中日之间的经济联系进一步加深。

另外，美国金融危机爆发后，尽管东亚各国被迫将出口导向发展模式转向内需主导发展模式，但面临许多困难。例如，日本国内消费占国内生产总值的比例在 56% 左右，虽然不及美国的 70%，但作为重视储蓄的国家，其消费比例升高的空间不大。也就是说，在节能环保、智能机械等新兴产业尚未成为新的经济增长点时，将出口主导型改变为内需主导型的经济模式并非易事，特别是在老龄化、少子化日益突出时期。由于少子化，

---

① 张季风：《挣脱萧条：1900—2006 年的日本经济》，社会科学文献出版社 2006 年版，第34 页。

日本人口不仅以每年 0.6% 的速度减少，而且老龄化社会特征越来越突出。[①] 另外，日本采取严格限制外来移民的政策，结果造成其既缺乏劳动者，也缺乏消费者。突出的现象是泡沫经济崩溃后，日本国内消费年均增长率基本没有变化。因此，对于一直处在低迷状态的日本经济来说，中国市场的作用不言而喻，维持本来经贸关系非常密切的两国合作关系自然十分重要。

正是在上述背景下，追求良好的中日合作关系与对等的日美关系便成为鸠山政权最初的外交政策基本态势，但来自在各个领域仍具世界领导能力的美国及东亚地区紧张局势的压力，不仅使后期的鸠山政权重新向强化日美同盟转变，甚至因无法兑现改变美军驻日基地搬迁方案而垮台。在此种情况下，中日关系发展势头出现放缓的迹象，特别是在包括钓鱼岛在内的领土、领海问题上，双边出现摩擦甚至冲突，严重地阻碍了两国关系的顺利发展，菅直人政权的支持率也因其摇摆的外交政策，特别是中日关系及日俄关系因领土问题产生的僵局而急速下降。

实际上，日本的对外战略正处在艰难的选择过程中。中国目前已取代日本成为世界第二大经济体，日本对中国经济依赖度加深，同时却对中国军事影响力扩张深感不安，对华政策由此陷入"进退两难"的境地。具体地说，在中国的迅速崛起面前，日本有三种亚洲外交战略以及选择。（1）新亚洲主义。逐渐摆脱美国的外交安全保护框架，在中日和解的基础上推动东亚一体化的建设，以福田康夫、鸠山由纪夫为代表。（2）新保守主义。在中美之间保持一种微妙的平衡，在接受美国安全保护的同时融入东亚高速发展的经济圈，以加藤纮一、小泽一郎为代表。（3）新国家主义。与美国结成更为紧密的同盟关系，通过制定主要针对中国的新防卫大纲等抑制中国日益上升的地区影响力，以前原诚司、枝野幸男为代表。

相对而言，第三种选择对日本最为不利，因为日益密切的中日双边经贸关系将因此遭到较大的损害。目前乃至今后相当长的一段时间，美日贸易、欧日贸易都不可能替代中日贸易，如果中国政府迫于国内民族主义压

---

① 白川一郎『政権交代期の日本経済』、中央公論新社 2010 年、197 頁。

力，对日本采取经济性的对抗措施，估计日本可能会出现第三次"失去的十年"。正因如此，虽然菅直人政权目前实施的是第一种选择，但在很大程度上难以较长时间地持续这种政策。尽管第二种选择比较符合当前的现实，但需要高超的政治平衡技巧，实施起来具有较大的难度乃至危险，正如最早提倡中、日、美等边三角关系的加藤纮一遭到各方批判，以及积极主张相同观点的小泽一郎不断遭到司法机构的审查那样。因为这种选择不仅难以摆脱美国的控制，无论在政治上还是经济上都要付出相当大的代价，而且带有军事性质的日美同盟关系，使日本难以进一步密切与东亚各国特别是与中国的关系。另外，从长远的眼光来看，第一种选择最符合日本的利益，因为越来越依赖东亚区域内部经济发展的日本，有必要以更积极的姿态参与地区一体化的进程。这种选择既符合今后世界的发展潮流，也是日本成为正常国家的必经途径。但是，这种选择也有较大的难度，不仅目前日本与东亚各国缺乏信赖关系，美国也会采取各种措施对日本施加压力——正如短命的鸠山政权那样。更为重要的是，目前日本尚未出现具有其见识与采取果断行动魄力的政治家群体。正是在这种背景下，美国巧妙地利用日本社会中弥漫的"中国威胁论"及朝鲜半岛危机，成功地抑制了积极组建"东亚共同体"的新现实主义，乃至主张中、日、美等边三角关系的新保守主义外交思潮，使强化日美同盟的新国家主义再次占据日本外交思潮的主流。但其结果不仅将为经济上越来越密切的中日关系带来障碍，也会由此造成日本政治的不稳定局势。

结　论

以上分析了选民与政党、政府与社会、议员与官僚、外交与内政等四个政治主体或侧面之间的相互关系，从中可以看出，选民与政党的关系因利益集团的衰退而尚未固定下来，政府与社会的关系更是由于行政改革处在较大的变化之中，决策过程中的议员与官僚的关系甚至具有某些紧张性，世界政治经济格局尚未成形下的外交方向不确定选择也影响到日本国内政治的变化。正因如此，持续的政界分化组合引起的政权更替，使日本政治乃至政局在相当一段时间内难以稳定下来，新政治体制的形成也尚需时日。

"3·11"大地震、海啸、核泄漏等三重灾难及其灾后复兴工作既显示了政治改革的必要性，也体现了政治改革的困难性。尽管比起1995年"阪神大地震"后的救灾措施来，此次菅直人政权的对策尚可圈可点，但因党内外各种因素的牵制，未能表现出执政党的整体决策能力及施政能力，因而遭到包括"经团联"在内的各种利益集团的强烈批评，并在统一地方选举中惨遭失败。行政官僚与大企业之间的非正常关系，在很大程度上导致了此次地震及海啸中的核电站泄漏事故，而且救灾物资在各种条条框框的限制下不能及时运送并发放到灾民手中，使国家公务员制度再次处在公众舆论的风口浪尖上，充分反映了需要改革行政体制但尚未出现取代"官治"的社会体制的现状。与此同时，在"政治主导"的压力下，本来就习惯于循规蹈矩的官僚更是消极地等待来自政治家的指示，而包括首相在内的国会议员则热衷于如何表演的"政治秀"，结果不仅延缓了相互之间准确信息的传递，更重要的是导致核泄漏事故变得不可收拾。即使在外交方面，日本政府也没有通过救灾工作改善乃至密切双边或多边关系。例如，在中国政府及人民积极援助受灾者时，日本出版了明确钓鱼岛为日本领土的教科书，日本政府有关部门通过了在有争议的"冲之鸟礁"建设码头的决定。[1]

如果大胆加以预测的话，未来最终形成的日本政治体制将在较大程度上仍以一个较大的政党为中心组建政权，选民主要是通过政策取向决定自己手中的选票，政党主导决策过程的趋势加强，市民组织型社会也有所发展，但日本在国际舞台上的影响力将逐渐减弱。具体说来，由于集团主义传统文化及老龄化、少子化社会结构的影响，日本难以形成以两大政党竞争为中心的政治体制；尽管各党之间的政策差别不大，但其主张仍将成为选票投向的主要依据；同时，行政官僚在决策过程中的作用逐渐降低，对社会的控制能力也进一步下降；另外，伴随经济实力的相对下降，政府资源将逐渐减少，因而其对外政策也会受到较大的限制。

---

[1] 《环球时报》2011年5月28日。

　　值得注意的是，在上述过程中，为提高内阁支持率，在其基础上稳定政权，同时争取在国际社会继续发挥或发挥更大的作用，日本的执政者也有较大的可能采取某些民族主义政策，例如在包括成为联合国安理会常任理事国等追求政治大国地位方面，特别是在容易刺激国民情绪的领土、领海问题上挑起争端。因此，较长时期不稳定的日本政局可能给中日关系带来负面影响。

　　（原载《国际政治研究》2011 年第 3 期，收录于本书时有修改）

佐藤政权时期"冲绳归还"的政治过程[*]

因美国为扩大越南战争而采取遏制中国政策，佐藤荣作只好将其政权的最大外交方向放在冲绳施政权归还（以下简称"冲绳归还"）问题上。由于该政策课题以及政治过程的复杂性，所需时间甚至长达佐藤荣作近八年的执政时期。为实现该政策目标，佐藤首相不仅在国内政治方面利用以冲绳居民为主的"冲绳归还"运动，制造适合美国"冲绳归还"的社会氛围，而且利用外交权属于内阁的政治制度，通过秘密渠道对美让步，既得到国内舆论的支持，也逐渐得到美国的认可，从而实现了"冲绳归还"。这成为佐藤荣作政权的最大外交成果，但也遗留了诸多问题。

一 "冲绳归还"政策的提出

正如 20 世纪 90 年代担任首相的宫泽喜一评价池田勇人内阁的业绩那样："池田内阁收拾了 60 年安保的混乱局面，并通过所得倍增计划开辟了日本成为经济大国的道路，但没有解决冲绳归还和中国问题。"① 因此，1963 年 7 月，佐藤派的"政策通"爱知揆一组成政策小组（由新闻记者、年轻官僚及有关学者组成，1964 年 1 月改称"佐藤工作组"），为佐藤竞选自民党总裁提供政策性建议。在该小组提出的研究报告中，依次具体阐述

---

* 为真实反映美国、日本当时在台湾问题上的错误立场，本文对相关引文保持原样，未做处理。

① 宮沢喜一『戦後政治の証言』、読売新聞社、1991 年、132 頁。

了"中国问题""日美关系问题""冲绳问题"等日本外交的重大课题。在具体言行上，佐藤也将改善中日关系放在第一位。在其上台前的 1964 年 5 月，他以内阁成员的身份秘密会见了正在日本访问的中国国际贸易促进委员会主席南汉宸，并表示如果掌握政权，将为改善中日关系尽最大努力，同时还表达了"政经不可分原则"的主张。① 佐藤在其上台后第一次会见记者时就明确指出，"中共问题是当前日本外交的基本问题，也是寄予佐藤内阁的重要课题"，日本国民对蒋介石在战后实行的宽大政策表示感谢，但政府却不能以"感情"来处理中日关系。② 美国则担心在自民党内与中国建立正式关系的呼声逐渐增强的压力下，作为"对与北京建立政治关系最没兴趣的保守政治家"的佐藤也不得不以某种形式表现出来。③

从国际上看，1964 年 1 月，中法建交使包括日本在内的国际社会对"有关中国问题的议论进一步活跃起来"，④ 这是佐藤对中日关系采取积极态度的重要背景。即使在中国第一颗原子弹爆炸成功、拒绝以北京市市长彭真为团长的中共代表团入境参加日本共产党第九次代表大会的申请、宣布继续参加"重要事项"的提案国以阻挠中国恢复在联合国的合法席位之后，佐藤首相在临时国会发表演说时仍表示："政府历来同中华民国政府维持了正常的外交关系，同中国大陆在政经分离的原则下，与民间保持了贸易及其他事实上的接触。在中共进行核试验的今天，我也没有改变这种基本方针的打算，但不能不指出的是中国问题所具有的重要性越来越明显。我想斟酌今后国际形势的变化，慎重而认真地对待这个问题。"⑤

1965 年 1 月 10 日，佐藤首相访问美国并进行了日美首脑会谈。在此次会谈中，佐藤首相表达了日本对中国问题的看法："中华人民共和国政府作为业已确立的政权，在国际上作为一支不可忽视的力量而存在，这是

---

① 田桓主编《战后中日关系史 1945—1995》，北京：中国社会科学出版社，1996 年，第 217 页。

② 『朝日新聞』1964 年 11 月 11 日。

③ Prospects for New Japanese Prime Minister, Thomas L. Hughes to the Acting Secretary, 1964.11.10, DCD, No. 641G. 转引自池田直隆「戦後日本外交における対中・対米関係の交錯—池田・佐藤内閣」、『国學院大學日本文化研究所紀要』第 90 巻、2002 年 9 月。

④ 外務省編『わが外交の近況』第 9 号、1965 年 7 月、2 頁。

⑤ 外務省編『わが外交の近況』第 9 号、1965 年 7 月、1-2 頁。

事实。基于这样的事实，必须让中共参加联合国的国际舆论在不断增强。这种客观形势已是不可阻挡的。从长远的观点看，有必要研究针对中国的政策。"① 但在美国的压力下，联合声明表现为"总统在强调美国对中华民国的坚定不移的支持政策的同时，对中共对近邻各国的好战政策和扩张主义压力正在威胁着亚洲和平一事表示了极度的忧虑和重大关注。首相表明：日本政府的基本政策是维持同中华民国间建立在正式外交关系基础上的友好关系，同时在政经分离的原则下同中国大陆继续扩大贸易范围内的民间接触"。②

也就是说，此次访美使佐藤首相不仅意识到围绕中国问题的"国际形势发生了重大变化"，"美国比以往更加关心亚洲问题，并努力去解决它"，而且充分体会和认识到美国"防止中共入侵邻近地区的政策"，③ 因而其态度立刻发生了较大的变化。1月14日，佐藤首相在日美协会及有关团体主持的晚餐会上表示："我们对中国的侵略倾向抱有和美国同样甚至更为强烈的不安心情。因为中国进行核试验，我们对中国政策的不安心情更加强烈。——我们对美国防止中国对邻近地区采取军事行动的政策表示充分的理解，并且表示赞成。"④

在上述背景的基础上，佐藤的外交目标转移到"冲绳归还"问题上。实际上，冲绳问题在战争结束后一直存在。早在酝酿媾和的1951年1月，吉田茂首相在向美国特使杜勒斯提交的有关领土备忘录中，要求美国在不必要托管时将冲绳及小笠原群岛归还日本。⑤ 尽管在1951年9月签订的《旧金山和约》中回避了日本的这一请求，但杜勒斯在媾和会议上对条约产生的背景进行说明时表示："面对盟国间意见的分歧，美国认为最好的办法是，将这些岛屿置于以美国为施政者的联合国托管制度之下，承认日

① 楠田实编著『佐藤政権・二七九七日』上、行政問題研究所出版局、1983年、77-78頁。

② 鹿島平和研究所編『日本外交主要文書・年表 第2巻（1961-1970）』、原書房、1984年、543頁。

③ 山本剛士『日本外交史・6・南北問題と日本』、三省堂、1984年、83頁。

④ 古川万太郎『日中戦後関系史』、原書房、1988年、236頁。

⑤ 石丸和人ほか『戦後日本外交史・3・動き出した日本外交』、三省堂、1985年、224頁。

本保留主权。"① 吉田茂在接受和约的演说中也特别提出："对于根据和平条约第三条，奄美大岛、琉球群岛、小笠原群岛等被置于联合国托管制度之下的北纬 29 度以南诸岛的主权留给日本的美国全权代表和英国全权代表的发言，我非常高兴地以日本国民名义予以接受。我期望世界特别是亚洲尽快确立和平与稳定，使这些岛屿尽早返回到日本的行政管辖之下。"② 其后，"冲绳归还"问题便成为历届执政者追求的政策目标，佐藤荣作在 1954 年陪同吉田茂首相访问美国时将其作为自己的政治课题。③

1957 年，日本首相岸信介访美时首次正式提出归还冲绳的要求。对此，美国表示尽管日本对冲绳拥有"潜在主权"，但"只要在远东存在威胁和紧张状态，美国就有必要维持现状"。④ 1961 年 6 月，池田勇人首相访美时只是要求美国理解日本政府改善冲绳居民的福利愿望，而且在发表的《日美联合声明》中，美国对日本政府援助冲绳给予了积极的肯定，同意节日、庆典时可在公共建筑物上悬挂日本国旗。1962 年 3 月，美国总统肯尼迪提出对冲绳新政策，公开表示"琉球（冲绳）是日本本土的一部分"，并承诺"随着日本对琉球诸岛主权的最终恢复，美国将减少对该岛的权力"。⑤ 1964 年 6 月，美国政府以国务院为中心制定了一份对日政策文件，该文件注意到日本国内逐渐高涨的民族主义情绪，承认冲绳问题可能对日美关系及此后的形势变化造成影响，但在日本政府的合作下，美国仍将继续统治这一地区并保留美军基地。⑥

尽管 1964 年 5 月"佐藤工作组"报告书中强调"在日美交涉中以文书的方式正式向美国提出归还冲绳施政权"，但 6 月底发表的纲领性文件

---

① 入江通雅『戦後日本外交史・増補版』、嵯峨野書院、1983 年、148 頁。
② 吉田茂『回想十年・3』、中央公論社、1998 年、104 頁。
③ 堀越作治『戦後政治裏面史—「佐藤榮作日記」が語るもの』、岩波書店、1988 年、133 頁。
④ 石丸和人ほか『战后日本外交史・3・動き出した日本外交』、三省堂、1985 年、221-222 頁。
⑤ 王金辉、安成日：《二战后日美之间的冲绳行政权归还交涉》，《外国问题研究》2011 年第 2 期。
⑥ 野添文彬「1967 年沖縄返還問題と佐藤外交—国内世論と安全保障をめぐって」、『一橋法学』第 10 巻第 1 号、2011 年 3 月。

《为明天的斗争》中并没有有关冲绳问题的字眼，因为不能使"外交成为内部斗争的工具"。[①] 1964 年 7 月，佐藤荣作在宣布参与竞选自民党总裁的记者招待会上表示，如当选首相则积极要求苏联归还南千岛、美国归还冲绳。[②] 尽管如此，在 1964 年 11 月 21 日就任首相后的第一次施政演说中，他并没有提到"冲绳问题"，只是在三天后回答社会党委员长成田知巳的提问时表示："众所周知，美国承认冲绳的潜在主权，我们也在努力早日实现这一目标，但对目前立即提出该问题是否有效果存在疑问。"[③] 显然，当时的佐藤还没有具备解决冲绳问题的意识和决心。

佐藤首相的消极态度与当时的国际背景有关。由于中国首次核试验、越南北部湾事件的出现，冲绳美军基地的重要性急剧上升，同时也增加了"冲绳归还"的难度。因此，佐藤首相于 1965 年 1 月访问美国，在与约翰逊总统会谈时涉及冲绳问题，但美国方面没有给予明确答复，只是在联合声明中明确写道佐藤首相希望将琉球和小笠原两群岛的"施政权尽快归还日本，对扩大琉球群岛岛民的自治权和进一步提高其福利表示深切的关心"。对此，美国政府首次公开对日方的愿望表示理解，并"同意友好地研究小笠原群岛前岛民代表的扫墓问题"。[④] 但美国国务卿腊斯克在送别宴会上表示，美国"可以归还冲绳"，[⑤] 这在一定程度上增强了佐藤首相争取归还冲绳的信心。

1965 年 8 月 19 日，佐藤荣作首相在战后首次访问冲绳诸岛，并表达了政府对"冲绳归还"的强烈愿望，声称："不实现冲绳回归祖国，日本的战后就永远不能结束"。[⑥] 在会见记者时，他表示"如果远东形势不稳

① 楠田実编著『佐藤政権・二七九七日』上、行政問題研究所出版局、1983 年、49-64 頁。
② 藤本一美・宗像優編著『戦後日本政治ハンドブック・第 3 巻・高度成長の政治：1965-74 年』、つなん出版、2006 年、37-38 頁。
③ 浅野一弘『日米首脳会談と戦後政治』、同文舘出版、2009 年、140 頁。
④ 鹿島平和研究所編『日本外交主要文書・年表 第 2 巻（1961-1970）』、原書房、1984 年、545 頁。
⑤ 佐藤榮作『佐藤榮作日記』第 2 巻、朝日新聞社、1998 年、223-224 頁。
⑥ 五百旗頭真編《新版战后日本外交史（1945—2005）》，吴万虹译，北京：世界知识出版社，2007 年，第 103 页。

定，立即向美国提出归还施政权是困难的"。① 但回到东京后的 27 日，他专门设置了探讨冲绳法律地位的"冲绳问题阁僚协议会"，② 从而确立了争取"冲绳归还"的政策课题。尽管如此，佐藤首相既没有明确意识到美国实力的相对下降，也没有看到美国政府内部对越南战争前景的预测，甚至连迎合国民要求的心情也不具备，只是等待寻找解决这一问题的时机。

二　各个政治主体的态度

这一时期日本关于"冲绳归还"问题的国内舆论逐渐高涨。随着越南战争的升级，美国轰炸机从冲绳基地出发轰炸越南的现实使日本民众担心本土也会卷入这场战争。佐藤首相访问冲绳时，当地居民举行大型游行示威活动，致使其不能返回下榻的饭店只得夜宿美军基地。该事件也引发了日本民众对冲绳问题的关心。1966 年 8 月，总理府总务长官森清表示，美国应首先归还与军事问题无关的冲绳教育权，并为此成立了私人咨询机构"冲绳问题恳谈会"，冲绳出身的早稻田大学总长大滨信泉任会长。虽然这一设想得到社会舆论的好评，但美国政府持反对态度。受其影响，同年 12月，佐藤首相对美国国务卿腊斯克明确表示不赞成"教育权分离归还构想"，并声称在一段时期内不再提出"冲绳归还"相关问题。1967 年 1 月，佐藤首相在大津市会见记者时表示，在冲绳问题上要求一揽子归还施政权，因为其意识到无论是归还教育权还是归还施政权，均是马拉松式的谈判。

本来，佐藤政权成立时，外务省从国际形势的判断出发，没有任何"冲绳归还"的设想，甚至对佐藤首相访问冲绳及"教育权分离归还构想"也持消极态度。但随着国内舆论"冲绳归还"的呼声高涨，外务省的态度变得积极起来。1966 年 11 月，在日美政策策划协议会上，外务审议官牛场信彦提出"面对要求归还冲绳的舆论进一步高涨，日本政府难以继续为

① 『朝日新聞』1965 年 8 月 22 日。
② 林茂・辻清明編『日本内閣史録　6』、第一法規出版、1981 年、123-124 頁。

现行政策进行辩护",而且有可能转化为 1970 年到期的《日美安保条约》修改运动,所以他提出设置日美高级别事务协议会(SSC),对相关问题进行协商。美国方面同意设立该协议会,从地区安全保障的视角讨论冲绳问题。[①] 外务省高级官员甚至抱怨,佐藤首相上任之初对解决冲绳问题表现出积极姿态,但现在却尽力掩盖该问题。

外务省态度积极与美国方面的态度变化有关。1965 年以后,以国防部为中心,美国政府内部有关冲绳问题的讨论骤然增加。1965 年 7 月,美国驻日大使赖肖尔担心冲绳问题与日本国内民族主义相结合形成反美运动,认为这是日美关系中最脆弱的部分,建议在构筑日美新关系过程中探讨该问题的解决方案。其后,美国政府内部设置琉球作业班,研究归还冲绳后如何保持美军基地的军事作用,并计划在 1966 年 6 月提出相关报告。

1967 年 1 月日本大选,自民党获胜,佐藤政权的基础得到稳固。外务省事务当局以此为契机,对冲绳问题的态度更为积极。2 月 1 日,下田武三外务次官在与记者会见时表示:"在当前远东局势紧张的状态下,为实现冲绳归还,有必要承认冲绳美军基地的自由使用。"[②] 这暗示尽管国内要求归还冲绳的舆论高涨,但应从安全保障的角度审视美军基地的作用。2 月 9 日,外务省提出报告,请求佐藤首相许可就包括美军基地处理方式在内的"冲绳归还"问题与美国政府进行协商。虽然佐藤首相赞成其建议,但态度慎重,认为还需稍微观察远东局势的变化。[③] 外务省态度积极与新任外务大臣三木武夫有关。三木历任自民党干事长、通商产业大臣,对外交政策具有较强的影响力,而且主张通过日美协商,必要时在承认美军自由使用冲绳基地的基础上实现冲绳的归还。显然,三木希望通过收回冲绳增加自己的声望,以便在下一次自民党总裁选举中增加竞争力。

与此同时,应社会党的要求,自民党同意在国会设置冲绳问题等特别委员会,讨论"冲绳归还"及日美安保体制等。但在冲绳问题上,自民党

① 国際資料部『第五回日米政策企画協議(記録)』、1966 年、外務省情報公開 2010-00161。
② 『朝日新聞』1967 年 2 月 2 日。
③ 野添文彬「東南アジア開発閣僚会議開催の政治経済過程」、『一橋法学』第 8 巻第 1 号、2009 年。

主张维持现状，在野党要求立即归还冲绳以及立即或逐渐撤除基地。在回答在野党的质询中，佐藤首相表示同年 11 月访美时将把冲绳问题作为日美之间最重要的课题提出。在此背景下，外务省也积极与美国方面联系，希望充分讨论冲绳美军基地在安全保障体制中的意义。在 5 月 15 日召开的第七次日美安全保障协议委员会会议上，三木外务大臣指出，日本国内要求归还冲绳的呼声日趋高涨，有必要推动该问题的解决以取得实质性进展，呼吁对美军基地的重要性加以讨论。在 25 日召开的第一次日美高级别事务协议会上，日本方面再次提出冲绳问题，但两次会议均没有引起美国方面的积极反应，后者只是表示需要从包括核武器在内的多元功能考虑美军基地，并要求日本提出有关方案。①

外务省认识到"冲绳归还"的困难性，三木外务大臣在参议院预算委员会上表示："在目前的远东局势下难以实现立即、全面归还冲绳，有必要充分认识美军基地的重要性。"② 尽管如此，外务省仍然希望在承认美国条件的基础上实现"冲绳归还"，从外务次官转任驻美大使的下田武三在与记者会见时表示：自由使用包括核武器在内的冲绳美军基地在国际政治上具有重要性，为解决冲绳问题，只能承认基地的现状。③

另外，参加日美安全保障协议委员会会议和日美高级别事务协议会会议的美国代表，尽管在会上强调美军基地的重要性，但会后提出在保持美国特别权利的基础上进行日美两国关于冲绳问题的协商。因此，1967 年 7 月 1 日美国副总统哈菲利在会见佐藤首相时，暗示后者访美时可提出"冲绳归还"问题，佐藤首相立即指示三木外务大臣在 9 月访美时进行有关问题的交涉。④ 7 月 15 日，三木外务大臣向美国驻日大使提交备忘录，主张在归还小笠原群岛的同时，探讨如何协调冲绳所承担作用与要求归还施政权国民愿望之间的途径。在此基础上，外务省起草了"冲绳归还"构想方案，并在 8 月 8 日提交佐藤首相。

---

① 安全保障課『安全保障問題に関する日米事務当局間の協議議事要旨』、1967 年 5 月 26 日、外務省情報公開 2010-00158。
② 『朝日新聞』1967 年 5 月 30 日。
③ 『朝日新聞』1967 年 6 月 16 日。
④ 『毎日新聞』1967 年 7 月 3 日。

但是，佐藤首相以"冲绳归还是需要高度政治判断的问题，需要首相亲自决定"为由，拒绝了外务省提出的方案，而且"日本国民在多大程度上认可使用基地，只能在其范围内解决问题"，因而"需要时间解决冲绳问题，应冷静且踏实地加以推进"，指示外务省不要提出日本的方案，而是继续了解美国方面的条件。① 佐藤首相之所以拒绝外务省方案，是意识到国内民众难以接受其内容，因为主流舆论赞成"冲绳归还"后与本土一样，即不能自由使用核武器和基地。②

为制定"冲绳归还"问题基本方针，8 月 1 日，"冲绳问题恳谈会"升格为直属于首相的私人咨询机构"冲绳问题等恳谈会"，研究包括北方领土等在内的问题，会长仍然是大滨信泉。在 16 日召开的第一次会议上，佐藤首相表示为解决冲绳问题将采取实质性行动的决心，希望恳谈会在自己访美之前提出中间报告，并指示首先汇总国内关于"冲绳归还"问题的意见，充分讨论"如何协调国民愿望与我国安全保障严峻现实"问题。③ 9 月 2 日，佐藤首相在会见记者时表示访美时努力解决冲绳问题，但需采取长期、建设性的途径。④

为出席第六次日美贸易经济合作委员会而访美的三木外务大臣，9 月 16 日会见美国国务卿腊斯克，表示以"冲绳归还"为前提，具体研究保障远东安全前提下的归还形式，并询问能否讨论归还的时间。腊斯克赞成讨论归还形式，但对归还时间表示否定。三木回到日本后向佐藤首相汇报此次会谈的结果，佐藤首相的信心有所增强，但他表面上仍表示访美不可能彻底解决冲绳问题。媒体报道的焦点，从能否实现归还转到能否达成归还的时间上，结果使社会舆论进一步高涨。各大报纸所做的舆论调查显示：要求尽快归还及明确归还日期的受访者占压倒性多数；社会党、共产党要求立即归还，同时收回基地；民社党、公明党要求 1970 年

① 三木大臣発在米下田大使宛第 1302 号『沖縄小笠原問題〈総理との打ち合わせ〉』、1967 年 8 月 9 日、関連文書 3-11。
② 『朝日新聞』1967 年 8 月 7 日。
③ 山野幸吉『沖縄返還ひとりごと』、ぎょうせい、1982 年、142-143 頁。
④ 『朝日新聞』1967 年 9 月 2 日。

归还并逐渐收回基地。①

　　尽管日美两国外交部门为起草日美联合声明不断交涉，但日本提出明确归还日期的要求一再遭到美国方面的拒绝，日本外务省官员准备放弃其要求，甚至三木外务大臣对陪同佐藤首相访美也持消极态度，以避免影响自己的政治前途。为此，佐藤首相于 1967 年 11 月初秘密派遣在美国政府内拥有广泛人际关系的京都产业大学教授若敬泉前往华盛顿，通过总统助理罗斯托游说美国政府在联合声明中加入"两三年内归还"冲绳的表述。罗斯托表示为难，并提出日本支持越南战争、缓和日美贸易不平衡、援助韩国及中国台湾等条件。与此同时，"冲绳问题等恳谈会"也提出了"希望近两三年内达成决定行政权归还时间的协议"的报告书。② 另外，美国政府内部也出现了归还冲绳的构想，但在如何使用归还后的军事基地问题上需要时间等待日本国内舆论的形成，因而决定支持佐藤首相在未来两三年内归还的主张。③

　　为在第二次访美中获得更多的成果，佐藤首相特意访问正处在战争升级的越南，以表示全面支持美国的越南政策。但日本国内舆论激烈反对，甚至自民党内也有人提出"日本将卷入战争"的质疑。为阻止其访问，大学生与警察在羽田机场发生冲突，导致一名学生死亡和数百人受伤，但未能阻止成功。在佐藤首相与越南南部政权领导人会谈后发表的共同声明中，"佐藤首相对越南南部为独立付出的努力表示理解和同情，同时希望早日和平且公正地解决纠纷，日本尽可能地为此付出努力"。尽管因吉田茂前首相突然去世，佐藤首相在越南南部的逗留时间从 15 个小时缩短到 4 个小时，但佐藤首相仍感到满足，认为"只要踏进越南南部就完成了对美国的义务"。④

---

① 朝日新聞社安全保障調査会『朝日市民教室「日本の安全保障」別巻　沖縄返還』、朝日新聞社、1968 年、第三章。
② 浅野一弘『日米首脳会談と戦後政治』、同文舘出版、2009 年、140 頁。
③ 野添文彬「1967 年沖縄返還問題と佐藤外交─国内世論と安全保障をめぐって」、『一橋法学』第 10 巻第 1 号、2011 年 3 月。
④ 山本剛士『戦後日本外交史・6・南北問題と日本』、三省堂、1984 年、103-104 頁。

1967 年 11 月，佐藤首相第二次访问美国。由于此前两国事务部门及私人渠道就有关问题进行了多次交涉，因而在两次首脑会谈中，不仅时间较短，也只是简单地涉及冲绳问题和日美安全保障问题。约翰逊总统花费较多时间谈及经济合作问题，显示出对日本在支持美国及其盟国方面的不满。对此，佐藤首相表示日本愿意在经济合作方面为远东地区安全做更多贡献，即增加对东南亚各国的经济援助，另外配合美国维持美元的国际货币地位。[1] 在会谈后发表的联合声明中，日美两国首脑明确了双方首先确立"创造使亚洲诸国免受中共威胁影响的环境，非常重要"这个基本共识。在此基础上，以日本对美国越南政策的进一步支持、坚持《日美安保条约》的方针以及冲绳美军基地对日美双方重要性的再确认、日本表明扩大对东南亚的援助为前提，[2] 美国同意在"冲绳施政权归还日本的方针之下"，继续对日方提出的希望在最近两三年内确定双方均满意的归还时间、采取措施并提高冲绳居民的社会福利等问题进行协商。

三　目标实现的政治过程

在 1968 年初的国会上，佐藤首相表示在努力推动国民理解自主防卫与日美安保体制重要性的基础上实现冲绳的回归，也就是在维持安全保障体制前提下的归还。同年 4 月 5 日，日美签署了《日美关于南方诸岛及其他岛屿的协议》，美国决定把孀妇岩岛以南，包括小笠原群岛、西之岛、硫黄列岛以及冲之鸟礁和南鸟岛归还日本。[3] 尽管如此，由于美国核动力航空母舰进入日本港口以及美军在日基地问题引起国民的强烈不满，在"冲绳归还"问题上，1968 年被称为"停滞的一年"，没有任何进展。[4]

---

① 石井修「日米『パートナーシップ』への道程—1952-1969」、細谷千博編『日米関係通史』、東京大学出版会、1995 年、212、218 頁。

② 新崎盛暉：《冲绳现代史》，胡冬竹译，北京：生活·读书·新知三联书店，2010 年，第179 页。

③ 鹿島平和研究所編『日本外交主要文書・年表　第 2 巻（1961-1970）』、原書房、1984年、735、780 頁。

④ 福井弘治「沖縄返還交渉—日本政府における決定過程」、『国際政治』第 52 号、1974 年。

但到 1968 年下半年，形势发生变化。首先是自民党总裁选举。尽管三木武夫从 1966 年 12 月到 1968 年 10 月担任佐藤内阁的外务大臣，但他从政治竞争的立场出发，不断批评佐藤首相在冲绳问题上的慎重态度，较早提出实现冲绳"与本土一样"归还的主张。同年秋天，佐藤表明第三次参选自民党总裁后，三木立即辞去外务大臣职务宣布参加竞选，公开批判佐藤内阁的政策，表示"应与美国交涉如同本土一样的冲绳归还"。对此，佐藤首相反驳道，"即使将本土一样归还作为目标，但最初不能以此为前提进行谈判，认为冲绳所有同胞均有本土一样归还的想法是误解"，甚至表示"将具有这种想法的人一直任用为外务大臣是自己的不明之举"。①

其次是美国总统选举。1965 年美国的对日贸易变为赤字，其后双边贸易摩擦不断。1968 年美国举行总统选举，候选人尼克松为获得南方选民的支持，在自己的竞选纲领中提出将与日本为首的纺织品出口国签订限制进口协议。尼克松当选总统后，执政的共和党处于少数派地位，仍需民主党南方议员的支持。因此，尼克松上任后不久就在 1969 年 4 月派商务部部长斯坦斯访问东亚，要求各国在毛制品和纺织制品领域签订限制对美出口协议。日本纺织业界立即表示反对，并推动众议院通过了抗议美国对进口纺织品实施限制的决议。②

最后，冲绳居民要求回归日本的运动高涨，特别是在 1968 年 11 月 10 日举行的琉球政府行政主席直接选举中，在野党支持的反对美军基地和《日美安保条约》、主张美国立即无条件全面归还冲绳的冲绳教职员工会会长屋良朝苗以近 24 万张选票当选。自民党支持的前那霸市市长西铭顺治仅得到 1 万多张选票，遭到惨败。自民党提出的政策是"大力推进与本土一体化政策""以本土一样处理美军基地为目标"，在野党主张"立即无条件全面归还冲绳""撤除 B52 和核基地，建设保护县民生命及财产的和平冲绳"。《读卖新闻》对此评论道，冲绳选民"选择了反对以核设施为中心的

---

① 正村公宏『戦後史』下、筑摩書房、1985 年、361 頁。
② 細谷千博・綿貫讓治編『対外政策決定過程の日米比較』、東京大学出版会、1977 年、140 頁。

美军基地等革新势力的要求"。① 佐藤首相在日记中也透露出其担忧 "冲绳归还" 问题变得越来越困难的心情。②

1968 年 11 月 27 日，佐藤第三次当选自民党总裁，立即进行了内阁改组，任用自己的亲信爱知揆一担当外务大臣，并发表讲话表示全力以赴解决冲绳问题。他在 12 月 11 日的国会演说中再次强调："尽全力实现冲绳早期归还，同时大力推进冲绳与本土一体化政策。"特别是在 1969 年 1 月 27 日的国会施政方针演说中明确表示："下定决心今年为实现冲绳回归迈出实质性的步伐……在国民理解的基础上解决冲绳美军基地问题。"③

实际上，日美之间有关归还冲绳谈判最大的问题，是归还后如何处置核武器以及自由使用基地。如前所述，佐藤首相与三木外务大臣在该问题上存在分歧，而且日本的社会舆论强烈要求无核归还日本，甚至出现了大规模的反对美国核动力航空母舰进入日本本土港口的市民、学生运动。尽管早在 1967 年 12 月，佐藤首相在国会回答社会党议员的质询中明确提出了在日本本土实施 "不制造、不拥有、不带入" 核武器的 "无核三原则"，并因此获得 1974 年的诺贝尔和平奖，但在 1968 年 2 月的国会答辩中，他表示美军在冲绳的基地作为战争抑制力对日本的安全发挥作用，"无核三原则" 不能简单地适用冲绳，如果将其作为前提，"冲绳归还" 将变得困难。

在 1968 年秋自民党举行的总裁选举中，竞选者前尾繁三郎、三木武夫均主张 "无核归还冲绳"，自民党内赞成该主张者也逐渐增加。④ 因此，在 1969 年 1 月的国会答辩中，佐藤首相表示："冲绳归还后，只要不是另有商定，包括《日美安保条约》在内的一切法律、条约和本土一样适用。"在野党怀疑佐藤内阁在某种程度上承认有事时允许运进核武器，从而加强了对其政权的批判。因此，在 3 月 10 日回答社会党议员的质询时，佐藤首相明确表示 "冲绳归还" 后，"撤出核武器，与本土一样，是对美外交的

---

① 『読売新聞』1968 年 11 月 12 日。

② 佐藤榮作『佐藤榮作日記』第 3 巻、朝日新聞社、1998 年、346-347 頁。

③ 『第六十一回国会众议院会议录　第二号（二）』、1969 年 1 月 27 日、11-12 頁。

④ 武田晴人『高度成長・シリーズ日本近現代史・8』、岩波書店、2008 年、184 頁。

出发点"。① 与此同时，佐藤首相暗中派遣若泉敬作为私人密使再次前往华盛顿，就"冲绳归还"与解决纤维贸易纠纷问题试探美方的意图，甚至与美国总统助理基辛格起草了紧急状态下冲绳美军可以带入或储藏核武器，以及日本采取对美出口纺织品限制措施的秘密协商议事录。②

1969 年 11 月 16 日，社会党、"总评"工会、共产党等革新势力社会团体，在各地举行阻止佐藤访美统一行动，"全学联"（全日本学生自治会总联合会）也在各地开展反对斗争，迫使第二天出发访美的佐藤首相动用自卫队的直升机赴羽田机场。佐藤首相到达美国后先后与美国总统尼克松进行了三次会谈，分别就包括冲绳在内的东亚安全问题、纺织品贸易问题交换了意见，但双方约定在联合声明中不提及纺织品贸易摩擦问题，以便避免造成以"线"（纺织品）换"绳"（冲绳）的印象。在第三次会谈后发表的联合声明，包括坚持《日美安保条约》、韩国及中国台湾的安全对日本极其重要、在不损害美军基地功能的前提下 1972 年归还冲绳等内容。在有关核武器的第八条中，"首相详细说明了日本国民对核武器的特殊情绪以及在其基础上的日本政府的政策，总统对此表示深刻的理解，在不损害美国政府对《日美安保条约》的事前协商制所持立场的情况下，按照不违背日本政府政策的精神实施冲绳的归还"。③

但在第一次会谈后，佐藤首相与尼克松总统进入总统办公室旁的小房间，两人在两份秘密协商议事录上签了字。④ 其主要内容为"在重大紧急事态发生时，美国政府在与日本政府事前协议的基础上，拥有将核武器带入或通过冲绳的权利"，"美国政府可以随时使用、在重大积极事态发生时可以充分利用冲绳的核武器贮藏基地"。"日本政府理解美国政府的要求，

---

① 冈本文夫：《佐藤政权》，复旦大学历史系日本史组译，上海：上海人民出版社，1975年，第 220、224 页。

② 藤本一美・宗像優編著『戦後日本政治ハンドブック・第 3 巻・高度成長の政治：1965-74 年』、つなん出版、2006 年、153-154 頁。

③ 浅野一弘『日米首脳会談と戦後政治』、同文舘出版、2009 年、140 頁。

④ 藤本一美・宗像優編著『戦後日本政治ハンドブック・第 3 巻・高度成長の政治：1965-74 年』、つなん出版、2006 年、86 頁。

在事前协议时毫无迟疑地满足其需要。"[1] 12月2日，日美双方代表在华盛顿签署秘密的《财政谅解备忘录》，规定日本政府向美国政府支付包括收购民用及共同使用资产、基地雇员社会保障费、基地转移费、兑换冲绳货币等各种费用，其数额比1971年日美正式签署的《归还冲绳协定》（全称为《日本国与美利坚合众国关于冲绳群岛和大东群岛的协定》）中支付数额多2亿美元。[2]

《每日新闻》针对日美联合声明所做的舆论调查表明，77%的本土居民认为"从整体上看获得成功"；但《琉球新闻》的调查显示，在冲绳居民中"不满"者占15%，"满足"和"不得已"者占48%，"虽不满但获得进展"者占32%。在这种背景下，佐藤首相认为选举对自民党有利，决定在1969年12月2日解散国会举行大选，即"冲绳解散"。[3] 选举结果不出所料，虽然自民党的得票率从前一次的48.8%下降到47.6%，但增加了16个议席，主要在野党社会党的得票率从上一次的20.4%下降到14.5%，减少了44席。[4] 在1970年10月29日自民党总裁选举中，佐藤荣作第四次当选。1970年11月15日，冲绳举行首次国会议员选举，在五个众议员名额中，革新势力获得三个，自民党获得二个，在两个参议员名额中，革新势力与自民党各获得一个。

1971年6月17日，日美签署《归还冲绳协定》及附属文书。同年10月，以讨论"冲绳归还"问题为主的第67届（临时）国会召开。在野党从美国总统尼克松宣布新经济政策及其访华的国际新形势出发，强烈要求佐藤内阁重新与美国交涉归还冲绳问题，明确规定撤除美军核基地，实行非军事化等措施。自民党以《无核武器以及缩小冲绳美军基地决议案》换取公明、民社两党的支持，在社会、共产两党缺席的情况下，分别在众议院"归还冲绳协定特别委员会"和众议院全体会议上通过了《归还冲绳协定》。12月22日，参议院也通过了该协定。尽管1972年5月15日冲绳的

---

① 若敬泉『他策ナカリシヲ信ゼムト欲ス』、文藝春秋、1994年、448頁。
② 崔丕：《〈美日返还冲绳协定〉形成史论》，《历史研究》2008年第2期。
③ 藤本一美『増補版「解散」の政治学—戦後日本政治史』、第三文明社、2009年、146頁。
④ 正村公宏『戦後史』下、筑摩書房、1985年、363-364頁。

施政权正式归还日本，但仍遗留了无法核实"撤去核武器"真伪、美军使用冲绳基地时事前协议制度的实际运用不明、几乎没有减少冲绳的美军基地等问题。

从"冲绳归还"的整个政治过程来看，具有三个特征。第一，政策课题实际上首先由佐藤荣作自己提出，"佐藤工作组"有人提议"如果佐藤组成政权应向美国政府正式提出冲绳归还日本的要求"，得到佐藤的认可，并在1964年7月会见记者时将其公开。正如佐藤秘书楠田实所讲的那样，"是到1972年正式归还冲绳为止遥远路途的第一步"。[①] 从制度上讲，外交权归行政机构所辖，作为其长官的内阁总理大臣提出其政策课题实属自然。当然，佐藤首相将其作为自己政权的现实课题提出并加以实现，显示了其作为政治家所具有的判断和行动能力。第二，佐藤首相始终掌握"冲绳归还"政治过程的主导权，甚至外务省及其首脑也被排除在外。美国驻日大使约翰逊回忆说："佐藤完全不信任三木，希望自己把握在交涉中提出日本的条件。"[②] 但在包括冲绳居民在内的日本国民及团体、在野党、外务省等政治主体均有要求的背景下，佐藤首相将其变为有利政策课题实现的环境，循序渐进地完成了这一政策目标。第三，尽管也有评论家认为"冲绳归还"事件反映出佐藤不是"等待型政治家"，[③] 但从具体的实施过程来看，其行为依然是一种主观能动性的等待。即佐藤首相善于制造政策舆论，并善于等待政策舆论的形成，长期政权的现实也为其"等待"式政治作风提供了时间基础，同时通过密使主动了解美国方面的要求，为解决问题及时提出对策。正因如此，从决策类型上看，"冲绳归还"问题体现的仍然是首相决断型决策过程及政治过程的特征。

（原载《日本学刊》2012年第3期，收录于本书时有修改）

---

① 楠田实『楠田实日記—佐藤栄作総理首席秘書官の二〇〇〇日』、中央公論新社、2001年、866-867頁。

② NHK取材班『NHKスペシャル　戦後50年その時日本は　第4巻　沖縄返還　列島改造』、日本放送出版協会、1996年、60頁。

③ 千田恒『佐藤内閣回想』、中央公論社、1987年、15-16頁。

日本对华关系正常化
决策过程再探讨[*]

近些年来，中国学术界出现了对 1972 年中日邦交正常化给其后中日关系带来的负面影响的批判性反思。例如刘建平就写道："由于日本保守政治势力拒绝侵略战争责任的谢罪、赔偿，两国签订'和平条约'的'法律解决'不可能实现；经过日本的超党派外交、情报战活动和'遭遇激战'式的政府间谈判，两国达成了回避'日华和约'和日美安保体制之'政治解决'的'联合声明'。既然不能革除日美同盟对华敌视和美国庇护下日本对华蔑视的冷战政治属性，历史连续性结构也就决定了中日关系仍然不正常的周期性恶化特征。"①

尽管日本学者毛里和子认为在中日邦交正常化的谈判中，中国方面做出了更多的让步，例如战争状态的结束以"不正常状态的终结"来表述、删除"赔偿请求权"中的"权"字、日本断绝与台湾的"外交关系"按照日本希望的方式实施、联合声明没有涉及《日美安保条约》和"台湾条款"等，②但在日本也有批判性评价日本政府邦交正常化政策的声音。早在 20 世纪 90 年代，原外交官冈崎久彦就认为，日本在中日邦交正常化时抛弃台湾，致使日美协调出现混乱，给予中国各个击破的机会；中岛岭雄更是批评说，在当时中苏对立之际，日本未能迫使中国让步，反

---

* 为真实反映美国、日本当时在台湾问题上的错误立场，本文对相关引文保持原样，未做处理。

① 刘建平：《中日邦交正常化谈判的过程及其国际政治学意义》，《开放时代》2010 年第7 期。

② 毛里和子『日中関係史』、岩波書店、2006 年。

而抛弃台湾，田中政权的中日邦交正常化是落入中国"圈套"的"拙速外交"。①

客观地讲，上述国际政治学式的结论并非客观、准确的历史性定位。在当时的国际背景下，通过"政治解决"解决邦交正常化问题是中日两国领导人的高度政治智慧和果断行动，虽然也有遗留问题影响至今，但更多的是后来主、客观环境发生巨大变化所致。尽管如此，从日本方面来看，中日邦交正常化的决策过程仍然值得研究，特别是随着近些年外交档案的公开以及当事人回忆录或日记的出版，增加了重新探讨的必要性。

所谓决策过程，是指政治权力者在政策提出、政策决定、政策实现、政策评价等阶段的系列互动行为，从方法论上讲是一种政治过程模式，即"包括参与政策决定的每个个人的谋略相互作用的产物"。具体地说，不同地位上的不同的人参与具体的政策决定时，其结果也不同。同时，决策者关心的事情包括国家安全保障利益、组织利益、国内政治利益和个人利益等，在各个成员利益关系的相互作用过程中，参与决策者各自在组织内的地位权限和有效使用其权限的能力是两个重要因素。另外，政策决定不限于政府内的政治过程，有时因性质不同，政府外的成员也会起到不亚于政府内成员的重要作用。②本文通过对中日邦交正常化时期以掌握外交权的日本内阁为主的政治权力者在该项政策决定过程各个阶段的行为及其互动进行梳理，在阐明历史事实的同时，概括其决策特征及理念。

一　国际格局的变化与政策提出

近些年来，国内学术界对民间交流在中日邦交正常化过程中的作用也出现了一些保留意见，认为尽管民间交往对两国间友好尤其是对日本人民了解中国起到重大作用，但只是"积累"和促进的作用，真正起决定性、

---

① 岡崎久彦・中島嶺雄『日本にアジア戦略はあるのか』、PHP 研究所、1996 年。
② 参见佐藤英夫：《对外政策》，王晓滨译，北京：经济日报出版社，1990 年，第 29—31 页。

直接作用的是中国政府和国际环境。① 客观地讲，其观点具有相当说服力，日本对华关系正常化的决策过程更加印证了这一点。也就是说，结束越南战争及应对苏联压力导致的美国对华政策变化，是日本提出对华关系正常化政策的基本因素，即此时的政策提出才具备了现实性。

尽管如此，至少进入 20 世纪 50 年代以后，历届日本政权均表现出对华关系正常化的动向。因为对于缺乏近代工业所需几乎所有资源与能源、以加工贸易立国的日本来说，难以想象断绝与中国大陆的经贸关系的后果。即使在旧金山对日媾和会议后的占领即将结束时期，吉田茂首相于 1951 年 10 月在国会答辩时强调，"我不曾对杜勒斯承诺承认国民政府"，"在对待中共问题上，毫无疑问，应抛开意识形态，从现实外交的角度出发自主决定。如果从通商贸易角度考虑现在的对中共关系，我认为根据中共态度如何，日本可以在上海设立驻外办事处"，在承认哪一个中国政权问题上采取了暧昧的态度，甚至明确提出"日本现在有选择媾和对手的权利，在行使这个权利时应考虑客观环境和中国的形势，对中国与日本的未来关系不能轻率做出决定"。② 实际上，吉田茂清楚地知道，在当时的国际环境下，日本不可能与中华人民共和国建立正常关系，此番言论恐怕在很大程度上是以此为条件诱使美国和台湾当局做出更多的让步。

在接下来的鸠山一郎内阁时期，以自主外交为方针，不仅中日民间贸易获得发展，而且政府间关系有所进展。受其影响，1958 年 3 月，中日签订第四次贸易协定，协定正文确定以"民间"身份互设常驻贸易代表处，附属备忘录认可贸易代表处有"升国旗的权利"，同时也准许代表处成员享受准外交官的安全保障和使用密码等权利。但因当时的岸信介首相将外交目标放在修改《日美安保条约》上，所以在中日关系上采取了倒退的政策。"长崎国旗事件"不仅断绝了两国之间的各种往来，而且招致中国政

---

① 陈景彦：《正确评价民间交往对中日邦交正常化的作用》，《社会科学战线》2004 年第 4 期；王雅丹：《中日邦交正常化不是"民间交流"水到渠成的结果》，《世界知识》2012 年第 23 期。

② サンケイ新聞社『改訂特装版・蒋介石秘録（下） 日中関係八十年の証言』、サンケイ出版、1985 年、485 頁。

府对岸信介内阁的大规模批判。

对于提出著名的"国民收入倍增计划"、将经济增长极大化作为政策目标的池田勇人内阁来说，很自然地积极发展与中国的经贸关系。1962 年5 月，池田首相在政府举办的最高出口会议上决定"扩大与共产党国家的贸易"，甚至在外务、通产、大藏三省的事务次官会议上批准对中国实施"与西欧同样的延期付款出口"。同年 11 月，《中日综合贸易备忘录》签署，据此开展的贸易活动被称为"备忘录贸易"，也称"LT 贸易"，"LT"取自签字人廖承志和高崎两人名字的首个字母。1963 年 6 月，仓敷公司与中国签订成套设备买卖的合同，池田内阁同意通过日本进出口银行的贷款对该设备出口提供延期付款。另外，在池田执政时期也实现了互派记者、相互设置贸易联络处等事项。但因中美关系的紧张和台湾方面的反对，正如 20 世纪 90 年代担任首相的宫泽喜一评价池田勇人内阁的业绩那样："池田内阁收拾了 60 年安保的混乱局面，并通过所得倍增计划开辟了日本成为经济大国的道路，但没有解决冲绳归还和中国问题。"[1]

战后执政时间最长的佐藤荣作最初也将改善中日关系放在第一位，不仅以内阁成员的身份秘密会见正在日本访问的中国国际贸易促进委员会主席南汉宸，而且在记者招待会上表示中日关系是日本外交的基本问题。然而，1965 年 1 月的访美，使佐藤首相的态度发生较大的变化，将外交目标转移到"冲绳归还"（冲绳施政权归还）问题上，并导致中日关系的发展遭到挫折。

1971 年的两次"尼克松冲击"不仅为日本的对华关系正常化提供了可能性，也使中日关系正常化产生了必要性。因为同年 7 月 16 日，美国突然宣布尼克松总统计划访问中国，接着在 8 月 15 日尼克松总统宣布"新经济政策"，美元与黄金脱钩，同时对日本加大压力，表示如果不签订日美政府间贸易协定，美国不仅单方面实施纤维贸易限制措施，而且要对汽车及彩色电视机等其他日本产品实施限制。实际上，两项对日本产生极大冲击的决定，在很大程度上是美国政府对佐藤政权未能迟迟解决日美纺织品贸

---

① 宫沢喜一『戦後政治の証言』、読売新聞社、1991 年、132 頁。

易纠纷的报复性措施。因为在解决冲绳行政权回归日本的过程中，1969 年
3 月，佐藤首相暗中派京都产业大学教授若泉敬作为私人密使前往华盛顿，
就"冲绳归还"与解决纤维贸易纠纷问题试探美方的意图，甚至与美国总
统助理基辛格起草了紧急状态下冲绳美军可以带入或储藏核武器以及日本
采取对美出口纺织品限制措施的秘密协商议事录。[①] 同年 11 月 17 日，佐
藤荣作首相访美，与美国总统尼克松进行三次会谈，分别就包括冲绳在内
的东亚安全问题、纺织品贸易问题交换了意见。第三次会谈后发表联合声
明，其内容包括坚持《日美安保条约》、韩国及中国台湾的安全对日本极
其重要、在不损害美军基地功能的前提下于 1972 年归还冲绳等。尽管
1971 年 6 月日美正式签署《归还冲绳协定》，但双方解决纺织品贸易纠纷
是在同年 10 月。

具体地说，由于《日美安保条约》的存在，战后日本的外交与安全政
策在很大程度上处在美国的影响甚至控制之下，因此，中美关系的缓和就
为中日关系正常化创造了条件。另外，"新经济政策"的主要目的是迫使
日元升值，以解决日美贸易严重失衡问题，但其结果推动日本寻求新的市
场和能源、资源来源地，而具有辽阔领土和众多人口的中国自然成为其对
象。正因如此，1971 年 8 月，很早以前就积极推动中日关系正常化的三木
武夫曾与到日本参加松村谦三葬礼的中国中日友好协会副会长王国权会
谈。同年 9 月，以藤山爱一郎为团长的推动中日恢复邦交议员联盟访华团
到达北京，与中日友好协会发表共同声明，确认中日邦交正常化四原则，
即中华人民共和国是代表中国人民的唯一合法政府、台湾是中华人民共和
国领土不可分割的一部分、应废除非法且无效的"日华和平条约"（以下
简称"和平条约"）、应恢复中华人民共和国在包括联合国安理会在内所
有机构的合法权利等。[②]

在地方自治体中，1971 年 6 月，冈山县议会首先表决了恢复中日邦交

---

① 藤本一美・宗像優編著『戦後日本政治ハンドブック・第 3 巻・高度成長の政治：1965-
74 年』、つなん出版、2006 年、153–154 頁。

② 石丸和人・松本博一・山本剛士『戦後日本外交史・Ⅱ・動き出した日本外交』、三省
堂、1983 年、214–215 頁。

正常化的决议，到 10 月日本全国已有 20 个府县通过相同的决议，其他 26 个县也通过了恢复邦交的"意见书"，另外，包括横滨、京都、名古屋、神户在内的市町村也通过了相同的决议。财界从通过中国市场推动经济发展的立场出发，也开始推动中日恢复邦交的活动。1971 年 4 月，经济同友会木川田一郎发表《代表干事所见》文章，提出应努力推动中日两国交流的发展。① 与此同时，包括木川田在内，"经团联"副会长岩佐凯美、"日经联"总理事今里广记等财界七人，在东京会见正在访日的中国体育代表团副团长王晓云。即使过去拒绝"贸易四原则"（即拒绝与援助韩国和中国台湾、在韩国和中国台湾投资、为美国制造武器弹药、美国合办企业或子公司的工商企业进行贸易往来）的三菱重工、石川岛播磨重工业、川崎重工业、日立制作所、新日铁等大型企业也断绝与中国台湾、韩国的经济关系而转向中国大陆。从决策者特别重视舆论一致的日本政治文化角度看，上述动向就为对华关系正常化的政策提出奠定了社会基础。

特别是 1972 年 2 月美国总统尼克松访华，中美发表联合公报，进一步提高了日本政界对恢复中日邦交正常化的积极性。同年 4 月，三木武夫访华并与中国政府总理周恩来会谈。与此同时，社会党、民社党、公明党代表团相继访华，了解中国恢复邦交正常化的原则。在自民党总裁选举前夕，田中角荣、大平正芳、三木武夫等三位候选人达成政策协议，即通过政府间谈判与中华人民共和国恢复邦交正常化。7 月 7 日，田中首相在第一次内阁会议后发表了"迅速与中华人民共和国恢复邦交正常化，在激烈变化的世界形势下大力推进和平外交"的谈话。②

尽管如此，在具体负责制定外交政策的外务省内部尚未形成统一意见。虽然亚洲局中国课课长桥本恕在 1972 年 4 月 17 日提出的《中国政策要纲方案》基本接受中国提出的"复交三原则"（即承认中华人民共和国为中国唯一合法政府、充分理解且尊重台湾是中华人民共和国一部分的主张、中日邦交正常化后"和平条约"失效），甚至主张重新解释 1969 年 11

---

① 『每日新闻』1971 年 4 月 25 日。
② 井上正也『日中国交正常化の政治史』、名古屋大学出版会、2010 年、503 頁。

月《日美联合声明》中的"台湾条款"（即"维持台湾地区的和平与安全对日本的安全是极其重要因素"）以及《日美安保条约》中的"远东范围"（即"大体上为菲律宾以北、日本及其周围地区，也包括韩国及'中华民国'统治下的地区"），但外务省的主流观点不仅继续保持"台湾条款"和"远东范围"的原有政府见解，而且强烈反对以废除"和平条约"为前提的中日邦交正常化谈判。①

外务省的上述消极态度，显然受到执政党内部亲台派国会议员的影响，因为在自民党内部，为数不少的国会议员强烈反对以"抛弃"台湾的形式实现对华关系正常化。由此可见，虽然日本国内形成了对华关系正常化的社会舆论，但在具有组织内地位权限以及有效使用其权限能力的决策者内部仍然存在相当的分歧，从而增加了政策决定的难度。

二 中国放弃赔偿与政策决定

尽管外交政策的制定过程有别于国内政策，不仅参与的政治主体较少，而且行政机构可以事先行为，但在议会内阁制下仍然需要获得执政党内部的认可或谅解。因此，顾虑佐藤首相的态度以及对中国政府的政策不太了解，在自民党总裁选举前后，田中角荣在中日邦交正常化问题上较为消极，只是为获得总裁选举的胜利，才明确提出将中日邦交正常化作为自己的政策纲领。田中担任通产大臣后，对其进行采访的新闻记者发现"唯有在中国问题上，这个重量级大臣是慎之又慎"。② 几个月后，"田中目前致力于通产大臣的工作，以中国问题为代表，凡是涉及佐藤继承人问题的言行，田中一概回避，而是倾注全力支持末期的佐藤内阁"。③ 在 1972 年 2 月 27 日的众议院预算委员会会议上，田中针对有关中日邦交正常化的质询也只是做出一般性表态："我一直认为，我们给中国大陆添了很大的麻烦。

---

① 外务省公开档案（2005-301）、（2005-98），转引自井上正也『日中国交正常化の政治史』、494-495 頁。
② 『新潟新聞』1971 年 7 月 9 日。
③ 『新潟新聞』1971 年 10 月 28 日。

添了麻烦是事实，日中国交正常化的第一步，就是对添了很大麻烦这件事进行诚心诚意的道歉，这是个大前提。无论现在和将来，这个前提都不会改变。"① 即使到 1972 年 7 月 4 日，针对日本国际贸易促进会就中日关系向四位总裁候选人提出的问题，大平、三木明确回答希望尽快实现正常化，"田中直到最后，对于日中恢复邦交都不松口。他决定日中恢复邦交，是在总裁选举之前"。②

在自民党内部，三木、大平、中曾根康弘三个派系首脑均主张中日邦交正常化，"大平正芳、三木武夫是彻头彻尾的亲中派，日中恢复邦交是他们的夙愿，田中为怀柔他们，赞同了他们的主张"。③ 中曾根则明确指出："最后，以恢复日中邦交正常化为条件，我支持田中先生参选，同时谢绝参加自民党总裁选举。"④ 1972 年 7 月 2 日，田中、三木、大平三派终于就中国问题达成如下政策协议："鉴于摆脱冷战时代的世界潮流，我们将在和平共处精神的指导下，积极致力于国际紧张局势的缓和。日中邦交正常化现在是全国性的舆论话题，我们将通过政府间交涉，和中华人民共和国缔结和平条约。"⑤

尽管在首次内阁会议后田中首相表示努力促进中日邦交正常化，但桥本恕却发现田中对中国的态度与大平有很大不同，"大平对中国有一种深深的赎罪感"，田中对中国的态度"很冷淡"。⑥ 即使公明党委员长竹入义胜受到中国邀请并计划 1972 年 7 月 25 日访华，他出发前会见大平和田中，希望得到政府的授权以便在访华期间与中方讨论邦交正常化相关问题，大平仍给予敷衍搪塞，而田中首相则说："竹入君，我刚刚当上首相，如果马上着手日中问题的话会遭到台湾派的强烈反对，田中内阁就会垮台。我现在没有精力考虑日中问题，也不想采取任何行动。"无可奈何的竹入只

---

① 早坂茂三『政治家田中角荣』、中央公論社、1987 年、362 頁。
② 福永文夫『大平正芳「戦後保守」とは何か』、中央公論新社、2008 年、163 頁。
③ 中西輝政『日本の「死」』、『文藝春秋』2003 年 2 月号、128 頁。
④ 中曾根康弘：《政治与人生——中曾根康弘回忆录》，王晓梅译，北京：东方出版社，2008 年，第 223 页。
⑤ 早坂茂三『政治家田中角荣』、366 頁。
⑥ 中野士朗『田中政権 886 日』、行政問題研究所、1982 年、383 頁。

好退而求其次，提出"请你亲笔写个字条，就说我和你是亲密的朋友"。田中首相毫不犹豫地拒绝道："这可不行，会让中方误认为你是我的代理。"① 实际上，田中在没有获得中方在《日美安保条约》、台湾、战争赔偿等问题上的具体意向之前，难以下决心进行中日之间有关邦交正常化的谈判。在这一方面，在野党特别是公明党发挥了较大的作用。

进入 70 年代以后，社会舆论要求恢复中日邦交正常化的声音越发高涨。在 1970 年 10 月，国会跨党派"促进日中恢复邦交议员联盟"成立，有 379 名议员参加，其中自民党 90 人、社会党 30 人、公明党 71 人、民社党 30 人、日本共产党数人等，会长为藤山爱一郎。公明党在同年 12 月成立"日中邦交正常化国民协议会"，社会党在 1971 年 2 月成立"日中恢复邦交国民会议"，民社党在 3 月的大会上决定接受中日邦交正常化三原则，在中日邦交正常化过程中以适当方式解除"和平条约"。

比起其他在野党，公明党更为积极。早在 1968 年，作为公明党母体的创价学会，其会长池田大作在会员大会上公开提出恢复中日邦交正常化。1969 年 1 月，公明党大会又提出《公明党的外交、安全保障政策》，并发表《实现日中邦交正常化的方法途径》，引起中国政府总理周恩来的高度关注。1971 年 6 月，竹入率团访问中国时，周恩来在会谈中表示："从公明党成立开始，我们就关注你们的主张。你们对发展中日关系有着很好的建议，所以我们要请你们来中国。对如何尽早实现中日邦交，你们有正确的意见。"②

由于未能得到田中首相的授权和委托，竹入只好与公明党政策审议会会长正木良明草拟了所谓"田中准备与中国谈判的 20 项内容"带到北京。③ 据正木良明的证言，在与周恩来总理的第一次会谈中，竹入着重提出三点要求：一是邦交正常化不能缔结和平条约，因为与台湾当局已有"条约"，外务省和自民党的多数都反对，所以条约必须做成以友好为主、

---

① 服部龍二『日中国交正常化』、中央公論新社、2011 年、61 頁。
② 石井明他編『記録と考証　日中国交正常化・日中平和友好条約締結交渉』、岩波書店、2003 年、205-206 頁。
③ 林晓光：《中日邦交正常化过程中的日本公明党和"竹入笔记"》，《当代中国研究》2012 年第 5 期。

有继承性的东西；二是默认田中首相事前与美国协商；三是听说中国不要赔偿，要给予确认。① 7 月 29 日，周恩来总理第三次会见竹入，提示中方的"联合声明要点"，主要内容包括宣告"战争状态"结束、日本"充分理解"中国提出的"复交三原则"、反对霸权、建交后再讨论缔结"和平友好条约"、中国宣布放弃战争赔偿等八项，另有台湾系中华人民共和国领土、联合声明发表后日本断绝与台湾的"外交关系"、在台湾地区解放时照顾日本在台企业等三条"默契事项"。竹入将上述内容做成笔记，回到东京后的第二天（8 月 4 日）就前往首相官邸会见田中首相与大平外务大臣。5 日，田中首相在新大谷饭店再次约见竹入，确认笔记没有一字一句差错后仍然将信将疑地对竹入说"你可是日本人啊"，竹入以"地地道道的日本人"之语给予保证，田中遂表示"明白了，去中国"。

尽管如此，这项决定还需要统一自民党内部的意见，并通过自民党有关决策机构的审议。田中内阁成立后，自民党将"中国问题研究会"升格为直属首相的"日中邦交正常化协议会"，拥有 316 名成员，其中众议员212 名，参议员 99 名，前议员 5 名。7 月 24 日，召开第一次全体成员大会，会长小坂善太郎表示 9 月 10 日前后决定协议会的基本态度，政府应基于日中邦交正常化时机已经成熟的认识，为两国邦交正常化做出贡献。自民党亲台势力主张慎重从事，当大平外务大臣表示日本与台湾的"外交关系"将要终结时，亲台势力议员更是强烈地加以反对。大平出席十多次会议，每次长达六七个小时，努力说服反对派成员。"竹入笔记"带来中国方面的基本态度后的 8 月 10 日，"日中邦交正常化协议会"全体会议通过了支持田中首相访问中国的决定。9 月 8 日，"日中邦交正常化协议会"召开全体大会，终于通过了小坂善太郎会长提出的政府在日中复交谈判时应执行的《日中邦交正常化的基本方针》，随即提交自民党总务会审议。但是，作为执政党的决议，最后通过的基本方针前言中带有"鉴于我国与中华民国的密切关系，应在充分考虑继续这种关系的基础上进行交涉"的附

---

① 「竹入義勝元公明党委員長は語る」、『朝日新聞』1997 年 8 月 27 日。

加条件。[①]

与此同时，外务省内部的协调工作也在进行。1972 年 8 月 2 日，外务省召开包括中国课课长桥本恕、条约局条约课课长栗山尚一在内的局长级以上官员参加的"中国问题对策协议会"。尽管大平外务大臣希望通过该协议会的会议统一外务省内部的意见，但前后共举行五次的会议不仅主要讨论台湾的所谓法律地位问题，而且多数时间是桥本恕、高岛益郎条约局局长等人对其问题的说明会，其内容也基本是在台湾归属问题上努力实现中日两国政治层面上的妥协。因为如果通过"法律解决"的方式谈判邦交正常化，不仅会引发战争赔偿问题，也会给《日美安保条约》带来不利影响。但在多大程度上接受"复交三原则"，需要在中日政府之间的谈判过程中视对方态度而定。[②] 实际上，这种内部协调带有浓厚的事先通报色彩，同时避免做出具有约束力的相关决议。

从以上过程可以看出，尽管决策组织外成员传递的信息对政策决定起重要作用，但决策组织内部提出的附加条件，使最高决策者承担着具有较大风险的责任。就这一点而言，田中首相访华可谓赌上政治生命的外交行动。

三　"政治式解决"与政策实现

正如外务省内部意见难以统一所体现的那样，尽管中国方面已经表示放弃战争赔偿，但在"和平条约"、《日美安保条约》及其"台湾条款"等问题上能否在中日政府谈判过程中避免"法律解决"而实现"政治解决"尚未明确。

正因如此，1972 年 9 月 25 日日本代表团抵达北京后在当天下午举行的第一次首脑会谈中，田中首相首先表示"日中邦交正常化时机已经成熟，此次访华无论如何也要成功，实现邦交正常化"。大平正芳外务大臣

①　服部龍二『日中国交正常化』、94 頁。
②　外务省公开档案（2005-207）、（2005-98），转引自井上正也『日中国交正常化の政治史』、507-508 頁。

随即提出两个问题。一个是"和平条约"问题，即虽然"能够充分理解中国将其看作非法、无效的立场，但该'条约'经过国会决议、政府批准，如果日本政府同意中国的见解，就会背负过去二十年欺骗国民与国会的罪名，因此，'和平条约'随着邦交正常化的实现而结束其使命，希望中国给予理解"；第二个问题是与第三国关系问题，特别是日美关系对日本的存在极其重要，日本希望在不损害对美关系的前提下实现中日邦交正常化。周恩来总理对此表示异议，明确指出"战争状态结束问题对日本是个难题，但不能完全同意大平大臣的提议。如果说《旧金山和约》以后不存在战争状态，那么，虽然中国是当事者，但被排除在外。我认为该问题可由两位外长协商双方都能同意的说法"，同时表示不涉及日美关系，认为这是日本的问题。①

于是，在 9 月 26 日上午举行的第一次双方外长会谈中，中日主要就如何表述"战争状态结束"和"和平条约"问题进行谈判。外务省条约局局长高岛益郎对日本方案做说明。对第一款"日本国政府与中华人民共和国政府在此确认日本国与中国之间的战争状态结束"解释为不明确提出战争状态结束的时间，而是通过确认结束的事实，谋求保持中日双方的立场；有关台湾问题，日本方案为"中华人民共和国再次确认台湾是中华人民共和国领土不可分割的一部分，日本国政府充分理解并尊重中华人民共和国的这一立场"。高岛提出日本政府的见解是必须和平解决台湾问题，在评价中国放弃战争赔偿的同时，强调"不能同意在联合声明中使用下述表现形式，即明确提出日本与台湾之间签订的'条约'是无效的"，暗示中国没有战争赔偿请求权。在有关台湾问题的三条"默契事项"上，高岛表示日本不赞成秘密文件的方式。② 对此，中国外长姬鹏飞表示，在"战争状态结束"和"和平条约"问题上，"中国人民不能接受日本方案的内容"，日方则对中方草案中的"日本军国主义"字样表现出难色。

因此，在 26 日下午举行的第二次首脑会谈中，周恩来总理首先针对前

---

① 服部龍二『日中国交正常化』、131—133 頁。
② 石井明他編『記録と考証　日中国交正常化・日中平和友好条約締結交渉』、205—206 頁。

一天晚上田中首相在欢迎晚宴的致辞中"过去数十年间中日关系经历了遗憾且不幸的历史,在这一期间我国给中国人民添了很大的麻烦,我对此再次表示深切的反省之意"的说法提出批评,表示这会引起中国人民强烈的反感,因为在中国,"添麻烦"只是用在小事情的场合。接着,周总理强烈指责条约局局长高岛益郎的说明,"听到外务省的意见是蒋介石放弃赔偿中国就没有必要再次提出放弃赔偿之事,令人震惊""我们不能接受蒋介石放弃赔偿即可的想法,这是对我们的侮辱"。①

在接下来的第二次外长会谈中,中日双方仍然就宣布战争状态结束与台湾问题进行交涉。在宣布战争状态结束问题上,日方提出两个方案,一个是中国单方面宣布战争状态结束,另一个是日本国政府和中华人民共和国政府代表宣布两国今后进入全面和平关系。在台湾问题上,日本政府充分理解中华人民共和国政府的立场,但加上"坚持基于《波茨坦公告》的立场"字样。中方坚持联合声明宣布之日为战争状态结束时间,在台湾问题上对日方提案持保留意见。在27日夜间举行的第三次外长会谈中,双方最终在战争状态结束、战争责任、台湾问题上达成妥协。在战争状态结束问题上接受双方的各自主张,即联合声明前言中附有中方提议的"战争状态的结束"字样,在正文中附有日方提议的"迄今为止的不正常状态宣告结束";在战争责任问题上,取代"日本军国主义",使用"日本方面痛感日本国过去由于战争给中国人民造成的重大损害的责任,表示深刻的反省"表述;在台湾问题上,对中华人民共和国政府重申台湾是中华人民共和国领土不可分割的一部分,"日本国政府充分理解和尊重中国政府的这一立场,并坚持遵循《波茨坦公告》第八条的立场"。9月29日上午,《中日联合声明》签字仪式在北京人民大会堂举行,其后大平外务大臣在民族文化宫举行记者招待会,正式宣布"虽然联合声明中没有涉及,但日本政府的见解是作为日中关系正常化的结果,承认终结失去存在意义的'和平条约'"。②

① 井上正也『日中国交正常化の政治史』、529 頁。
② 『朝日新聞』1972 年 9 月 29 日夕刊。

外交政策的实现除与对象国达成协议外，也需要国内各政治主体特别是执政党的认可与赞成。尽管田中首相访华团一行在回到日本羽田机场时受到包括三木副首相、椎名悦三郎副总裁、成田知巳社会党委员长、竹入义胜公明党委员长、春日幸一民社党委员长在内的跨党派800多人的欢迎，甚至在机场眺望台上悬挂着"田中首相万岁"的标语，但在自民党两院议员全体会议上却遭到亲台派右翼议员的强烈抗议。田中首相首先表示："在没有违背自民党给予政府的权限前提下实现了邦交正常化，也许有人认为稍微越线，但已尽最大能力。"其后大平外务大臣就《中日联合声明》中有关台湾的部分问题进行了说明：在台湾领土问题上，中国方面主张"其为中华人民共和国不可分割的一部分"，但日本方面对此给予"理解、尊重"，没有采取承认的立场，即原封不动地写入自民党政府一直持有的态度，表达了两国长久不能一致的立场，强调"虽然'外交'关系断绝，但必须尊重事务性关系"。藤尾正行、渡边美智雄、玉置和郎等亲台议员纷纷表示反对，认为日本断绝与台湾的"外交关系"将会带来地区的不稳定，废除"和平条约"首先应得到自民党内部的全体赞成，也需得到批准其"条约"的国会的承认，大平大臣口头废除"条约"违反宪法。大平大臣对此解释道：作为日中邦交正常化的结果，"和平条约"失去发挥作用的余地，是严格遵守宪法第98条"日本国缔结的条约及已确立的国际法规，必须诚实遵守之"的规定，不认为必须将其提交国会批准。双方攻防的激烈程度不仅使会议时间大幅延长，甚至让美国驻日大使馆在提交本国的报告中预测中日邦交正常化诱发的对政府冲击使田中内阁在政治上陷入非常困难的境地。①

尽管中日邦交正常化是田中政权的最大业绩，但并没有在选民中引起较大的共鸣，却因为在物价和公害特别是在地价上涨对策方面没有采取积极的措施，致使自民党在选举中失败。1972年12月10日举行大选，自民党从300席减少到284席，议席占有率也从60%下降到57.8%；社会党从

---

① 読売新聞昭和時代プロジェト『昭和時代　戦後転換期』、中央公論新社、2013年、301頁。

90 席增加到 118 席，势力得到恢复；日本共产党从 14 席增加到 40 席，呈现跃进式的增加；公明党受 "政教分离" 的影响，从 47 席减少到 29 席；民社党也从 32 席减少到 19 席。①

另外，自民党内部的亲台议员继续阻挠中日邦交正常化后的两国关系。1973 年 7 月，以藤尾正行、渡边美智雄、中川一郎、石原慎太郎为中心的 31 名自民党议员组成 "青岚会"，明确提出 "坚持与自由主义国家阵营合作""教育正常化""制定独立自主宪法" 等主张。在中日缔结航空协定时，大平外务大臣与中国达成的协议包括维持日本与台湾的民间航线、中国民航使用成田机场、台湾航空使用羽田机场等内容。作为需要国会批准的协定，在提交自民党总务会讨论时，因 "青岚会" 成员的抵抗，提交国会审议的时间推迟三个月，中川、渡边、森下元晴甚至动用辞去大藏、农林、通产政务次官的手段进行干扰。即使在众议院全体会议表决该协定时，自民党 "日台关系议员恳谈会" 等亲台派议员约 80 人缺席，但这些亲台派议员的言行并没有对中日邦交正常化以及两国关系顺利发展造成太大障碍。

四　对华关系正常化的决策特征及其理念

外交政策 "是以与外国和不在本国管辖下的人民、组织、地域之间关系为对象的公共政策"，② 因而是一种特殊利益要求的政治过程，参与的政治主体不同，而且其程序也有差异。即使在统称为外交政策的公共政策中，由于性质的不同，决策过程的类型不一样，其追求的目标也不同。

（一）三种类型的外交政策决策过程

《日本国宪法》第 72 条第 2 款规定处理外交关系的权限属于内阁，也就是行政机构负责外交政策的制定与执行，因而限制了其他政治主体的参

① 石川真澄『戦後政治史』、岩波書店、2004 年、120-122 頁。
② 佐藤英夫：《对外政策》，王晓滨译，第 4 页。

与以及参与程度。尽管根据日本宪法第 72、73 条 "内阁总理大臣代表内阁向国会提出议案，就一般国务及外交关系向国会提出报告" "须在事前，或根据情况在事后获得国会的承认" 的规定，以国会为活动舞台的政党具有国际参与制定外交政策的机会，但因属于事后审查的性质，因而在野党对外交政策制定过程的影响不大。即使在中日邦交正常化问题上，在野党也仅起到中日两国政府传话人的作用，为田中角荣首相访华并达成两国关系正常化协议创造了条件。

另外一个重要的政治主体是利益集团，特别是以 "财界四团体"（经团联、口经联、口商及同友会）为代表的经济界利益集团。作为一个经济发展至上主义的加工贸易国家，日本财界积极参与对外政策的制定是很自然的，尤其是在对外经济政策的制定上其具有很强的政治影响力。例如，1967 年日本政府为应付对内投资自由化的压力，专门组织了大藏省管辖的 "外资审议会"，财界领袖植村甲午郎、土光敏夫、小林中等均为其委员，其中小林中担任会长。通产省还在 "产业结构审议会" 下设置了资本交易自由化特别小委员会，邀请 "经团联" 的事务局局长担任其委员。"经团联" 内部也设置了自由化对策特别委员会、外资委员会，与政府有关机构保持着密切的联系，在向政府反映企业意见的同时，直接参与政府的有关决策。在分五阶段进行的资本自由化过程中，以 "经团联" 为代表的财界始终站在决策的第一线，就每一阶段资本自由化的领域和企业与政府协调意见，并劝说有关产业接受自由化的决定。尽管在中日邦交正常化问题上财界的作用也不可忽视，但财界并没有直接参与决策过程。

因此，外交政策的决定过程大致可分为三种类型。第一种是通过外交渠道收集情报并由主管外交的行政机构做出决定的外交政策。外务省的日常工作属于这一类型，可以称作 "外务省处理型"，绝大多数的外交政策属于这种类型的政策决定过程。

第二种是 "利益协调型" 外交政策决定过程。这一类型的外交政策由于涉及其他省厅权限以及其他省厅相关社会团体利益，因而在制定过程中需要与各方进行协商与调整。例如，涉及对外贸易及经济合作问题的对外政策需要同通产省协商，涉及对外援助的政策需要同大藏省协商，涉及安全保障问题的对外政策需要同防卫厅协商，涉及农产品进口自由化问题的对外政策需要同农林水产省协商，等等。即使在 20 世纪 70 年代以前，外务省、大藏省、通产省均有各自的驻外机构和海外情报渠道并进行对外交涉，由此形成的"外交集团""财务集团""通商集团"进行的"三元外交"，在某种程度上限制了外务省的外交主导权。与此同时，相关社会团体为保护或扩大自己的利益也积极利用政治资源影响决策过程，从而增加了此类决策的难度。利益协调型外交政策制定过程的典型事例，是佐藤内阁时期的日美纺织品贸易纠纷，不仅花费较长时间，而且疏通工作十分困难。

第三种是"首相决断型"外交政策决定过程。这种类型的外交课题需要政府首脑高度的政治判断和行动能力，通常由政府首脑提出政策目标并做出决定，在社会舆论甚至执政党内部也存在意见分歧的情况下利用少数人达到政策的实现。在中日邦交正常化之前，代表性事例有吉田茂执政时期的《旧金山和约》及《日美安保条约》、鸠山一郎执政时期的日苏邦交正常化、岸信介执政时期的修改《日美安保条约》、佐藤荣作执政时期的日美归还冲绳行政权协定等。在这种外交政策的制定过程中，行政省厅的作用不大，甚至有外务省被排斥在与对象国交涉过程之外的情况。即使在中日邦交正常化过程中也只是少数官员参加，但从整体上看，没有对其决策过程产生直接影响，甚至存在消极态度。

（二）首相决断型对华关系正常化决策过程

尽管在佐藤荣作政权末期，田中角荣表面上对发展中日关系持消极态度，但他一直主导了该项政策的提出、决定及实现。早在 1971 年 7 月 5 日，田中约见中国课课长桥本恕，请其拟定日中邦交正常化的可行性方案。[①] 根据桥本的回忆："那时，我曾多次前往目白的田中宅邸汇报中国形势和日中关系等问题。在田中内阁成立之前，田中任通产大臣时，他就已经在认真思考日中邦交正常化问题。""田中志在成为首相和总裁，在做通产大臣

---

① 『産経新聞』1995 年 4 月 17 日。

时，他就在考虑，如果他成为首相、总裁，作为一个重大外交课题，应是实现日中邦交正常化。"[1] 1972 年 3 月中旬，田中对热衷于日中友好事业的自民党议员田川诚一说："一旦我取得政权，便立即实现日中复交。……中国方面的原则是正确的，几乎都可以接受，至于细小之点，可不必介意。"[2] 尽管田中首相将中日邦交正常化课题的政策制定完全委托给外务大臣大平正芳及中国课课长桥本恕、条约局局长高岛益郎、条约课课长栗山尚一等少数外务省精英官僚，但他在关键时刻发挥了重要作用。例如，获知"竹入笔记"的内容后，他马上命令大平"我来承担政治责任，大平君，今后事务当局的具体交涉你来做吧"。[3] 甚至在北京谈判的 9 月 26 日之夜大平外务大臣也为"战争状态结束"的表达方式感到苦恼乃至无望时，田中首相的乐观态度给日方谈判成员很大鼓舞，终于找到解决的方法，也就是以"不正常状态"取代"战争状态"，从而在中日分歧点上达成妥协。

虽然自民党议员后藤田正晴指出"田中尽管没有获得自民党的认可决议，但通过和大平协商，豁出性命实现了日中邦交正常化"，[4] "如果问题真的没有能解决，再加上事前也没有经过总务会的讨论，那内阁可真的有垮台的可能。我感到那时的确像走钢丝一样让人担心。如果不是田中先生这样的人是下不了决心的"，[5] 但在首相决断型政策制定过程中，执政党通常提出一个象征性、暧昧性较强的决议，委托首相加以判断、实施。例如，在"日中邦交正常化协议会"和自民党总务会通过的《日中邦交正常化的基本方针》中提出正常化的"五项原则"，即日中关系正常化应在《联合国宪章》和万隆会议十项原则的基础上进行；相互尊重各自不同的社会体制，互不干涉内政，尊重各自同友好国家的关系；互不使用武力或武力威胁；相互增进平等的经济和文化交流，不采取歧视性政策；为亚洲

① NHK 采访组：《周恩来的决断》，肖红译，北京：中国青年出版社，1994 年，第 45—46 页。

② 田川誠一『日中交渉秘録・田川日記—14 年の証言』、毎日新聞社、1973 年、337 - 338 頁。

③ 服部龍二『日中国交正常化』、66 頁。

④ 後藤田正晴『政治とは何か』、講談社、1988 年、29 頁。

⑤ 后藤田正晴：《情与理——后藤田正晴回忆录》上，王振宇、王大军译，北京：世界知识出版社，2003 年，第 229 页。

的和平与繁荣而相互合作等。① 即使在关键的"鉴于我国与中华民国的密切关系，应在充分考虑继续这种关系的基础上进行交涉"的前言中有关"继续这种关系"之内容也可以做出不同的解释，这在很大程度上是反对派需要显示的一种政治姿态。正因如此，田中首相很有自信地向周恩来总理强调自己排除自民党内的反对声音："明天大平大臣的记者招待会，在自民党内可能要引起违反党的决议的责难。但我既是首相又是总裁，我希望能够达成协议。"②

（三）对华关系正常化决策过程体现的利益驱动性

田中首相的自信还有更为重要的因素，即日本谈判的目标基本实现，也就是得到中国方面放弃战争赔偿的承诺。在 1952 年日本与台湾当局谈判之初，以外务省条约局局长西村熊雄为首的事务当局认为台湾当局是"地方政权"，应"有条件承认"，根据这一想法及适用范围的规定，日本与台湾当局签署的"和平条约"全部规定对中国大陆将不构成任何法律影响。然而，缔结的"和平条约"因包含"终止战争状态""放弃索赔权利"等条款，被看作与中国"正统"政府之间签署的条约，因而"条约"签订后，事务当局放弃法理模糊的西村"有条件承认"论，把"和平条约"重新定位为与"中国"签订的正式条约。在"条约"适用范围的规定方面，则采用下田武三条约局长的意见，把限定"条约"效力发生地区作为特殊规定处理。③ 尽管外务省公开的档案资料显示，在开始准备中日邦交正常化时，为避免《旧金山和约》与"和平条约"发生矛盾，外务省主张"政治解决"台湾问题，④ 但"和平条约"所规定的"终止战争状态"和"放弃索赔权利"等涉及中日媾和核心的规定，仍然在中日邦交正常化谈

---

① 黄大慧：《日本对华政策与国内政治——中日复交政治过程分析》，北京：当代世界出版社，2006 年，第 81 页。

② 石井明他編『記録と考証 日中国交正常化・日中平和友好条約締結交渉』、72 頁。

③ 高原明生・服部龍二編『日中関係史・1972－2012・I・政治』、東京大学出版会、2013 年、33 頁。

④ 外务省公开档案（2005－301），转引自高原明生・服部龍二編『日中関係史・1972－2012・I・政治』、46 頁。

判中成为日本方面通过"法律性约束"迫使中国让步的手段。

正因如此，在竹人义胜会见周恩来总理听到中国放弃战争赔偿的要求时，"以为必须支付 500 亿美元左右，所以听到完全没有预想到的答复时，身体在颤抖"。"周恩来总理的话十分惊人，完全熟悉日本的情况。清楚地知道即使日本有支付的心情，但如果中国提出赔偿问题，自民党内部难以统一。"大平外务大臣看到"竹人笔记"后也喜出望外，马上带回外务省加以研究，按照其秘书森田一的说法是，最重要的是放弃战争赔偿，"如果提出赔偿，那么日中邦交正常化就只能放弃，就是这样一个重要问题。从确认的意义上讲，是'竹人笔记'中最重要的内容"。①

作为实业家出身的政治家，田中首相尤其重视经济方面的利益，甚至比中国政府更注重"政治解决"两国邦交正常化问题："本来实行日中邦交正常化这种大事，应当得到国会的批准与承认，更何况它是重大议案呢！而我竟然没有向国会提出。为什么呢？我认为无需得到国会的承认，我以所谓恢复邦交宣言的形式实现了邦交正常化。后来，我们实际就是以日中联合宣言的方式宣布邦交正常化的。从北京归来后，我出席了自民党的两院议员总会，向大家低头道歉，从而了结了此事。除了这个方法以外，没有任何办法。"② 也许正因如此，自民党资深政治家保利茂在羽田机场迎接田中首相从中国回国时对后藤田正晴说："田中君真是个运气好的男人啊！"③

实际上，作为自民党总裁和政府首相，田中角荣在很大程度上最关心的是如何继续推动经济高速增长，即实现"日本列岛改造论"提出的目标。但为此需要年均经济增长率保持在 10% 以上，而且石油消费量需要增加四倍——当时中东的全部石油产量。或许能源多元化及其增加进口量也是田中首相急于实现中日邦交正常化的一个因素，因为早在石油危机爆发前，田中首相就组织经济界人士和原通产省次官两角良彦等官僚，探讨作

---

① 服部龍二『日中国交正常化』、62-63 頁。
② 早坂茂三：《田中角荣秘闻》，赵宝智、张学之译，北京：中国文联出版公司，1989 年，第 142 页。
③ 保阪正康『後藤田正晴：異色官僚政治家の軌跡』、文藝春秋、1993 年、229 頁。

为资源小国的日本能源自立的方案。①

　　就结论而言，1972 年中日两国之所以非常迅速地实现邦交正常化，如果说中国方面更多的是追求安全利益的话，那么日本方面更多的是追求经济利益。从某种意义上讲，动机上的错位是后来出现各种问题的间接且远期因素。因为其后不久，中国转向全力推进经济迅速发展的改革开放时期，日本则在中曾根康弘政府及其以后时期将政治大国作为国家的新追求目标。尽管经贸领域的问题导致中日两国在历史认识方面的摩擦，但基本上在各个领域保持了良好合作状态。其后，随着冷战国际格局的终结、全球化时代的到来、中国经济的高速增长，两国在安全领域也出现了对立。特别是进入 21 世纪以后，由于中国经济持续高速增长并在规模上超过日本，在地区乃至世界舞台上发挥更大作用，两国战略目标呈现正面碰撞状态。

　　正是在这样的历史背景下，尽管中日两国在经贸领域仍然保持合作的态势，但在政治、安全、领土以及历史认识等领域却从友好转向摩擦、对立、对抗甚至冲突。正因如此，可以说，目前中日关系的紧张化更多的是中日邦交正常化以后主、客观环境发生巨大变化的结果。

　　（原载《日本学刊》2014 年第 4 期，收录于本书时有修改）

---

① 田原総一朗「同時代政治史—田中角栄以後」、『諸君』2002 年 9 月、22 頁。

安倍长期执政的政治性因素
及其遗产

安倍晋三在 2006 年 9 月 26 日第一次担任首相，当时是战后日本最年轻的首相，也是第一位战后出生的首相，但在 2007 年 9 月 12 日以身体健康问题为由宣布辞去首相职务，任职大约一年时间。2012 年 9 月，安倍晋三以微弱优势击败石破茂，出任当时尚未执政的自民党总裁，并率领自民党赢得同年 12 月举行的大选成为执政党，再次担任首相。截至再次宣布因病辞职的 2020 年 8 月 30 日，第二次执政时间长达 7 年 8 个月，打破首相连续在位时间最长纪录，而且地位相当稳定。无论是反对党还是执政党内，没有人能挑战安倍晋三，安倍成为日本政界唯一的强者。

一 自民党再次独领风骚

1955 年底，自由党与民主党合并为自由民主党（简称"自民党"），其后持续执政到 1993 年，因政治改革发生分裂。尽管 1993 年大选后自民党仍然为众议院第一大党，但其他八党派组成联合政权——细川护熙内阁。政治改革方案通过后，联合执政集团发生分裂，经过短暂的羽田孜内阁，其后自民党与社会党组成联合政权——村山富市内阁，1996 年由自民党总裁桥本龙太郎出任首相。此后尽管不断更换联合执政伙伴，但自民党总裁连续担任首相，经历了小渊惠三内阁、森喜朗内阁、小泉纯一郎内阁、安倍晋三内阁、福田康夫内阁、麻生太郎内阁等。2009 年自民党在大选中惨败，民主党上台执政，分别由鸠山由纪夫、菅直人、野田佳彦担任首相，2012 年政权再次回到自民党手中。

2012 年 9 月 26 日，自民党举行总裁选举，经过两轮投票，最终原首相安倍晋三战胜前政调会会长石破茂、干事长石原伸晃、原官房长官町村信孝、代理政调会会长林芳正等其他 4 名候选人，当选为新一任自民党总裁，任期为 3 年。在第一轮的投票中，石破茂获得的地方党员、石原伸晃获得的国会议员票数均超过安倍晋三，但在第二轮国会议员投票的前二位候选人决战中，安倍以 108 票稍胜获得 89 票的石破。可见，当时无论在选民眼中还是在自民党内部，都并没有看好这位后来居然执政时间最长的政治家。

2012 年 12 月 4 日，第 46 届众议院议员选举拉开帷幕。在此次大选中共有 12 个政党登记参选，是日本自 1996 年实行现行选举制度以来参选政党最多的一次。另外，共有 1504 名候选人参选，是现行宪法 1946 年实施以来最多的一次。选举结果，自民党、民主党、维新会、公明党、大家党、未来党、日本共产党、社会民主党、新党大地、国民新党等党获得议席。执政的民主党惨败，其在众议院的席位从选举前的 230 个骤减为 57 个，自民党的席位却从 118 个增加到 294 个。维新会从选举前的 11 席增加到 54 席，公明党从选举前的 21 席增加到 31 席，大家党从选举前的 8 席增加到 18 席，未来党从选举前的 61 席减少到 9 席，日本共产党从选举前的 9 席减少到 8 席，社会民主党从选举前的 5 席减少到 2 席，新党大地从选举前的 3 席减少到 1 席，国民新党从选举前的 3 席减少到 1 席。

同年 12 月 26 日，安倍晋三内阁成立，联合执政的自民党与公明党获得众议院稳定多数议席，但在参议院中的席位没有超过半数。面对长期低迷的日本经济，安倍首相表示新内阁是"危机突破内阁"，内阁成员的人事布局和机构设置也显示对经济复苏的重视。例如前首相麻生太郎出任副首相并兼任财务大臣和金融大臣、前自民党政调会会长茂木敏充出任经济产业大臣、自民党现任政调会会长甘利明则任经济再生大臣等，新内阁增设"日本经济再生本部"等重要机构。安倍首相同时表示将尽快重新启动"经济财政咨询会议"，实施称为"安倍经济学"的"三支箭"策略，也就是灵活的财政政策、大胆的金融政策及促进民间投资的成长战略。因而在 2013 年 7 月参议院选举中，自民党议席从选举前的 83 席增加到 115 席，加上执政伙伴公明党的 20 席，终于结束了"扭曲国会"（即执政党在众议院占多数席位，在野党在参议院占多数席位）的局面。

2014 年安倍首相改造内阁，但新任内阁成员相继因为政治资金丑闻辞职，而且在野党出现联合的迹象，这对安倍政权打击甚大。为防止内阁支持率进一步下滑，同时利用在野党尚无准备之际，安倍首相决定解散众议院举行大选。同年 12 月 14 日大选的结果是，自民党在众议院的席位从 293 席减少到 290 席，但公明党从 31 席增加到 35 席，而且众议院总席位从 480 席减少到 475 席，因而联合执政两党席位为超过 2/3 的绝对稳定多数。

由于得到党内各派阀的支持，安倍首相在 2015 年 9 月的自民党总裁选举中作为唯一候选人成功实现连任，任期到 2018 年。第 24 届参议院选举如期在 2016 年 7 月 10 日举行，联合执政的自民党和公明党分别获得 56 个和 14 个席位，改选议席数超过半数。尽管自民党未能时隔 27 年再度实现在参议院单独过半数，但包括 76 个非改选议席在内，最终执政党在参议院的席位达到 146 个，大幅超过半数议席的 122 个，安倍首相的执政基础进一步得到巩固。正因如此，第 84 届自民党大会在 2017 年 3 月 5 日通过《总裁公选规则修正案》，将党章中规定的总裁任期最长"两届六年"修改为"三届九年"。

2017 年初，传出有关首相为森友学园、加计学园输送利益的丑闻，另外还有首相亲信防卫大臣稻田朋美以自卫队名义为候选人拉票、防卫省涉嫌集体掩盖自卫队南苏丹维和行动记录等失当言行，导致自民党在东京都议会选举中惨败。安倍首相痛定思痛，于 8 月初改造内阁，将与自己关系亲近的议员从重要职位上撤下，同时 6 人首次入阁，以此来消除党内不满情绪，构建全党格局。根据舆论调查，45.5% 的受访者对此次内阁改组和自民党高层人事调整"予以肯定"，39.6% 受访者"不予肯定"，内阁支持率回升到 50%。而且安倍首相决定利用在野党混乱之际解散众议院举行大选。尽管东京都知事小池百合子组织"希望之党"参选，但仍然没有阻止自民党获得大胜。10 月 22 日，第 48 届众议院选举开票结果显示，自民党获得单独过半数的 283 个席位，加上公明党获得的 29 个席位，执政联盟共获得 312 个席位，超过众议院 2/3 议席。

自民党总裁选举如期在 2018 年 9 月 20 日下午举行，自民党所属国会两院议员投票和地方票〔地方议员、普通党员和"党友"（即注册支持者）〕同时计票。安倍晋三与石破茂展开角逐，安倍首相获得 405 张国会议员票中的 329 票，405 张地方票中的 224 票，共计 553 票，得票率大约为 70%，取得压倒性胜利。由于成功连任自民党总裁，安倍可以继续担任首相三年，任期到 2021 年。

尽管 2019 年正值明仁天皇退位、德仁天皇即位之际，但安倍首相念念不忘的事情是修改日本宪法。他不仅表示坚持 2020 年施行修改后宪法的目标，而且在新天皇即位致辞中使用了"遵照宪法"一词，相较于 30 年前上一代天皇即位致辞使用的"守护宪法"，明确显示了其修改宪法的意图。他还为此积极备战 2019 年的参议院议员选举。7 月 22 日，联合执政的自民党和公明党在投票中分别获得 57 个和 14 个议席，合计超过改选议席的半数（63 个）以上，但少于改选前的 77 个。选举结束后，两党在参议院的议席为自民党 113 个（改选前 122 个）、公明党 28 个（改选前 25 个），两党在参议院 245 个议席中共占据 141 个席位，超过半数。尽管没有获得 2/3 以上的席位，但正如安倍首相表示的那样，此次选举"得到了国民在稳定政治基础上推进新令和时代国家建设的强有力的信任"。同年 12 月的舆论调查结果显示，安倍内阁的支持率依然为 45%，对已执政 7 年的安倍首相来讲，这是一个惊人的业绩。2020 年 8 月 28 日安倍首相宣布因病辞职后，内阁支持率飙升到 55%，对其政权的肯定评价达到 71%。

二 安倍长期执政的政治性因素

安倍长期执政的政治性因素有以下几点。

第一，在野党溃不成军。2012 年大选民主党惨败的原因首先是许诺的政权公约实现不到 1/3，反而提高了政权公约未提及的消费税税率，导致党内分裂和选民不满。其次，一味敲打官僚，高唱政治主导，结果未能发挥精英官僚的主观能动性，导致行政效率低下。再次，一方面减少政府公共投资，引起地方经济的衰退；另一方面，增加其他经济效果不佳的开支，致使政府国债余额急剧增加。最后，在核电站泄漏事故处理及核能政策方面未能得到多数国民的认可，在恢复经济发展问题上与经济界精英人士的协调出现障碍等。结果，民主党在大选前发生分裂，不仅议席骤减，而且内阁官房长官藤村修、文部科学大臣田中真纪子等 8 名内阁成员落选，打破了 3 名阁僚落选的原纪录。

作为最大的在野政治势力，民主党不仅只有 57 个众议院席位，而且在失去政权后内部矛盾重重。2014 年 6 月，代理政调会会长大串博志等多名议员认为现任党首海江田万里难以领导该党挽回颓势，纷纷要求在其 2015 年 9 月任期届满之前举行党首选举，前外务大臣前原诚司甚全表示将与日本维新会合流。尽管为此在 2014 年 9 月的党人事改造中，曾担任党内和政府重要职务的政治家重新出山，例如前党首冈田克也担任代理党首，前内阁官房长官枝野幸男担任干事长等，但依然难以具备对抗执政党的实力。第二大在野党日本维新会也因其两位党首之间的矛盾，于 2014 年 6 月在大阪市召开临时党员大会，正式决定自行解散，党员分别以石原慎太郎和桥下彻为中心组成两个政治集团。

尽管 2016 年 3 月 27 日民主党与维新党合并组成"民进党"，成为拥有 96 个众议院席位和 60 个参议院席位的最大在野党，但民调结果显示 67.8% 的受访者不看好该党，对其有所期待的仅占 26.1%。即使在颇具人气的女性政坛人物莲舫担任民进党首脑后，也没有推动颓势难振的该党迅速走出逆境。正如《读卖新闻》指出的那样，国民对安倍政权的支持大多出自"比民主党政权强"的消极心态。11 月底的民调显示，自民党的支持率为 44.9%，而民进党的支持率只有 8.0%。

在 2017 年 10 月大选前，在野党再次发生分化组合，东京都知事小池百合子组成新的"希望之党"参选，民进党分裂出立宪民主党。2018 年 5 月，民进党与希望之党合并组建"国民民主党"，拥有 39 个众议院席位和 23 个参议院席位，在众议院为仅次于立宪民主党的第二大在野党，在参议院则低于立宪民主党与公明党，为第三大在野党。2020 年 9 月 10 立宪民主党与国民民主党等合并为"立宪民主党"，拥有 149 名国会议员。由此可见，在安倍执政时期，在野党多党化、弱体化，不仅议席总数较少，而且相互之间矛盾重重，难以协调行动对安倍政权构成威胁。

第二，党内无竞争对手。对于安倍首相来说，非常幸运的是自民党内没有较强的政治竞争对手。在安倍第二次政权成立前夕的自民党总裁选举中，石破茂表现突出，获得的地方选票甚至超过安倍，但其后完全被安倍首相的强势所压倒，甚至没有参加2015年9月的自民党总裁选举，安倍无投票当选党总裁。2018年9月的自民党总裁选举是安倍与石破两人的对决，结果石破再次惨败。尽管石破在民众中有些声望，但在自民党内部基础薄弱，因为其曾脱离自民党，受到党内不少人的抵制，其领导的派系只有19人，甚至不够参加自民党总裁选举需要的20名推荐人数。其他的竞争者也因资历、年龄等问题，未对安倍构成真正的威胁，甚至社会各界寄予最大希望的小泉进次郎也因其高调行为，遭到党内高层人士"年纪尚轻，不要冒进"的劝告。

第三，控制官僚与舆论。第二次安倍政权成立后，安倍以参、众两院选举连续获胜、内阁支持率较高为背景，不断扩大首相官邸的权限。其一，吸取首相助理没有指挥权不利于统合行政机构的教训，任命3名内阁官房副长官，其中2名为来自国会议员的政务官，1名为来自行政机构的事务官，均由首相的亲信担任。通常情况下，政务内阁官房副长官负责安排包括记者见面会在内的首相日常活动，事务内阁官房副长官则主持省厅事务次官组成的次官联络会议（原事务次官会议，民主党政权时期曾一度被废除）。其二，2014年初在内阁官房设置"国家安全保障局"，作为"国家安全保障会议"的事务局。此举不仅使以首相、官房长官、外务大臣、财务大臣为核心成员的"国家安全保障会议"得到实质性运转，而且以安全保障局局长为核心的事务局在实际工作中进一步强化了首相官邸在外交、安全政策领域的主导权。

特别值得注意的是，2014年4月国会通过《国家公务员法等部分修正案》。根据该法律的规定，同年5月正式设置内阁人事局，事务内阁官房副长官兼任局长职务。作为国家公务员人事管理的中枢组织，内阁人事局具体负责的业务为国家公务员人事行政、国家行政组织、干部职员人事一元化管理等三大项，即最大限度地发挥国家公务员的能力，提高政策质量及行政服务水平，综合调整国家公务员制度改革方案及各行政机构人事管理的相关方针、计划，推进适应时代变化的人事行政改革，尤其是从确保、培养以及灵活使用优秀人才的立场推动国家公务员的录用、促进女性发挥积极作用等工作。在组织层面，为灵活、迅速应对内阁重要课题，强力推进实施涉及行政机构编制、人员管理及级别数额的改革工作。在干部职员人事管理方面，进行包括适应性审查等在内的干部职员一元化管理。

内阁人事局的成立，使以首相为核心的内阁可以统揽行政机构的人事权，从而实现政治主导型行政。自民党的资深秘书也承认，"首相官邸主导决定行政机构审议官（课长）级别以上的600个职位，可以任意清除那些不按官邸意思办事的高级官僚，只录用按照官邸方针制定政策的干部，因而（内阁人事局）是敲打官僚的工具"。[1] 因此，尽管从表面上看，内阁人事局尽量尊重各省厅在人事方面的自主性，但各行政部门仍需要看首相官邸的脸色行事（日文为"忖度"，一度成为大众媒体的流行语），这进一步加强了首相官邸主导决策过程的趋势。实际上，在以极低价格出让国有土地的"森友学园问题"、授意批准加计学园设置兽医学部的"加计学园问题"以及有关省厅删改相关文件记录等问题上，不少媒体猜测这些可能是相关行政机构"忖度"首相官邸意见后做出的决定，而其原因就是内阁人事局的存在。[2]

在控制媒体方面，东京新闻记者望月衣塑子这样描述安倍首相与媒体的关系，"历代首相对记者都表现得很亲热，等距离对待各种媒体，但安倍首相只接受对自己有善意的媒体的采访或参加谈话节目，同时批判那些批评自己的媒体，采取分化媒体的策略"。结果出现一些迎合的媒体和记者，他们成为首相官邸巧妙地操控信息的基础，例如一旦出现涉及首相的丑闻，就立即打出"一亿总活跃""女性大展才能的社会"等口号，亲安倍的媒体大肆宣扬，吸引了国民的目光。

---

[1] 「内閣人事局の誕生で、キャリア官僚たちが大慌て激震」、『週刊現代』2014年6月25日号。

[2] 室伏謙一「『内閣人事局が「忖度」を生む元凶である』は本当か」、『週刊ダイヤモンド』2018年4月4日号。

此外，安倍政权也积极插手媒体领域。2013 年 12 月，安倍首相起用亲信籾井胜人担任日本放送协会（NHK）会长，籾井就任时便在记者会上宣称："政府说'右'，我们不能说'左'""不能离政府太远"。2014 年 11 月众议院解散前夕，自民党向东京各家电视台发出信函，要求确保选举报道的"公正"。当月下旬，自民党对朝日电视台"报道站"栏目提出批评，要求其"制作公平中立的节目"。

需要强调的是，在该领域也有制度性因素，安倍内阁控制下的众、参两院分别在 2017 年 5 月 24 日、6 月 15 日通过加入"共谋罪"条款的《有组织犯罪处罚法修正案》，该条款名义上是处罚谋划实施恐怖活动等重大犯罪的人，但在野党和普通民众担心执法机关可能以此为名监视国民并打压反对力量。《每日新闻》的民调显示，61% 的民众反对执政联盟强行表决通过《有组织犯罪处罚法修正案》的做法，80% 的民众认为政府对该法案内容并没有做出充分解释。但立场接近安倍首相的《产经新闻》《读卖新闻》等不仅打出整幅彩色广告呼吁"希望电视台传播事实""要求遵守《广播法》视听者会议"，而且有选择性地报道国会证人的证言。有研究者明确指出，从 2013 年开始，政府有关机构直接或间接对媒体开展游说活动，甚至对媒体组织或个人施加直接或间接的压力，带有"共谋罪"内容的相关法律的出现进一步压缩了媒体自由报道的空间。[①]

第四，二三十岁年轻选民的支持。日本正在进入工作与生活逐渐个人化的后工业化阶段，年轻一代的价值观发生较大的变化。简单概括，其价值观主要体现为讨厌他人干涉自己的生活、自我判断幸福标准、熟练操纵数码工具、因不想失望而不过度期望、表面消极但实际积极等特征。特别是以电子计算机为基础的大型网络世界出现以后，"热衷于特定领域（动漫、电玩、时尚、体育、音乐等）但缺乏其他知识与社会性"、[②] 以年轻人为主的"御宅族"越来越多，而且成为一个不可忽视的群体，其追求的亚文化具有"轻视或无视实证性、客观性"的"反知性主义"特征。

---

① 黒須俊夫「わが国のメディアの現状と課題—メディア本来の目的とは何か」、『群馬大学社会情報学部研究論集』第 25 巻、2018 年、1-20 頁。

② 『大辞泉（第二版）』、小学館、2012 年、538-539 頁。

也许正是因为收入差距不断扩大引发的不满以及日益强烈的不安情绪，这一群体更容易不考虑复杂的整体，更倾向于支持依靠简单解决方案式的"反知性主义"，与安倍首相实施的政策及其工作作风比较契合，因而无论是对生活的满意度还是支持安倍内阁的比例都比较高。例如，日本内阁府在 2017 年 6 月进行的"国民生活舆论调查"结果表明，对生活感到满足或者大体上满足者占 73.9%，其中 18~29 岁的年轻人比例最高，为79.5%。① 另一方面，产经新闻社 2017 年 8 月进行的舆论调查结果表明，男性受访者对安倍内阁的支持率为 48.3%，不支持率为 46.1%，女性受访者的不支持率则超过支持率。其中，29 岁以下年轻男性受访者支持率最高为 56.9%，29 岁以下女性受访者的支持率也超过了不支持率。②

三　安倍内阁的政治性遗产

安倍政权最大的政治性遗产是首相官邸主导型决策过程。

概括地说，战后日本的决策过程大体上有三次较大的变化，首先是 20世纪 70 年代以前的官僚主导型。由于日本的政治体制是议会内阁制，即由国会中的最大政党组织内阁，执政党国会议员出任各个省厅的大臣或长官，因而国会众、参两院审议的法案绝大多数由行政官僚起草，执政党事先审议且通过，以内阁提案的形式提交国会。二战后，以美国为首的盟军进驻日本并进行非军事化、民主化改革，大多数战前的政治家被剥夺公职，新当选的国会议员对相关政策以及决策程序并不熟悉。另外，精英官僚出身的吉田茂首相在其长期执政内，动员许多高级官僚转为国会议员，例如后来担任首相的池田勇人、佐藤荣作等。即使 1955 年成立并执政的自民党拥有完整的政策审议机构，例如政务调查会下属的部会、审议会及总务会等，部会与行政机构、国会中的常设委员会对应，行政机构起草的法案首先由部会审议，审议通过后提交审议会审议，审议通过后再提交总务

---

① 蜂谷隆「安倍政権を支えるものは何か」、『マスコミ市民』第 587 号、2017 年 12 月、44-47 頁。

② 『産経新聞』2017 年 8 月 21 日。

会审议。但当时自民党的决策能力不强，政务调查会部会与审议会仅是执政党听取省厅官僚介绍有关法案内容的场所，甚至在编制预算时，自民党的国会议员也很少提出要求。例如1956年福田赳夫任政务调查会预算审议小委员会委员长时，曾召集该委员会成员听取大藏省主计局的主计官介绍1957年度政府预算编制方案，介绍完毕后各委员既没有提出质询也没有提出要求。

进入20世纪70年代以后，决策过程逐渐演变为执政党主导型，其主要原因是"族议员"的出现。所谓"族议员"是指那些具有长期当选的经历、精通特定决策领域的政策制定并具有较强影响力及协调能力的自民党国会议员。值得注意的是，尽管70年代以后执政的自民党在决策过程中的主导作用日趋明显，但在一些非意识形态政策上，议员们仍然需要行政官僚的支持。因为国会议员能否在选举中吸引选票在很大程度上取决于能否为自己的选区争取到政府资金和建设项目，这些资金与建设项目的立案是行政机构编制预算工作的一部分。因此，执政党的主导作用建立在特定决策领域"族议员"与官僚默契的分工与合作基础之上。也就是说，省厅依靠"族议员"维护自己的权限，并使自己起草的法案通过执政党决策机构以及国会的审议，而"族议员"则利用省厅官僚制定的政策照顾到后援团体的利益，从而达到稳固"票田"的目的。

21世纪初，决策过程逐渐转向首相官邸主导型，即首相在决策过程中起到主导性的作用，舞台以首相官邸为中心。该决策过程形成的制度性背景是1993年自民党下台后进行的一系列政治、行政改革措施。

其一，1994年国会两院通过在众议院选举中以小选区比例代表并立制取代中选区为主要内容的《公职选举法修正案》、国库资助政党的《政党助成法案》、限制个人和派系筹措政治资金的《政治资金规正法修正案》等政治改革法案，从而使党首获得众议院议员候选人的公认权和政治资金的分配权。因为小选区选举一名众议院议员，没有政党的公认或推荐难以当选，即使在比例代表制下，也是由政党提出候选人名单，因而党的首领具有较大的权限。正因如此，自1996年10月首次实施新选举制度下的大选开始，以党首为中心的领导机构权限逐渐增强，派系的凝聚力则逐渐下降。例如 2005 年自民党内反对派造反，致使邮政事业民营化法案在国会遭到否决，随后小泉纯一郎首相解散众议院举行大选，并空降美女"刺客"到反对派议员的选区竞选，除个别"票田"比较稳固的实力政治家外，这一举措在其他选区均获得成功。

首相官邸主导型决策过程的第二个制度性背景是通过不断地行政改革，弱化行政机构的权限，增加首相的影响力。桥本龙太郎内阁时期将行政改革的主要内容归纳为改组中央行政机构、放宽政府限制、推进地方分权、整顿特殊法人、制定旨在提高行政机构透明度的《信息公开法》、削减国家公务员数量等，并加以实施。其重点是通过行政机构的重新建构，在削弱省厅权限的同时提高首相官邸在决策过程中的地位。首先，将中央行政机构原来的 1 府 22 省厅改编为 1 府 12 省厅，同时对拥有强大权限的省厅进行分割，例如大藏省的大部分职能被转让出去，甚至被改称为财务省。

其次，赋予首相政策立案权限，同时强化内阁官房的作用，设置首相辅佐官及特命担当大臣。将总理府与经济企划厅等机构合并为直属首相的内阁府，完善内阁官房机构并增加其协调功能，同时在内阁府内设置决定宏观经济政策和政府年度预算基本方针并由首相担任长官的"经济财政咨询会议"，同时设置"综合科学技术会议""中央防灾会议""男女共同参与会议"等咨询机构。内阁官房不仅提出法案，而且其数量逐年增加，人员编制也快速扩大，2000 年时为 377 人，2006 年时达到 680 人，增长了0.8 倍。与此同时，各省厅在内阁官房兼职的人员也从 2001 年的 445 人增加到 2006 年的 965 人。①

即使在内阁与执政党的关系方面，决策权限也逐渐向首相官邸倾斜。例如在邮政事业民营化问题上，自民党决策机构不赞成将总务省起草的邮政公社法案和邮送物品法案提交国会审议，但在小泉首相的压力下，自民党总务会只好以保留意见的方式表示同意。特别是在确定政府下一年度预算基本方针时，"经济财政咨询会议"事务局发挥了主导性作用，与各行

---

① 田中利幸「内閣機能強化の現状と今後の課題」、『立法と調査』通号 263、2007 年 1 月、3–10 頁。

政省厅、自民党决策机构频繁进行交涉，接受来自行政机构或执政党的某些要求。另外，在对外政策、安全保障政策方面更是体现了首相官邸主导决策过程的特征，例如 2001 年的《恐怖对策特别措施法》及 2003 年的《支援伊拉克重建特别措施法》均在首相官邸主导下迅速形成法律。[①]

为进一步确立小泉政权延续下来的首相官邸主导决策模式，2006 年 9 月安倍晋三第一次上台后立即采取几项相应措施。首先，首相助理从原来的 3 名增加到 5 名，其职责是分管国家安全、朝鲜绑架问题、经济财政、教育再生、宣传等部门和政策立案；其次，召开"强化官邸有关国家安全保障机能"会议，强化首相在外交和安全保障方面的主导性地位，从而提高政府应对各种危机和紧急状态的能力；最后，在任命重要行政官员方面，首相的权限也得到大大提升。

2009 年 9 月到 2012 年 12 月民主党执政时期提出的"政治主导"的口号基本上也是强化首相官邸权限的改革，其主要措施是取消"经济财政咨询会议"，在内阁官房内设置"国家战略室"，在内阁府内设置"行政刷新会议"，增加内阁官房副长官和首相辅佐官，新设内阁政务参事和内阁调查官。[②] 但由于民主党的三任首相比较弱势，执政党领导机构与内阁之间的关系不协调，行政官僚消极应付等，不仅未能突出首相官邸主导决策过程的特征，而且很快丧失了执政党的地位。

第二次安倍政权成立后，在恢复"经济财政咨询会议"的同时，还成立了百余个直接面向首相、名为"会议"的咨询机构，例如"实现经济良好循环政劳资会议""一亿总活跃国民会议""工作方式改革会议""教育再生实施会议"等。另外，安倍首相根据自民党党章第 79 条"总裁根据需要可经过总务会同意后临时设置特别机构"的规定，在政务调查会部会之外设置许多直属首相的政策制定机构，例如"日本经济再生本部""推进女性活跃本部""推进一亿总活跃本部"等。第一次安倍政权时这样的

---

① 信田智人『冷戦後の日本外交—安全保障政策の国内政治過程』、ミネルヴァ書房、2006 年、33–43 頁。
② 藤巻秀夫「『政治主導』の法的考察：経済財政諮問会議と国家戦略『局』・行政刷新会議を中心として」、『札幌大学総合研究』第 2 号、2011 年 3 月、25–48 頁。

机构只有 4 个，到 2017 年 2 月时增加到 21 个。[1] 内阁官房下属机构与人员急速扩增，首相官邸附近写字楼的租户大多是这些机构的事务局。[2]

安倍第二次执政时期的决策过程明显具有首相官邸主导模式甚至首相官邸决定模式的特征：每天早上由首相、官房长官、3 名官房副长官、首相秘书等 6 人组成的非正式会议对重要国务做出基本决定，然后由官房副长官下属的 3 名副长官助理召集相关部或者室制定具体方案并传达给执政党及行政机构。但这种决策方式带有较为浓厚的非透明性和非合理性色彩。正如明治大学田中秀明教授所指出的那样：首相官邸各种各样的会议"制定的文书缺少问题点分析，只是计划与方针"，"类似教育无偿化、增加消费税率这样的重要施策没有经过基于严密数据的探讨，是从结论出发制定的政策"。[3]

总而言之，安倍晋三在特定的历史条件下，依靠其辉煌的政治世家背景以及本人的勤奋，建构了强势领导人主导政府决策过程的制度设计。但对继任首相不够强势的政治家来讲，该制度反而是一种桎梏，难以驾驭，正如战后吉田茂、佐藤荣作、中曾根康弘、小泉纯一郎等长期政权之后的短命内阁那样。可以想象，在后安倍时代，自民党"派系政治"将会再次复活，党内混乱产生的政权不稳，容易为在野党提供机会，日本政局有可能重新回到"战国时代"。

（原载《中国国际战略评论》第 2 辑，世界知识出版社，2021，收录于本书时有修改）

---

[1] 中北浩爾『自民党—「一强」の実像』、中央公論新社、2017 年、117 頁。
[2] 薬師寺克行「政策決定過程の丁寧な検証をと—「1 強時代」の政治報道に望むこと」、『新聞研究』第 818 号、2019 年 10 月、50-53 頁。
[3] 『日本経済新聞』2019 年 8 月 7 日。

江田三郎的"结构改造论"与战后
日本社会党转型失败

二战后在原子科技革命的推动下，在大量生产、大量消费基础上西方国家经济高速增长，国家社会结构出现较大变化，早期资本主义时代分为有产者与无产者两大阶级对立的"哑铃形社会"逐渐变成中产阶层占绝大多数的"橄榄形社会"，具有"第二国际"传承的西欧诸国社会民主党由于提倡"第三条道路"，因而成为执政党，福利国家也由此形成。实际上，在战后日本也有类似的动向，社会党领导人江田三郎提出了"结构改造论"，却受到社会党内部和主要支持团体"总评"（全国劳动组合总评议会）工会的强烈反对与批判，成为该党最终走向衰落的远因。本文主要探讨"结构改造论"的提出及其挫折的背景。

一　战后初期社会党迅速发展

在战争结束不久的 1945 年 11 月 2 日，战前几个政见截然不同的社会民主主义政党在建立"大社会主义政党"的口号下，仓促联合起来成立了社会党，其中包括右翼系统的社会民主党（西尾末广、片山哲等）、中间系统的日本劳农党（浅沼稻次郎、河野实等）和左翼系统的日本无产党（加藤勘十、铃木茂三郎等）。当时建党纲领只有笼统的三句话，概括起来就是政治上确立民主主义体制、经济上实行社会主义、对外奉行和平政策。该纲领不仅没有充分阐述党的指导思想，也未解决各派之间的矛盾，更因建党初期右派掌握了党的领导权，在斗争策略上常常偏向保守系政党，反对同属革新阵营的日本共产党，这就为后来的数度分裂埋下了伏笔。即使在一般政策上，尽管提出了包括政治上实现"宪法民主主义"、外交上"履行《波茨坦公告》"、经济上推行"社会主义计划经济"等71项建议，但比占领军的改革方案落后。甚至在党的名称上也存在争论，结果日文为"日本社会党"，英文为"日本社会民主党"。① 成立时拥有国会议员15名，未能选出委员长，片山哲任书记长。由于社会党提倡社会主义，因而被看作革新政党。

联合国军占领时期，社会党得到迅速发展，其主要原因是经济困难下的工人运动高涨。由于长期战争以及美军的轰炸，1945年的日本经济处在崩溃边缘。根据经济安定总部编写的《太平洋战争损失报告书》所列调查资料，按照战争结束当年的价格计算，日本资产损失总额达1057亿日元，包括军人、平民在内的战争伤亡人员高达875万，全国大多数城市变成一片废墟，接近半数的工业生产设备被破坏。1945年8月时，工矿业生产指数剧减为战前（1935年至1937年平均水平为100%）的8.7%；1945年的农业生产指数与战前（1933年至1935年平均水平为100%）相比，下降到58%。② 与此同时，随着战争的结束，大约有600万的军人及其家属或其他居住在海外的日本人返回国内，不仅增加了对粮食的需求，而且包括海外归来者在内的求职人数上升到1300多万。

一方面，对外贸易断绝，生产陷于停顿，失业人员激增，物价急剧上升，绝大多数国民完全处在饥饿状态，因而对保守政权的不满情绪日益增长。以工人阶级为中心的普通国民不仅要求解决粮食问题，而且提出了自己的政治要求。例如在1946年5月1日，只是东京就有50万市民参加集会活动，大会通过了"反对反动保守政权，立即建立以社会党为首的民主人民政府"的政治决议。在5月19日举行的有25万市民参加的粮食大游行中，示威群众包围了首相官邸，提出了"打倒反动内阁"、"建立民主人民政府"和"立即解决粮食问题"的强烈要求。

---

① 石川真澄『戦後政治史』、岩波書店、1995年、30頁。
② 侯振彤：《日本天皇制军人法西斯政治》，载吴廷璆编《日本近代化研究》，北京：商务印书馆，1997年，第312页。

另一方面，占领军当局推行的"非军事化""民主化"改革措施有力地推动了工会组织的迅速发展。根据厚生省的调查，到 1945 年 12 月底，全日本共有 509 个工会组织，约有 38 万会员。到 1946 年 12 月底，工会组织增加到 17266 个，共拥有会员 493 万，组织率达到 39.5%。① 在此基础上成立了两大全国性工会组织，即社会党影响下的日本工会总同盟（以下简称"总同盟"，拥有 86 万会员）以及日本共产党影响下的日本行业工会会议（以下简称"产别会议"，拥有 163 万会员）。组织起来的工人，为保障就业、提高工资、改善劳动条件等不断地展开斗争。

二战后日本最早的工人斗争是 1945 年 10 月 18 日煤矿工人罢工，随后罢工浪潮不可阻挡地发展起来。仅 1945 年 12 月以罢工为主要手段的工人斗争就有 141 次，参加的人数接近 11 万。这些斗争主要是要求提高工资和反对解雇工人等经济斗争，也有像读卖新闻社的工人那样争取生产管理权的政治斗争。②

为对付日益壮大的工会组织以及迅速发展的工人运动，1946 年 5 月第一届吉田茂内阁成立后立即发表了"关于保持社会秩序稳定"的声明，指责工人运动"危害社会秩序"，并派警察镇压"管理生产"的工人，利用"企业整顿"的名义解雇大批劳动者，结果进一步刺激了工人运动的高涨。从 1946 年 8 月开始，要求提高工资、反对解雇的工人运动迅速发展起来。到 10 月，民间企业工人的要求得到实现，但政府部门职员与工人的工资却没有变化，只有民间企业工人工资的一半。为争取同样的待遇，同年 11 月政府部门的五大工会组织联合组成全国性的"中央与地方政府工会联合斗争委员会"（以下简称"联合斗争委员会"），提出了确定最低工资制、取消劳动所得税以及缔结集体劳动合同等要求。12 月 17 日，联合斗争委员会在东京召开 50 万人参加的群众大会，提出打倒拒绝工人要求的"吉田亡国政府""建立新民主政府"的口号。1947 年 1 月，参加斗争的工会急剧增加到 30 多个，拥有工会会员达 650 万。由于吉田茂政权没有满足工会

---

① 正村公宏『戦後史·上』、筑摩書房、1990 年、139 頁。
② 〔日〕户川猪佐武：《政权角逐》，李汝松译，长春：东北师范大学出版社，1987 年，第 30 页。

提出的要求，日本共产党影响下的联合斗争委员会决定在 2 月 1 日举行全国大罢工。

对于联合斗争委员会的决定，社会党并非十分支持。尽管该党左派积极参加并领导了工人群众的斗争，但在右派的控制下，社会党主要倾向于有条件地与执政党合作。所以当日本共产党呼吁各界工会联合斗争时，社会党反应冷淡，不料此举却为社会党带来了意想不到的好处。因为 1947 年"二一大罢工"在占领军当局的干预下未能实现，工人群众对日本共产党感到失望，纷纷转而支持社会党，使社会党在 1947 年 4 月举行的大选和参议院议员选举中均成为两院的第一大党。

尽管社会党赢得了 1947 年众、参两院选举的胜利，但在两院的议席拥有率却不高，分别只有 30.9% 和 18.8%，必须联合其他党派才能组织政府。结果组成了社会党、民主党、国民协同党三党联合政权，由社会党委员长片山哲担任首相，民主党总裁芦田均担任外务大臣，国民协同党书记长三木武夫担任邮递大臣。社会党为联合两个保守政党，不仅在政策协议中删去了该党一贯主张的"重要产业国有化"条款，而且向民主党做出三项保证，即坚持反对极左和极右的立场、不泄露国家机密、不采取一切引起社会不安的行动等。

在具体政策方面，片山内阁继续执行集中资源发展基础产业的"倾斜生产方式"，通过实施国家垄断资本主义措施来恢复生产。同时为解决政府财政问题，采取了提高间接税和降低工资的做法，结果使失业率和通货膨胀率进一步上升，普通国民生活更加困难。因而从 1947 年夏天起，民间企业的工人也开始要求提高工资，中央与地方政府公务员、国营企业工人的斗争再次掀起高潮。人民群众对片山政权的不满促使社会党左派采取行动，在 1948 年 2 月，同其他反对党一道否决了内阁提出的追加政府预算案，片山首相被迫辞职。以社会党为首的政权仅维持了 8 个月左右。

接下来的芦田均内阁仍然维持民主党、社会党、国民协同党三党联合政权的框架，但该届内阁比片山内阁更为短命。一方面，芦田内阁仍然继续实施刺激通货膨胀的"倾斜生产方式"，并减少了对中小企业的贷款和原材料供应，同时又提高了间接税、铁路运费和邮政费。虽然此时的生产资料的生产已经超过了消费资料的生产，但政府实施的标准工资依然没有反映通货膨胀的实际发展状况，因而受到工会组织的强烈反对，罢工斗争时有发生，而且大有愈演愈烈的趋势。另一方面，社会党书记长西尾末广入阁担任副首相不久，就因大选时暗中接受建筑业界50万日元政治捐款而遭到在野党追究，并因"昭和电工案"（即昭和电气工业公司通过向政府官员行贿而从复兴金融金库得到巨额非法贷款的案件）的牵连而遭到逮捕。其行为不仅直接导致了芦田内阁的倒台，而且进一步损害了社会党的形象，大批原有的支持者脱离该党。正因如此，在1949年1月举行的大选中，社会党的得票率从上一届大选的26.3%猛跌到13.5%，议席数也从上一次大选时的143席锐减到48席，[1] 而且该党的主要领导人片山哲、西尾末广、加藤勘十、野沟胜等均落选。

1949年1月的大选失败后，社会党内部左、右两派斗争激烈，甚至在1950年初分别召开了社会党的第五次大会。三个月后两派统一起来，但相互之间的矛盾依然存在。1951年10月因《旧金山和约》和《日美安保条约》问题，社会党正式分裂成以书记长浅沼稻次郎为首的右派社会党和以铃木茂三郎为首的左派社会党。即使如此，左、右两派社会党在议会中的势力在50年代上半期均得到不同程度的发展。1955年2月大选后，左、右社会党在众议院的席位共有156个，比1947年执政时还多12个席位。两派社会党力量的增长主要出自多方面的原因，即日本人民反对美军基地与政府大规模重整军备的斗争持续高涨、工人运动的继续发展与日本共产党的低落、保守政党之间再次分化组合以及自由党内部的分裂。

1955年两派又统一起来，并在1958年举行的大选中获得166个众议院席位，为社会党战后历史上的最好成绩。但由于离选举前社会党第14次大会决定的"获得过半数议席""建立社会党政权"的目标相差甚远，因而引起该党内部极左派的强烈不满与批评。他们指责党的纲领暧昧、党领导的主体性不强、对抗现体制的意识不明确是导致此次选举失败的主要原因。而西尾末广代表的极右派则认为社会党被"总评"工会独家控制，失

---

① 歴史学研究会編『日本同時代史・2・占領政策の転換と講和』、青木書店、1990年、47頁。

去了国民政党的性质是失败的根本原因。当时反对《新日美安保条约》的斗争正在兴起之际，西尾又公开发表了"《日美安保条约》虽有不完善的地方，但有利于我国安全"的谈话，结果受到党内谴责处分。于是西尾率其支持者退出社会党，在 1960 年 2 月 14 日成立民主社会党（以下简称"民社党"），当时拥有 41 名众议院议员和 18 名参议院议员。

右派社会党人退党后，在某种程度上进一步增加了社会党的纯洁性，使该党更为积极地领导了 1960 年上半年的反对《新日美安保条约》的斗争。尽管这一斗争未能阻止新条约的生效，但社会党在国民中的声望继续呈上升状态。在 1960 年 11 月举行的大选中，社会党增加了 23 个议席，在众议院的席位达到 145 个，而民社党却从众议院解散前的 40 席下降到 17 席。

二 社会变迁与"江田构想"

尽管如此，随着经济的高速增长，社会结构以及国民意识已经逐渐发生变化。从 1954 年底开始的经济景气一直持续到 1957 年 5 月，长达 31 个月，新闻界以日本历史上传说的第一代天皇加以命名，称之为"神武景气"。在其基础上，日本国民的消费热潮升温，以洗衣机、电冰箱和黑白电视机"三件神器"为代表的家用电器迅速普及。

消费热潮乃至"消费革命"的出现，其原因包括以下几方面。第一，城市居民随着经济的迅速发展，其收入大幅度提高，农村居民也因农业丰收和米价稳定而收入迅速增加。第二，因技术进步和大批量生产，家用电器价格不断下降，例如电视机从 1953 年每台 18 万日元下降到 1959 年的 6 万日元。第三，流通领域不断完善，例如连锁商店的建立、售后服务体制的完善、分期付款制度的出现等，著名的大型连锁商店"大荣"在 1957 年建立第一家店铺。第四，经济的迅速发展也增强了国民的未来期待心理及其消费意识，大量生产、大量消费成为社会行为的主流，甚至在商品开发方面也适应了快速生活的需要，例如 1958 年"日清食品"发明的方便面立刻成为深受欢迎的食品。第五，媒体的大力推动，即铺天盖地的广告也影响了消费者的行动。1959 年，皇太子明仁结婚，厂家和商家及时推出"通过电视观看结婚仪式"的广告，结果在明仁结婚前的一周，与官方电视台 NHK 签订收看合同的客户超过 200 万，一年间增加了一倍。[①]

因此，尽管 1958 年初的《经济白皮书》估计日本经济将进入长期萧条时期，但从 1958 年 6 月开始，出现新一轮的经济高速增长时期，直到 1961 年 12 月，其持续时间长达 42 个月，年增长率在 10% 以上。新闻界以日本神话中太阳神躲避的地方命名这次高速增长，称之为"岩户景气"。虽然"消费革命"一词最初出现在 1960 年的《经济白皮书》中，但 50 年代后半期，"消费革命"仍然是"岩户景气"出现的一个重要因素。日本民众家庭不仅继续朝着普及洗衣机、电冰箱、黑白电视机"三件神器"的目标大步前进，而且娱乐性消费占到居民消费支出的 10% 以上。从 1957 年到 1960 年，洗衣机的普及率从 20.0% 上升为 45.4%，电冰箱的普及率从 2.8% 上升到 15.7%，黑白电视机的普及率从 7.8% 上升到 54.5%。1960 年，新中间阶层在全体就业者中的比例，全日本为 15.5%，东京为 25.4%。[②]

随着经济的高速增长，大量农村人员进入城市成为工薪劳动者。2 万人以上城市的人口比例从 1950 年的 42% 骤然增加到 1960 年的 72%。[③] 与此同时，"反对安保斗争"结束后，国民意识迅速从政治转向经济。"6 月26 日的《每日新闻》这样写道：1960 年毕业的大学生就业率创战后最高纪录，几乎达到完全就业的状态。《周刊文春》6 月 27 日号的专刊号标题是《游行结束去就业》。当时的新闻记者辰浓和男这样写道：从政治的季节到经济的季节，从煤炭到石油，社会也在逐渐变化。"[④] 同年成立的池田勇人内阁随即将自民党政权的政策重点放在经济增长方面，提出了著名的"国民收入倍增计划"。在社会党内部也出现了类似的新动向，即江田三郎

---

① 小学館編『日本 20 世紀館』、小学館、1999 年、672-673 頁。
② 平野隆「日本における小売業態の変遷と消費社会の変容」、『三田商学研究』48 巻 5 号、2005 年 12 月、165-185 頁。
③ 平野隆「日本における小売業態の変遷と消費社会の変容」、『三田商学研究』48 巻 5 号、2005 年 12 月、165-185 頁。
④ 小熊英二『〈民主〉と〈愛国〉：戦後日本のナショナリズムと公共性』、新曜社、2002 年、87 頁。

提出的"结构改造论"以及"江田构想"。

江田三郎，1907 年生于冈山县的手工业家庭，年轻时热心马克思主义学说，1929 年进入东京商科大学，1930 年夏天因病回家修养时应邀参加农民运动，并在 1931 年退学加入全国大众党。多次被捕并被判刑，其后出狱，1943 年到中国，在日伪华北政务委员会工务总署任水利治理监督，其间甚至接触过八路军。1946 年 4 月回国后担任冈山县"日农"书记，同时加入社会党，积极参与农民运动。1950 年当选为参议院议员，1951 年社会党分裂后担任左派社会党的总务部长，并当选为中央执行委员会委员。为对抗右派社会党，同时扩大左派社会党在国民中的影响，江田三郎不顾党内外的强烈反对，甚至放弃选区的活动，全力以赴地在 1952 年 4 月 1 日创刊日报《社会时报》。其后该报为"五一节流血事件"以及"反对破坏活动防止法运动"发行的专号均达到 30 万份，但很快就因资金困难陷入经营危机，创刊两年半后被迫停刊。

1955 年前后社会党统一后，江田三郎当选中央统制委员、中央执行委员，并陆续担任农民部部长、组织委员长、组织局局长等职务。为适应"反对美军基地斗争""反对勤务评定斗争""反对警察职权法斗争"等群众运动，同时迅速扩大社会党的成员规模，在组织委员长任内，江田三郎成功地提出社会党机构改革方案并在 16 届党大会上得到通过，其主要内容包括《社会新报》独立核算制、创建社会主义青年同盟、中央执行委员会职位选举、确立组织干部制度、废除国会议员自动成为党代表制度等。

1960 年 3 月，为推动"反对安保斗争"的发展，社会党召开第 17 届临时大会，江田三郎当选为社会党书记长。同年 6 月 15 日，学生组织"全学联"的游行队伍包围国会并与防暴警察发生冲突，东京大学学生桦美智子死亡，在现场指挥斗争的江田三郎浑身是水，声音嘶哑。

作为社会党的运动方针，江田三郎在 1960 年 10 月 11 日向社会党中央执行委员会提交题为《为取得大选胜利和党的发展》文件，首次提出"结构改造论"。其主要内容是通过"生活的提高（消灭贫困和失业，打破双重结构）"、"反对垄断（限制垄断的权力及其活动）"以及"贸易结构的变革（中立）"，实现"国民各阶层生活水平的提高"，即"在现存的资本主义经济框架内能够实现的变革"。① 实际上，"结构改造论"最早由意大利共产党总书记陶里亚蒂提出，1955 年该理论由日本共产党的佐藤升等人介绍到日本，社会党内以江田三郎为中心的少数人接受了其学说。

社会党中央执行委员会通过其运动方针的第二天，社会党委员长浅沼稻次郎被右翼青年刺杀身亡。13 日，社会党召开第 19 届临时大会，决定由江田代理委员长职务。在其后举行的自民党总裁池田勇人、社会党代理委员长江田三郎、民社党委员长西尾末广等三位党首电视讨论会上，柔软语调娓娓叙说，加上满头白发的潇洒，江田的风姿征服了许多观众，因而在同年 11 月 20 日举行的大选中，社会党在众议院的席位从 122 个增加到 144 个。

江田三郎在 1961 年 1 月号的《月刊社会党》上发表《今年我们的课题》一文，在批判自民党政策的同时，对"结构改造论"进行了详细的阐述，即"以前社会党的政策是将重点放在取得政权后的做法上，却没有明确取得政权之前的过程，结果导致了主张以战争及恐慌为客观条件才可能发生革命的所谓'贫困革命论'，以及主张通过改良完成革命的所谓'渐进革命论'的产生，结构改革路线就是要明确取得政权之前的过程"，"也就是说，不是停留在反对垄断资本推出的政策上，而是积极限制权力支配，进行要求转变政策的斗争"。②

这种和平过渡式的民主社会主义受到社会各界尤其是知识界的关注，《世界》《中央公论》《朝日周刊》《经济学人》等主流杂志几乎每期均刊登"结构改造论"的文章，报纸也给予大篇幅的报道。社会党内部围绕"结构改造论"的讨论也刊登在社会党机关杂志《月刊社会党》与机关报《社会新报》上，《月刊社会党》的发行量从 4000 份上升到 1 万份，《社会新报》的发行量增加也很快。③

1961 年 3 月，江田三郎在社会党第 20 届大会上无悬念地再次当选为

---

① 飯塚繁太郎ほか『結党四十年・日本社会党』、行政問題研究所出版局、1984 年、217-218 頁。
② 岡田一郎「江田三郎研究序説」、『小山工業高等専門学校研究紀要』第 41 号、2009 年、27-34 頁。
③ 内田健三ほか『日本政治の実力者たち：リーダーの条件・3』、有斐閣、1981 年、170 頁。

书记长，"结构改造论"也成为舆论的焦点，但这一观点遭到党内主流派的批判，"社会主义协会"代表向坂逸郎撰文批判其具有改良主义的危险，[①] 社会党主要支持团体——"总评"议长太田薰也提出七点疑问。尽管在 1962 年 1 月举行的第 21 届社会党大会上江田三郎以 326 票对 260 票的较大差距击败竞争者佐佐木更三，第三次当选为书记长，但大会决定"'结构改造论'是日本实现和平过渡的多样化战术之一，不会作为战略路线立即成为党的基本方针"。[②] 同时新设社会主义理论委员会，讨论、制定社会党的新路线。其状况显示了社会党内部的激烈对立，史称"结构改革论争"。换句话说，这个时期的社会党再次分为两派，一派肯定社会现状，在现有政治体制中寻求社会党的位置，另一派坚守自己的意识形态，始终对现有政治体制采取斗争的姿态。[③]

1962 年 6 月，江田三郎在社会党全国地方组织召集人会议上发表"江田构想"，即"人类社会到目前为止实现的主要成果有四个，即美国的高平均生活水准，苏联彻底的社会保障制度、英国的议会民主主义、日本的和平宪法，如果将四个成果结合起来就会产生与大众相结合的社会主义"。随后，江田在《经济学人》杂志上发表文章，进一步阐述了其构想。[④] 结果引起党内绝大多数人的激烈批判，认为将苏联、美国、英国相提并论，是"对资本主义体制的认可"，即使支持"结构改造论"的人也未能理解江田的思路。因此，在 1962 年 11 月召开的第 22 届社会党大会上，以 232 票对 211 票的表决结果，通过了批判"江田构想"的决议案——《关于强化党领导体制的决议》，江田愤而辞去书记长的职务。

社会党甚至在 1966 年第 27 次党代表大会上通过了题为《日本走向社会主义道路》的纲领性文件，该文件将社会党规定为"领导社会主义

---

① 向坂逸郎「構造改革論と社会党の課題」、『社会主義』（増刊号）、通号 114、1961 年 3 月、59-69 頁。
② 日本社会党総務局総務部『62 年の進路　第 21 回党大会決定集』、日本社会党機関紙局、1962 年、28 頁。
③ 森裕城「日本社会党の路線問題」、京都女子大学現代社会学部『現代社会研究』（1）、2001 年 3 月、143-155 頁。
④ 江田三郎「社会主義の新しいビジョン」、『エコノミスト』40 巻 41 号、1962 年 10 月、32-40 頁。

革命"的阶级性群众政党,并强调指出"现在是从资本主义向社会主义过渡的时代";战后日本的国家垄断资本主义得到空前迅速的发展,但资本主义的基本矛盾也开始激化,出现了"繁荣中的贫困"现象;福利国家"不过是一种延缓资本主义寿命的政策","社会主义制度日益显示出其优越性";在工人阶级取得国家政权初期,"必须实行某种形式的阶级统治";等等。这份纲领性文件以其"科学社会主义理论"以及"承认无产阶级专政"的观点,显示出社会党在 60 年代的革命性和激进性。

尽管江田在 1968 年再次担任书记长,但他在党内的影响力急剧下降。进入 70 年代以后江田继续坚持"结构改造论",并提出联合其他在野党的新"江田构想",[1] 推动社会党、公明党、民社党三党联合,但遭到党内的冷遇和嘲讽,甚至在党的大会上受到集体攻击。失望至极的江田被迫在 1977 年 3 月脱离社会党,准备参加当年举行的参议院议员选举,并组织了"社会市民联合"政治团体,但在同年 5 月不幸去世。其子江田五月继承其遗志,在 1978 年 3 月组成追求"自由社会主义体制"的"社会民主联合",其成员有后来桥本龙太郎内阁时期的厚生大臣、民主党党首菅直人等。

实际上,当时也有欣赏"江田构想"的政治家,甚至包括自民党的田中角荣。1968 年 12 月任自民党干事长的田中这样评价道:"自民党不可能永远执掌政权,在社会党中最可怕的是江田三郎。如果江田担任社会党的委员长,自民党有可能输掉政权。"[2] 当时积极反对"结构改造论"的社会党成员广泽贤一也在 1996 年回顾说:"批判江田是错误的,如果社会党采纳'结构改造论',也许不会衰退。"[3]

---

① 「日誌 内外の動き」、『月刊社会党』159 号、1970 年 5 月、232 頁。
② 福岡義登「江田三郎先生を偲んで」、日本社会党前議会編『日本社会党歴代委員長の思い出』、日本社会党前議会、1985 年、319 頁。
③ 原彬久『戦後史のなかの日本社会党:その理想主義とは何であったのか』、中央公論新社、2000 年、198 頁。

三　转型失败的主要原因

社会党没有接受江田三郎的"结构改造论"或"江田构想"，正因如此，也没有从阶级性政党转变为市民性政党，主要原因如下。

首先是组织上的局限性，即过度依赖"总评"工会。1950 年 7 月，在盟军总部的主导下，以退出"产别会议"的工会组织与社会党影响下的"总同盟"为中心，结成拥有 365 万会员的"全国劳动组合总评议会"。但朝鲜战争爆发以后，原"总同盟"内部的右派脱离"总评"，并在 1951 年 6 月重建"总同盟"。结果使"总评"立场发生转变，支持社会党的和平三原则（全面媾和、坚持中立、反对军事基地化和重新武装），两者迅速接近。

"总评"的下属工会组织大多由中央及地方政府的公务员、国营以及公营企业的工人组成，例如日本地方政府职员工会（以下简称"自治劳"）、日本教职员工会（以下简称"日教组"）、全国电信电话工会（以下简称"全电通"）、日本国营铁路工会（以下简称"国劳"）、日本邮政工会（以下简称"全递"）等。比起民间大企业的工人来，不仅工资较低，而且其雇主是政府部门，所以难以产生民间大企业那种劳资一体的感觉，因而政治主体意识和政治参与意识较强，往往积极进行政治斗争。正因如此，在 20 世纪五六十年代的群众性运动中，"总评"与社会党建立了牢固的合作关系，社会党被称作"总评"的政治部。直到 80 年代，社会党 70% 的党员是工会会员，来自"总评"工会的众议员占总数的 54%，参议员的比例是 63%。于是，造成了社会党在党员以及各级议会候选人的补充、政治资金的募集、选举时的集票活动、大众运动时的组织者均严重依赖"总评"工会。

社会党几乎不在一般工会会员中发展党员，即使在"总评"内部，社会党也只是在主流派势力内发展党员，非主流派活动家难以入党。因此，社会党党员在工会会员中所占比例很小，即使党员人数最多的"国劳"，其比例也不到会员人数的 2%。[①] 这种状况使"总评"在政治倾向上的任何

---

① 宋益民：《日本社会党概况》，载《日本问题》1986 年第 3 期，第 70 页。

一次左右摇摆,都直接影响到社会党内左、右势力间的权力关系以及党的整个政治倾向。①

由于社会党受到"总评"工会的控制,该党扩大社会基础的目标难以实现。因为随着工业化、城市化的迅速发展,大批农业人口流入城市,成为工薪劳动者,参加工会的工人也从 1949 年的 666 万人增加到 1975 年的 1247 万人。但作为城市型政党,社会党并没有将城市新增加人口纳入自己的动员体系,因而在选民人数从战后初期到 70 年代中期增加一倍的情况下,未能扩大自己的支持者,反而在众议院的议席从 1960 年的 144 个下降到 1976 年的 124 个,议席占有率也从 30.8% 下降到 24.3%,离成为执政党的目标越来越远。在相同的时间内,其他在野党的席位却在增加。例如民社党从 17 个增加到 29 个,日本共产党从 3 个增加到 19 个,1967 年第一次参加大选的公明党就获得 25 个议席,到 1976 年更是增加到 56 个。②

其次,"结构改造论"没有成为社会党的指导性理论而导致转型失败与党内派系、人事有关。早在战前的 30 年代,领导农民运动的著名人物有"东日本佐佐木更三、西日本江田三郎",成为其后两人对立的渊源。尽管两人均为社会党内的左派,但佐佐木不甘心比自己年轻七岁的江田提前成为社会党领导人,因而比起理论方面的分歧来,个人感情更成为抗争的重要因素。其中也有两人沟通不充分的因素,江田在自己也没有深刻理解"结构改造论"的状况下突然提出该学说,结果引起佐佐木等多数派的反对。③

正是由于佐佐木派的干扰,尽管在第 21 届社会党大会上江田三郎以 326 票对 260 票的结果击败佐佐木第三次当选为书记长,但"结构改造论"基本遭到否决。在 1962 年 11 月的社会党第 22 届大会上,同属"结构改造派"的成田知已当选为社会党书记长,江田也成为党的组织局局长,但佐佐木逐渐掌握了党内的主导权。1965 年 5 月,佐佐木当选为社会党委员

① 飯塚繁太郎「革新の新展開」、白鳥令編『日本の政党地図:'80~'90』、学陽書房、1980年、204 頁。
② 石川真澄『戦後政治史』、岩波書店、1995 年、224-229 頁。
③ 曽我祐次『多情仏心　わが日本社会党興亡史』、社会評論社、2014 年、217-218 頁。

长，并在此后的两次委员长选举中击败江田。尽管 1968 年出现了成田知已委员长、江田书记长的党领导机构，但此时的成田已经成为党内主流佐佐木派的成员。1970 年 11 月，江田第三次竞选委员长职务败北，此后在党内失去影响力。

一方面，实际上，"结构改造论"本身并没有超越社会主义理论的范畴，甚至与《日本走向社会主义道路》也有共同性和连续性，江田三郎也认为理论委员会起草的这份文件实际上是吸收了"结构改造论"的基本精神。另外，至少到 60 年代末，江田仍然承认无产阶级独裁，没有脱离社会党左派所主张的和平革命路线。①

另一方面，无论在成员方面，还是在理论方面，江田派均没有改变社会党意识形态的实力。目前，日本学术界的基本共识是"结构改造论"不仅来自国外，日本国内也有不少的知识人在探讨该理论，但整个日本也只有数百人，很难说形成了"结构改革派"。② 正如曾任社会党书记、江田三郎的核心智囊加藤宣幸（加藤勘十之子）回忆的那样："从表面上看，60年代的结构改革派似乎在党内形成江田派，但没有组成议员集团，只不过以三人③为中心，再加上几个地方活动家。因此，如果遭到日本共产党或社会主义协会等强有力组织的集团性攻击，结构改革派就会很快崩溃。所谓的结构改革派只不过是当时知识界人士及媒体过度宣扬所致。另外，从理论上也没有在改良主义伯恩斯坦等人的学说基础上形成有力的'结构改造论'。"④

另外，70 年代社会党仍然没有大幅度地改变传统的意识形态以及路线方针，其原因主要是革新势力继续发展。从 60 年代中期开始，随着经济高速增长带来的大城市及周边地区交通状况恶化、环境污染及居民中毒等严

---

① 江田三郎「新しい社会主義と日本の現実ー『日本の社会主義』をめぐって（インタビュー）」、『経済評論』16 巻 12 号、1967 年 11 月、107 頁。
② 木下真志「社会党はなぜ、構造改革を採用できなかったのか？ 一歴史的・政治的意味の再考」、日本政治学会編『年報政治学』1 号、2008 年、109-142 頁。
③ 包括加藤宣幸。
④ 五十嵐仁「証言：戦後社会党史・総評史 構造改革論再考——加藤宣幸氏に聞く（上）」、『大原社会問題研究所雑誌』650 号、2012 年 12 月。

重公害问题，以及住宅拥挤不堪等状况，使国民对长期执政的保守政党自民党产生不满情绪，因而在地方自治体议会或首长的选举中，选民大多将选票投向称为"革新政党"的社会党或日本共产党，所以较多的地方自治体特别是较大城市为社会党或日本共产党所掌握，于是这些地方自治体也被称作"革新自治体"。在达到高峰的 1975 年统一地方选举中，包括东京、大阪、京都等巨大城市在内的 200 多个自治体为革新阵营掌握，所属人口在总人口中的比例高达 43%。①

但 70 年代初的"石油危机"引发的经济危机导致地方自治体财政困难，自民党通过中央财政逐渐恢复在地方选举中的优势，社会党被迫大幅度地调整其路线及政策。1979 年 8 月，社会党内部的"自主管理研究会"批判前述的《日本走向社会主义道路》。社会党长期坚持"非武装中立"政策，即以非军事手段保障国家安全，同所有的国家友好往来，不加入任何军事集团，同时反对《日美安保条约》，反对美军在日基地，主张自卫队违反宪法，应予以解散或改编为"和平国土建设队"。但在 1980 年 1 月，社会党与公明党达成两党联合政权协议，在政策大纲中表明承认《日美安保条约》和自卫队等，而且在同年 5 月，社会党委员长飞鸟田一雄表示搁置"非武装中立"政策。1981 年 10 月，社会党中央执行委员会通过《80 年代内外形势展望与社会党的路线》，1982 年 12 月，社会党代表大会再次通过《创造新的社会党——我们对社会主义的设想》，均表明将采取现实主义路线。

1983 年 9 月，石桥政嗣当选为社会党委员长、田边诚当选为该党书记长，提出"新社会党"的口号，进一步加快了政策转换的步伐。不仅在同年 11 月再次与公明党达成联合政权协议，而且随后石桥委员长发表了"自卫队违宪合法论"。即从宪法第九条来看，自卫队的存在不符合宪法精神，但有国会通过的《自卫队法》，因而符合法律规定。特别是在 1986 年 1 月，社会党大会一致通过了全面改变路线的《日本社会党新宣言》。

---

① 山田敬男『新版・戦後日本史—時代をラデイカルにとらえる』、学習の友社、2009 年、200 頁。

　　新宣言放弃了以往的科学社会主义，声称社会主义是以"尊重人"的人道主义为基本理念，以"人的解放"为最终目标。新宣言不再用资本主义社会的基本矛盾来说明社会主义代替资本主义的历史必然性，而是用抽象的人道主义来说明走向社会主义的必要性。新宣言吸收了"结构改造论"的某些观点，也就是将走向社会主义的道路看作社会改革的过程，认为"走向社会主义的道路，是以现实为出发点的不断地行动、不断地发展、不断地社会改革的过程"。换句话说，随着不断地改革，社会主义因素在资本主义体制内不断增长，而社会主义因素的不断增长就可以使资本主义和平地进入社会主义。新宣言不再提社会党是"阶级性群众政党"，而是"代表所有国民并向所有人开放的国民政党"。新宣言认为"联合政权是发展社会主义所不可或缺的承担者"，"今天在政治意识和价值观念多样化的情况下，联合政权将是很平常的"，因而社会党"在政权问题上同任何政党都积极打交道"。[①]

　　由此可见，社会党逐渐减弱了马克思主义的意识形态色彩，尽管新宣言尚未提及社会民主主义，但实质上试图向西欧型社会民主主义路线转变，如同联邦德国社会民主党在 1959 年的转变那样，却在时间上晚了 27 年。也许正因如此，社会党向"市民性政党"的转变没有成功，虽然后来又进行了种种努力。

　　（原载《北大区域国别研究》第 3 辑，江苏人民出版社，2021，收录于本书时有修改）

---

① 「第五十回定期全国大会决定集」、『月刊社会党』361 号、临时增刊、1986 年 3 月。

图书在版编目（CIP）数据

日本的历史与政治 / 王新生著. -- 北京：社会科
学文献出版社，2023.6
ISBN 978-7-5228-1894-8

Ⅰ.①日… Ⅱ.①王… Ⅲ.①日本-历史-文集②政
治-日本-文集 Ⅳ.①K313.07-53②D731.3-53

中国国家版本馆 CIP 数据核字（2023）第 098293 号

日本的历史与政治

著　　者／王新生

出 版 人／王利民

组稿编辑／张晓莉
责任编辑／俞孟令
责任印制／王京美

出　　版／社会科学文献出版社·国别区域分社（010）59367078
地址：北京市北三环中路甲 29 号院华龙大厦　邮编：100029
网址：www.ssap.com.cn
发　　行／社会科学文献出版社（010）59367028
印　　装／三河市东方印刷有限公司

规　　格／开　本：787mm×1092mm　1/16
印　张：20.75　字　数：318 千字
版　　次／2023 年 6 月第 1 版　2023 年 6 月第 1 次印刷
书　　号／ISBN 978-7-5228-1894-8
定　　价／128.00 元

读者服务电话：4008918866